Gerhard Plumpe

Epochen moderner Literatur

Gerhard Plumpe

Epochen moderner Literatur

Ein systemtheoretischer Entwurf

Westdeutscher Verlag

Die Deutsche Bibliothek – CIP-Einheitsaufnahme

Plumpe, Gerhard:
Epochen moderner Literatur: ein systemtheoretischer Entwurf /
Gerhard Plumpe. – Opladen: Westdt. Verl., 1995
ISBN 3-531-12527-3

Der Westdeutsche Verlag ist ein Unternehmen der Bertelsmann Fachinformation GmbH.

Umschlaggestaltung: Horst Dieter Bürkle, Darmstadt
Satz: ITS Text und Satz GmbH, Herford
Druck und buchbinderische Verarbeitung: Lengericher Handelsdruckerei, Lengerich
Gedruckt auf säurefreiem Papier
Printed in Germany

ISBN 3-531-12527-3

Inhalt

Einleitung: Vom Dilemma der Epochenbegriffe

In diesem Buch wird der Versuch unternommen, eine neue Epochengliederung der modernen deutschen Literatur zu entwickeln. Unter moderner Literatur verstehen wir die Literatur seit etwa 1770, d.h. die Literatur, die uns vertraut ist, keiner aufwendigen Kommentierung zu ihrem Verständnis bedarf, noch gelesen wird und ins Repertoire unserer Theater gehört. Wir werden ausführlich begründen, weshalb die Literatur seit Ausgang des 18. Jahrhunderts insgesamt unter den Titel der „Moderne" gestellt werden kann und insofern gewissermaßen eine Großepoche darstellt, deren interne zeitliche Gliederung unser Problem ist.

Die Absicht, einen neuen Vorschlag zur Epochengliederung moderner deutscher Literatur ins Gespräch zu bringen, bedarf der Rechtfertigung. Ist ein solches Unterfangen nicht schlechthin unnötig oder überflüssig? Ein Blick in eine germanistische Institutsbibliothek oder der Besuch einer gut sortierten Buchhandlung informiert rasch darüber, daß wir eine größere Anzahl von Literaturgeschichten zur Verfügung haben, die allesamt Epochenbegriffe verwenden und so das Bedürfnis ihrer Leser nach historischer Orientierung im Felde der Literatur bedienen können. An Epochentiteln herrscht kein Mangel; blicken wir nur auf den Zeitraum, der hier „Moderne" genannt wird, dann offerieren uns aktuelle Literaturgeschichten eine Fülle solcher Titel; in der zeitlichen Abfolge etwa „Aufklärung", „Empfindsamkeit", „Sturm und Drang", „Klassik", „Romantik", „Junges Deutschland", „Biedermeier", „Vormärz", „Realismus", „Naturalismus", „Moderne", „Jugendstil", „Impressionismus", „Dekadenz", „Ästhetizismus", „Fin de siècle", „Jahrhundertwende", „Expressionismus", „Dadaismus", „Weimarer Republik", „Neue Sachlichkeit", „Faschismus"/„3. Reich", „Exil", „Adenauerzeit", „DDR", „Gegenwart", „Postmoderne".

Einige dieser Epochentitel scheinen unstrittig zu sein und finden sich so gut wie in jeder der verfügbaren Literaturgeschichten, etwa „Klassik", „Romantik", „Realismus" oder „Expressionismus"; andere erscheinen weniger überzeugend und problematischer; so herrscht etwa Unklarheit darüber, ob der Zeitraum zwischen „Romantik" und „Realismus" passender „Vormärz" oder besser „Biedermeier" genannt soll; Probleme scheint auch die Zeit um 1900 zu bereiten: die Vielzahl der sich hier drängelnden Epochentitel zeigt das an. Einige Literaturhistoriker sind offenbar der Auffassung, daß die Bezeichnung „Literatur der Jahrhundertwende" ein Ausweg aus dem Epochennamenfindungsdilemma sein könnte. Daß die schlichte Bezeichnung der Gegenwartsliteratur als „Gegenwartsliteratur" lediglich die unabwendbare Unfähigkeit zur Selbstdistanzierung der Gegenwart als epochentitelfähiger Vergangenheit belegt, erscheint demgegenüber eher unproblematisch. Es muß der Zukunft überlassen bleiben, unsere Gegenwart als „Epoche“ zu identifizieren.

Wenn also an kurrenten Epochenbezeichnungen für die deutsche Literatur der Moderne kein Mangel ist, dann erscheint es unnötig und überflüssig, weitere oder andere hinzuzuerfinden. Es sei denn, es stellte sich heraus, die gebräuchlichen Epochenbezeichnungen würfen ernste theoretische Probleme auf, die es lohnend erscheinen ließen, nach Alternativen Ausschau zu halten. Und in der Tat: Ernste theoretische Probleme stellen sich unweigerlich ein, wenn man die gebräuchlichen Epochentitel näher betrachtet. Bewußt zugespitzt läßt sich folgende Vermutung formulieren: Die verwandten Epochenbezeichnungen beziehen sich auf völlig unterschiedliche, oft sogar widersprüchliche Konzeptionen von der Eigenart der Literatur, und zwar in aller Regel im Argumentations- und Darstellungszusammenhang jeder einzelnen Literaturgeschichte. Denn die Bezüge, in denen die Epochentitel ihre Signifikanz gewinnen, sind überaus heterogen, ja fast beliebig. Da gibt es zunächst Epochenbegriffe, die auf die pure Chronologie referieren: Literatur der „Jahrhundertwende“, der „Gegenwart“. Wenn man nicht der Überzeugung ist, daß etwa Jahrhundertwenden per se eine semantische Aufladung implizieren – potenziert etwa noch in der uns bald bevorstehenden Jahrtausendwende –, dann besagt der Epochentitel „Literatur der Jahrhundertwende“ kaum mehr als etwa die Bezeichnung „Literatur der achtziger Jahre“. Die annalistischen Bezeichnungen sind Schwundstufen vollmundigerer Epochenbegriffe; sie kapitulieren vor den Problemen semantischer Füllung und ziehen sich auf das unbestreitbare Faktum zurück, daß um 1900 Literatur produziert wurde, deren Verfasser möglicherweise das Bewußtsein einer Zeitwende hatten. Dann gibt es Epochentitel, die auf die politische oder Sozial-Geschichte referieren: „Vormärz“ etwa, oder Literatur der „Weimarer Republik“, des „Faschismus“, der „Adenauerzeit“ usw. Der „Realismus“ des 19. Jahrhunderts wird etwa gern als „bürgerlicher“ oder auch als „vorindustrieller Realismus“ bezeichnet. Es wundert fast, daß noch niemand auf die Idee gekommen ist, die Erfindung des Reißverschlusses als epochales Ereignis der deutschen Literaturgeschichte zu deklarieren. Nimmt man die sozialgeschichtlichen Epochentitel ernst, dann gelangt man zu dem Ergebnis, daß die „eigentliche“ Geschichte im Bereich von Wirtschaft, Politik und Sozialstruktur zu suchen ist, in den „harten“ Fakten, deren Widerschein dann die schönen Imaginationen der Poesie erfüllt. Sie selbst aber hat keine eigene Geschichte, sie borgt ihre Historizität anderswo. So definiert etwa Peter Stein in einer repräsentativen Darstellung die Epoche des „Vormärz“ mit folgenden Worten:

Es handele sich um jene Periode, „in der sich der Widerspruch zwischen der ökonomischen Emanzipation vom Feudalismus und der politischen Gebundenheit an ihn, oder anders ausgedrückt: der Widerspruch zwischen der verzögerten Bürgerlichen Revolution und der sich entfaltenden Industriellen Revolution herausbildete, verschärfte und zu einem ersten Austrag kam. [Dementsprechend] gewinnt im politisch-ideologischen Bereich (...) der Zusammenhang zwischen dem politischen Kampf (...) und dem ideologischen Kampf (...) immer schärfere Konturen. In dieser Umwälzung des Überbaus (...) reproduziert sich der oben beschriebene Widerspruch als Widerstreit der 'Weltanschauungen', d.h. politisch als Auseinandersetzung zwischen restaurativen und revolutionären Tendenzen (...), ideologisch als Kampf zwischen Tradition und Neuerertum."[1]

Wissenschaftsgeschichtlich – und man kann es dem Duktus dieses Zitats entnehmen – sind die meisten dieser sozialgeschichtlich referentialisierten Epochentitel von der marxistischen Gesellschaftstheorie abgeleitet, in der Kunst und Literatur als „Ausdruck" oder „Reflex" vorgängiger und entscheidender ökonomischer und politischer Prozesse aufgefaßt worden sind. Auch wo die Härte der marxistischen Thesen im Paradigma einer „Sozialgeschichte der Literatur" aufgeweicht wurde, bleibt der Eindruck doch bestehen, daß der Literatur eine eigendirigierte Geschichte nicht eigentlich zuerkannt wird. Ein Effekt dieses Denkens zeigt sich etwa noch in jenen Examensarbeiten oder Seminarreferaten, die Rilkes „Duineser Elegien" gewidmet sind und ihr Thema mit einer Darstellung des deutschen „Imperialismus" eröffnen. Beliebt sind auch Hinweise auf den Ausbau des Schweizer Eisenbahnnetzes, wenn etwa Gottfried Kellers „Seldwyler" Novellen zur Diskussion stehen.

Dann gibt es Epochentitel, die auf Geistes- oder Mentalitätsgeschichte referieren, in erster Linie „Aufklärung", aber auch „Empfindsamkeit", „Dekadenz" oder „Neue Sachlichkeit". Hier ist es die Geschichte philosophischer „Ideen", des „Bewußtseins" oder „Un-Bewußtseins", der „Gestimmtheit", deren Bahn die jeweilige Literatur zu folgen scheint. Soweit diese Betrachtungsweise heute noch Resonanz findet, lebt sie vom Erbe der sogenannten Geistesgeschichte, deren idealistische Prägung im 19. Jahrhundert die Literatur als eine der Gestalten des sich selbst bewegenden „Geistes" ausgelegt hat. Heute erscheint der „Geist" meist zur „Mentalität" depotenziert und derart in das sozialgeschichtliche Forschungsdesign eingearbeitet.

Dann gibt es Epochenbegriffe, die der bildenden Kunst entlehnt sind – etwa „Jugendstil" oder „Impressionismus" – und von der Suggestion leben, daß die Literatur parallele Stilintentionen erkennen lasse wie die zeitgleiche Malerei oder Graphik.

Im engeren Sinn literarische Epochenbegriffe finden sich auch: „Klassik" und „Romantik", „Realismus" und „Expressionismus"; aber schaut man genauer hin, dann muß man feststellen, daß sie dem allgemeinen Schicksal einer heterogenen, meist „sozialgeschichtlich" eingefärbten Referentialisierung nicht entgangen sind. Von „Weimarer Hof-Klassik" ist etwa die Rede.

Nimmt man die gebräuchlichen Epochentitel als Indikatoren für den theoretischen Zustand der germanistischen Literaturwissenschaft, dann zeigt sich in bestürzender Deutlichkeit das Bild einer wissenschaftlichen Disziplin, die keinen eigenen Gegenstand vorweisen kann. Denn das Wort „Literatur" zerspellt in diverse Facetten und Komponenten, die in keiner Synthese zusammengefügt werden können. Ob es die Geschichte der Politik oder der Ökonomie, des Geistes oder der Mentalität, ob es Stilelemente der Malerei oder am Ende pure Jahreszahlen

1 P. Stein: Epochenproblem „Vormärz" (1815-1848). Stuttgart 1974, S. 30.

sind: Eine spezifische Geschichtlichkeit der Literatur, die mehr und anderes wäre als Reflex oder Wiederholung anderswo ablaufender „Geschichten“, gerät in den modernen Literaturgeschichten – nimmt man ihre Epochenbegriffe als Indikator – gänzlich aus dem Blick.

Die Beobachtung, daß die germanistische Literaturgeschichtsschreibung viele ihrer Epochenbegriffe bei anderen Disziplinen ausborgt, daß sie die Zeitlichkeit der Literatur an die Zeitlichkeit anderer Prozesse – der Politik, Ökonomie oder Ideenevolution – anlehnt und sich derart eine theoretische Dauerkrise einhandelt, erschöpft die Probleme der Epochenbegriffe aber noch keineswegs. Denn ein Blick auf ihre Pragmatik macht den Eindruck unabweisbar, daß die Literaturgeschichte keineswegs in erster Linie an der Reflexion der spezifischen Zeitlichkeit, der eigendirigierten Evolution moderner Literatur interessiert ist und etwa zu dem an sich erwartbaren Resultat käme, daß die Epochen von Ökonomie, Politik, Philosophie und Literatur nicht übereinstimmen; als Eindruck stellt sich vielmehr die Vermutung ein, daß viele Epochenbegriffe überdeterminiert sind und letzten Endes politischen Interessen gehorchen. Man würde es sich zu einfach machen, wollte man diese Vermutung lediglich mit der Praxis der marxistischen Literaturgeschichtsschreibung belegen. Gewiß ist es befremdlich, wenn man bei der Durchsicht der offiziellen, vielbändigen Literaturgeschichte der ehemaligen DDR auf folgende Epochentitel der deutschen Dichtung stößt: „Die deutsche Literatur in der Endphase des Feudalabsolutismus und am Vorabend der bürgerlichen Revolution in Frankreich“ – oder: „Von der Pariser Kommune (!) bis zur Konsolidierung des Imperialismus“ – oder: „Literatur in der ersten Etappe des Übergangs vom Kapitalismus zum Sozialismus (1917 – 1945)“ – oder: „Sozialistische Nationalliteratur der DDR“.[2] In kurzschlüssiger Manier werden hier die phantastischen Konzepte einer am Ziel der proletarischen Weltrevolution und des Kommunismus orientierten Geschichtsverlaufsspekulation auf die arme Literatur projiziert, der nichts zu tun bleibt, als den Triumph des „Fortschritts“ zu spiegeln und zu illustrieren. Daß solche fast zur Karikatur entstellten Epochenbegriffe nichts anderes sind als kulturpolitische Legitimationsbeschaffungsmaßnahmen, dürfte nicht erst heute außer Frage stehen.

Wie sieht es aber mit unschuldigeren Epochenbegriffen aus? Wir wiesen schon darauf hin, daß dem Streit um die Charakterisierung der deutschen Literatur zwischen „Romantik“ und „Realismus“, der Debatte um die Frage, ob „Biedermeier“ oder ob „Vormärz“ der passendere Titel sei, letzthin ein kulturpolitischer Streit zugrunde liegt, der unter der Losung „progressiv“ kontra „konservativ“ geführt wird. Auch wenn man die sich allmählich beruhigende und ins akademische Fahrwasser zurückgleitende Diskussion um die Signatur der Gegenwart – ihre Modernität oder Post-Modernität – betrachtet, kann man sich des Eindrucks kaum erwehren, daß das Bemühen um den literaturgeschichtlichen Epochentitel „Postmoderne“ einem diffusen kulturpolitischen Interesse verpflichtet war.

An keinem Begriff zeigt sich die politische Übercodierung aber deutlicher

---

2 Vgl. Geschichte der deutschen Literatur. Von den Anfängen bis zur Gegenwart. Berlin 1974ff.

als an dem wohl prominentesten unserer Epochenbegriffe, an dem der „(Weimarer) Klassik". Wenn wir auf die Genealogie dieses Begriffes näher zu sprechen kommen, so deshalb, um an einem besonders exklusiven Paradigma die Pragmatik von Epochenbegriffen zu illustrieren.

„Klassik" als Epochenbegriff

Es gibt Epochenbegriffe, die von den mit ihnen bezeichneten Autoren selbst verwendet wurden, um das eigene Literaturprogramm zu kennzeichnen. „Romantik" wäre ein Beispiel; Friedrich Schlegel hielt sich selbst für einen „romantischen" Autor; auch an den „Realismus" wäre zu denken; so hätte Theodor Fontane, zumindest in einer bestimmten Phase seines Lebens, nichts dagegen gehabt, als „Realist" bezeichnet zu werden. Gottfried Benn war auch nach eigenem Verständnis ein „Expressionist". Andererseits gibt es Epochenbegriffe, die auf Autoren angewendet werden, die daran nicht im Traum gedacht hätten oder sich sogar explizit distanzierten. So ist von Georg Büchner die Äußerung überliefert, er gehöre nicht zum „Jungen Deutschland":

> „Übrigens gehöre ich *für meine Person* keineswegs zu dem sogenannten *Jungen Deutschland,* der literarischen Partei Gutzkows und Heines. Nur ein völliges Mißkennen unserer gesellschaftlichen Verhältnisse konnte die Leute glauben machen, daß durch die Tagesliteratur eine völlige Umgestaltung unserer religiösen und gesellschaftlichen Ideen möglich sei."[3]

In keinem Fall aber ist die Differenz zwischen Selbstverständnis und Fremdbeschreibung größer gewesen als im Fall der sogenannten „Klassik", mit der in aller Regel der Zeitraum enger literaturpolitischer Zusammenarbeit zwischen Goethe und Schiller, d.h. die Jahre zwischen 1754 und 1805, bezeichnet werden; zumindest ist dieser Zeitraum der „harte Kern" der Klassik, alle Ausweitungen im Blick auf Zeit und Personal sind umstritten geblieben. Blickt man nun auf die literarischen Programme der Zeit um 1800, dann kann man mit der allergrößten Eindeutigkeit sagen, daß kein Autor dieser Jahre auch nur entfernt auf die Idee gekommen wäre, er oder seine Kollegen seien etwa ... „Klassiker", „klassische" Schriftsteller oder Autoren der „Klassik". Denn der Ausdruck „klassisch", der ursprünglich ein finanztechnischer Fachterminus der altrömischen Verwaltung war – er meinte die höchste Steuerklasse und wurde schon im Altertum als Metapher zur Bezeichnung erstklassiger Schriftsteller verwandt –, war im Denken des 18. Jahrhunderts eng mit der antiken Dichtung verbunden: Homer oder Sophokles, auch Vergil: das waren „klassische" Schriftsteller. „Klassische" Dichtung war antike Dichtung. Diese „klassischen" Autoren konnte man bewundern und als Maßstab aller Literatur überhaupt ausgeben, so daß aller nachfolgenden Dichtung das traurige Schicksal der Epigonalität beschieden war, die

---

3 G. Büchner: Sämtliche Werke und Briefe. Hg. v. W.R. Lehmann. Bd. 2, S. 451f.

sich mit einer „Copie“ des bewunderten „klassischen“ Vorbilds zufrieden geben mußte. Diese zum Epigonentum verdammten Anhänger der „klassischen“ antiken Dichtung nannte man „Antiqui“, Parteigänger der „Alten“; sie dichteten wie der weiland angesehene Göttinger Professor Christian Adolph Klotz „Carmina omnia“ und verteidigten in gelehrten Abhandlungen den unbedingten Vorrang der „klassischen“ Poesie. Es lag nun auf der Hand, daß die poetologische Position dieser „Antiqui“ es unmöglich machte, zeitgenössische Literatur anders denn als imitatio scriptorum classicorum, als Nachahmung jener „klassisch“ genannten Autoren der Antike beschreiben zu können. Ist der Antike das unüberbietbare Maximum, die evidente Norm aller schönen Literatur bereits gelungen, so verpflichtet diese Norm alle späteren Autoren zur Kopie. Gegen diesen Absolutismus der alten Dichtung hat sich bekanntlich im ausgehenden 17. Jahrhundert Protest erhoben: Die Position der „Alten“ wurde nicht länger widerstandslos akzeptiert; die „Moderni“, die „Jungen“, bestanden auf dem Eigenrecht zeitgenössischer Poesie, die sich vom Joch des antiken Maßstabes befreien müsse. Es ist der Franzose Charles Perrault gewesen, der in seiner umfangreichen „Parallèle des Anciens et des Modernes“ (1688 – 1697) dieses Eigenrecht der modernen Literatur herausgestellt und den normativen Anspruch des „klassischen“ Paradigmas bestritten hat. Sein folgenreiches, wirkungsmächtiges Argument besagte etwa folgendes: Der Standpunkt der „Antiqui“ steht und fällt mit der Annahme eines zeitenthobenen, geschichtsjenseitigen Ideals der Schönheit, einer „absoluten Schönheit“, und diese habe die Antike realisiert. Wenn es sich aber ganz anders verhält, und Schönheit etwas ist, was der Geschichte und der Verschiedenheit der Menschen Rechnung tragen muß, dann verwirklichen jede Zeit und jede Kultur ihre eigene Schönheitsvorstellung: Das Schöne ist etwas Relatives.[4]

Für die moderne Literatur des 18. Jahrhunderts hat diese Position des „Schönheitsrelativismus“ wie eine Befreiung gewirkt; erst sie gab die Möglichkeit frei, die eigene Literatur positiv und nicht lediglich in bezug auf das unüberbietbare, allenfalls kopierbare Vorbild der „Alten“ reflektieren und programmieren zu können. Wenn es jeder Zeit, Nation oder Kultur freigestellt ist, ihre eigene Vorstellung von „Schönheit“ produktiv ins Werk zu setzen, dann fällt jeder universalisierbare Maßstab für das Gelungensein von Literatur weg; der zeitliche Prozeß spielt keine qualitative Rolle mehr, weder als „Verfall“ von einstiger „klassischer“ Blüte, noch auch als „Fortschritt“ zu künftiger idealer Schönheit. Während etwa der wissenschaftliche oder technische Prozeß als Kumulationsprozeß angesehen werden kann – die Modernen sind den Alten in technischer Hinsicht weit überlegen –, macht es in literarischer oder künstlerischer Hinsicht keinen Sinn, Zeit als Qualitätskriterium ins Spiel zu bringen: Bölls Romane sind nicht gelungener als Homers Epen, Sophokles ist nicht schlechter als Brecht! Die Werke sind inkommensurabel, es ist unpassend, von „Fortschritt“ oder „Verfall“ in der Literatur zu sprechen.

Im 18. Jahrhundert ist es in Deutschland Herder gewesen, der entschieden

4 Vgl. H.R. Jauß: Antiqui/moderni. In: Hist. Wb. d. Philos. Bd. 1, Spalte 410ff.

wie kein anderer die Differenz der Kulturen, ihre „Alterität" herausgestellt hat, die jedem Versuch, universelle Maßstäbe, generell gültige Normen zu propagieren, den Boden entzieht. Für die Position der „Antiqui", der beflissenen Propagandisten der „klassischen" Poesie, hatte Herder daher nur Spott und Verachtung übrig; er hielt ihnen vor, die antike Poesie nur in ihrer äußeren sprachlichen Form zu kopieren, ihren „Sitz im Leben" der griechischen oder römischen Kultur aber völlig zu verfehlen, an der unversöhnbaren Differenz antiker und moderner Lebenswelten zu scheitern. Auch wenn wir ihre Hexameter oder Strophenformen kopieren, wir verstehen die Griechen nicht mehr! Alles andere ist eine gutmütige Illusion: Die Antike ist uns fremd geworden. Für die genuin moderne Literatur ist die Empfehlung „klassischer" Vorbilder daher eine kontraproduktive Zumutung, eine Einschüchterung, die die schöpferischen Kräfte – das „Genie" – der Moderne blockiert und lähmt:

„O das verwünschte Wort: Classisch! Es hat uns den Cicero zum Classischen Schulredner; (...) Caesar zum Pedanten, und Livius zum Wortkrämer gemacht. (...) Dies Wort hat manches Genie unter einen Schutt von Worten vergraben, seinen Kopf zu einem Chaos von fremden Ausdrücken gemacht, und auf ihn die Last einer todten Sprache, wie einen Mühlstein gewälzet: es hat dem Vaterlande blühende Fruchtbäume entzogen; da stehen sie nun auf fremdem Boden, und trauren mit halbverwelkter Blüte und sinkenden Blättern: statt daß sie uns Bäume hätten sein sollen, unter denen ihr Geschlecht wohnen könnte (...)."[5]

– so Herder 1767 in seinen „Fragmenten über die neuere deutsche Literatur". Die moderne Dichtung, das war seine Überzeugung, ist nur als „antiklassische" Literatur in der Lage, ihre Potentiale zu entdecken und produktiv auszuspielen.

Herders Historismus und Kulturrelativismus ist im 18. Jahrhundert eine exzentrische Position geblieben, die erst im 19. Jahrhundert zu voller Wirksamkeit gelangt ist. Ihr stand zunächst noch der aufgeklärte Rationalismus entgegen, der auf die *eine* Menschenvernunft setzte, die es erlaube, ja fordere, universalistische Normen – auch des Schönen und der Literatur – gegen jeden differenzorientierten Relativismus und Skeptizismus zu behaupten. Dieser Universalismus der *einen* Menschenvernunft und ihrer Geschmacksnormen unterlief gleichsam den Streit der „Antiqui" mit den „Moderni"; weder die Übereinstimmung mit den antiken Autoren noch auch das Selbstbewußtsein, „modern" zu sein, spielt eine Rolle, alles kommt vielmehr darauf an, die Ansprüche der einen, aufgeklärten Geschmackskultur zu erfüllen, der geschichtliche Unterschiede nichts anhaben können. „Zeit" nimmt der aufgeklärte Rationalismus lediglich insofern in Anspruch, als „Aufklärung" im Medium der Geschichte verläuft: „Geschichte" ist Geschichte des Vollzuges oder des Verfehlens von „Aufgeklärtheit"; ihr Telos – die Vernunft selbst – ist dagegen strikt geschichtsunabhängig. Die in diesem Denken relevante Leitunterscheidung bemüht daher nicht die Zeitdimension, die Differenz alt/modern, sondern die Sachdimension, die Differenz „unaufgeklärt"/„aufgeklärt". Und der aufgeklärte Geschmack kann dann als derart exemplarisch oder

5 J.G. Herder: Sämtliche Werke. Bd. 1, S. 412.

musterhaft verstanden werden, daß er „klassisch" zu nennen ist. Johann Georg Sulzer, ein Ästhetikprofessor aus der Zürcher Schule Bodmers und Breitingers, konnte deshalb 1773 sagen, daß „classische Schriftsteller" die genannt werden,

„die als Muster der guten und feinen Schreibart können angesehen werden; denn classisch bedeutet in diesem Ausdruck so viel, als von der ersten oder obersten Classe. Wer Sachen schreibt, die gründlich gedacht und so ausgedrückt sind, daß Personen von reifem Verstand und gutem Geschmack nicht nur an jedem Gedanken, sondern auch an jedem einzelnem Ausdruck Gefallen haben, der gehört in diese Klasse. Nur die Nationen können solche Schriftsteller haben, bei denen die Vernunft sich auf einen hohen Grad entwickelt hat; (...) Der beste Schriftsteller einer Nation aber, die jenen hohen Grad der Cultur noch nicht erreicht hat, kann seiner Nation sehr gefallen, kann einen allgemeinen Ruhm bei seinen Zeitverwandten haben, ohne in die Zahl der classischen Schriftsteller zu gehören. Nicht die besten jeder Nation sind classische Schriftsteller, sondern die besten der Nation, welche die Kultur der Vernunft auf das höchste gebracht hat."[6]

Das ist die harte Antithese zu Herder, der die letzthin inkommensurable Differenz oder Alterität der Kulturen und Nationen betonte; Sulzer war von der einen identischen Menschenvernunft überzeugt, die sich um so kontingente Phänomene wie Nationen und regionale Kulturen nicht schert. Aber auch Sulzer – und das ist für unsere Frage nach der Genese von „Klassik" als Epochenbegriff das entscheidende Moment – war weit davon entfernt, die deutsche Literatur seiner Gegenwart, die von der Publikation der bedeutenden ersten Werke Goethes erfüllt war, „klassisch" zu nennen. Die Aufklärungskultur schien ihm in Deutschland noch längst nicht so weit vorangeschritten, um als Voraussetzung „klassischer" Literatur wirksam werden zu können. Und die Schriften, mit der jene junge Generation, die man später „Stürmer und Dränger" nennen wird, publikumswirksam hervortrat, mußten dem aufgeklärten Geschmack Sulzers als vernunftferne Barbarei erscheinen.

Wenngleich Goethe die Dichtung dieser jungen Autoren gegen den Vernunftdogmatismus eines Spätaufklärers wie Sulzer entschieden in Schutz nahm und in ihren innovativen Absichten verteidigte – er mußte an dem Skandal um seinen Erfolgsroman „Die Leiden des jungen Werther" die Enge und Borniertheit der vernünftelnden Moralapostel ja zu genau kennenlernen –, so wäre es doch auch Goethe im Traum nicht eingefallen, die Literatur seiner Zeit als „klassische" Dichtung zu bezeichnen. Als 1755 ein heute vergessener Autor namens Daniel Jenisch wortreich beklagte, daß es Deutschland bedauerlicherweise an „klassischen" Schriftstellern mangele, fühlte sich Goethe herausgefordert und legte in dem bekannten Aufsatz „Literarischer Sansculottismus" dar, wieso die Forderung nach „klassischen" Autoren unbedacht und leichtfertig sei. Unter welchen Umständen, so fragt Goethe, könne ein „klassischer" Autor überhaupt auftreten ...?

„Wann und wo entsteht ein klassischer Nationalautor? Wenn er in der Geschichte seiner Nation große Begebenheiten und ihre Folgen in einer glücklichen und bedeutenden Einheit vorfindet; wenn er in den Gesinnungen seiner Landsleute Größe, in ihren Empfindungen

6 J.G. Sulzer: Allg. Theorie der schönen Künste. I. Teil. Leipzig 1773, S. 276f.

Tiefe und in ihren Handlungen Stärke und Konsequenz nicht vermißt; wenn er selbst, vom Nationalgeiste durchdrungen, durch ein einwohnendes Genie sich fähig fühlt, mit dem Vergangenen wie mit dem Gegenwärtigen zu sympathisieren; wenn er seine Nation auf einem hohen Grade der Kultur findet, so daß ihm seine eigene Bildung leicht wird; wenn er viele Materialien gesammelt, vollkommene und unvollkommene Versuche seiner Vorgänger vor sich sieht und so viel äußere und innere Umstände zusammentreffen, daß er kein schweres Lehrgeld zu zahlen braucht, daß er in den besten Jahren seines Lebens ein großes Werk zu übersehen, zu ordnen und in *einem* Sinne auszuführen fähig ist."[7]

Von solchen Bedingungen sah Goethe seine deutsche Gegenwart noch weit entfernt. Weder ihr allgemeines kulturelles Niveau, noch ihre literarische Kultur im besonderen, noch auch der politische und soziale Zustand der Nation entsprächen jenen Prämissen, die erfüllt sein müßten, um eine „klassische" Literatur möglich werden zu lassen. Goethe beurteilte die kulturelle Situation Deutschlands kurz vor der Wende zum 19. Jahrhundert mit großer Nüchternheit: Die Vielzahl kleiner und kleinster Staaten, das Fehlen eines politischen und kulturellen Zentrums wie Athen, Rom oder Paris, schienen ihm beträchtliche Hindernisse für die Blüte von Literatur und Kunst zu sein. Die zentrifugale und disperse Kultur behindere die Ausprägung eines bindenden Stils, sie vereinzele die Schriftsteller und überlasse sie den Zufällen und Beliebigkeiten ihrer Einfälle; das Publikum sei zu keiner nuancierten Geschmacksbildung fähig; das fehlende kulturelle Zentrum zwinge die meisten Autoren zu kunstfremder „Brotarbeit" als Hofmeister oder Hauslehrer; schließlich habe die aus der Kleinstaaterei entspringende mangelnde Profilierung einer spezifisch nationalen kulturellen Identität zu einer „Überfremdung" durch ausländische, zumeist französische Geschmacksideale geführt.

„Welcher deutsche (...) Schriftsteller wird sich nicht in diesem Bilde erkennen, und welcher wird nicht mit bescheidener Trauer gestehen, daß er oft genug nach Gelegenheit geseufzt habe, früher die Eigenheiten seines originellen Genius einer allgemeinen *Nationalkultur*, die er leider nicht vorfand, zu unterwerfen? Denn die Bildung der höheren Klassen durch fremde Sitten und ausländische Literatur (...) hinderte doch den Deutschen, als Deutschen sich früher zu entwickeln."[8]

Unter solchen Bedingungen mußte es Goethe fast ein Wunder nennen, daß die deutsche Literatur gleichwohl an Rang und Niveau innerhalb der letzten zwanzig Jahre zugenommen habe. Trotz ihrer kaum zu erwartenden Qualitäten sei sie freilich weit davon entfernt, „klassisch" genannt werden zu können. Ja, Goethe ging so weit, die Möglichkeit „klassischer" Literatur nicht einmal zu begrüßen. Denn seine soziologische Blickweise auf die politischen Zustände Deutschlands mußte ihm nahelegen, den integrierten Nationalstaat mit einer zentralen Kapitale als unabdingbare Voraussetzung jeder deutschen „Klassik" zu fordern. Angesichts der tatsächlichen Machtverhältnisse und nach der Erfahrung der Französischen Revolution erschien ihm eine solche Forderung aber unratsam. Dann schon lieber

7 J.W. v. Goethe: Hamburger Ausgabe. Bd. 12, S. 240f.

8 Ebd., S. 242.

keine „klassische“ Literatur! So konnte Goethe den berühmten, vielzitierten Satz schreiben:

„Wir wollen die Umwälzungen nicht wünschen, die in Deutschland klassische Werke vorbereiten könnten.“[9]

Vor der literarischen „Klassik“ steht die politische Revolution – ohne Revolution keine „Klassik“! Es liegt nahe, daß diese Konstellation von „Klassik“ und Revolution, Politik und Literatur entgegen Goethes konservativen Befürchtungen in ihrer Sprengkraft zum Zuge kommen konnte, sobald die Revolution als Befreiung und nicht als Terror oder Anarchie bewertet wurde.

Goethe ist seinem Selbstverständnis nach kein „klassischer“ Autor gewesen; er hätte wahrscheinlich Schwierigkeiten gehabt, sich überhaupt wesentlich in einem „epochalen“ Rahmen zu sehen und den Sinn der Selbstwahrnehmung als „Autor in einer Epoche“ bezweifelt. An einer solchen historischen Selbstreflexion und Selbstbeschreibung waren die Zeitgenossen um 1800 dagegen außerordentlich interessiert: Schiller und die Schlegelbrüder vor allem verstanden sich forciert als „moderne“ Schriftsteller, die ihre Modernität – in der Zielrichtung ähnlich wie Herder – positiv beschreiben und von den normativen Zwängen des antiken Paradigmas freihalten wollten. Von hier aus ist es konsequent gewesen, das „Klassische“ nicht als das Exemplarische geschichtsenthoben zu fixieren und auch der modernen Literatur als Aufgabe oder Maßstab zuzumuten, sondern es strikt in die Antike zu verbannen und auf die inkommensurablen, nicht wiederholbaren Verhältnisse der antiken Kultur zurückzuführen.

Diese historische Einhegung des „Klassischen“, die Bannung seiner normativen Aktualität für die Gegenwart, ließ die moderne Literatur erst wirklich „modern“ sein: „sentimentalisch“ wie bei Schiller, „interessant“ wie bei Schlegel.

„Wenn man den Gattungsbegriff der Poesie (...) einseitig aus den alten Poeten abstrahiert hat, so ist nichts leichter, aber auch nichts trivialer, als die modernen gegen sie herabzusetzen.“

– so Schillers „antiklassisches“ Diktum.[10] Erst die akzeptierte Inaktualität des „Klassischen“ für die Problemlage der Moderne konnte die moderne Literatur entfesseln. In seiner großangelegten Ästhetik hat Hegel gleichsam das Schlußwort dieser Historisierung der „Klassik“ gesprochen: Die „klassische“ Kunst Griechenlands ist – ihrer Schönheit und Größe ungeachtet – vergangen und zum Leben niemals mehr zu erwecken. „Schöneres“ als die klassische Kunst Griechenlands, sagt Hegel, „kann nicht sein und werden. Dennoch gibt es Höheres!“. Dieses „Höhere“ ist die „romantische“ Kunst und Literatur, die Kunst der modernen Welt.[11]

Ein begriffsgeschichtlich besonders interessantes Dokument für diese histo-

9 Ebd., S. 241.

10 F. v. Schiller: Nationalausgabe. Bd. 20, S. 439.

11 G.W.F. Hegel: Theorie-Werkausgabe. Bd. 14, S. 128.

rische Entmachtung des „Klassischen“ findet sich in Madame de Staëls so wirkungsmächtiger Schrift „Über Deutschland“ aus dem Jahre 1813, die aus einem engen Kontakt mit den Schlegelbrüdern, vor allem mit August Wilhelm Schlegel, herrührt, der viele Jahre ihr philosophischer und literarischer Berater war. In Frankreich hatte sich im intellektuellen Sprachgebrauch die Bedeutung von „klassisch“ als „exemplarisch“ gehalten; durch August Wilhelm Schlegel instruiert, konturierte Frau von Staël demgegenüber die historische Bedeutung: „klassische“ Literatur ist vergangene Literatur!

„Man nimmt das Wort 'klassisch' zuweilen als Synonym von vollkommen. Ich bediene mich seiner hier in einem andern Sinn, indem ich nämlich die klassische Poesie als die der Alten, die romantische aber als die Poesie betrachte, die gewissermaßen aus den Traditionen der Feudalzeit entsprungen ist. Diese Einteilung gilt auch in gleicher Weise für die beiden Zeitrechnungen, das heißt für die, welche der Stiftung der christlichen Religion vorausgegangen, und für die, welche ihr gefolgt ist.“[12]

Die moderne Literatur ist also „romantisch“, von deutscher „Klassik“ kann keine Rede sein. Der Einfluß, den Germaine de Staëls Deutschland-Buch im Westen Europas gehabt hat, findet seine Nachwirkung bis heute darin, daß es Franzosen, aber auch Engländern schwer fällt, in Goethe oder Schiller etwas anderes als „Romantiker“ zu sehen, daß ihnen ein Epochentitel wie „Deutsche Klassik um 1800“ eher als Kuriosum erscheinen muß.

Wenn es den Schriftstellern in der Zeit um 1800 nicht aus verständlicher Bescheidenheit, sondern aus grundsätzlichen Erwägungen heraus niemals in den Sinn gekommen ist, sich als „Klassiker“ oder ihre Zeit als „Klassik“ zu verstehen, dann stellt sich die Frage nach den Motiven, die dazu geführt haben, daß im Laufe des 19. Jahrhunderts gegen dieses Selbstverständnis der Beteiligten der Epochentitel „Deutsche Klassik“ in der Literaturgeschichtsschreibung installiert werden konnte und eine Zustimmung fand, die bis in die Gegenwart anhält.

Diese Motive sind nun keine literaturwissenschaftlichen gewesen, sondern politische. Daß das so ist, sieht man in großer Deutlichkeit an der ersten Geschichte der deutschen Literatur im engeren Sinn, die von Georg Gottfried Gervinus stammt und in den dreißiger Jahren des 19. Jahrhunderts entstand. Man hat gesagt, daß Gervinus der Begründer der Literaturgeschichte als Fachwissenschaft in Deutschland gewesen ist. Wenn Gervinus als Begründer der disziplinären Literaturgeschichtsschreibung angesehen wird, dann gilt dies freilich nur unter Vorbehalt. Denn seine „Geschichte der poetischen National-Literatur der Deutschen“ – so der vollständige Titel – versteht sich programmatisch nicht als „forschendes Werk der Gelehrsamkeit“,[13] sondern weit eher als populäres, an öffentlicher Resonanz interessiertes Unternehmen, das über den engen Kreis der

12 G. de Staël: Über Deutschland. Hg. v. S. Metken. Stuttgart 1962, S. 162.

13 G.G. Gervinus: Schriften zur Literatur. Berlin 1962, S. 146; vgl. K. Weimar: Geschichte der deutschen Literaturwissenschaft bis zum Ende des 19. Jahrhunderts. München 1989, S. 309ff.

Spezialisten hinaus zu wirken beabsichtigte. „Ich will nicht für die (...) gelehrten Kenner (...) schreiben" – so Gervinus in der „Einleitung" –, „sondern für die Nation".[14] Es handelt sich also um keinen Beitrag zur Spezialkommunikation der eben entstehenden deutschen Literaturwissenschaft, die erst seit 1810 als eigenes Universitätsfach institutionalisiert wurde, sondern um letzthin politische Kommunikation; die populäre Literaturgeschichte soll eine politische Funktion erfüllen. Zu diesem Zweck orientierte Gervinus seine Schreibweise an Darstellungsprinzipien der Literatur selbst, vornehmlich des Romans: „Held" seiner Literaturgeschichte ist die „deutsche Poesie", deren wechselvoller, abenteuerlicher Bildungsgang in Form eines „Gemäldes" bzw. als „darstellendes Kunstwerk"[15] vor die Augen des Lesepublikums treten soll. Bei allen Um- und Nebenwegen ist der Bildungsgang dieses Helden mit Namen „Deutsche Nationalpoesie" am Ende doch erfolgreich; er findet seinen krönenden Abschluß und Höhepunkt in der „klassischen" Literatur Goethes und Schillers:

„Ich habe es unternommen, die Geschichte der deutschen Dichtung von der Zeit ihres ersten Entstehens bis zu dem Punkte zu erzählen, wo sie nach mannigfaltigen Schicksalen sich dem allgemeinsten und reinsten Charakter der Poesie, und aller Kunst überhaupt, am meisten und bestimmtesten näherte. (...) Das Ziel in der Geschichte unserer deutschen Dichtkunst, auf das ich hindeutete, liegt bei der Scheide der letzten Jahrhunderte; bis dorthin mußte also meine Erzählung vordringen. (...) Goethe und Schiller führten zu einem Kunstideal zurück, das seit den Griechen niemand mehr als geahnt hatte; je weiter sie darin gediehen, desto unverhohlener ward bei zwar steigender Selbständigkeit ihre Bewunderung für die alte Kunst, bei steigendem Selbstgefühl in ihrer Umgebung ihre ehrfürchtige Bescheidenheit den Alten gegenüber."[16]

Die „Wiederholung" der klassischen Literatur der Antike in der „Klassik" um 1800, im Werk Goethes und Schillers, sichert der deutschen Dichtung im Urteil des Gervinus den ersten Rang unter den europäischen Literaturen: „Alle Bekanntschaft mit den Alten [könne] nur durch uns [Deutsche] vermittelt werden; unsere Literatur [beginne] so über Europa zu herrschen, wie einst die italienische und französische Literatur vor ihr über Europa geherrscht haben".[17] Der Gipfelpunkt der deutschen „Klassik" in Weimar um 1800, der nach Art einer zyklischen Bewegung als Wiederkehr antiker Vollkommenheit in Erscheinung treten soll, ist für Gervinus aber zugleich jene Höhe, von der aus alle folgende Literatur – und zumal die „romantische" – ins Nichts der Belanglosigkeit abstürzt. Da ist von „Entartung und Nichtigkeit" die Rede,[18] von „Bizarrerie" und „Verrücktheit",[19] von „romantischen Nihilisten"[20] und vom „Ekelnamen" des „Jungen

14 Ebd., S. 159.

15 Ebd., S. 145f.

16 Ebd., S. 145, 153, 155.

17 Ebd., S. 156.

18 Ebd., S. 150.

19 Ebd., S. 308.

20 Ebd., S. 311.

Deutschland".[21] Von hier datiert jene schroffe Differenzierung von „Klassik" und „Romantik", die den angeblichen Epocheneinschnitt gleichzeitig als Qualitätsgefälle auslegt: vom „klassischen" Gipfel in die Niederungen „romantischer" Sümpfe!

Gervinus fragt sich dann, ob Hoffnung auf eine „Neo-Klassik" bestehe, ob auf die Dekadenz der Epigonen eine neue „Blüte" der deutschen Literatur folgen könne. Exakt in diesem Kontext kommt er auf Goethes Konstellation von „Klassik" und Revolution zurück; im Unterschied zu dem konservativen Weimaraner Minister ist der liberale Intellektuelle Gervinus aber bereit, die politischen Kosten für eine „Neo-Klassik" zu zahlen.

„Nur das Staatsleben beugt die freie Entwicklung noch nieder; und ehe dieses reformiert ist, werden wir vergebens auf eine große Zeit in irgendeiner Richtung hoffen dürfen. Das hatte Goethe in seiner Jugend (...) schon empfunden, daß es das mangelnde Staatsleben war, was unsere Literatur darniederhielt (...). Noch im späten Alter war Goethe derselben Einsicht, nur wollte er der Nation 'die Umwälzungen nicht wünschen, die in Deutschland klassische Werke hervorbringen könnten'. *Wir* aber wünschen diese Veränderungen und Richtungen; und wenn die Natur der Entwicklung Umwälzungen dabei nötig machen sollte, so werden wir auch diesen klüger entgegenkommen als ausbeugen; denn wer in der moralischen Welt zu Hause ist, wie Goethe in der Natur war, der wird sie so wohltätig nennen müssen und sowenig scheuen dürfen wie dort den Sturm und das Gewitter."[22]

Diesen politischen Umbruchprozeß müsse die Literatur aktiv fördern, sie müsse sich bewußt auf die Tageskämpfe einlassen, satirisch und propagandistisch operieren, um dann einmal, nach vollzogener sozialer Revolution, im liberalen Verfassungsstaat zu neuer klassischer Blüte zu gelangen.

Die „Nationalliteratur" als populäres Genre hatte für Gervinus vornehmlich die Funktion, das gebildete deutsche Lesepublikum am Exempel einer glanzvollen Karriere – der Karriere der deutschen Dichtung bis zur Weimarer Gipfelhöhe – auf die Dringlichkeit und Möglichkeit einer vergleichbaren politischen Karriere der Deutschen hinzulenken. Sollte eine Nation, die poetisch das Höchste erreicht hat und „über Europa herrscht", nicht auch zu einem vergleichbaren politischen Erfolg imstande sein? „Wir wollen nicht glauben", schreibt Gervinus, „daß diese Nation in Kunst, Religion und Wissenschaft das Größte vermocht habe und im Staate gar nichts vermöge!"[23] Der „klassische" Dichter wird so zum Vorbild des „klassischen" Politikers, der in der Wirklichkeit der Geschichte vollbringt, was im Reiche des Geistes und der Phantasie schon gelang.

„Ein Mann tut uns not, der dieses Ziel mit grader Bestrebung ins Auge faßte (...), ein Mann, wie Luther war, der jetzt dies Werk endlich aufnähme, das der große Reformator schon Lust zu beginnen hatte. (...) Der Wettkampf der Kunst ist vollendet; jetzt sollten

21 Ebd.

22 Ebd., S. 312f.

23 Ebd., S. 314.

wir uns das andere Ziel stecken, das noch kein Schütze bei uns getroffen hat, ob uns auch da Apollon den Ruhm gewährt, den er uns dort nicht versagte."[24]

Es zeigt sich deutlich: Die Pragmatik des Epochentitels „Klassik" ist bei seinem ersten Auftreten in der „Geschichte der National-Literatur" des Gervinus eindeutig; es geht um die politische Zielsetzung, die unterstellte nationale Größe deutscher „klassischer" Literatur zum Vorbild, Motiv und Versprechen einer erhofften politischen Reformbewegung zu erklären. Weil Gervinus als Vormärzliberaler auf den demokratischen Verfassungsstaat gehofft hat, meinte er die Literaturgeschichte als Exemplum nutzen zu dürfen, an dem die Deutschen lernen könnten, wozu auch ihre Nation befähigt sei. Sieht man diesen Zusammenhang und hat weiterhin die enttäuschten Hoffnungen der Liberalen im Verlauf der Revolution von 1848/49 vor Augen, dann liegt es nahe, den Epochentitel „Klassik" als Kompensationsbegriff zu interpretieren, der die politische Misere in der Auszeichnung des kulturellen Gipfels kompensiert. Erst die Revision des bürgerlichen Liberalismus, das Einverständnis mit den politischen Verhältnissen des Nachmärz und der Reichsgründungszeit konnte die „Klassik" erneut zum Auftakt politischer Größe und Bismarck als Fortsetzer und Vollender des „klassischen" Projekts der Weimarer Dioskuren deklarieren. Diese Tendenz zeichnet sich in der deutschen Literaturgeschichtsschreibung der zweiten Hälfte des 19. Jahrhunderts allenthalben klar ab: Die „klassische" Literatur gerät mehr und mehr zur illustrierenden Legitimation der Größe des zu gründenden deutschen Reichs, dessen Einzelstaaten in Kampf und Sieg gegen Frankreich zusammenfinden. In der Bestimmung der deutschen „Klassik" mehren sich daher nationalistische Töne; bei August Vilmar, der die vielleicht meistgelesene Literaturgeschichte im 19. Jahrhundert geschrieben hat, reicht gar *eine* deutsche „Klassik" nicht mehr aus. Gegenüber der zutreffenden Unterstellung, die deutsche Literatur des 18. Jahrhunderts sei ohne die vorangegangene westeuropäische, zumal französische Literaturentwicklung gar nicht möglich gewesen, sie habe also außerdeutsche Voraussetzungen und sei wenig „autochthon", weist Vilmar auf die Literatur des 13. Jahrhunderts als auf einen ersten „klassischen" Gipfel deutscher Dichtung, der um 1800 von Goethe und Schiller dann wieder erklommen worden sei. „Unsere Literatur", sagt Vilmar,

„hat eine Erscheinung aufzuweisen, welche die Literatur keines Volkes der Erde mit ihr teilt: sie ist *zweimal* zur höchsten Blüte ihrer Vollendung emporgewachsen, sie hat zweimal in dem Glanze einer heitern, frischen, kräftigen Jugend gestrahlt, – mit einem Worte: sie hat, nicht wie die Literatur der übrigen Nationen nur eine, sie hat *zwei klassische* Perioden gehabt (...). Wessen Selbstgefühl hätte es nicht verletzt, wenn uns, wie gar oft von Unkundigen geschehen, (...) vorgehalten worden ist, daß wir doch nur durch die Voltaire, Corneille und Racine, durch Shakespeare (...), Tasso und Ariost das geworden seien, was wir wirklich sind, und daß wir (...) als träge Nachzügler (...) uns auf die Höhe unseres literarischen Selbstbewußtseins erhoben hätten? Wenn es sich aber ausweist, daß längst vor dem Blütenalter unserer westlichen und südlichen Nachbarn die Zeit unserer ersten

24 Ebd., S. 313f.

schönsten und frischesten Jugend gelegen hat (...), dann werden wir zwar nicht auf undeutsche Weise prahlen (...), wohl aber mit hoher und inniger (...) Freude unserer bevorzugten Stellung unter den Nationen der Erde (...) inne werden."[25]

Die „klassische" Literatur um 1800 versteht Vilmar als Befreiung der deutschen Kultur von aller westeuropäischen Vorherrschaft, als Wiedergewinnung nationaler Identität im siegreichen Kampf gegen das „Fremde".

„Es war dies (...) ein Krieg auf Tod und Leben, in welchem früher, im sechzehnten und weit mehr im siebenzehnten Jahrhundert unser eigenstes deutsches Bewußtsein, unser Nationalleben, unsere Eigentümlichkeit und Selbständigkeit als Deutsche (...) von allen Seiten angegriffen, bekämpft und zeitweise besiegt, ja sogar scheinbar zerstört und vernichtet wurde. Erst nach langem Ringen und heißem Kampfe gelang es, uns unserer selbst wieder bewußt, der feindseligen Elemente Herr und der reichen Beute aus dem langen gefahrbringenden und verwüstenden Kriege der Geister froh zu werden. Darum trägt unsere zweite klassische Periode etwas vorzugsweise kriegsfertiges und kampfgerüstetes an sich."[26]

Dieser angeblich „agonale", kämpferische Charakter der „Klassik" hat im weiteren Verlauf deutscher Literaturgeschichtsschreibung zu der Auffassung zugespitzt werden können, daß sich in der deutschen Literatur um 1800 das „Wesen des Deutsch-Seins" offenbart habe, das in unbedingter harter Konfrontation mit der Mentalität Westeuropas das „Eigene" entdeckt hätte und allein im Kampf behauptet werden könne. „Es sei unsere höchste Lust, die Geister aufeinanderplatzen zu lassen", hat Vilmar gesagt.

Gegenüber solcher politischen Funktionalisierung der „Klassik" trat das Bemühen um inhaltliche, im engeren Sinne literaturwissenschaftliche Bestimmung der sogenannten „klassischen" Dichtung zurück. Gleichwohl sagen Vilmar und mit ihm die Mehrzahl der Literaturhistoriker auch in dieser Hinsicht etwas Bemerkenswertes: Triumphiert habe die deutsche Literatur, weil sie in dem „Freundschaftsbund" ihrer beiden Protagonisten Goethe und Schiller die Synthese solcher Haltungen erreicht habe, die sonst nur isoliert in der Kultur der Völker zum Zuge gekommen seien – Haltungen, die entweder der sinnlich-natürlichen oder der geistig-intellektuellen Ausstattung des Menschen entstammten und in abstrakter Bezeichnung als Gegensatz von „Realismus" und „Idealismus" beschreibbar würden. Jede Kultur – sie sei eher „idealistisch" oder eher „realistisch" orientiert – trage einen Mangel in sich: Fehlt der „realistischen" der begeisterte Schwung, so der „idealistischen" Bodenhaftung und Erfahrungsfülle. Den deutschen „Klassikern" allein sei es in einzigartiger Weise gelungen, Natur und Geist, Erfahrung und Spekulation, Objektivität und Subjektivität, Notwendigkeit und Freiheit, Himmel und Erde miteinander zu verschmelzen, und so ein unüberbietbares Maximum an „Humanität" und integraler Totalität menschlicher Möglichkeiten zu verwirklichen. „In einer humanen Bildung *Natur und Kultur zu versöhnen*, das war die Aufgabe der Menschheit (...). Goethe und Schiller haben

25 A. Vilmar: Geschichte der deutschen National-Literatur. 11. Aufl. Marburg/Leipzig 1866, S. 2f.

26 Ebd., S. 6.

sie *lebend und dichtend* gelöst",[27] so der Münchner Ästhetikprofessor Moriz Carriere. Die Suggestion, die darin lag, den „Bund" von Goethe und Schiller als Modell eines überwundenen elementaren Widerspruchs, als „schöne Totalität" auszugeben, hatte freilich zur Folge, daß die „Klassik" mehr und mehr mit diesen beiden Autoren – und nur mit ihnen – identifiziert wurde. Die, wie man gesagt hat, „mythische" Versöhnung einer zweipoligen Divergenz, schien in Goethe und Schiller inkorporiert.[28] Für Autoren wie Hölderlin, Jean Paul oder Kleist bot das Modell keinen Raum mehr.

Gegen Ende des 19. Jahrhunderts gewann das nationalpolitische „Klassik"-Konzept noch eine andere pragmatische Funktion hinzu: Es wurde nun benutzt, um der modernen Kunst und Kultur in konservativer Absicht entgegengesetzt zu werden. „Klassik" wurde zu einem Schlagwort bildungsbürgerlicher Antimodernität. Der angeblich „kranken", weil „dekadenten" Literatur des „fin de siècle" wurde die angeblich „gesunde", harmonisch-optimistische Lebenshaltung der „Klassiker" entgegengestellt und als Heilmittel angepriesen. Wenn Nietzsche in den „Unzeitgemäßen Betrachtungen" diesen modernefeindlichen Klassiker-Kult des Bürgertums mit scharfen Worten gegeißelt hat, so wiederholte er damit gewissermaßen die Attacke des jungen Herder auf das „verwünschte Wort 'classisch'": Ebenso wie etwa hundert Jahre zuvor bestritten die „Antiqui", die jetzt freilich keine Apologeten der Antike mehr, sondern Parteigänger der „deutschen Klassik" waren, den „Moderni" das Recht, modern zu sein. Die „krankhafte Neigung der Zeit", die „unleugbare Nervosität unseres Geschlechts", die „schrankenlose Subjektivität" – so der Literarhistoriker Otto Harnack im Jahre 1899 – „ertöten das Verständnis (...) des Klassisch-Gesunden".[29] Allein die Rückbesinnung auf Goethes und Schillers Vermächtnis könnte solcher dekadenten Verirrung Einhalt gebieten. Daß dieses museale „Klassik"-Verständnis an der Wirklichkeit der Literatur um 1800 ebenso vorbeiging wie die klassizistische Griechenlandbegeisterung an der kulturellen Wirklichkeit Athens, hat Nietzsche sarkastisch herausgestellt: Goethe und Schiller das Wort „Klassiker"

„anzuhängen und sich von Zeit zu Zeit einmal an ihren Werken zu 'erbauen', das heißt, sich jenen matten und egoistischen Regungen zu überlassen, die unsere Konzertsäle und Theaterräume jedem Bezahlenden versprechen; auch wohl Bildsäulen stiften und mit ihrem Namen Feste und Vereine bezeichnen – das alles sind nur klingende Abzahlungen, durch die der Bildungsphilister sich mit ihnen auseinandersetzt, um im übrigen sie nicht mehr zu kennen, und um vor allem nicht nachfolgen und weiter suchen zu müssen. Denn: es darf nicht mehr gesucht werden; das ist die Philisterlosung."[30]

---

27 M. Carriere: Die Kunst im Zusammenhang der Kulturentwicklung und die Ideale der Menschheit. Bd. 5. 3. Aufl. Leipzig 1886, S. 343.

28 Vgl. J. Link: Die mythische Konvergenz Goethe – Schiller als diskurskonstitutives Prinzip deutscher Literaturgeschichtsschreibung im 19. Jahrhundert. In: B. Cerquiglini/H.U. Gumbrecht (Hg.): Der Diskurs der Literatur- und Sprachhistorie. Frankfurt/M. 1983, S. 225ff.

29 O. Harnack: Über klassische Dichtung. In: Essays. Studien zur Literaturgeschichte. 1899, S. 2 und 16.

30 F. Nietzsche: Werke in drei Bänden. Hg. v. K. Schlechta. Bd. 1, S. 144f.

Verfolgt man die Karriere des Epochentitels „Klassik" im 20. Jahrhundert, dann läßt sich zunächst ein potenziertes Weiterleben seiner nationalistischen Indienstnahme feststellen. Die geistesgeschichtliche Literaturhistorie der zwanziger Jahre hat die spezifisch deutsche Gestimmtheit der Dichtung um 1800 in immer neuen Variationen gefeiert und im Sinne einer Typologie nationaler Mentalitäten gegen die Zivilisation Westeuropas abgegrenzt. Anders aber als in der Literaturgeschichtsschreibung des 19. Jahrhunderts wird nun die Romantik positiviert und der Klassik an die Seite gestellt, ja, ihr sogar vorgezogen. Diese „Umwertung" zeigt sich etwa exemplarisch in dem berühmten und überaus einflußreichen Buch von Fritz Strich: „Deutsche Klassik und Romantik" aus dem Jahre 1922. Strichs Ansatz ist von literaturtheoretischen Fragen im engeren Sinn zunächst weit entfernt: In der Dichtung artikuliert sich für ihn nämlich eine nur anthropologisch faßbare Grundhaltung des Menschseins schlechthin, wie etwa zur Zeit. Als endliches Wesen – den Tod vor Augen –, so argumentiert Strich, dränge es den Menschen nach „Verewigung", zur Erfahrung von „Dauer", „Ewigkeit", „Absolutheit", zur Überwindung des Mangels, der „Vergänglichkeit" und „Sterbenmüssen" heißt. Strich sieht zwei existentielle Möglichkeiten, dieser Sehnsucht nach „Verewigung" zu entsprechen: da ist einmal die geleistete „Vollendung", der perfekte, selige Moment, dem nichts mehr mangelt; und da ist zum anderen das Innewerden der „Unendlichkeit" des Welt-Ganzen, in dem jedes positiv Geleistete augenblicklich zerrinnt und „Ruhe" niemals erreichbar ist. „Es handelt sich um die ewige Ruhe der Vollendung und die ewige Bewegung der Unendlichkeit."[31] Soweit sie sich im Medium der Dichtung artikulieren, begründen diese beiden Grundhaltungen des Menschen angesichts seiner Zeitlichkeit die Polarität von „Klassik" und „Romantik". „Klassisch" ist das in sich vollendete, harmonisch integrierte, selig in sich ruhende „Werk"; „romantisch" dagegen jene Poesie, die sich nicht in sich selbst beruhigt und an sich Genüge findet, sondern unendlich über sich hinausdrängt und derart den „Mangel" des Unendlichen im Endlichen anzeigt. Auch als Kontrast von „Realismus" und „Idealismus" hat Strich diese Polarität bezeichnen können. Ihre Pragmatik gewinnen diese Epochentitel aber wiederum erst innerhalb ihres kulturpolitischen Horizonts. Denn es sei die „welthistorische" Leistung des deutschen Geistes gewesen, so suggeriert Strich, der westeuropäischen Mentalität eines französisch-starren Klassizismus und Rationalismus, eines englisch-flachen, ja banalen Empirismus die Unbedingtheit und Tiefe humaner Existenz und Weltsicht entgegenzustellen und zum Siege zu bringen. Dazu sei Deutschland wie keine andere Nation berufen, weil die „dunkle Tiefe" seines Geistes, seine „metaphysische" Begabung, sein „faustischer Drang", seine „Gläubigkeit" ... die einzig geeigneten Waffen zur Bezwingung des überlebten Westeuropas gewesen seien.

„Als die französische Kultur sich selbst (...) übersteigert hatte, mußten sich mit innerer Notwendigkeit die anderen, dunkleren und tieferen Gründe des Menschentums regen, und dieses war der welthistorische Moment, in welchem die Stunde des germanischen Geistes

31 F. Strich: Deutsche Klassik und Romantik. Bern/München ^{5}1962, S. 23.

gekommen war. Denn jetzt fiel die allgemeine Forderung der Geschichte mit der eigensten Kraft und Richtung des germanischen Volkes ganz zusammen, weil dieses Volk (...) sich niemals in die Grenzen der Vernunft und einer in sich selbst geschlossenen Gestalt und Form zu fügen vermochte, sondern mit der Kraft eines heroischen Freiheitsdranges immer diese Grenzen niederriß und seine Idee unendlicher Entgrenzung sich gegen den westlichen Klassizismus empören mußte. (...) Werthers Schmerz und Fausts Empörung und Fichtes Idealismus strömten nun in das eine Meer zusammen, welches deutsche Romantik heißt, und in welchem sich das *deutsche Wesen* zu seinem umfassendsten und ungezwungensten Ausdruck sammelte."[32]

Das besagt aber, daß sich in der Konzeption Strichs der „deutsche Genius" recht eigentlich in der „romantischen" Haltung maßloser, rauschhafter Entgrenzung und Überschreitung jeder Norm und jeder Ordnungszumutung Ausdruck gegeben hat. Von diesem „romantischen" Kern der deutschen Begabung aus muß Strich die „Klassik" Goethes und Schillers in gewisser Hinsicht als Kompromiß mit dem lateinisch-romanischen Kulturimpuls der „Form" und des „schönen Maßes" verstehen. Die „Klassiker" haben ihrem nationalen „romantischen" Drängen eine Gestalt geben können, die für einen Augenblick die „unmögliche Synthese" der anthropologischen Differenz von „Verewigung" und „Unendlichkeit" in Aussicht gestellt habe. Das westliche Ausland habe diese „klassische" Einhegung der „romantischen" Unendlichkeitsverfallenheit aber stets als genuinen Ausdruck deutscher „Romantik" aufgenommen und als Impuls eigener „Romantismen" wirksam werden lassen.

„Die deutsche Klassik hat viel stärker noch als die deutsche Romantik zur Entfesselung der europäischen Romantik geführt. Man wird das vielleicht so verstehen können, daß die deutsche Romantik selbst zu fremd, zu deutsch, zu uneuropäisch war, als daß man sie hätte verstehen und für sich selber hätte fruchtbar machen können. Die Phantastik eines Novalis, die lyrische Musik eines Eichendorff, die Formlosigkeit eines Jean Paul, die Wildheit einer Kleistischen Penthesilea: das ging über die Grenzen dessen hinaus, was von dem europäischen Geist noch aufgenommen werden konnte. Die Klassik Goethes und Schillers dagegen bot das deutsche Wesen in einer Form an, welche durch Bildung an der Antike, der Renaissance und dem französischen Klassizismus dem europäischen Geiste angenähert war."[33]

Die „Verwestlichung" des deutschen Geistes von 1800 habe seinen romantischen Grundzug jedoch mißverstanden, ihn politisiert oder ästhetisiert und derart die befreiende Kraft der deutschen Kulturbewegung für Europa blockiert. Seine Gegenwart – die zwanziger Jahre – sah Strich von einer erneuten Vorherrschaft des westeuropäischen Rationalismus und Pragmatismus in Kultur, Wissenschaft und Politik bestimmt. „Die deutsche Stunde ist heute nicht mehr".[34] Die letzten Sätze des Buches durchtönt allerdings die Hoffnung auf eine „neue Weltstunde"

32 Ebd., S. 342f. u. 345.

33 Ebd., S. 350.

34 Ebd., S. 362.

der deutschen Dichtung und eine Wiederkehr des romantischen Geistes, eine erneute Überwindung Westeuropas.[35]

Die nationaltypologische Konzeption einer agonalen Konfrontation von westeuropäisch-rationalistischer Zivilisation und klassisch-romantischer Kulturbewegung in Deutschland kennzeichnet die geistesgeschichtliche Literaturhistorie der zwanziger Jahre durchgängig; man findet ähnliche Vorstellungen bei Korff und Vietor, Cysarz und Bartels, um nur einige wenige weitere Namen zu nennen. Dieser Stilisierung der deutschen Literatur um 1800 zum Inbegriff kämpferischen Deutsch-Seins bediente sich die Germanistik im Dritten Reich lediglich; ohne inhaltlich wesentliche neue Akzente zu setzen, verschärfte sie allerdings die Rhetorik ihrer Epochencharakteristik in Form einer „Militarisierung" der Literaturgeschichte. Von „Zucht" und „Härte" ist die Rede, von „Heldentum", „Opferbereitschaft" und Tod. Über Schiller etwa heißt es in Franz Kochs „Geschichte deutscher Dichtung" aus dem Jahre 1937:

> „So ist (...) Schiller (...) zum Dichter des Kampfes geworden und (...) zum Sänger und Gestalter des Helden. Uraltes Erbe bricht sich da Bahn und drängt zum Licht, Erbe, das in dunklen Adern taubes Gestein unserer Dichtung durchzieht, um plötzlich, unvermutet wieder in Kristallen aufzustrahlen. Denn Schillers Dichtung ist ein Ast von jenem Stamme, der auch das frühgermanische Heldenlied und Heldenepos trägt, wo die Helden todgeweiht fahren, um fern zu sterben, ihre heldische Sendung im Opfer ihres Selbst vollenden."[36]

Für Walter Linden geht es – ebenfalls 1937 – in der „klassisch-romantischen" Literatur um den „Sieg des deutschen Volkes im Kampf um seine Artung",[37] um die „Zertrümmerung Westeuropas" und die „deutsche Weltherrschaft".[38] Daß Goethe, Schiller oder Friedrich Schlegel für solch chauvinistische Militanz kaum „klassische" Vorbilder waren, wurde entweder übergangen oder aber offensiv attackiert; gegen Goethes Kosmopolitismus und Schillers Freiheitspathos wurden dann die vaterländischen Töne Hölderlins und Heinrich von Kleists aufgeboten, so daß man von einer deutlichen Tendenz zur Aufwertung „romantischer" Literatur als genuin „deutscher" Dichtung zuungunsten der „Klassik" sprechen darf, die in der Geistesgeschichte des Jahrhundertbeginns einsetzte und im Dritten Reich konsequent fortgeführt wurde, ohne allerdings die nationalpolitische Indienstnahme der „Klassik" irgend fallenzulassen.

Diese deutsch-nationale Auszeichnung der „Romantik" mag damit zu tun gehabt haben, daß die im Kontext sogenannter „antifaschistischer" Kulturpolitik in den dreißiger und vierziger Jahren entstehende marxistische Literaturgeschichtsschreibung eine dezidierte Umwertung vornahm und die „Klassik" wieder inthronisierte, auf Kosten einer „Romantik", die nun pauschal als „reaktionär", „dekadent" oder

---

35 Ebd., S. 363.

36 F. Koch: Geschichte deutscher Dichtung. 1937, S. 152.

37 W. Linden: Geschichte der deutschen Literatur. 1937, S. 6.

38 Ebd., S. 273.

„subjektivistisch“ verdammt wurde. Es war an erster Stelle Georg Lukács, der die „Klassik“ aus der Kontinuität der „progressiven“ bürgerlichen Aufklärung heraus interpretierte und sie scharf von aller „Romantik“ sonderte. Für Lukács kam der deutschen „Klassik“ die besondere Rolle zu, die Kontinuität des „Realismus“ zwischen dem 18. und dem 19. Jahrhundert, zwischen Diderot, Lessing und Balzac, Tolstoi, gewahrt zu haben. Als „Realismus“ galt Lukács die Befähigung der Dichtung, die wesentlichen historischen Gesetzmäßigkeiten der Zeit – bzw. das, was der Marxist für solche „Gesetzmäßigkeiten“ hält – in schöner Gestaltung plastisch zu repräsentieren. Befähigt zu dieser „realistischen“ Gestaltung seien aber nur solche Schriftsteller, deren genuines „Klasseninteresse“ noch mit dem allgemeinen Interesse der Menschheit übereinstimme. Diese Identität von Partial- und Universalinteresse der Gattung sah Lukács bei Goethe und Schiller vor allem deshalb gegeben, weil ihre vergleichsweise kontemplative Haltung zu den revolutionären Umbrüchen ihrer Zeit sie davor bewahrt hätte, die Wende des Bürgertums zu einer „reaktionären“, gegen die entstehende Arbeiterschaft gerichteten Interessenpolitik mitzuvollziehen. In der apolitischen Distanz hätten sie „gesamtmenschlich-progressive“ Ziele bewahrt und seien deshalb „Realisten“ geblieben, während das zunehmend bornierte Bürgertum in der weltlosen Subjektivität romantischer Phantasterei seinen passenden literarischen Ausdruck gefunden hätte. Lukács konstruiert auf diese Weise eine „Fortschrittslinie“ realistischer Literatur, die jeweils „progressive“ Klasseninteressen artikuliert und das unterstellte humane Gesamtziel – die klassenlose Gesellschaft des Kommunismus – im Auge behält. Auf diese Weise wird die sogenannte „klassische deutsche Literatur“ um 1800 ohne Umschweife zu einer Antizipation des „sozialistischen Realismus“ und der inzwischen Geschichte gewordenen „sozialistischen National-Literatur“ der DDR erklärt, während die „dekadente Romantik“ dem verfaulenden Bürgertum überlassen wurde. Der Epochentitel „Klassik“ gerät so von dem deutschtümelnden Regen in die sozialistische Traufe: Seine pragmatische Funktion liegt nun darin, nicht länger das „deutsche Wesen“, sondern den „legitimen“ Anspruch der sozialistischen Gesellschaft auf Goethe und Schiller zu begründen und in den „Klassikern“ Vorläufer der heute zum Glück erledigten Literatur und Kulturpolitik des Sozialismus zu sehen. Lukács selbst nannte die deutsche „Klassik“ ein „unverlierbares und aktuelles Erbe für den sozialistischen Realismus“,[39] und ein profilierter Germanist der ehemaligen DDR, Hans-Jürgen Geerdts, schrieb 1974:

> „Mit seiner dialektischen Betrachtung der Beziehungen zwischen Gesellschaft und Literatur erreichte Goethe eine hohe geschichtliche Stufe der Antizipation künftiger realistischer Literaturbewegungen, eine prinzipielle Antizipation auch des sozialistischen Realismus als die unserem Zeitalter der 'Weltwende' adäquaten Poesie. (...) So wird sein Vermächtnis (...) zu einer Aufforderung an die Nachgeborenen, dieses Vermächtnis umfassend zu rezipieren.“[40]

---

39 G. Lukács: Literatursoziologie. Neuwied/Berlin 1963, S. 402.

40 H.-J. Geerdts: J.W. Goethe. Leipzig 1974, S. 175.

Hält man sich diese hier nur mit wenigen Strichen erläuterte Genealogie des Epochenbegriffs „Klassik“ vor Augen, dann zeigt sich überdeutlich, in welcher Weise wissenschaftsfremde Interessen in die Konstituierung des Begriffs eingegangen sind, den die Schriftsteller um 1800 niemals zur Selbstbezeichnung benutzt haben. Ob es das Interesse der Vormärzliberalen an demokratischer Verwirklichung des Nationalstaats war oder das Interesse des konservativen Bürgertums an nationaler Größe im Zuge der Reichsgründung, ob es ein antimoderner Affekt um die Jahrhundertwende oder die Profilierung der antiwestlichen, gegenaufklärerischen „Deutschen Bewegung“ in der Geistesgeschichte der zwanziger Jahre und ihre krude Politisierung im Dritten Reich, ob es schließlich die Instrumentalisierung Goethes und Schillers zum Zwecke der Legitimationsbeschaffung für ein obsoletes Realismuskonzept und eine unsinnige sozialistische Nationalkultur im Kontext der marxistischen Literaturgeschichtsschreibung war: Stets fungierte der „Klassik“-Begriff als Losung politischer bzw. kulturpolitischer Kommunikationsinteressen; seine Funktion, nicht seine etwaige literaturwissenschaftliche Plausibilität – hier nahm man die schlimmsten Ungereimtheiten in Kauf – war das ausschlaggebende Moment.

Wenn unsere moderne Gesellschaft solcher „Leistungen“ der Literaturgeschichtsschreibung zur Legitimation ihres Selbstverständnisses aber nicht länger bedarf, Literaturgeschichte also an politischer Relevanz verliert, dann könnte die Stunde einer nüchternen Bilanzierung des Sinns oder Unsinns des Epochentitels „Klassik“ gekommen sein. Lebt der Begriff heute allein noch von seiner fragwürdigen Geschichte, oder ist er literaturwissenschaftlich rehabilitierbar? Betrachtet man unter dieser Fragestellung die literaturwissenschaftliche Diskussion der letzten Jahre, dann zeichnet sich eine bemerkenswerte Entwicklung ab. Nachdem zunächst in den siebziger Jahren – ausgelöst durch die kritische Selbstreflexion der Germanistik als „deutsche Wissenschaft“ – eine Art „Entmythologisierung“ der Klassik zu beobachten war, die mit harschen Tönen den angeblichen Eskapismus der Weimarer „Hofpoeten“ tadelte und statt ihrer die Lektüre der vergessenen Literatur deutscher „Jakobiner“ empfahl, scheint die Bewertung der deutschen Literatur um 1800 in den achtziger Jahren außerordentlich von dem Ort abzuhängen, von dem aus sie getroffen wird. Es zeigt sich nämlich in erstaunlicher Deutlichkeit, daß die nicht-deutsche, ausländische Literaturwissenschaft, die eine eher gesamteuropäisch-komparatistische Perspektive bevorzugt, der deutschen „Klassik“ skeptisch bis ablehnend gegenübersteht. Aus gesamteuropäischer Sicht scheint die deutsche Literatur um 1800 weit eher dem „mainstream“ einer ihre eigene Ausdifferenzierung beobachtenden Literatur anzugehören, die sich als „autonom“ wahrnimmt und bislang ungeahnte thematische und stilistische Möglichkeiten aufschließt, die zu ihrem Verständnis besondere Kommunikationskompetenz verlangen. Romanisten und Komparatisten neigen dazu – und diese Neigung scheint uns zustimmungsfähig zu sein –, diese Phase der sich ausdifferenzierenden Literatur zwischen 1770 und 1800 im Ganzen „Romantik“ zu nennen und auf eine eigenständige, von der Romantik gar durch einen tiefen Einschnitt getrennte „Klassik", die nicht mehr umfaßte als einige Texte Goethes und Schillers aus den Jahren 1794 – 1805, zu verzichten.

Auf der anderen Seite sind es deutsche Germanisten, die an dem Epochenbegriff „Klassik" festhalten wollen. An ihren Stellungnahmen wird aber ablesbar, daß es wiederum kulturpolitische Interessen und Motive sind, die den Epochenbegriff dirigieren. In der „klassisch" genannten Konzeption „gebildeter Humanität" steckte für Wilhelm Voßkamp 1987 eine noch aktuelle „Identitätsofferte" für die moderne Gesellschaft[41] – und der Hallenser Germanist Hans-Georg Werner nannte ein Jahr später folgende Gründe für die Dringlichkeit einer Bewahrung des Epochentitels:

> „die ideelle Verwurzelung [der Klassik] in einer Tradition, die über die aufklärerischen Bemühungen zur geistigen, politischen und sozialen Emanzipation des Individuums vermittelt worden war und die ihren wichtigsten Orientierungspunkt in der utopischen Vorstellung einer glücklichen Menschheit und einer vernünftig geordneten Gesellschaft hatte; die Treue [der Klassik] zu einem sozial verantwortbaren individuellen Ethos (...); schließlich (...) das von der Bildungsidee strukturierte Werkkonzept Goethes und Schillers, in dessen Folge ihre Texte willkürlichen Ausdeutungen zumeist starken Widerstand entgegensetzen (??). Auf Grund dieser Prämissen wird das Werk Goethes und Schillers als ein literarischer Komplex aufgefaßt, der sowohl in kulturell historischer wie in *gegenwärtiger* Hinsicht einen besonderen Wert darstellt. Ausschlaggebend dafür ist ein ideelles Interesse an der Förderung von Humanität und individueller Aktivität, an sozialer Aufgeschlossenheit und menschheitlich sinnvollen Zielsetzungen. Da dieses Interesse viele Menschen unterschiedlicher politisch-ideologischer Einstellungen bewegt, kann das (...) Klassik-Konzept durchaus *allgemeine Bedeutung* haben."[42]

Die Plausibilität solcher Aktualitätsvermutungen hängt freilich von der ernüchternden Frage ab, ob das semantische Potential von 1800, das „Bildung" und „Humanität" als schöne Harmonie von Individuum und Gesellschaft, von Einzelnem und Allgemeinem, von Differenz und Identität verstand, noch irgendeine orientierende Kraft für die Reflexionsprobleme der modernen Gesellschaft hat. Hier könnte Skepsis angebracht sein.

Jedenfalls sollte sichtbar werden – und allein darauf kam es uns hier an –, daß selbst die aktuellsten „Klassik"-Rechtfertigungen der deutschen Germanistik pragmatischer Natur sind und letzthin politische Interessen bedienen: Nun ist es nicht mehr das Bedürfnis nach literarischer Illumination der Ausnahmestellung Deutschlands unter den Völkern Europas oder das Interesse, Goethe als Ahnherrn sozialistischer Kultur zu etikettieren, sondern der Wunsch, das ästhetische Programm Weimars als Antizipation demokratischer Lebensweisen oder sogar herrschaftsfreier Kommunikation und zwangloser Einheit des Verschiedenen auszu-

---

41 W. Voßkamp: Klassik als Epoche. In: R. Herzog/R. Koselleck (Hg.): Epochenschwelle und Epochenbewußtsein. München 1987 (Poetik und Hermeneutik XII), S. 514.

42 H.-G. Werner: Literarische Klassik in Deutschland? In: Jb. d. dt. Schillerges. 32(1988), S. 362f.

geben. So sympathisch solche Versuche sein mögen, für eine literaturwissenschaftlich reflektierte Epochenbezeichnung geben sie nichts her.

Ziehen wir ein kurzes Fazit: Epochenbegriffe sind Fremdbeschreibungen der Geschichtlichkeit von Literatur. „Es gibt keine Epochen" – hat Karl-Heinz Stierle zu Recht sagen können.[43] Es handelt sich vielmehr um Konstrukte, die die zeitliche Abfolge der Literatur markant differenzieren wollen. Darauf wies Benno von Wiese – im Gegenzug zur geistesgeschichtlichen Sicht der Dinge – bereits 1933 hin, als er in einem Aufsatz schrieb:

„Jeder Versuch, generelle Epochenbegriffe zu einem bestimmten Sein umzudeuten und die bloße Kategorie in ein geschichtliches An-sich zu verwandeln, hat nur einen subjektiven Anspruch (...), nicht aber einen objektiven (...). Romantik, Sturm und Drang, Impressionismus usw. sind nicht wirklich bestehende geschichtliche Einheiten, die sich wie eine Art Seuche ausbreiten, sondern literarhistorische Kategorien, mit deren Hilfe der geschichtliche Zusammenhang (...) interpretiert werden soll."[44]

Wie wir sehen konnten, ist die über Epochenbegriffe regulierte Fremdbeschreibung der deutschen Literatur seit Ausgang des 18. Jahrhunderts massiv von politischen Interessen gesteuert worden; das hatte zur Folge, daß die vorgeschlagenen Epochenbegriffe keinerlei einheitliche theoretische Referentialisierung aufweisen, sondern jenes Bild fast unbeschränkter Beliebigkeit erkennen lassen, auf das wir anfangs hinwiesen. Sieht sich die Literaturwissenschaft aber nicht lediglich als Appendix anderswo in der Gesellschaft entstehender Interessen und anderswo formulierter Geschichtsverlaufsvorstellungen, dann müßte sie ihre relevanten Epochenbegriffe aus einer eigendirigierten Literaturbeobachtung ableiten. Die Geschichtlichkeit moderner Literatur und ihre Epochengliederung sollte sich als Ergebnis einer spezifisch literaturwissenschaftlichen Konstruktion ergeben, die sich nicht vorrangig als Lieferantin überflüssig gewordener Offerten für so etwas wie persönliche, soziale oder nationale Identität versteht. Die Wissenschaftlichkeit der Literaturhistorie erweist sich unter anderem in dem Maß, in dem sie sich gegen solche Anmutungen verschließt. Statt „Identitätsofferten" feilzubieten, sollte die Literaturgeschichte vielmehr auf die Homogenität der gewählten Epochentitel achten; es geht nicht an, daß ein Titel wie „Aufklärung", der rund zweihundert Jahre eines gesamteuropäischen globalen Transformationsprozesses anvisiert, neben einer deutschen, wenige Jahre umgreifenden Kuriosität wie „Sturm und Drang" steht. Gleichzeitig sollten die Epochenbegriffe so gewählt sein, daß sie im Horizont der gesamteuropäischen Literaturevolution kompatibel sind. Ohne irgendeiner Einförmigkeit das Wort zu reden, wird man aus theoretischen Gründen von strukturellen Evolutionsparallelen moderner Literatur – ihrer nationalen Besonderheiten ungeachtet – ausgehen dürfen. In dieser Hinsicht sind

43 K. Stierle: Renaissance – Die Entstehung eines Epochenbegriffs aus dem Geist des 19. Jahrhunderts. In: R. Herzog/R. Koselleck (Hg.): Epochenschwelle, a.a.O., S. 453.

44 B. v. Wiese: Zur Kritik des geistesgeschichtlichen Epochenbegriffs. In: DVjS 11(1933), S. 135.

Epochentitel wie „Sturm und Drang“, „Biedermeier“, „Junges Deutschland“ oder „Neue Sachlichkeit“ – um nationalgeschichtliche wie „Wilhelminismus“ nicht erst zu erwähnen – wenig hilfreich. Es kommt darauf an, homogene und kompatible, zuallererst aber einheitlich referentialisierte Epochenbegriffe zu entwickeln.

Kapitel 1: Systemgeschichte der Literatur

Wenn wir vorgeschlagen haben, die Literatur der letzten zweihundert Jahre „Literatur der Moderne“ zu nennen, dann bedarf dieser Vorschlag der Begründung. Denn diese Verwendung des Begriffs „Moderne“ steht in Konkurrenz zu der vielleicht geläufigeren, die unter moderner Literatur die Dichtung seit Ausgang des 19. Jahrhunderts versteht und Autoren wie George, Hofmannsthal oder Rilke „Klassiker der Moderne“ zu nennen gewohnt ist. Ein so einflußreiches Buch wie „Die Struktur der modernen Lyrik“ des Romanisten Hugo Friedrich setzt mit Baudelaire ein und nennt Mallarmé und Rimbaud die eigentlichen „Gründer und Führer der modernen Lyrik Europas“, deren Aktualität bis in die Gegenwart ungebrochen fortdauere. Eine vielbenutzte Textsammlung „Die literarische Moderne“ präzisiert ihren Titel: „Dokumente zum Selbstverständnis der Literatur um die Jahrhundertwende“ und präsentiert dann programmatische Verlautbarungen solcher Schriftsteller wie Hermann Bahr oder Heinrich Hart, Leo Berg oder Samuel Lublinski. Plausibel erscheint diese Begriffsverwendung wohl vor allem deshalb, weil die Selbstbeschreibung der Literatur im ausgehenden 19. Jahrhundert als „modern“ inflatorische Ausmaße annimmt und von einem Pathos des „Neuanfangs“, der „Zukunftseuphorie“ und des „Traditionsbruchs“ durchzogen ist. Im Jahre 1850 schrieb Heinrich Hart z.B.:

„Ein Jahrhundert geht zu Ende. Das will nicht viel bedeuten. Ich sehe Größeres zu Ende gehen, nicht einen menschlichen Zahlbegriff, sondern eine menschliche Wirklichkeit. Eine Menschheitsepoche sinkt in den Abgrund der Zeit hinab, eine Epoche, so fest begrenzt und so klar bestimmbar, wie das Kindheitsalter eines jeden Einzelwesens. Und eine neue Geistesära taucht empor. Seit Jahrhunderten schon wogt die Dämmerung, mit nachtdunklen Schatten ringt das junge Morgenlicht; noch schwebt es nur trüb und fahl durch wallende Nebel. Aber die Stunde ist nicht mehr fern, in der es Dämmer und Nebel zerreissen und welterleuchtend hervorbrechen wird. Die *Antike* ringt in den letzten Todeskämpfen, die *Moderne* hebt sich jugendlich empor. Und schon grüßt hier und da ein Amselruf die kommende Sonne.“[1]

Diese Töne klingen in unseren Ohren gewiß nicht mehr sonderlich „modern“. Das eigentümlich anachronistische Zitat der „Querelle des Anciens et des Modernes“ und die blumige, dem Kitsch nicht ferne Metaphorik des „Aufbruchs“ lassen dieses Moderne-Bewußtsein überaus altmodisch erscheinen. Wollten wir solche Stimmen zur Grundlage eines Epochenbegriffs „Moderne“ machen, dann folgte daraus zwangsläufig, daß diese „Moderne“ längst Vergangenheit geworden

1 G. Wunberg: Die literarische Moderne. Dokumente zum Selbstverständnis der Literatur um die Jahrhundertwende. Frankfurt/M. 1971, S. 69.

ist, der immer neue „Modernen" gefolgt sind. Ein gemeinsames Merkmal dieser sich im raschen Wechsel verschleißenden „Modernen" ist dagegen in der Absicht zu sehen, „anders" zu sein als das Vorausgegangene, zu überraschen und eingespielte Erwartungen zu enttäuschen. „Man kann von einer aggressiven Dynamik modernen Dichtens sprechen", formuliert Hugo Friedrich in der erwähnten Abhandlung über die moderne Lyrik. Diese Aggressivität erzeuge eine „Schockwirkung, deren Opfer der Leser ist. Er fühlt sich nicht gesichert, sondern alarmiert."[2] Dem ist zuzustimmen, auch wenn Friedrich die Dramatik solcher Schockeffekte vielleicht übertreibt. Formuliert man das Gemeinte ein wenig genereller, dann scheint es ein konstitutives Merkmal moderner Literatur zu sein, Tradition nicht zu wiederholen, sondern permanent zu brechen. Daraus ergibt sich dann die geschichtliche Dynamik moderner Literatur, der der jeweils „letzte Schrei" zur literarischen „Mode von gestern" wird, die man überwinden muß. Moderne Literatur ist also von vornherein traditionskritisch und innovationsfreudig. Sie will keine Vorbilder mehr – und sei es vollendet – kopieren, sondern möglichst unerwartbare Wirkungen erzielen, denen ein hohes Überraschungs- und Irritationspotential einwohnt.

Formuliert man das Kriterium der Modernität moderner Literatur so allgemein, dann wird auf den ersten Blick deutlich, daß die „Moderne" genannte Literatur des ausgehenden 19. Jahrhunderts und der Jahrhundertwende nur der Fall einer Regel gewesen ist; das Schrille ihrer Programmatik bringt allenfalls zu überdeutlicher Sichtbarkeit, welchem Gesetz moderne Literatur folgt: dem „Gesetz forcierter Innovation". Dieses Gesetz bestimmt die Literatur aber nicht erst seit den heroischen Tagen der Jahrhundertwende und ihrer Aufbruchpropheten; es hat seinen Ursprung da, wo die Kopierregel zugunsten der Innovationsregel fallengelassen wurde, also im 18. Jahrhundert. Es ist deshalb sinnvoll, den Epochenbegriff der „Moderne" so weit zu fassen, daß er alle von dieser Regel geleitete Literatur in den Blick nimmt und nicht lediglich besondere Exempla auszeichnet. Wir sagen also zunächst ganz formal: Die Modernität moderner Literatur liegt in ihrer Orientierung an der leitenden Unterscheidung „alt"/„neu" bzw. „konventionell"/„originell" oder „banal"/„interessant", wobei beide Seiten der Differenz rein positional zu verstehen sind: Das „Neue" ist das „Alte" von morgen – und heißt dann „Neo-Avantgarde", das „Konventionelle" kann „originell" wirken, das „Interessante" „banal" werden usw. Im Sinne dieser Definition umfaßt die Literatur der Moderne die Literatur seit etwa 1770, wie wir noch im einzelnen begründen wollen. Man kann sie eine „Makroepoche" nennen, da sie eine basale Identität im raschen Wechsel der thematischen und stilistischen Möglichkeiten moderner Literatur exponiert: die Innovationsregel und die von ihr nahegelegte Leitunterscheidung „konventionell"/„originell". Wir möchten die Einheit dieser „Makroepoche" genauer untersuchen, um zu einer plausiblen Möglichkeit zu gelangen, ihre interne Zeitlichkeit – und damit ihre Gliederung in Perioden –

2 H. Friedrich: Die Struktur der modernen Lyrik. Von Baudelaire bis zur Gegenwart. Hamburg 1956, S. 11f.

charakterisieren zu können. Wir orientieren uns an Begriffen wie „Ausdifferenzierung“, „Systembildung“, „Evolution“ und beobachten die Geschichte moderner Literatur daher aus der Perspektive der Systemtheorie, wie sie von Niklas Luhmann entwickelt worden ist; da diese Beobachtungsperspektive weder selbstverständlich noch voraussetzungslos ist, bleibt uns nichts anderes übrig, als zunächst einige Grundelemente hervorzuheben.

Systemtheoretische Grundlagen

Wer eine Theorie, von der es heißt, sie wäre kompliziert oder komplex, charakterisieren will, stellt nicht den Anspruch, diese Komplexität einfach zu wiederholen. Wollte er das, müßte er z.B. empfehlen, alle Veröffentlichungen von Luhmann zu lesen. Er will vielmehr eine simplifizierende Beschreibung dieser Theorie anfertigen, die selektiv verfährt, diesen Aspekt hervorhebt, jenen dafür wegläßt, usw. Weil die simplifizierende Beschreibung selektiv verfahren muß, ist sie notwendigerweise kontingent, d.h. sie ist auch anders möglich, anderen Beobachtern mögen andere Aspekte wesentlich sein, zu deren Gunsten sie anderes unberücksichtigt lassen. Deshalb ist es völlig selbstverständlich, daß komplexe Sachverhalte – z.B. Theorien – in der unterschiedlichsten Weise beobachtet und beschrieben werden können. Die Unterscheidung „wichtig“/„unwichtig“, mit deren Hilfe die Simplifikation erfolgt, ist ja so formal, daß sie gar keine inhaltliche Option nach sich zieht, sie hat keine Präferenz.

Ist das eine Extrem, das eine an Informationsgewinn interessierte Beschreibung komplexer Theorien vermeiden muß, die bloße Verdoppelung der Komplexität der beobachteten Theorie, dann liegt das andere zu vermeidende Extrem in solchen Extremsimplifikationen oder Brutalselektionen, die die beobachtete Komplexität auf eine Pointe zusammenschnurren lassen; wer sagt: „Luhmanns Systemtheorie ist komplex“, sagt zwar nichts falsches, er teilt uns aber nicht eben viel mit; auch die Meinung, Luhmanns Theorie sei abwegig, mag als Unmutsäußerung akzeptabel sein, ihr Informationswert ist jedoch gering. Daran sieht man, daß es von der Komplexität der Beschreibung abhängt, wie komplex der beobachtete Sachverhalt ist, wobei jener Grenzwert Beachtung finden muß, bei dem die informationsgewinnsichernde Differenz „wichtig“/„unwichtig“ kollabiert, weil die Distanz zwischen beobachteter Theorie und Beobachtung wegfällt. Einfacher gesagt: Informativ ist die Charakterisierung einer Theorie nur, wenn sie sie weder bloß reproduziert noch auf die Pointe eines Eindrucks oder gar eines Vorurteils reduziert, ihrer Komplexität vielmehr in der aufgewandten, modifizier- und steigerbaren Eigenkomplexität Rechnung trägt.

Informationsgewinn läuft also über „Komplexitätsreduktion“, d.h. über selektive Mechanismen. Das ist ein ebenso selbstverständlicher wie grundlegender Gedanke, der in seinen Konsequenzen bedacht sein will. Nehmen wir noch ein anderes Beispiel: In der Erzählforschung unterscheidet man zwischen „Geschehen“ und „Geschichte“. Um eine „Geschichte“, sagen wir eine Novelle von Gottfried Keller, als kunstvolles Arrangement ihrer Elemente überhaupt wahrnehmen zu können, bedarf es ihrer Differenz zu einem sei es tatsächlichen, sei es nur hypothetischen „Geschehen", das komplexer als die „Geschichte" ist, so daß sie – die „Geschichte" – als selektive (Re-)Konstruktion von hoher Künstlichkeit ins Auge fällt. Man muß gleichsam sagen können, das Geschehen, das der Geschichte zugrunde liegt, hätte auch ganz anders erzählt werden können, aber so, wie Keller es gemacht hat, ist es überzeugend! Die artikulierte Geschichte ist also stets nur eine Möglichkeit, ein Geschehen zu erzählen, auch wenn sie sich noch so sehr den Anschein geben mag, sie sei die einzig mögliche. Würde die Geschichte mit dem Geschehen zusammenfallen, gäbe es keine Kunst des Erzählens. Erzählen heißt: kunstvolle Reduktion der Komplexität des Geschehens durch Aufbau der Eigenkomplexität der Geschichte. Wir können auch sagen – und die Begriffe werden uns noch vertrauter werden –: als „Form" ist die Geschichte nur aus der Differenz zum „Medium" des Geschehens wahrnehmbar.

Was wir hier am Beispiel unseres Verhältnisses zu einer schwierigen Theorie oder am Beispiel einer Geschichte zu dem ihr erzähllogisch vorausliegenden Geschehen angedeutet haben, die Notwendigkeit einer Differenz zur Erzielung von Information, und zwar einer Differenz, die als Komplexitätsgefälle oder Selektionsfilter wirkt, das gilt in ausgezeichnetem Maße für die Kategorie des „Systems"; in der modernen Systemtheorie ist ein System weniger die strukturierte Einheit seiner Elemente, sondern weit eher die eine Seite einer Differenz, deren andere Seite die „Umwelt" ist. Man unterscheidet auch „Differenz" von „Identität", d.h. von dem, was das System sich zurechnet. In der Systemtheorie ist also die Kategorie der Differenz, die etwas als dieses oder jenes, aber nicht als dieses und jenes, als System oder als Umwelt, aber nicht als System und Umwelt, beobachtbar macht, die primäre Kategorie. Nur weil System und Umwelt gleichursprünglich aus der Differenz auftauchen – es weder ein System ohne Umwelt, noch eine Umwelt ohne System gibt –, werden stabile Unterscheidungen und tradierfähige Informationen möglich. Jede Beobachtung ist im Kern eine Unterscheidung, also positionsabhängig, und unter bestimmten Umständen differenzieren sich diese „Beobachtungspositionen" in der Gesellschaft zu erfolgreich operierenden Systemen aus, die das Kriterium ihrer Beobachtungstechnik stabil reproduzieren; so wenn etwa das Wissenschaftssystem seine Umwelt mit Hilfe der Unterscheidung „wahr"/„falsch" beobachtet. Das heißt: Die Selektivität einer systemisch ausdifferenzierten Beobachtungstechnik ist keine quantitative Selektivität, so als ob z.B. die Wissenschaft etwa nur einen Ausschnitt ihrer Umwelt beobachten könnte. Man muß eher von einer strukturellen Selektivität sprechen, insofern z.B. das Wissenschaftssystem „alles" beobachten und beschreiben kann, Gott und die Welt, das Bewußte und das Unbewußte, aber eben nur in Form von Kommunikation, deren Beiträge „wahr" oder „falsch", nicht aber „liebenswürdig" oder „verächtlich", „angsterregend" oder „schön" sind. Urteilt man so, hat man die Beobachtungsposition gewechselt und kommuniziert politisch, moralisch, ästhetisch oder wie auch immer.

Die Differenz von System und Umwelt, deren hypothetische Einheit – das

„Sein im Ganzen“ – allenfalls einem göttlichen Bewußtsein, das sich von diesem „Sein“ nicht unterscheiden muß, präsent ist, steht am Ausgangspunkt des weiteren Theorieaufbaus. Die „Komplexität“ der Umwelt – d.h. alles, was in ihr der Fall sein kann – ist stets größer als jede mögliche Systemkomplexität, wobei uns schon klar ist, daß es andererseits einzig und allein von der erreichten Komplexität im System abhängt, wie komplex seine Umwelt ist. Man darf auch als Laie vermuten, daß das Weltbild der modernen Naturwissenschaft komplexer ist als das der mythischen Kosmologie Altgriechenlands, auch wenn es das Sinnbedürfnis mancher Beobachter frustriert.

Die Notwendigkeit, Weltkomplexität selektiv zu reduzieren, ist leicht einsehbar und etwa von Anthropologen immer wieder beschrieben worden. Orientierung, Erleben und Handeln, scheinen nur möglich zu sein, wenn nicht „alles“, was der Fall sein kann, aufgegeben ist – eine permanente Überforderung oder „Reizüberflutung“, wie Arnold Gehlen gesagt hat –, sondern nur dieses und jenes; oder: erst dieses, dann jenes! Die Mechanismen, die solche Selektionen komplexer Umwelt-Ereignisse vornehmen, sind unterschiedlicher Natur; für einen Thermostaten ist die Umwelt lediglich im Hinblick auf Temperaturunterschiede relevant; alles andere ist bedeutungslos. Sinkt die Temperatur unter einen bestimmten Punkt, stellt er die Heizung an. Ob es schneit oder ob die Sonne scheint, das kommt in der Umwelt des Thermostaten nicht vor. Das Verhalten der Tiere wird durch Instinkte reguliert, die Weltkomplexität scharf selektieren und aufs erwartbare Milieu reduzieren. Als Beispiel wird stets die berühmte Zecke zitiert, die den Ast findet, von dem sie sich auf ihr Opfer fallen lassen kann, um ihm Blut abzuzapfen. „Die ganze reiche, die Zecke umgebende Welt“, hat der Biologe Jakob von Uexküll gesagt, „schnurrt demnach zusammen und verwandelt sich in ein ärmliches Gebilde“, d.h. in eine rigide, instinktregulierte Umweltreduktion, die für die Zecke, die kein Philosoph ist, aber völlig genügt.[3] Im Falle sozialer Systembildung, aber auch im Falle des menschlichen Bewußtseins, ist der Selektionsmechanismus ein anderer. Soziale Systeme nehmen sinnhafte Selektionen vor, womit nichts anderes gemeint ist, als daß es sich um Selektionen handelt, die reflexiv sind, d.h. Selektionen, die „wissen“, daß sie selektiv verfahren, vieles also vernachlässigen und übersehen, was auch noch der Fall sein kann. Sinnhafte Komplexitätsreduktionen reflektieren sich als Selektionen aus einem Horizont, der stets andere Selektionen zuläßt, so daß jede vollzogene Selektion kontingent, anders möglich ist – und von dieser Kontingenz weiß bzw. wissen kann. Das Inaktuelle oder Latente kann je nach Umständen und Notwendigkeit aktualisiert werden und im Medium der Zeit, also nacheinander, sinnhaft zur Geltung gebracht werden. Um es noch einmal zu sagen: „Sinn“ ist der spezifische Selektionsmechanismus sozialer und psychischer Systeme; seine Besonderheit besteht darin, daß er reflexiv ist, sich selbst beobachtet, d.h. eine Differenz verwendet, die Differenz von Selektion und Horizont (als dem „Woraus“ der Selektion).

3 J. v. Uexküll zit. J. Habermas: Kultur und Kritik. Frankfurt/M. 1973, S. 95.

Wir müssen nun die Mechanismen sinnhafter Selektion innerhalb sozialer Systeme etwas genauer betrachten. Zwei Mechanismen sind von besonderer Bedeutung: Man kann sie als „Strukturen“ und „Prozesse“ unterscheiden. Strukturen überführen – scharf selektierend – diffuse Umweltsachverhalte in handhabbare und erwartbare System-Sachverhalte, indem sie lockere Elemente fest relationieren. Man kann sie als hochaggregierte Umweltsimulationen verstehen. Das beste Beispiel ist die Sprache, deren Struktur „Welt“ als sprachlich artikulierte Welt simuliert und handhabbar macht. Man hat vermutet, daß Sprachstrukturen „Welten“ bilden, und hat von der Unvereinbarkeit solcher sprachlich simulierten „Welten“ gesprochen. Ein Philosoph wie Nietzsche hat den Verdacht geäußert, daß die Sprachstruktur die „Welt“ verstellen könne: Die grammatische Struktur eines deutschen Basissatzes (Subjekt/Prädikat/Objekt) suggeriere eine Handlungskapazität aktiver Subjektivität, die in der „Welt“ nicht vorkomme. Wie auch immer, Strukturen reduzieren Komplexität durch den Aufbau eigener Komplexität, und soweit sie Sinn-Strukturen sind, weiß man, das alles auch ganz anders sein könnte. Die Leistung dieser Strukturen liegt vor allem darin, diffuse Erwartungen zu generalisieren; muß man mit allem rechnen und ist in seiner Handlungsfähigkeit insofern gelähmt, dann ordnet eine passende Struktur den Handlungsraum sinnhaft vor, sie neutralisiert „Unpassendes“, tilgt „Störendes“, fokussiert die Aufmerksamkeit. In zeitlicher Hinsicht stellt sie eine Erwartung auf Dauer: Wer eine Vorlesung besucht, muß damit rechnen, neunzig Minuten gelangweilt zu werden, nicht aber damit, daß der vortragende Dozent einen Kopfstand macht, Butterbrote auspackt oder schweigt. In sachlicher Hinsicht wirken Strukturen als Themenzentrierung, sie binden die Erwartung; man weiß, daß man sich in einer literaturwissenschaftlichen Vorlesung auf einen spezifischen Sachverhalt einstellen muß, für den die sportlichen, religiösen oder politischen Vorlieben des Dozenten ausgeblendet bleiben, auch wenn sie anderswo interessieren mögen. Mit diesen Beispielen wird schon darauf hingedeutet, daß Strukturen sozial als Institutionen vorkommen. Institutionen (Kirchen, Universitäten, Gerichte usw.) sind soziale Strukturen, die in zeitlicher und sachlicher Hinsicht generalisierend operieren und daher Erwartungen binden und stabilisieren.

Da soziale Strukturen in der Zeit operieren, Möglichkeiten in Wirklichkeiten, Zukunft in Vergangenheit verwandeln, stellt sich aber die Frage, wie Selektionen als Strukturen in der Zeit stabilisiert werden können, d.h. nicht nur heute, sondern auch morgen erwartbar bleiben. Den Selektionen des prozessierenden Systems garantiert ja kein gütiger Gott Kontinuität. Diese muß das System vielmehr selbst produzieren, und zwar dadurch, daß es seine eigene zeitliche Komplexität als „Prozeß“ behandelt und auf diese Weise handhabbar macht. Ein Effekt dieser Selbstwahrnehmung des Systems als „Prozeß“ fortsetzungsfähiger Strukturen liegt etwa in jener Selbstsimplifikation, die man Identitätsgewinn durch „Geschichte“ nennen kann. Indem jede Selektion gleichsam mit dem Index der Zugehörigkeit imprägniert, jeder Struktur durch Selbstbeobachtung eine feste Adresse mitgeteilt wird, können die aufeinander folgenden Strukturen die Identität einer kontinuierlich erzählbaren „Geschichte“ gewinnen. Eine Struktur ist ja lediglich eine ad-hoc-Relationierung fluktuierender Elemente, und es ist keineswegs selbstverständlich, daß diese Ordnungsofferte zeitlich Bestand hat. Dazu bedarf es spezieller Vorrichtungen; z.B. „Geschichten", die den Verlauf der Strukturbildungen im Medium der Zeit ihrerseits strukturieren: als Prozeß. Dieser Mechanismus würde aber nicht ausreichen; die symbolische Identität einer „Geschichte", die potentiell kontingente Zeit als sinnhaften Prozeß ausgibt, ist ja eigentlich erst möglich, wenn die einzelnen Selektionsakte tatsächlich anschlußfähig sind, Strukturen also nicht sofort wieder zerfallen. Die Frage ist daher exakter so zu stellen, wie erreicht werden kann, daß ein selektiver Akt zugleich eine Offerte ist, die angenommen wird, also so etwas wie „Kommunikation" entstehen läßt, deren Identität in der Zeit als „System-Geschichte" symbolisiert werden kann. Diese Frage spitzt sich besonders dann zu, wenn man daran denkt, daß die Motivation, irgendeine Selektionsofferte – grob gesagt, eine bestimmte Weise, die Welt zu sehen – dem eigenen Erleben und Handeln zugrundezulegen, positiv oder negativ an sie anzuschließen, besonders dann unwahrscheinlich wird, wenn sie nicht mehr aus einem unmittelbaren Interaktionszusammenhang beteiligter Personen hervorkommt, in dem sie natürlich auch nicht selbstverständlich ist, sondern „abstrakt" an mich herantritt, etwa in einem gedruckten Buch, von dessen Verfasser ich wenig oder nichts weiß, oder auf dem Bildschirm, der Platte usw. Es ist nicht wahrscheinlich, sondern durchaus unwahrscheinlich, daß eine vor hundert Jahren vollzogene Selektion dazu motiviert, sie heute fortzusetzen und in der Zeit zu tradieren. Erst wenn man sich dieser Unwahrscheinlichkeit öffnet, gewinnt man ein Sensorium für die eminente Bedeutung sozialer Mechanismen, die genau dieses leisten: Selektionen zugleich als Motive für ihre Fortsetzung zu präparieren. Diese Mechanismen nennt Luhmann „symbolisch generalisierte Kommunikationsmedien"; ihre Leistung besteht darin, kontingente Selektionen in plausible Selektionen zu verwandeln, die ihre An- und Übernahme motivieren, auch und gerade da, wo die technischen Verbreitungsmedien die personalen Motivationsressourcen haben wegfallen lassen und weite Zeiträume und lange Wegstrecken überbrückt werden müssen. Solche „Medien" generalisieren, d.h. ordnen und abstrahieren die Selektionen, die einen Kommunikationszusammenhang ergeben sollen, indem sie sie auf ein „Symbol" fokussieren; z.B. auf „Geld", auf „Liebe" oder auf „Wahrheit". Eine Selektion, die auf das Medium „Geld" eindeutig fokussiert ist, löst leichter und selbstverständlicher entsprechende Anschlußselektionen aus, als wenn man nicht weiß, worum es bei ihr geht. Auf einen im Medium „Wahrheit" generalisierten Satz kann ich mich leichter positiv oder negativ einlassen, auch wenn er vor hundert Jahren in Feuerland geäußert wurde, als wenn ich nicht weiß, wie er gemeint war. Die Orientierung am Medium „Liebe" vereindeutigt in ähnlicher Weise unklare Kommunikationen! Nun kommt aber noch etwas Entscheidendes hinzu: Das symbolisch generalisierte Kommunikationsmedium „Geld" ist ja äußerst ambivalent: man hat es oder man hat es nicht – und darauf kommt es an! Ähnlich verhält es sich mit dem Medium „Wahrheit": man kann sie erreichen oder verfehlen – und das ist das Entscheidende! Das Medium unterliegt also einer Differenz; Luhmann spricht von „binärer

Codierung": Geld hat man – oder nicht! Sätze sind in Puncto „Wahrheit" falsch oder wahr, im Blick auf das Medium „Kunstwerk" vielleicht schön oder nicht, im Hinblick auf das Medium „Macht" gerecht oder ungerecht; mittels dieser binären Codierung des Mediums kann alles, was der Fall ist, selektiv bearbeitet werden; und zwar in doppelter Weise als plus oder minus, als Haben oder Nichthaben, wahr oder falsch, gerecht oder ungerecht. Der Code reguliert daher Zustimmung und Ablehnung. Und die Motivationsressource liegt darin, daß die Code-Werte a-symmetrisch sind: der positive Wert (haben/wahr/schön/gerecht) ist zugleich ein Motiv, die entsprechenden Selektionen dem eigenen Erleben und Handeln zugrundezulegen. Diese A-Symmetrie der Code-Werte ist aber alles andere als ein für allemal fixiert, was man schon daran sehen kann, daß Irrtümer relevanter sein können als Wahrheiten, oder daß das Häßliche mehr fasziniert als das Schöne. Festzuhalten aber ist, daß die binäre Codierung des Mediums die Funktion hat und praktisch auch tagtäglich erfüllt, ihm zurechenbare Selektionen kommunikativ ergiebig zu machen, indem sie zugleich als Motive für ihre Fortsetzung wirken.

Von dem binär codierten Medium der Kommunikation muß man schließlich noch seine Programmierung unterscheiden. Denn daß ein Kunstwerk „schön" oder „häßlich" sein kann, ist ja eine äußerst formale Unterscheidung, die nichts darüber besagt, was etwa „schön" oder „häßlich" eigentlich ist. Gleiches gilt für die Unterscheidung von „wahr" und „falsch" im Blick auf das Medium „Wahrheit", im Blick auf das Medium „Macht" für die Unterscheidung „gerecht"/„ungerecht". Wenn ich sage, „x ist wahr", adressiere ich diese Aussage zwar in die Zuständigkeit des Mediums „Wahrheit" – und damit ist schon einiges gewonnen –, aber ich habe natürlich nicht zum Ausdruck gebracht, was ich mit dem Adjektiv „wahr" meine, wenn ich sage „x ist wahr". Die Codewerte müssen also programmiert werden, und das vollziehen bereichsspezifische Theorien, die z.B. Wahrheitskriterien formulieren und begründen oder Aussagen über das „Wesen des Schönen" wagen. Wie man weiß, herrscht auf der Programmebene alles andere als Konsensus; was „Wahrheit" ist, weiß keiner – die einen sprechen von „adaequatio rei et intellectus", die anderen vom Evidenz- oder Kohärenzprinzip, die dritten von der Übereinstimmung der Forschergemeinschaft im herrschaftsfreien Diskurs – und Heidegger denkt, daß Wahrheit „lichtende Verbergung" des Seins des Seienden ist. Über die „Schönheit" sind bestimmt noch mehr Auffassungen vorgetragen worden. Entscheidend ist, daß dieser offenbare Dissens der Programme die Kontinuierungsfähigkeit jener Selektionen nicht gefährdet, die sich dem binär codierten Medium zurechnen lassen. Der Code – z.B. die Unterscheidung „wahr"/„falsch" – ist so generalisiert und kontextabstrakt, daß er die widersprüchlichsten Programme betreuen kann, zumindest solange, wie sie seine Unterscheidung den von ihnen gesteuerten Beobachtungen der Umwelt zugrunde legen. Programme wechseln – Codes bleiben stabil; das gilt auch da noch, wo gesagt wird, die Unterscheidung „wahr"/„falsch" sei falsch: darüber läßt sich im Wahrheitsfocus trefflich streiten. Und wer die Unterscheidung „wahr"/„falsch" weder für wahr noch für falsch, sondern für „ungerecht" oder „häßlich" hält, der hat seine Selektionsofferte lediglich umadressiert.

Die Vergänglichkeit der Programme und die Stabilität der Codierungen würden für sich schon – um für einen Moment aus dem Dickicht der Systemtheorie aufzutauchen und die Frage der Periodisierung in den Blick zu nehmen – ganz verschiedene Ebenen bereitstellen, wo „Epochen" greifen können. Konzentriert man sich auf „Programme", kommt man zu vielen Einschnitten, interessiert man sich für Codierung, herrscht Kontinuität vor; Diskontinuitäten, die „Epochen" markieren könnten, bleiben dann die Ausnahme.

Die Herausbildung solcher mediengesteuerten Kommunikationskonventionen, die die Unwahrscheinlichkeit der Übernahme von Selektionen wahrscheinlich machen und sich schließlich in so voll ausgebildeten Funktionssystemen der Gesellschaft wie Wirtschaft oder Recht, Wissenschaft oder Kunst institutionalisieren, ist ein Vorgang sozialer Evolution gewesen, der einer eigenen Betrachtung bedarf. Ehe wir diesen historischen Aspekt aber zur Sprache bringen, wollen wir noch einige Zusatzüberlegungen anstellen. Wir sind bisher von der System/Umwelt-Unterscheidung ausgegangen, haben darauf hingewiesen, daß ein System sich selektiv auf seine Umwelt bezieht, d.h. deren Komplexität verringern muß, um Eigenkomplexität aufbauen zu können, von deren Grad es wiederum abhängt, wie komplex seine Umwelt ist. Dann fragten wir nach den Mechanismen, die solche Selektionen, die als Strukturen beschreibbar sind, in der Zeit auf Dauer stellen, d.h. anschlußfähig machen. Wir verwiesen auf die Funktion symbolisch generalisierter Kommunikationsmedien, die solche Ordnungsleistungen vollziehen, weil sie Selektionen sortieren und gleichzeitig als Motivationsressource wirken. Nun muß man sich aber vor einem Mißverständnis dieser Beschreibung in acht nehmen. Wenn davon die Rede war, daß Selektionen „übertragbar" gemacht werden, dann könnte man meinen, es ginge um Kommunikation zwischen Personen, ego und alter, und wenn es ego gelingt, seine Selektion alter zu übermitteln, so bildeten ego und alter ein „Kommunikationssystem". Bei diesem Modell entstehen gleich mehrere Schwierigkeiten. So ist Kommunikation zunächst nichts, wobei etwas von ego zu alter transportiert oder übertragen würde; der Akt der Kommunikation nimmt ego nichts. Kommunikation ist vielmehr ein soziales Geschehen, bei dem drei Aspekte unterschieden werden, die alle drei als Selektionen wirken: die Mitteilung, die mündlich oder schriftlich, gedruckt oder verschlüsselt oder wie immer vollzogen wird; die Information, die irgendeine Aussage trifft und z.B. der binären Codierung eines Kommunikationsmediums folgt; schließlich das Verstehen, d.h. jener Akt, der Information und Mitteilung unterscheidet und Voraussetzung einer Anschlußkommunikation ist, die als Differenz von Mitteilung und Information wiederum Anschlußkommunikationen, die sie verstehen, auslösen kann. Diese Version des Kommunikationsbegriffs sei an einem Beispiel erläutert: Angenommen, ich bin ein hoffnungsvoller junger Autor und habe meinen ersten Roman an einen Verlag geschickt. Es vergehen mehrere Monate, und noch immer ist keine Antwort erfolgt. Ist das eine Information? Nur dann, wenn ich das Schweigen des Verlages als

Mitteilung behandle, mir also etwa sage: „Die denken bestimmt, wer solchen Mist schreibt, der kann mit keiner Antwort rechnen!" Dann kann ich die entsprechende Anschlußselektion vollziehen, d.h. einen neuen Roman schreiben oder den Beruf wechseln.

Den kommunikativen Aspekt „Mitteilung" bearbeiten Theorien über technische Übertragungskanäle – von der Stimme bis zur EDV –; den Aspekt der „Information" untersucht die Theorie symbolisch generalisierter Kommunikationsmedien (inklusive Codierung und Programmierung); das „Verstehen" wird von hermeneutischer Theorie betreut, die allerdings keinerlei Präferenz für Konsensus haben darf, da Kommunikation nicht etwa deshalb gelingt, weil und insoweit Selektionen konsensfähig sind – das würde ja eher eine Stop-Wirkung haben: wenn alle einig sind, bedarf es keiner weiteren Worte mehr! –, sondern weil Kommunikation gelingt, wenn eine Selektion als Ausgangspunkt einer weiteren zugrundegelegt wird, und das vollzieht sich häufig in der Weise der Negation, d.h. im Dissens. Aber nicht nur die Vorstellung, Kommunikation sei „Übertragung" einer Sache, die von ego zu alter wandert, ist irreführend. Auch die Meinung, Kommunikation sei so etwas wie der Gedankenaustausch zweier Personen – oder dies sei zumindest Ursprung und Modell aller Kommunikation – ist fragwürdig. An dieser Stelle ist ein neuralgischer Punkt erreicht; hier bündeln sich die Vorurteile gegenüber der Systemtheorie. Daß Gesellschaft nicht aus Menschen, sondern aus Kommunikationen besteht, diese Pointe der Systemtheorie ist als „unmenschlich" empfunden worden, als kalter Systemterror, der „lebende Wesen" zynisch übergehe, als Triumph einer „instrumentellen Rationalität", die für den Freiheitsdrang selbstbestimmter Subjekte kein Gefühl mehr hat – und wie der Lyrismen mehr sind, die sich geradezu „systemisch" reproduzieren und mit ganz wenigen Binäroppositionen wie „kalt"/„warm", „Tod"/„Leben", „Gefängnis"/„Freiheit", „Struktur"/„Subjekt", „reaktionär"/„emanzipatorisch" usw. auskommen.

Nun ist die Systemtheorie natürlich nicht so verbohrt, den „Menschen" zu leugnen. Sie ist lediglich der Auffassung, daß „der Mensch" in verschiedenen Systemreferenzen vorkommt, die jeweils ihre eigene Spezifik haben: als „organisches System" des Lebens, als psychisches System des Bewußtseins (und Unbewußtseins) und schließlich im sozialen System, das aus codierten Kommunikationen besteht. Wohlgemerkt: Das soziale Kommunikationssystem setzt Leben und Bewußtsein wohl voraus; es besteht aber nicht aus organischen oder psychischen Systemen; diese gehören vielmehr in seine Umwelt. Noch einmal: Damit soziale Kommunikation zustande kommt, bedarf es organischer und psychischer Systeme, sensomotorischer Wahrnehmung z.B., Sexualität, Verletzbarkeit der Körper, aber auch der Unterbrechung reiner Selbstreferenz des Bewußtseins, das sich nicht lediglich mit sich selbst, sondern auch mit seiner Umwelt, d.h. anderen psychischen Systemen beschäftigen soll, damit Kommunikation möglich wird. Daß pure Selbstreferenz des Bewußtseins langweilig wird, hat der Schriftsteller Arthur Koestler klargemacht, als er über seine Erlebnisse als Gefangener im spanischen Bürgerkrieg – und zwar in Einzelhaft – folgendes niederschrieb:

„Das Gehirn ist eine eigentümliche Maschine: Sie produziert auf die Dauer nur, wenn sie den Absatz unmittelbar gesichert weiß, den Absatz durch Aussprechen oder Aufschreiben des Produkts. Ist keine Nachfrage dieser Art und keine Absatzmöglichkeit vorhanden, so tritt sie in den Streik. Man kann sie eine Zeitlang beschwindeln, indem man laut spricht und sich selbst als Zuhörer aufspielt; aber sie merkt den Schwindel bald. Das eigene Ego ist kein amüsanter Partner. Nach sechs Wochen Einzelhaft war ich mir so zuwider, daß ich nur noch per Sie und Herr mit mir sprach."[4]

Wird die Autoreferenz des Bewußtseins aber unterbrochen und kommt es zu Kommunikation, so tritt eine andere, spezifische Systemreferenz in Kraft: die Gesellschaft, für die Bewußtseinssysteme Umwelt sind. Nur weil das so ist, kommt ja überhaupt der eigentümliche Dauerverdacht zustande, einen anderen Menschen niemals „so, wie er ist", kennenlernen zu können; aber auch die manche bedrückende Erfahrung, sein „Selbst" nie ganz offenbaren zu können. Bezeichnend ist jener Satz von Büchners Danton: „Einander kennen? – Wir müßten uns die Schädeldecken aufbrechen und die Gedanken einander aus den Hirnfasern zerren!"[5] Psychische Systeme kommen nur durch Kommunikation, d.h. mittels Gesellschaft miteinander in Kontakt; Direktkontakt von Bewußtsein zu Bewußtsein gibt es nicht, und der Körperkontakt kann auch täuschen. Auf die hier abzweigenden Probleme jener paradoxen Subjektivitätssemantik, die auf die Frage reagiert, wie man seine psychische Selbstbeobachtung als „Ich" in der Gesellschaft authentisch ausdrücken kann, und ob man nicht besser schweigen sollte, um sich ganz treu zu bleiben, ob die Gesellschaft und ihre generalisierenden Kommunikationen das Ich „entfremden" und um seine „Ich-heit" bringen, werden wir noch ausführlich eingehen.

Wir kommen jetzt auf den Gesichtspunkt der Herausbildung systemisch differenzierter, von symbolisch generalisierten Medien gesteuerter Kommunikation zurück und wenden uns damit der Geschichte zu. Funktional differenzierte Kommunikationssysteme – wie Wirtschaft, Politik, Kunst oder Wissenschaft – haben ja nicht seit jeher existiert; archaische oder sogenannte „primitive" Zivilisationen kennen keine „Kunst", die als spezielle Kommunikationskonvention aus den sonstigen Lebensvollzügen scharf ausdifferenziert wäre. Und die noch immer anhaltende Morddrohung islamischer Führer gegen den britischen Autor Salman Rushdie wegen dessen angeblich blasphemischem Roman „Satanische Verse" belegt, daß es auch in unserer Gegenwart Kulturen gibt, die nicht verstehen – oder nicht verstehen wollen! –, was es heißt, daß Literatur, Religion und Recht füreinander Umwelt sind, so daß ein religiöses Tabu für die Abfassung eines Romans nichts besagt, seine Verletzung vielmehr interessant sein kann.

Aussagen über die Geschichte der Gesellschaften müssen sich zunächst davor hüten, irgendeiner teleologischen Verlaufsvorstellung nachzugeben, als ob es im göttlichen Schöpfungsplan oder infolge eines irgendwie „vernünftigen" irdischen Gesetzes notwendig sei, daß die „Menschheit" auf dem Marsch in den Kom-

4 A. Koestler: Als Zeuge der Zeit. Frankfurt/M. 1986, S. 312.

5 G. Büchner: Sämtliche Werke und Briefe, a.a.O., Bd. 1, S. 9.

munismus sei, oder auch in der modernen Gesellschaft westlichen Typs – d.h. mit Marktwirtschaft, politischer Demokratie und liberaler Kultur – ihr vorherbestimmtes Glück gefunden habe. „Teleologische", d.h. zielbestimmte Geschichtsverlaufserzählungen sind immer extrem simplifizierende Selbstbeschreibungen der Gesellschaft, die in irgendwelchen obskuren Legitimationsbeschaffungszusammenhängen stehen und von der Geschichte in aller Regel düpiert werden.

Eine systemtheoretische Reflexion über die Geschichte der Gesellschaft ist sich zunächst im klaren darüber, daß sie eine strikt positionsabhängige Beobachtung dieser „Geschichte" vornimmt, die nicht deren Wesen ins helle Licht stellt, sondern eine wissenschaftliche Konstruktion und insofern eine scharfe Selektion ist. Sie ist andererseits aber auch nicht völlig beliebig oder willkürlich; denn es ist ja die Gesellschaft selbst, die sich in ihrem Wissenschaftssystem reflektiert und in ihrer Geschichtlichkeit beobachtet. Die soziale Realität ist ein gleichsam selbstreferentieller Prozeß, der die Möglichkeit seiner Erkenntnis selbst hervorbringt: in der Ausdifferenzierung von Wissenschaft. Die Wissenschaft beobachtet die Gesellschaft aber strikt unter der Leitdifferenz „wahr"/„falsch", und das ist nur eine von vielen denkbaren Perspektiven. Wissenschaft erfaßt ihre soziale Umwelt also niemals „total". Nur weil das so ist, werden jene Stimmen ja überhaupt verständlich, die darüber klagen, daß Wissenschaft „nichts bringe", Schamanismus oder Bauchtanz aber um so mehr.

Prämierte die Geschichtsphilosophie älteren Zuschnitts zielgerichtete Prozesse und votierte insofern für „Gesetze" und „Notwendigkeiten" in der Geschichte, so geht die Systemtheorie, die sich hier an der Evolution organischer Systeme orientiert, von Zufällen aus. Evolution ist „Zufall", wobei man aber sehen muß, daß ein zufällig eingetretenes Ereignis, wenn es durchschlägt, den weiteren Verlauf restringiert; Zufälle restringieren das Weitere, sie verengen Beliebigkeit. Setzen wir aber zunächst noch grundsätzlicher an: „Evolution" ist nur eine von drei Möglichkeiten, die soziale Sachverhalte in temporaler Hinsicht haben. Sie können sich nämlich erstens auch identisch reproduzieren, d.h. im Medium der Zeit unverändert erhalten; der Ethnologe Claude Lévi-Strauss spricht von sogenannten „kalten Gesellschaften", die eine Tendenz hätten, „in ihrem Anfangsstadium zu verharren, weshalb sie [dem modernen Beobachter] wie Gesellschaften ohne Geschichte erschienen".[6] Soziale Strukturen können zweitens auch schlicht aufhören zu existieren, sie können abbrechen, z.B. infolge von Umweltkatastrophen, wie im Falle der sagenhaften Insel Atlantis. „Evolution" ist also nur eine, kontingente Möglichkeit, die soziale Strukturen im Hinblick auf ihr Verhältnis zur Zeit haben.

Als zufälliger, dann aber sich selbst restringierender Prozeß operiert „Evolution" mit Hilfe von drei Mechanismen, die man nach Vorgabe der Theorie organischer Evolution Variation, Selektion und Stabilisierung nennt. „Variation" bedeutet, daß im Prozeß der Reproduktion von Strukturen, d.h. Elementrelationen,

6 C. Lévi-Strauss: „Primitive" und „Zivilisierte". Zürich 1972, S. 34.

stets zufällig Irrläufer oder Mutanten auftreten, die in aller Regel unbeobachtet bleiben und wirkungslos vergehen. Im Falle sozialer Systeme kann man sagen, daß das Negationspotential der Sprache eine stete Quelle der Variierung von Sinn ist; geltende Sinnarrangements lassen sich negieren; zumeist bleiben solche Negationen freilich folgenlos und unbemerkt. Wenn aber eine Variante, die üblicherweise sofort wieder verschwindet, fixiert wird, spricht man von „Selektion": im Falle sozialer Systeme sind es die Kommunikationsmedien – Geld, Wahrheit, Macht usw. –, die den dauernden Erfolg solcher Neuarrangements von Elementrelationen, zufälligen Varianten, befördern; ein Besuch in einem Museum für zeitgenössische Kunst kann die Triftigkeit dieser Beobachtung jederzeit belegen: Daß derartig unwahrscheinliche, durch Negation aller vorfindlichen Sinnarrangements entstandener Neustrukturierungen kommunikativ Resonanz finden, ist für den naiven Betrachter ja fast unbegreiflich und ein Wunder; diese Resonanz ist allein durch die Existenz symbolisch generalisierter Kommunikationsmedien zu erklären, die einem die Möglichkeit geben, den diffus-irritierten Eindruck als „ästhetische Betroffenheit" oder „künstlerische Infragestellung konventioneller Sehgewohnheiten" (oder wie der hier passenden Redegewohnheiten mehr sind) einzuordnen und zu beruhigen. Gäbe es keine Kommunikationsmedien, die extreme Steigerung von unwahrscheinlichen Negationen wäre – nicht nur in der Kunst – überhaupt nicht denkbar. Stabilisiert werden diese selektierten Sinnvarianten schließlich in den Einrichtungen spezieller Kommunikationssysteme, z.B. in Theatern, Museen, Konzerthallen, die sicherstellen, daß auch der abstruseste Einfall, der größte Bluff, die raffinierteste Sinnverweigerung als „Kunst" akzeptiert werden und keine weiteren Probleme mehr aufwerfen. Darauf hat Günter Kunert sarkastisch hingewiesen:

„Wenden wir uns den (zeitgenössischen) Werken zu, stehen wir vor etwas ganz und gar Unverständlichem (...). Ohne Hinweis, ohne ein Warnschild *Achtung Kunst!* würden wir sie als solche nicht wahrnehmen. Bei einem Museumsbesuch in Darmstadt vor Jahren betrat meine (manchmal von fataler Hilfsbereitschaft besessene) Frau einen Raum, in dem leere Pappkartons herumlagen, als sei hier eben eine Lieferung ausgepackt worden, und sie, meine Frau, begann schon mit dem Aufräumen, bevor ihr klar wurde, es handle sich hier keineswegs um wiederzuverwertenden Rohstoff."[7]

Man darf nun vermuten, daß die Mechanismen der Evolution – Variation, Selektion, Stabilisierung – in spezifischer Weise mit den historischen Formen der gesellschaftlichen Differenzierung in Verbindung gebracht werden können. Soziale Differenzierung heißt im Grunde nichts anderes, als daß die Gesellschaft sich intern unterscheidet, indem sie die basale Differenz zur Umwelt in ihrem Binnenraum wiederholt. Es dürfte deutlich sein, daß dadurch die der Gesellschaft mögliche Komplexität gesteigert werden kann. Sehr schematisch lassen sich drei solcher Differenzierungsformen unterscheiden, sie werden üblicherweise segmentäre, stratifikatorische und funktionale Differenzierung genannt. Segmentäre Differenzierung bedeutet typenidentische Differenzierung: Archaische Gesellschaf-

7 G. Kunert: Die Musen haben abgedankt. In: Die Zeit (2.12.1988).

ten bestehen z.B. aus Clans, Großfamilien oder Stämmen, die alle strukturgleich sind. Stratifikatorische Differenzierung bedeutet Differenzierung gemäß der Unterscheidung „oben"/„unten": Hochkulturen bestehen aus Kasten oder hierarchisch geordneten Schichten, vom Hochadel bis zu den Sklaven. Beiden Differenzierungstypen ist eigen, daß Personen in den Einheiten, die sie differenzieren, problemlos Platz finden; man ist Mitglied eines Clans oder einer Schicht, und dieser Platz entscheidet über die Biographie. Wobei allerdings auf den Unterschied hinzuweisen ist, daß die Clans oder Stämme der segmentär differenzierten Gesellschaften Rangfolgen noch nicht ausdifferenziert haben, sondern jeweils intern – in jedem Segment – festlegen, während stratifizierte Gesellschaften Ränge zwischen den sozialen Einheiten bilden, in den Einheiten aber „Gleichheit" walten lassen. Demgegenüber differenziert die moderne, im Europa des 18. Jahrhunderts voll zum Zuge kommenden Gesellschaft Kommunikationssysteme aus, die eine spezifische Funktion betreuen und Personen nur in dem Maße, als sie in solche funktionalen Kommunikationssysteme verwickelt sind – als Kaufmann oder Käufer, Arbeitgeber oder Arbeitnehmer, Virtuose oder Publikum, Politiker oder Wähler, Pfarrer oder Gemeinde –, in Anspruch nehmen. Die Positionen in diesen Funktionssystemen sind a-symmetrisch, wie die Beispiele zeigen, und es scheint ein vergeblicher Versuch zu sein, diese A-Symmetrie aufzuheben, gemäß etwa der Losung „alle sind Künstler, auch das Publikum"! Diese A-Symmetrie erfaßt die Person aber stets nur spezifisch oder sektoral: Der Pfarrer sitzt im Publikum, der Künstler ist Käufer, der Kaufmann Wähler, der Politiker Gemeindeglied.

Weil das so ist, tauchen im 18. Jahrhundert und zumal gegen sein Ende hin vermehrt Identitätsprobleme auf. Nach dem Verlust der „Verortung" im hierarchischen System der stratifizierten Gesellschaft verliert die soziale Identität der Person ihre Selbstverständlichkeit; nun beginnt die Karriere der Fremdheitsgefühle und des Authentizitätskultes, die Rollenverdächtigung, d.h. die Dramatik solcher Fragen „Wer bin ich?", die Summe der Rollen, die die Gesellschaft mir abverlangt, oder anderes oder mehr!?[8]

Kommen wir aber auf die Frage nach der Evolution, d.h. der Funktion ihrer Mechanismen für die Differenzierungsform der Gesellschaft zurück. Sehr schematisch darf man sagen, daß die segmentären, von Lévi-Strauss „kalt" genannten Gesellschaften natürlich Strukturvariierung kennen, die mit dem Negationspotential jeder Sprache gegeben ist. Diese Varianten oder Sinnmutanten scheinen aber nirgends festgehalten, d.h. selektiert zu werden, was mit dem geringen Potential mündlicher Kommunikation in unmittelbarer Interaktion zusammenhängen mag. Die Mnemotechnik „kalter" Gesellschaften neigt wegen ihrer geringen Kapazität zur Datenspeicherung – aller staunenswürdigen Gedächtnisleistung der alten Rhapsoden zum Trotz – zur identischen Reproduktion, nicht zur innovationsfreudigen Transformation der Bestände. Als Exemplum ließe sich auf mündlich tradierte Dichtung verweisen, die von einem hohen Maß stereotyper, stets

8 Vgl. R. Sennett: Verfall und Ende des öffentlichen Lebens. Die Tyrannei der Intimität. Frankfurt/M. 1983.

wiederkehrender Strukturen gekennzeichnet ist. Sie dienten der Gedächtnisentlastung und wurden formelhaft reproduziert. Die Möglichkeit, Information schriftlich zu speichern und so das Gedächtnis zu entlasten, Kommunikation von zeitlichen und räumlichen Restriktionen zu befreien und die engen Grenzen der Interaktion unter unmittelbar Beteiligten zu überspringen, bot dann die Chance zur Selektion von Strukturvarianten, d.h. zu Veränderung, zu Geschichte. Das Aufkommen der Schrift steht im Zusammenhang der Stratifizierung der Gesellschaft, wie Claude Lévi-Strauss deutlich gemacht hat:

„Das einzige Phänomen, das immer und überall mit dem Erscheinen der Schrift verknüpft ist, nicht nur im östlichen Mittelmeerraum, sondern auch im frühgeschichtlichen China und sogar in den Gebieten Amerikas, wo Ansätze zur Schrift schon vor der Eroberung auftraten, ist die Bildung *hierarchischer Gesellschaften*, die aus Herren und Sklaven bestanden, von Gesellschaften, in denen ein Teil der Bevölkerung für den Profit des anderen arbeiten mußte. Und wenn wir überprüfen, wofür die Schrift zuerst verwendet wurde, dann scheint es, daß sie vor allem im Dienst der Macht stand. Inventare, Kataloge, Volkszählungen, Gesetze und Erlasse – ob es sich dabei nun um die Kontrolle von Gütern oder Menschen handelt, es bleibt in jedem Fall der Ausdruck der Macht einzelner Menschen über andere Menschen und über Güter."[9]

Auf der Basis schriftgestützter Kommunikation bildeten sich in den Hochkulturen symbolisch generalisierte Kommunikationsmedien wie Geld, Wahrheit oder Macht aus, an denen kommunikativ teilzuhaben aber Sache des Ranges in der Gesellschaft war. Ein Ausdruck wie „artes liberales", „freie Künste", besagte z.B., daß es sich um Disziplinen handelte, die nur „Freie", nicht aber „Unfreie" ausüben durften. Im Altertum galt es für „Freie" als unwürdig, ein Handwerk zu betreiben; die Bildhauerei hatte kein hohes Ansehen.

Die Steigerung situationsabstrakter Kommunikation durch die Erfindung des Buchdrucks kann als medientechnische Voraussetzung für die Stabilisierung generalisierter Kommunikationsmedien in funktionsspezifischen Systemen angesehen werden, die es in wachsendem Maße ermöglichten, hochunwahrscheinliche Selektionen gleichwohl fortzusetzen: durch noch unwahrscheinlichere, aber typenprägnante Beiträge. Nur unter solchen Prämissen ist der Ausdifferenzierungserfolg von Wissenschaft, die sich von jeder „lebensweltlich" nachprüfbaren Plausibilität freimacht, nur so ist die Ausdifferenzierung von Kunst, die geradezu auf die Pflege von Unwahrscheinlichkeit abonniert ist, überhaupt denkbar. Gleiches gilt natürlich für das hochartifizielle Zahlungsverhalten des modernen Wirtschaftssystems.

Wenn man diese Überlegungen in die Zukunft verlängert, so wäre die Frage zu stellen, ob die neuen elektronischen Datenspeicherungstechniken mit einem Umbau des Typs sozialer Differenzierung einhergehen und in die „Postmoderne" führen. Bislang spricht dafür allerdings wohl nichts. Man sieht von hier aus, daß für „Literaturgeschichte" verschiedene Parameter möglich sind, die verschiedene Periodisierungen nach sich ziehen. Wer sich für Kommunikationstechniken

9 C. Lévi-Strauss, a.a.O., S. 28.

interessiert, der wird an Themen wie „Oral poetry", „Literatur als Schrift", „Literatur im Zeitalter des Buchdrucks" oder „EDV und das 'Ende der Literatur'" denken. Wer in gesellschaftstheoretischer Perspektive an sozialer Differenzierung interessiert ist, wird – ohne Interdependenzen zu übersehen – z.B. funktional ausdifferenzierte Literatur beobachten und beschreiben, wie es im folgenden auch unsere Perspektive ist, wenn wir Literatur als Funktionssystem der modernen Gesellschaft betrachten, deren System-Geschichte wir beschreiben wollen.

Greifen wir noch einmal auf die Überlegung zurück, daß Systemdifferenzierung bedeutet, die System/Umwelt-Unterscheidung im System zu wiederholen. Daraus folgt, daß die moderne Gesellschaft aus einer Vielzahl ausdifferenzierter Funktionssysteme besteht, die füreinander allesamt Umwelt sind. Die Gesellschaft besteht also aus Teil- oder Subsystemen. Insofern hat jedes Funktionssystem eine gesellschaftsexterne Umwelt, z.B. Leben oder Bewußtsein, und eine gesellschaftsinterne Umwelt, die von allen anderen Subsystemen erfüllt ist. Für das Kunstsystem sind alle weiteren Funktionssysteme Umwelt, d.h. daß nirgendwo sonst in der Gesellschaft Funktionen erfüllt werden können, auf die Kunstkommunikation spezialisiert ist. Es gibt in modernen Gesellschaften keine Funktionsredundanz und keine äquifunktionalen Subsysteme, keine „Doppelbesetzungen". Politik kann nicht durch Wissenschaft, Religion nicht durch Wirtschaft ersetzt werden. Daraus folgt dann allerdings auch, daß die moderne Gesellschaft keinen Ort mehr kennt, an dem sie privilegiert und zustimmungsfähig beschrieben werden könnte. Weder bilden die Funktionssysteme eine Hierarchie – Politik ist nicht „wichtiger" als Religion –, noch ist irgendeines dieser Teilsysteme dem „Ganzen" der Gesellschaft näher als ein anderes: die Beobachtung der Gesellschaft ist nirgends besser, sondern immer anders! Aus diesem Systemdesign ergeben sich drei Beziehungen oder Referenzen, die ein Subsystem unterhalten kann: die Referenz zur Gesellschaft, die seine Funktion ausmacht; die Referenz zu den koexistenten Subsystemen, die als Leistung bezeichnet wird; schließlich die Referenz zu sich selbst, die Reflexion. So liegt die Funktion der Wissenschaft für die Gesellschaft in der Bereitstellung wahrheitsfähiger Erkenntnis; als Grundlagenforschung erbringt die Wissenschaft Leistungen für die Wirtschaft – oder sie berät die Politik; in Gestalt der Wissenschaftstheorie reflektiert sich das Subsystem Wissenschaft selbst.

Werfen wir von hier aus noch einmal einen Blick zurück auf die elementare Ausgangsunterscheidung, auf die Differenz von System und Umwelt. Aus Darstellungsgründen, d.h. um Komplexität abzubauen, haben wir zunächst so getan, als wären soziale Funktionssysteme einfach da, wir haben den Faktor „Zeit" also einfach ausgeblendet. Jetzt wissen wir, daß funktionale Systemdifferenzierung ein Resultat eigengesteuerter Evolution ist – und erst im europäischen 18. Jahrhundert nach vielen Anläufen voll durchschlägt, so daß Historiker die „Moderne" hier beginnen lassen: Die moderne Gesellschaft ist die funktional differenzierte Gesellschaft. Funktionssysteme können nun – und das ist entscheidend – ihre Umwelten umfassend beobachten und beschreiben; sie sind also umweltoffene Systeme und keineswegs dazu verdammt, nur sich selbst zu kommunizieren. Sie können aber kein einziges Element ihrer spezifisch codierten Kommunikation aus ihrer Umwelt importieren, sie reproduzieren sich vielmehr ausschließlich aus eigenproduzierten Elementen; sie sind also geschlossene Systeme. Mit einem Ausdruck, der in der Biologie zu Ansehen gelangt ist, spricht man auch von autopoietischen, d.h. sich selbst herstellenden, Systemen. Niklas Luhmann hat Autopoiesis so definiert:

„Der Begriff bezieht sich auf (...) Systeme, die alle elementaren Einheiten, aus denen sie bestehen, durch ein Netzwerk eben dieser Elemente reproduzieren und sich dadurch von einer Umwelt abgrenzen – sei es in Form von Leben, in der Form von Bewußtsein oder (im Falle sozialer Systeme) in der Form von Kommunikation. Autopoiesis ist die Reproduktionsweise dieser Systeme.“[10]

Funktional differenzierte Systeme sind autopoietisch, weil sie ihre spezifische Kommunikation selbst reproduzieren, was praktisch heißt, daß unter einem binären Code an jede Selektionsofferte zweifach angeschlossen werden kann und sich daraus eine potentiell unendliche Kette möglicher Kommunikationen ergibt, die alle typenprägnant sind und die erst abreißen muß, wenn sie destruktive Umweltereignisse stoppen. Platon wies in seinem idealen Staat die Politiker z.B. an, die Produktion von Literatur zu verbieten. Unter der Bedingung operativer Geschlossenheit ist das System umweltoffen; jedes der Umwelt entnommene „Element“ wird bei seinem Eintritt ins System neu codiert und so zu einem Element systemischer Kommunikation.

Nehmen wir als Exemplum – und als Vorgriff auf später zu Erörterndes – den „realistischen“ Roman des 19. Jahrhunderts, etwa Balzac. Natürlich sind diese Romane umweltoffen und keine artifiziellen Experimente mit dem Status poetischer Sprache, die in der Selbstreferenz verharren. Gleichwohl sind die realistischen Romane aber unzweideutig operativ geschlossen: Die simulierte Umwelt der französischen Gesellschaft des 19. Jahrhunderts ist Thema literarischer Kommunikation, die sämtliche ihrer Elemente distinkt codiert. Daß natürlich die Möglichkeit besteht, Balzacs Romane als Themen soziologischer oder politischer Kommunikation zu behandeln und etwa nach statistischer Richtigkeit oder der Anklage sozialer Ungerechtigkeit in ihnen Ausschau zu halten, ist kein Gegenargument. Man sieht daran lediglich, daß die systemtheoretische Perspektive auf der Ebene von Kommunikationen und nicht auf der Ebene von „Werken“ diskriminiert: Romane können in diversen Systemen von Interesse sein; der eine fühlt sich von ihnen moralisch vor den Kopf gestoßen oder in seinem Glauben verletzt, ein anderer denkt an Verkaufszahlen und wittert Bestsellererfolge, ein dritter benutzt sie als historische Quelle; das alles läuft nebeneinander her. An literarischer Kommunikation dagegen nimmt teil, wer solche Romane literarisch liest, um an dieser Stelle ganz bewußt eine Tautologie zu verwenden, weil wir auf das Subsystem „Literatur“ jetzt genauer eingehen wollen.

---

10 N. Luhmann: Ökologische Kommunikation. Opladen 1986, S. 266.

Literatur als System und als Umwelt

Wenn wir Literatur – oder allgemeiner gesprochen: Kunst, denn wir wollen die Möglichkeit, das Subsystem „Kunst" noch einmal intern in Subsysteme zu differenzieren, erst einmal außer acht lassen – als ausdifferenziertes Teilsystem der modernen Gesellschaft beschreiben, stellen sich uns – nach dem bislang Gesagten – folgende Aufgaben:

- Wir müssen erstens ein symbolisch generalisiertes Kommunikationsmedium ausfindig machen;
- wir müssen zweitens dessen Codierung angeben und von aller Programmierung unterscheiden können;
- wir müssen uns drittens über die Differenz von „Funktion", „Leistungen" und „Reflexion" der Kunst und Literatur klar werden.

(1) Als Kandidat für die Position des symbolisch generalisierten Kommunikationsmediums drängt sich die Instanz des („Kunst"-)Werks auf; zu ihm gibt es wohl keine sinnvolle Alternative. Das „Werk" wollen wir aber nicht als Einheit, sondern als Differenz verstehen, und zwar als Differenz von Medium und Form. „Medium" soll die lockere Kopplung von Elementen genannt werden, „Form" die strikte, die das „Medium" rigidisiert, dichter koppelt. Der erzähltheoretische Unterschied von „Geschehen" und „Geschichte" mag diese Differenz erläutern: als lockere Kopplung seiner Elemente fungiert das „Geschehen" als Medium, das die „Geschichte" formiert, dichter koppelt – und zwar durch wohlerwogene Selektionen. Das Kommunikationsmedium des Kunstsystems hat also etwa folgende Gestalt:

Werk ⟨ *Medium* (lockere Elementrelationierung)
Form (dichte Elementrelationierung)

Wichtig ist es, im Blick zu behalten, daß das „Werk" eine Differenz artikuliert: Man sieht die Form nur als Form, wenn man ihre Differenz zum Medium mit sieht. Für den Musikbanausen mag sich eine moderne Komposition vom „Rauschen" eines schlecht eingestellten Radios oder vom Instrumentestimmen des Orchesters vor Konzertbeginn kaum unterscheiden, er hört die Differenz nicht mit, und allein deren Wahrnehmung macht den Kenner zum Kenner! Artikulierte Form ist immer „Formierung eines Mediums" – Selektion aus einem „woraus".

Als Medien für Formen kommt alles Mögliche in Frage: Prominente Beispiele sind etwa die Natur und der menschliche Körper, die Gesellschaft – man denke an den realistischen Roman –, die Sprache oder auch die Kunst und Literatur selbst. Man könnte sich vorstellen, daß eine Literaturgeschichte in diesem Sinne als Geschichte der verwandten Medien konzipiert werden könnte: von der Nachahmung der Natur bis zur sprachexperimentellen Poesie. Im Falle der Nutzung von Kunst als Medium läßt sich auch sagen, daß die Kunst ihre Form als Medium behandelt, schematisch gesehen also folgendermaßen verfährt:

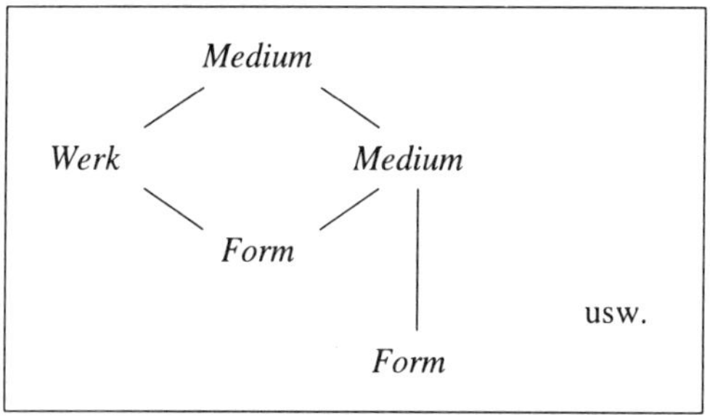

Ein Beispiel für das Gemeinte bietet die literarische Parodie, die ein artikuliertes Sinnarrangement – denn Form ist hier nicht gegen „Inhalt", sondern gegen Medium differenziert; Inhalte sind Formen – als Medium behandelt: Goethes Werther liebt Lotte hochpassioniert; als sie seinem Drängen für einen Moment nachgibt, tötet er sich, da dieser Augenblick höchster Erfüllung nicht mehr steigerbar oder wiederholbar ist. Als Büchners Prinz Leonce der somnambulen Prinzessin Lena begegnet und sie küßt, stimmt er folgenden Monolog an:

„Zu viel! zu viel! Mein ganzes Sein ist in dem einen Augenblick. Jetzt stirb! Mehr ist unmöglich. Wie frischatmend, schönheitsglänzend ringt die Schöpfung sich aus dem Chaos mir entgegen. Die Erde ist eine Schale von dunkelem Gold, wie schäumt das Licht in ihr und flutet über ihren Rand, und hellauf perlen daraus die Sterne. Dieser eine Tropfen Seligkeit macht mich zu einem köstlichen Gefäß. Hinab, heiliger Becher! *(Er will sich in den Fluß stürzen.)*"[11]

Den ironischen Witz dieser Parodie bekommt man nur mit, wenn man den „Werther-Ton" im Ohr hat und natürlich Goethes Ballade vom „König in Thule" kennt. Ehe Leonce sein trauriges Vorhaben aber ausführen kann, wird er von Valerio, seinem Gefährten, zurückgehalten, was er mit folgenden Worten kommentiert:

„Mensch, du hast mich um den schönsten Selbstmord gebracht. Ich werde in meinem Leben keinen so vorzüglichen Augenblick mehr dazu finden und das Wetter ist so vortrefflich. Jetzt bin ich schon aus der Stimmung. Der Kerl hat mir mit seiner gelben Weste und seinen himmelblauen Hosen Alles verdorben."[12]

Auch das ist nur witzig, wenn man die Differenz zum „Werther" als Paradigma „romantischer Passion" mithört. Um von Werthers Modevorlieben erst gar nicht zu reden.

Die literarische Parodie als Form der „Intertextualität" ist allerdings eine

11 G. Büchner, a.a.O., S. 125.

12 Ebd.

eher harmlose Weise des literarischen Systems, seine Formen als Medien für weiteren Formgewinn zu behandeln. Werden Formen zur ausschließlichen Ressource für Medien, dann ist gleichsam die Form von heute das Medium von morgen, die ganze Kunstproduktion bekommt etwas Hetzendes als permanentes Überbieten-, Ablösen-, Revolutionieren-Wollen. Schon im Augenblick ihrer Entstehung sind die Werke museumsreif, die Durchlaufgeschwindigkeit ist stupende, die Werke haben keine Gegenwart mehr, und die Frage stellt sich, ob die Permanenz der Verwandlung von Formen in Medien für Formen den Kommunikationsspielraum der Kunst und Literatur nicht bedenklich verknappt. Eine Alternative liegt dann noch darin, sich diesem Zwang zu entziehen und neo-naiv zu malen, „was man sieht", im Gefüge der Tonalität zu komponieren oder „realistische" Romane zu schreiben. Wobei auch solche Ausbrüche aus der Dynamik selbstreferentiell eingehegter Kunst nur für den ihre Raffinesse offenbaren, der genau diese Differenz – den Abstand zum Betrieb – mitbekommt.

(2) Wir wenden uns nun der Frage der Codierung des Kommunikationsmediums zu, d.h. jenem binären Schematismus, der die Differenz von Medium und Form codiert: als + oder –. Als Kandidatin drängt sich die Unterscheidung von „schön" und „nicht-schön" auf. Wir werden diesen Vorschlag später problematisieren, halten ihn hier aber zunächst fest. Alles, was im Kunstsystem kommuniziert werden kann, kann doppelt zur Sprache kommen: als schön oder als häßlich.

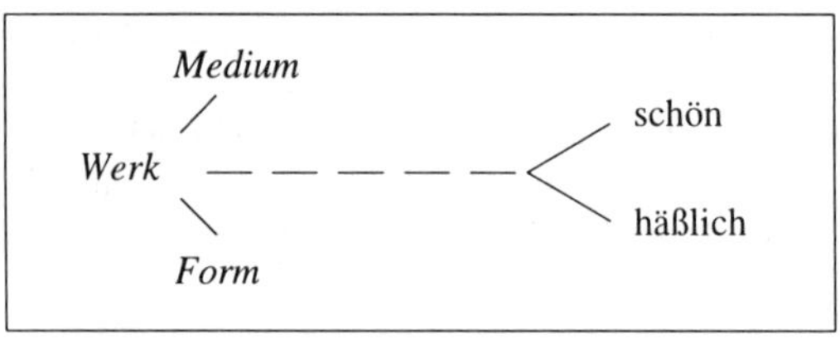

Die Codewerte legen fest, wie zugestimmt und wie abgelehnt werden kann. Mit dieser Differenz wird also die Differenz von Medium und Form beobachtet: Die Formierung des Mediums kann schön oder kann nicht schön sein, nicht aber wahr, ungerecht oder frauenfeindlich. Wer so über Kunst kommuniziert, befindet sich in ihrer Umwelt und beobachtet sie mit kunstfremden Unterscheidungen.

Es ist wichtig, sich diese Polykontexturalität möglicher Kommunikationen über „Kunst" klar zu machen, um Verwirrungen über die Adresse zu vermeiden; es ergibt sich etwa folgendes Bild:

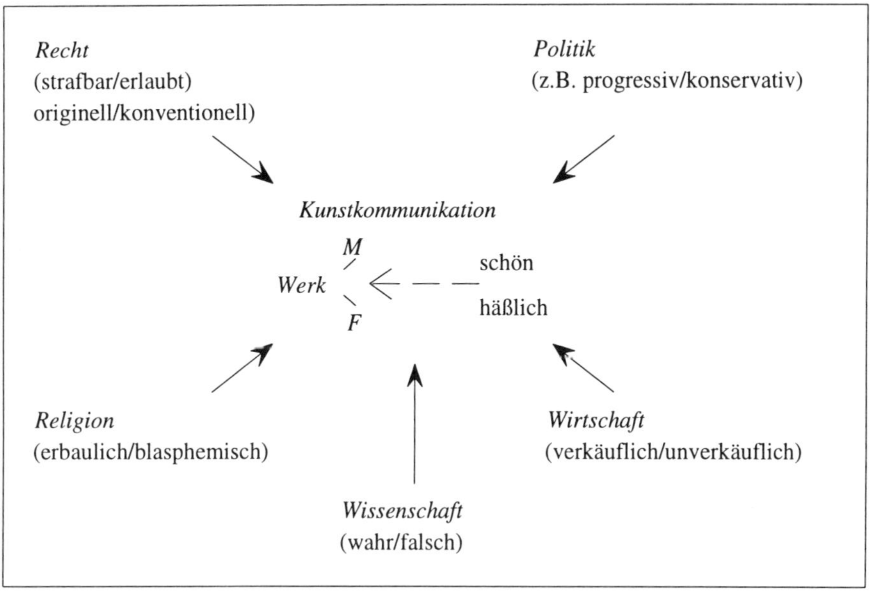

Nun kann sich die Kunst selbstverständlich auch als „beobachtete Kunst" beobachten und z.B. gegen Zensur oder auch im Blick auf wirtschaftlichen Erfolg entsprechende Vorkehrungen zu treffen suchen. Entscheidend für ihren Status als differenziertes Subsystem ist aber der eigendirigierte Code, der die operative Geschlossenheit all ihrer Umweltbeobachtungen sicherstellt.

Wer der Meinung ist, und Luhmann hat sie immer wieder vertreten, daß die Differenz „schön"/„häßlich" das „Werk" codiert und die Kommunikation entsprechend leitet, der muß den Nachweis führen, daß die Ausdifferenzierung dieses Codes als Voraussetzung der Systembildung von Kunst erfolgreich vollzogen wurde. In dieser Hinsicht sind mindestens folgende Differenzierungen zu beachten:

(a) Kunst und Wissenschaft müssen trennscharf unterscheidbar werden, d.h. „wahr" und „falsch" unterscheiden in der Kunstkommunikation nichts, Kunst vollzieht keine Erkenntnisse. Das „Falsche" kann schön, das „Wahre" häßlich sein.
(b) Kunst und Technik sind zu differenzieren; die Unterscheidung „nützlich"/„unnütz" ist für die Kunstkommunikation ohne Belang, das Nützliche kann häßlich, das Unnütze schön sein.
(c) Kunst und Moral müssen strikt unterschieden werden; gut und böse sind keine relevanten Unterscheidungen der Kunst. Das Gute kann häßlich, das Böse schön sein.
(d) Kunst und Wirtschaft müssen auseinandergehalten werden; „kostbar" und „wertlos" unterscheiden in der Kunst nichts; es kommt nicht darauf an, in der Malerei Gold, in der Plastik Edelsteine zu verwenden, wie im Mittelalter üblich; dagegen wandte sich Leone Battista Alberti bereits 1435:

„Es gibt Maler, die in ihren Bildern viel Gold verwenden, weil sie meinen, das verleihe ihnen Erhabenheit: Ich kann das nicht rühmen. Selbst wenn man Vergils Dido malte – mit ihrem goldenen Köcher, ihrem goldenen Haar, das mit einer goldenen Klammer befestigt ist (...) –, selbst dann möchte ich kein Gold verwendet wissen, weil die Darstellung des Goldglanzes mit einfachen Farben dem Künstler mehr Bewunderung und Ruhm einträgt."[13]

Das Wertvolle kann demzufolge unschön, das Wertlose schön sein.

(e) Kunst und politische Macht müssen differenziert sein; mächtig und ohnmächtig, gerecht und ungerecht sind keine Formeln für die Kunstkommunikation; Macht kann häßlich, Ungerechtigkeit kann schön sein.

Erst wenn diese – und weitere – hier nur im Telegrammstil angedeuteten Ausdifferenzierungen der Codierung des symbolisch generalisierten Mediums „Werk" vollzogen sind, darf man von einer Systembildung für Kunstkommunikation ausgehen. Vieles spricht dafür, daß diese Differenzierungen um 1800 endgültig vollzogen und auch anspruchsvoll reflektiert worden sind, so daß wir etwa seit dieser Zeit von einem Funktionssystem „Kunst" – und Literatur als einem seiner Subsysteme – ausgehen können, das seine Kommunikation autopoietisch reproduziert.

Es stellt sich allerdings die Frage, ob tatsächlich die Unterscheidung „schön"/ „häßlich" die Leitdifferenz – der Code – moderner Kunst- und Literaturkommunikation ist, wie Luhmann mit der Konvention vermutet hat. Es fällt zunächst auf, daß Künstler und Schriftsteller diese Unterscheidung kaum verwendet haben, um Reflexionsprobleme ihres Tuns und Lassens zu charakterisieren. Vielmehr scheint die Differenz von „schön" und „häßlich" jener Beobachtung zugrundezuliegen, mit der die Ästhetik Kunst und Literatur wahrnimmt, auch wenn selbst die moderne Ästhetik mit dieser Unterscheidung Schwierigkeiten bekommen hat: angesichts nicht länger „schöner" Kunst und Literatur. Für Luhmann würde die These, daß „schön"/„häßlich" als Leitdifferenz der Ästhetik fungiert, überhaupt kein Problem aufwerfen, ist er doch der Auffassung, daß es die Ästhetik ist, in der sich das Kunstsystem reflektiert: Ästhetik sei die Reflexionstheorie der Kunst. Diese Auffassung lehnen wir ab. Denn eine genauere Betrachtung muß zu dem Ergebnis kommen, daß die Ästhetik – dirigiert von ihrem Code „schön"/ „häßlich" – eine Fremdbeschreibung und keine Selbstbeschreibung des Kunstsystems ist. In Gestalt der Ästhetik beobachtet vielmehr die Philosophie die Kunst seit ihrer Ausdifferenzierung im 18. Jahrhundert; es ist kein Zufall, daß die philosophische Disziplin „Ästhetik" zu eben dem Zeitpunkt entsteht, als „autonome" Kunst soziale Realität gewinnt. Die Philosophie ist aber kein Subsystem der Kunst, sondern der Wissenschaft, insofern und insoweit ihre Aussagen „wahr" oder „falsch" zu sein beanspruchen. Blickt man auf die Geschichte der philosophischen Kunstbeobachtung, dann gewinnt man den Eindruck, daß die Code-Werte „schön"/„häßlich" von der wissenschaftlichen „wahr"/„falsch"-Unterscheidung übercodiert sind.

13 Zit. M. Baxendall: Die Wirklichkeit der Bilder. Malerei und Erfahrung im Italien des 15. Jahrhunderts. Frankfurt/M. 1984, S. 29.

In aller Regel sind dabei die konventionellen A-Symmetrien gekoppelt: Das „Schöne“ ist das „Wahre“, dieser Auffassung war Hegel ebenso wie Heidegger oder Adorno; wir wissen aber andererseits, daß Platon die Dichter als „Lügner“ bezeichnete, eine Auffassung, die Nietzsche teilte, nur anders bewertete; für ihn war die „Wahrheit“ häßlich: „vielleicht ist die Wahrheit ein Weib, das Gründe hat, seine Gründe nicht sehen zu lassen ...“, heißt es in der Vorrede zur „Fröhlichen Wissenschaft“.

Trifft es zu, daß die Unterscheidung „schön“/„häßlich“ als philosophisch-ästhetische Beobachtungstechnik im Wissenschaftssystem zu Hause ist, dann ist die Kandidatur für den Code des Kommunikationsmediums „Kunstwerk“ wieder offen, und Vorschläge sind erwünscht. Unsere Entscheidung lautet: nicht „schön“/„häßlich“; sondern „interessant“/„uninteressant“ – bzw. „spannend“/„langweilig“, „faszinierend“/„banal“ – codiert als Leitdifferenz das „Werk“:

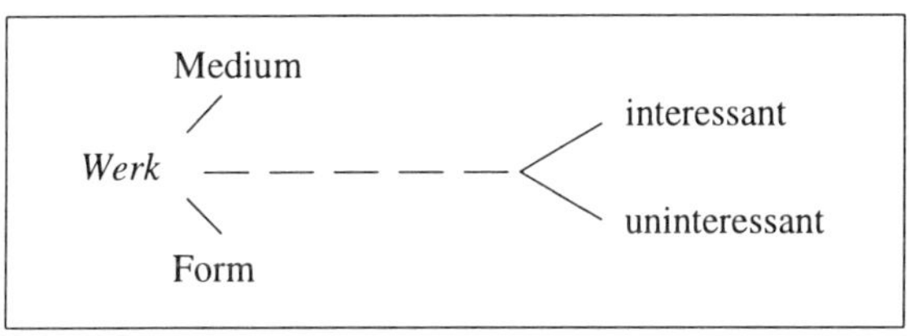

Die Codewerte sind einerseits a-symmetrisch – das Interessante wird angestrebt und gilt als Motiv, die exponierte Selektion zu übernehmen –, sie sind aber andererseits von der erforderlichen Ambivalenz, die für jede erfolgreiche Codierung notwendig ist; so kann das „Langweilige“ geradezu angestrebt werden – programmatisch von einem Autor wie Handke etwa; was dem einen interessant ist, langweilt den anderen, und umgekehrt. Der Code erfüllt also die erforderliche Duplikation: Alles, was im Kunstsystem kommuniziert werden kann, kann es auf doppelte Weise: als interessant oder als langweilig. Zur Rechtfertigung des Code-Wertes „interessant“ ließe sich schließlich noch das begriffsgeschichtliche Faktum anführen, daß die moderne Literatur von Friedrich Schlegel um 1800 ausdrücklich als „interessante“ Literatur – und nicht länger als „schöne“ – gekennzeichnet worden ist. Auch Goethe unterstellte, daß das „bekannte Schöne“ langweile und man deshalb „das Schöne für das Häßliche“ verlasse.[14]

Unser Vorschlag könnte nun den Einwand hervorrufen, daß er zwar vielleicht eine plausible Abgrenzung der Kunst zur Philosophie leistet, dafür aber andererseits Kunst und Sport durcheinanderbringe. Dieser Einwand ist ernst zu nehmen. Wir sprechen von einem „interessanten“ Tennismatch oder von einem „langweiligen“ Fußballspiel. Wie läßt sich diese Konfusion auflösen? Das Sportsystem der modernen Gesellschaft hat etwa folgende Struktur:

14 J.W. v. Goethe: Sophienausgabe. Bd. 53, S. 401.

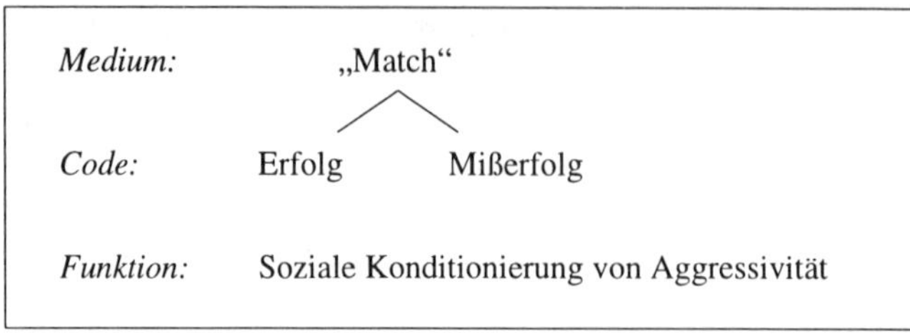

Wir behaupten, daß die systemspezifische Leitdifferenz des „Sports“ die Unterscheidung von „Sieg“ und „Niederlage“, und die entsprechende Tabellenskalierung, nicht aber die Unterscheidung „interessant“/„langweilig“ ist. Wer mit dieser Unterscheidung urteilt, wer also etwa eine sportliche Niederlage interessant, einen Sieg aber langweilig nennt, kommuniziert unter der Direktive des Kunstcodes; ein eingefleischter Fan würde so etwas nie tun, ihm kommt es auf die Punkte, den Sieg an, gleichgültig ob „langweilig“ oder „interessant“. Die Diskussion zwischen einem Fan und einem „Fußball-Ästheten“ bewegt sich in zwei ganz verschiedenen Systemreferenzen, und beide müssen ein gewisses Maß an Interessendistanz aufbringen, um den anderen zu „verstehen“.

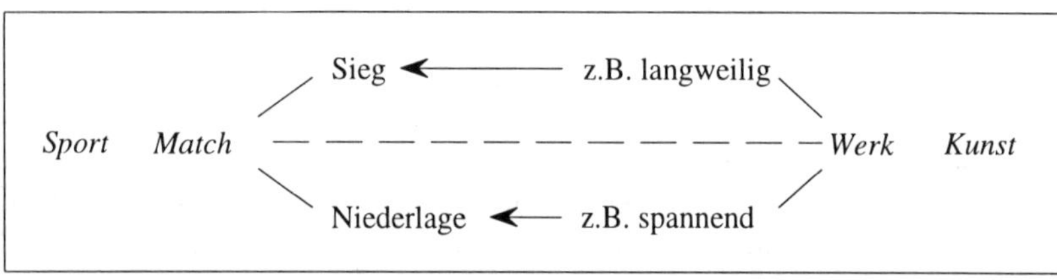

Auch dieses Beispiel zeigt wiederum, daß die Systemtheorie „Kunst“ nicht auf der Ebene empirischer „Werke“, sondern auf der Ebene medial gesteuerter Kommunikation beschreibt, und dann ist es nichts Ungewöhnliches, daß „Matches“ als „Werke“ wahrgenommen werden, die interessant oder langweilig sein können.

Wir haben nun kurz nach Funktion, Leistung und Reflexion zu fragen, ehe wir dann auf die Geschichte des Literatursystems und seine möglichen Epochen eingehen. Die Funktion – so erinnern wir uns – bezeichnet die Referenz seines Subsystems zur Gesellschaft. Wie kann die Funktion der Kunst aber bestimmt werden? Luhmann vertritt folgende Ansicht:

„[Wir] sehen die Funktion der Kunst in der *Konfrontation der (jedermann geläufigen) Realität mit einer anderen Version derselben Realität.* Die Kunst läßt die Welt in der Welt erscheinen, und wir werden noch sehen, daß dies mit Hilfe der Ausdifferenzierung von Form und Kontext, also mit Hilfe einer kunstimmanenten Unterscheidung geschieht. Darin liegt ein Hinweis auf die *Kontingenz* der normalen Realitätssicht, ein Hinweis darauf, daß sie auch anders möglich ist. Schöner zum Beispiel. Oder weniger zufallsreich. Oder mit noch verborgenem Sinn durchsetzt. (...) Im Ergebnis erscheint die *Funktion von Kunst* dann schließlich in der Herstellung von Weltkontingenz zu liegen. Die festsitzende Alltagsversion wird als auflösbar erwiesen; sie wird zu einer polykontexturalen, auch anders lesbaren Wirklichkeit – einerseits degradiert, aber gerade dadurch auch aufgewertet. Das Kunstwerk führt an sich selbst vor, daß und wie das kontingent Hergestellte, an sich gar nicht Notwendige schließlich als notwendig erscheint, weil es in einer Art Selbstlimitierung sich selbst alle Möglichkeit nimmt, anders zu sein".[15]

Die soziale Funktion der Kunst und Literatur läge also darin, eine Art Kontingenzerweis für die Gesellschaft zu erbringen; alles, was sozial ist – so zwingend und alternativlos es sich auch geben mag –, ist auch anders möglich; die überzeugendsten Selektionen, die künstlerische Formen vollziehen, zeigen sich ja erst dem Beobachter als überzeugend und interessant, der sie im Horizont des Mediums wahrnimmt, dessen lockere Elementverbindung – z.B. in der Sprache – sie „in Form" bringen – z.B. in der durchrhythmisierten, metaphorisch integrierten Diktion des Gedichts. Die Wahrnehmung der Differenz von Form und Medium läßt die gefundene Form als Ergebnis einer Wahl, also als kontingent erscheinen: sie ist nicht, wie man in der Antike sagte, „von Natur" so, wie sie ist, sondern Resultat eines wählenden „Tuns", das sich immer im Blick auf andere Möglichkeiten entscheiden muß.

Daß es die Funktion der Kunst sein soll, in dieser Weise der Gesellschaft ein Bewußtsein ihrer Kontingenz zu vermitteln, darf aber in Zweifel gezogen werden. Denn eine derartige Funktion wäre allenfalls dann nötig, wenn die Gesellschaft dieses Bewußtsein ihrer Kontingenz ansonsten nicht hätte und sich, etwa als Folge eines göttlichen Willens oder als Ausdruck einer natürlichen Ordnung bzw. als Resultat kategorischer Vernunftanweisungen, als notwendig und nicht als kontingent wahrnähme. Von einer solchen Selbstreflexion der Gesellschaft kann aber heutzutage keine Rede mehr sein. Vielmehr ist von einer ubiquitären, überall spürbaren Kontingenzerfahrung auszugehen: Alles könnte anders sein, als es ist. Dies gilt für Politik und Wirtschaft ebenso wie für Religion, Wissenschaft oder Erziehung. Überall wird der status quo mit einer Flut von Alternativen konfrontiert, und am Ende wird selbst noch die Unterscheidung von gegebener Realität und imaginären Möglichkeiten aufgelöst und die medial erreichbare Welt zu einer einzigen Simulation erklärt. Ist Kontingenzbewußtsein aber allerorten im Überfluß vorhanden, kann es nicht die Funktion der Kunst sein, solches privilegiert zu artikulieren. Wir brauchen die Kunst nicht, um uns für die Tatsache sensibilisieren zu lassen, daß auch die zwingendsten Lösungen kontingent sind. Das wissen wir ohnehin. Und es hilft der Kunst auch nicht, angesichts dieses Umstands nun Extremkontingenzen zu realisieren. Wenn sie das tut, so nicht um unser Kontingenzbewußtsein zu schärfen, sondern – so wollen wir behaupten – um zu unterhalten. Die soziale Funktion der Kunst scheint uns „Unterhaltung" zu sein, und offenbar unterhalten auch extrem unwahrscheinliche Strukturen im Hinblick auf ein höchst differenziertes Publikum mit höchst unterschiedlichen Ansprüchen. Wir glauben, daß die Funktionsangabe „Unterhaltung" der sozialen Wirklichkeit von Kunst gerechter wird als Luhmanns „Kon-

15 N. Luhmann: Das Kunstwerk und die Selbstreproduktion der Kunst. In: H.U. Gumbrecht/K.L. Pfeiffer (Hg.): Stil. Frankfurt/M. 1986, S. 624f.

tingenzerweis" und die breite Palette tatsächlicher Kunstkommunikation – von populärer Musik über Shows, Film und Romane bis zu experimenteller Kunst – adäquater erfaßt. Künstler wie Nietzsche oder Brecht – um nur diese beiden so unterschiedlichen Temperamente zu nennen – haben ausdrücklich die Funktion der Kunst in „Unterhaltung" gesehen: „Künste und Dichtungen wollen vor allem unterhalten", hat Nietzsche gesagt,[16] und Brecht stimmte zu: „Seit jeher ist es das Geschäft des Theaters, wie aller anderen Künste auch, die Leute zu unterhalten".[17] „Unterhaltung" ist eine sehr formelle, elastische Funktionsangabe: den einen unterhält dies, den anderen das; den einen John Lennon, den anderen John Cage. Wir präzisieren diese Aussage nur insofern, als wir die von Kunst geleistete „Unterhaltung" durchaus in Übereinstimmung mit der Tradition als *Faszination des sinnlichen Wahrnehmens* verstehen. Wer der Auffassung ist, im Hinblick auf Kunst von „Unterhaltung" als sozialer Funktion zu sprechen, sei eine „Entweihung", der möge nüchtern prüfen, was ihn zum Kunstkonsum veranlaßt. Und wer etwa einwendet, auch Sport oder gerade Sport unterhalte, dem haben wir schon dargelegt, daß die Systemtheorie Kommunikationen differenziert und insofern keine Probleme hat, „Matches" als „Werke" und Fußball oder Tennis als interessante Unterhaltung zu akzeptieren. Wer die Reaktion des Fußballfans auf den Wunsch des Fubballästheten, der Gegner möge zur Steigerung der Unterhaltung auch Tore schießen, ermessen kann, der weiß von der kategorischen Differenzierung von Sport und Kunst.

Wenn Brecht gesagt hat, „seit jeher" wäre es das Geschäft der Kunst, ihr Publikum zu unterhalten, dann bezog er sich auf die berühmte Formel aus der „Ars poetica" des Horaz: „aut prodesse volunt aut delectate poetae / aut simul et iucunda et idonea dicere vitae".[18] „Entweder nützlich sein oder erfreuen wollen die Dichter oder beides zugleich und sagen, was erfreulich für das Leben ist und nutzbringend." Derjenige Dichter gewinne den Beifall aller, fährt Horaz fort „qui miscuit utile dulci / lectorem delectando pariterque monendo"[19] („der Nützliches und Süßes mische und so den Leser ebenso erfreue wie belehre"). Im Hinblick auf die Evolution des Kunst- und Literatursystems käme es darauf an, die Ausdifferenzierung der Funktion „Unterhaltung" aus ihrem von Horaz so wirkungsmächtigen Konnex mit „Belehrung" und „Nutzen" nachzuvollziehen. Im Zusammenhang der Entstehung spezifisch „freier Zeit" differenziert sich literarische Kommunikation aus, die nicht länger unter „heteronomen" Erbauungs- oder Belehrungsdirektiven steht, sondern „unterhalten" will.[20] Und es ist im Hinblick auf Brechts literaturhistorische Stellung – seine Epochenzugehörigkeit – signifikant, daß er genau diese moderne Ausdifferenzierung der Funktion „Un-

16 F. Nietzsche: Werke in drei Bänden. Bd. 1, S. 1222.

17 B. Brecht: Schriften zum Theater. Frankfurt/M. 1968, S. 131.

18 Horaz: Ars poetica. Stuttgart 1972, S. 24.

19 Ebd., S. 26.

20 Vgl. E. Schön: Der Verlust der Sinnlichkeit oder die Verwandlungen des Lesers. Stuttgart 1987.

terhaltung" wiederum entdifferenzieren und mit politischer Didaxe koppeln wollte; „politisierte" Kunst solle „nützlich unterhalten", hat Brecht fordern können und damit an die Formel des Horaz zurückerinnert. Diese politische Übercodierung der Kunstfunktion, die eine scharfe Attacke auf die modern differenzierte Gesellschaft einschließt, wird uns noch ausführlich beschäftigen, wenn wir uns mit der literarischen Avantgarde im ersten Drittel des 20. Jahrhunderts beschäftigen.

Kommen wir jetzt noch kurz auf Leistung und Reflexion als den beiden anderen elementaren Referenzen moderner Kunst zu sprechen. „Leistung" meint den Bezug der Kunst zu den anderen kontemporären Subsystemen der Gesellschaft. Infolge seiner Konzentration auf die „Weltkontingenzierungsfunktion", die dazu führe, daß sich Kunst in einer an Kontingenzbewußtsein ohnehin reichen Umwelt auf die Kommunikation extrem unwahrscheinlicher Formarrangements kapriziere, gelangt Luhmann zu der bedrückenden Beobachtung, daß es so weit kommen könne, daß sich in der Gesellschaft nur noch die Kunst ... für Kunst interessiert, von ihr also Leistungen nirgendwo mehr verlangt werden, weil die Selektionen der Kunst in allen anderen Funktionssystemen nur noch als „noise" wahrgenommen werden. Luhmann vermutet, daß

„die moderne Gesellschaft – und zwar gerade weil sie nach Funktionen differenziert – einzelne Funktionsbereiche zu hoher Komplexität entwickeln kann, weil da die technischen Konsequenzen einer funktionalen Spezifikation gut durchführbar sind, und andere nicht. Und in diesem Zusammenhang könnte es sein, daß man zu einem Ergebnis kommt, daß bestimmte Funktionsbereiche, wie etwa (...) Kunst, die Ausdifferenzierung als Funktionsbereich selbst schon gar nicht mehr verkraften oder, anders gesagt, auf eine Art von Selbstreferenz verwiesen sind, die sie abkoppelt von anderen gesellschaftlichen Geschehnissen, so daß überall sonst, außerhalb der Kunst, von Kunst nicht mehr die Rede ist."[21]

Uns will scheinen, daß sich solche Beobachtungen nur dem aufdrängen, der wie Luhmann eine so spitzfindige Vorstellung von der Funktion aller Kunst in der Gesellschaft hat, daß eine Blickverengung auf das jeweils experimentell Avancierteste, auf den „dernier cri" der „haute couture" unserer Kunstszene die notwendige Folge ist. Sozial umfaßt Kunstkommunikation aber viel mehr, und ebenso wie Zahlungen zum Wirtschaftssystem gehören, unabhängig davon, ob sie in Goldstücken oder mit „goldenen" credit cards erfolgen, zählen konventionell erzählte Romane zum Kunstsystem und nicht nur hochartifizielle, sinnrestringierende Sprachexperimente, die ja zudem stets Gefahr laufen zu „langweilen". Unter dieser Voraussetzung ist die Aufzählung von Leistungen des Kunstsystems für andere Sozialsysteme unproblematisch und bedarf keiner großen Phantasie; für das Wirtschaftssystem sind Kunstwerke z.B. als Geldanlagen oder als verkaufsträchtige „Bestseller" relevant; das Erziehungssystem verschleißt unsere Literatur mit seiner Vorstellung von „ergiebiger Interpretation" in Deutschstunden und germanistischen Seminaren; das politische System nutzt entsprechende Werke zu Zwecken von Agitation oder Protest; Liebende verwenden literarische Modelle

21 N. Luhmann: Archimedes und wir. Interviews. Berlin 1987, S. 78f.

intimer Kommunikation zur Selbstdarstellung; die Philosophie schließlich ist gar auf die Idee gekommen, Kunst als privilegierte Quelle von „Wahrheit" auszugeben, offenbar aus Verzweiflung über ihre eigene Unfähigkeit, die „Wahrheit" über die Wahrheit zu sagen. So sind der Leistungen viele, die von Kunst verlangt und erbracht werden, und es wäre eine lohnende Aufgabe, die Geschichte solcher Verwendungen von Kunst und Literatur in den anderen Funktionssystemen der modernen Gesellschaft zu schreiben. Man gelangte dann – aber das ist Zukunftsmusik angesichts der theoretischen Lage der Germanistik – zu einer polykontexturalen Literaturgeschichte, die den Schein des einen, identischen Gegenstandes „Literatur" in die Vielzahl seiner Referentialisierungen auflöste.

Ein kurzes Wort noch zur „Reflexion" genannten Selbstreferenz der Kunst und Literatur. Negativ hat sich aus unseren Überlegungen ergeben, daß wir die Ästhetik nicht als Artikulation dieser Systemreferenz der Kunst betrachten. Die Selbstreflexion der Kunst vollzieht sich vielmehr in ihr selbst: „Poesie ist zugleich Poesie der Poesie", hat Friedrich Schlegel in einem Athenäum-Fragment gesagt. Moderne Kunst und Literatur erweisen das Gelingen ihrer Ausdifferenzierung gerade auch darin, daß die reflexive Einstellung für sie habituell wird. Jede Selektion, d.h. Sinnfiguration, die sie vollziehen, weiß sich als Kunst und nicht etwa als Natur oder Politik, Glaube oder Wissenschaft. Moderne Literatur ist Literatur, die weiß, daß sie Literatur ist. Diese literaturimmanente Poetizität ist im Hinblick auf die Beschreibung der „Reflexion" genannten Selbstreferenz wichtiger als das literarische Selbstverständnis der Autoren, so wie es in Vorworten, Briefen oder Interviews zum Ausdruck kommen mag. Ohne solche Quellen gering zu schätzen, sehen wir den eigentlichen Vollzug der Selbstreferenz in der der Literatur immanenten Reflexivität. In der Differenz von Rahmen- und Binnenerzählung inszeniert die realistische Literatur des 19. Jahrhunderts z.B. ihre besondere Auffassung des Unterschieds von „Umwelt" und „Kunstsystem", und wir tun gut daran, dieser immanenten Poetik mehr Aufmerksamkeit zu schenken als programmatischen Erklärungen der Autoren über ihr Kunstverständnis, das oft von ästhetischen, im Bildungssystem fixierten Fremdbeschreibungen der Literatur entlehnt ist.

System-Geschichte

Wir gehen nun zu der Frage nach der Geschichte des modernen Literatursystems über und damit zu der Frage, wie in ihm „Epochen" zu unterscheiden sind. Wir haben gefordert, daß Epochenbegriffe einheitlich referentialisiert, homogen und im Hinblick auf die gesamteuropäische Literatur kompatibel sein sollten. Wir nehmen deshalb zunächst einige Abgrenzungen vor, indem wir darauf hinweisen, welche Arten von Literaturgeschichtsschreibung uns auch möglich und sinnvoll erscheinen, von uns im folgenden aber nicht aufgegriffen werden. Der Sinn einer derartigen Abgrenzung liegt darin, das Bewußtsein dafür wachzuhalten, daß es diverse Möglichkeiten der Literaturgeschichte gibt und wir nur eine unter vielen möglichen im Blick haben und ausarbeiten wollen.

Erstens könnte man eine Literaturgeschichte unter Berücksichtigung der technischen Übertragungsmedien schreiben. Diese Perspektive ist gewiß fruchtbar, denn es leuchtet sofort ein, daß gedächtnisgestützte literarische Kommunikation sogenannter „schriftloser" Völker eine ganz andere Struktur aufweisen muß als eine über Schrift, Druck oder EDV laufende. „Epochemachende" Einschnitte wären für diese Literaturgeschichte als Geschichte ihrer Medien also solche Ereignisse wie das Aufkommen der Schrift, die Erfindung des Buchdrucks, möglicherweise auch solche Erfindungen wie die Schreibmaschine oder das Grammophon, schließlich die elektronischen Speicherungs- und Übertragungsmedien.

Zweitens könnte man Literaturgeschichte als Geschichte jener „Medien" konzipieren, die die literarischen Werke als Ressource für „Formen" genutzt haben. Zu einer solchen „Medien"-Geschichte, die das Wort „Medium" nicht technisch versteht, sondern als „Horizont", aus dem selektiert wird, als lockere Elementrelationierung, die „in Form" gebracht wird, haben Arnold Gehlen und Niklas Luhmann interessante Hinweise gegeben.[22] In grober Vereinfachung könnte man eine religiös getragene Kosmos-Natur, eine säkularisierte Gesellschaft und schließlich Kunst und Literatur selbst als besonders prominente Medien für Formen unterscheiden, deren Abfolge die historische Dimension einer Literaturgeschichte strukturieren könnte.

Drittens könnte man an dem Typ sozialer Differenzierung ansetzen und sich für die Literatur in segmentären, stratifizierten und schließlich funktional differenzierten Gesellschaften interessieren. Dieser Möglichkeit folgen wir insofern, als wir das Ereignis funktionaler Ausdifferenzierung der Literatur zu einem spezifischen Subsystem der Gesellschaft im 18. Jahrhundert für „epochemachend" halten. Das Wort „Epoche" bezeichnete ursprünglich ja – im Unterschied zu „Periode" – keinen Zeitraum, sondern einen Einschnitt in die Zeit, der Zeiträume differenziert. Der Vorgang der Ausdifferenzierung der Literatur, die gegen 1800 abgeschlossen ist, markiert also – wenn man soziale Differenzierung als Parameter wählt – den Eintritt der Literatur in eine neue Ära oder eine Makroperiode, von der wir nicht sagen können, daß sie heute bereits beendet wäre. Das einschneidende Ereignis, das diese Makroperiode schlösse, steht offenbar noch aus, oder sollten wir es übersehen haben!? Es müßte den Typus der Differenzierung der Gesellschaft so durchgreifend transformieren, wie es in den Entwürfen der Avantgarde aus den ersten Jahrzehnten des 20. Jahrhunderts allerdings erfolglos proklamiert worden war. Aus der Orientierung an „funktionaler Systemdifferenzierung" als Parameter für die Epochenbildung literarischer Kommunikation folgt viertens automatisch die Möglichkeit und Notwendigkeit, Literatur nicht nur als System, sondern zugleich als Umwelt anderer Systeme der Gesellschaft zu konzipieren. Es gibt nicht nur eine Systemgeschichte der Literatur, sondern auch

22 Vgl. A. Gehlen: Zeit-Bilder. Zur Soziologie und Ästhetik der modernen Malerei. Frankfurt/M./Bonn 1960; N. Luhmann: Das Medium der Kunst. In: Delfin 7(1986), S. 6ff.

viele andere Geschichten von ihr, so wie sie aus der Perspektive anderer Subsysteme erzählbar wären, für die „Literatur" Umwelt ist und als solche gelegentlich Bedeutung gewinnt. Nimmt man heute eine der sogenannten „Sozialgeschichten" der Literatur zur Hand, dann muß man den Eindruck gewinnen, „Literatur" sei ein compositum mixtum aus allerlei guten Zutaten: etwas Buchhandel und Publikumsgeschichte, z.B. Leserstatistik; ein bißchen Sozial- und Wirtschaftsgeschichte; einen Schuß Ästhetik, eine Prise Recht, eine Dosis Politik, Religion, Wissenschaft, ein paar Autoren und Gattungen. Die systemtheoretische Perspektive legt eine Rekonstruktion dieses Wirrwarrs nahe, in dem die Identität der Literatur unfaßbar geworden ist. Die „Geschichte" der Literatur als Umwelt anderer sozialer Systeme führt zu vollkommen verschiedenen „Geschichten", die mit der Systemgeschichte der Literatur nicht synchronisierbar sind. So hat etwa das Rechtssystem der modernen Gesellschaft im 18. Jahrhundert einen Begriff von Literatur ausgebildet, der an der rechtstechnisch ausschlaggebenden Norm der „eigentümlichen (d.h. eigentumsfähigen) Schöpfung" orientiert war und die Aufgabe hatte, Urheberansprüche rechtsgängig zu machen; diese „juristische Literaturgeschichte" weist eine eigendirigierte Zeitlichkeit auf, die keineswegs mit der Systemgeschichte von Literatur den Rhythmus teilt. Gleiches gilt gewiß für die Literaturgeschichten mit politischer, religiöser oder wirtschaftlicher Referenz.

Diese vier ganz prinzipiellen Möglichkeiten von Literaturgeschichte, die mit ganz verschiedenen, unvergleichbaren Zeithorizonten arbeiten, erscheinen überaus sinnvoll; gleichwohl werden sie im folgenden keine, oder nur eine marginale Bedeutung gewinnen. Denn wir wollen exklusiv die interne Evolution des ausdifferenzierten Funktionssystems „Literatur" betrachten, das im 18. Jahrhundert soziale Wirklichkeit geworden ist. In ihm möchten wir „Epochen" unterscheiden. Um für diese Unterscheidung ein Kriterium zu gewinnen, reicht der Hinweis auf das pure Faktum funktionaler Systemdifferenzierung nicht aus, denn dieses setzt allein den Zeitpunkt fest, von dem an wir von „moderner" Literatur sprechen wollen.

Um zu Unterscheidungen in diesem Kontinuum moderner Literatur zu gelangen, orientieren wir uns an Differenzierung, Reflexion, Referenz, Programmierung und schließlich an der prinzipiell nicht ausschließbaren Möglichkeit von „Entdifferenzierung" und „Übercodierung", d.h. der Möglichkeit, einen auf die Literatur durchschlagenden, z.B. „Revolution" genannten Umbau der modern differenzierten Gesellschaft in Angriff zu nehmen.

Eine erste Epoche moderner Literatur zeichnet sich ab, wenn man auf die Selbstbeobachtung und Selbstreflexion der Literatur im Vorgang ihrer Ausdifferenzierung zu einem Subsystem der Gesellschaft achtet; in der Zeit zwischen 1770 und 1800 – wobei Jahreszahlen natürlich nur Anhaltspunkte sein können – wird diese Selbstreflexion der Literatur in einer vielseitigen Semantik geleistet. Aus pragmatischen Gründen nennen wir diese erste Epoche der Moderne „Romantik" und lassen sie all das umfassen, was man sonst „Sturm und Drang", „Klassik", „Frühromantik" zu nennen gewohnt ist. Aus pragmatischen Gründen insofern, als damit ein Anschluß an die europäische Literaturgeschichte hergestellt werden kann. Der Titel der Epoche ist aber weniger wichtig als das Kriterium ihrer Identifizierung: Dieses orientiert sich an der Reflexion von Ausdifferenzierung; die Literatur des ausgehenden 18. Jahrhunderts wird von der Frage umgetrieben, was es heißt und bedeutet, „autonom" zu sein. Aber nicht nur an der Reflexion von Ausdifferenzierung ist die Identifizierung der Epoche orientiert, sondern auch an ihrer Programmierung; für die Literatur dieser Zeit ist es charakteristisch, daß sie einer philosophisch-ästhetischen Programmierung der „Autonomie" Folge leistet und dann alle möglichen menschheitsbeglückenden Erlösungsprogramme tragen soll: von „ästhetischer Erziehung" und humaner Bildung bis hin zu einer neuen, sozialintegrativen „Mythologie".

Nach Vollzug und konsequenter Reflexion ihrer Ausdifferenzierung hat die Literatur der Moderne zunächst zwei prinzipielle Optionen, die aus ihren Referenzen folgen: sie kann – auf der Basis operativer Geschlossenheit – umweltreferentiell operieren, d.h. ihre Umwelt als Medium für Formen nutzen; diese Option nennen wir „Realismus", und als „realistisch" in diesem Sinn bezeichnen wir die Literatur des 19. Jahrhunderts, umgreifen damit also konventionelle Einteilungen wie „Spätromantik", „Biedermeier", „bürgerlichen Realismus" und „Naturalismus". Wir leugnen nicht, daß sich in der Feineinstellung der Beobachtung dieser Literatur gewichtige Unterschiede erkennen lassen; diese betreffen aber nicht die Grundsatzentscheidung – nämlich die Umwelt als Medium für Formen zu behandeln –, also die Option „Umweltreferenz", sondern ausschließlich deren Programmierung. Denn das System legt selbst fest, was als seine Umwelt in Frage kommt, und in dieser Hinsicht ist es natürlich ein Unterschied, ob man die Welt christlich wie Eichendorff, materialistisch wie Büchner, idealistisch wie die „bürgerlichen Realisten" oder quasi-naturwissenschaftlich wie einige Naturalisten programmiert. Im Hinblick auf solche Weltprogramme und ihre Unterschiede läßt sich die Epoche „Realismus" dann feiner ausdifferenzieren. Entscheidend ist aber, daß diese vielfältigen Weltprogramme ihren Einheitspunkt in der Umweltreferenz „realistischer" Literatur haben.

Die andere prinzipielle Option moderner Literatur liegt in der „Selbstreferenz", d.h. in der strukturell vorgeprägten Möglichkeit, das System – die Literatur – selbst als Medium für Formgewinn zu nutzen. Diese Option wollen wir „Ästhetizismus" nennen – kein sehr schöner Titel – und als Epochenbezeichnung für die Literatur des ausgehenden 19. und beginnenden 20. Jahrhunderts verwenden. Natürlich bezeichnet die Einstellung der Literatur auf sich selbst als System nur eine sehr formale Option, die inhaltlich programmiert werden kann und zwischen den Extremen einer imaginären „Totalliterarisierung" (oder „Total-Ästhetisierung") der Welt und der forcierten Selbstwahrnehmung der Literatur als eine exklusive Spezialität für Spezialisten in einer ansonsten banalen Welt kunstferner Banausen hin- und herschwanken. Stefan George verfolgte die Absicht, aus den Impulsen der Kunst und Literatur das soziale Leben insgesamt zu durchformen und zu erneuern, Gottfried Benn begriff seine Existenz als „Doppelleben", in dem Beruf und Poesie beziehungslos nebeneinander herlaufen. Er war der Meinung, daß die Literatur eine voraussetzungsvolle Spezialität sei, deren Gesetze allein die mit ihr Befaßten angingen, sonst niemanden. Ob das Aufkommen betont systemreferentieller Literatur mit einer Art „Themenerschöpfung" des Realismus zu tun hatte, kann zumindest erwogen werden. Für die zeitgenössische Malerei hat Arnold Gehlen derartiges zu sehen gemeint und amüsant beschrieben:

„So waren spätestens um 1900 die überhaupt erreichbaren Sujets durchgespielt, zum Teil seit Jahrhunderten. Das Genrebild hatte den Alltag in seiner Beliebigkeit dargestellt, das Stilleben beliebige Einzelheiten aus dieser Beliebigkeit. Tierbilder waren entstanden, Sportbilder, Dorfansichten, Hausansichten, Türansichten. (...) Man war den Touristen in die Berge gefolgt, den Arbeitern in die Fabrik, den Jägern aufs Feld, den Kindern in die Schule, den Reisenden in den Orient. Alle thematischen Möglichkeiten waren schlechterdings erschöpft: Das Seestück hatte sich von der Landschaft emanzipiert (...), das Meer hatte sich von den Schiffen getrennt, die einzelne Welle vom Meere, bei Leibl das Mieder vom Mädchen. (...) Die Suche nach dem sujetmäßig Neuartigen bekam schon etwas Mühsames: Thoma malte den 'Hüter des Tales', was konnte das heißen, Munkacsy 'Eingefangene Strolche', Stuck einen 'Lustigen Ritt' auf dem Zentauren, der 'Bogenspanner' erschien, die 'Kranke Dogge' und 'Orpheus als Knabe'. Das waren schale Dinge, die unabgegriffenen Sujets erwiesen sich als noch langweiliger als die immer gesehenen, nur ganz neue Auffassungen von den zulässigen Bildeigenschaften konnten noch helfen."[23]

Sind die interessanten Themen der Umwelt bis aufs letzte abgegrast, mag die Selbstthematisierung der Literatur einen neuen Akzent setzen, eine Zeitlang unterhalten, zu einer atemberaubenden Beschleunigung, aber auch zu einem schnellen Verschleiß der dann noch möglichen Effekte führen und „realistischen" Optionen auf diese Weise eine neue Chance eröffnen.

In „realistischer" und in „ästhetizistischer" Literatur erblicken wir die beiden paradigmatischen Möglichkeiten der „Literatur der Moderne", die im Medium der Zeit nacheinander zum Zuge kamen und sich seither wechselseitig restringieren. Ohnehin ist die Unterscheidung dieser beiden Optionen idealtypisch; vielleicht wäre es angemessener zu sagen, daß „Realismus" und „Ästhetizismus" zwei Pole markieren, zwischen denen die moderne Literatur oszilliert, und nur das Überwiegen der einen oder anderen Tendenz gibt die Möglichkeit zur Markierung von Unterschieden frei – auch in der Geschichte moderner Literatur.

Während diese beiden epochalen Tendenzen den Systemstatus ausdifferenzierter Literatur voraussetzen, ist eine Programmatik denkbar und historisch auch identifizierbar, die sich als Attacke auf den Systemstatus moderner Literatur, ihr symbolisch generalisiertes Kommunikationsmedium – das „Werk" –, dessen binäre Codierung und schließlich auf Funktion und Leistungen versteht. Ihr Ziel liegt in einer durchgreifenden Transformation des Differenzierungstypus der Gesellschaft, d.h. der funktionalen Systemdifferenzierung, in deren Folge auch Kunst und Literatur ihren Status als „autonome" Gebilde verlieren sollen. Diese – und ausschließlich diese – Code-Revolte, wie man verkürzt sagen darf, möchten wir

23 A. Gehlen, a.a.O., S. 41f.

„Avantgarde“ nennen und für die ersten dreißig Jahre des 20. Jahrhunderts reservieren, wobei gesagt werden muß, daß Friedrich Nietzsche ihr eigentlicher Vordenker gewesen ist. Unter dem Epochentitel „Avantgarde“ verstehen wir also nicht eine an forciertem Traditionsbruch interessierte Literatur – d.h. vor allem den „Ästhetizismus“ –, sondern jene „Literatur“, die sich selbst als ausdifferenzierte Literatur „aufheben“ und in ein komplexes Bündel vielfältig-diffuser Funktionszusammenhänge integrieren will. Diese „Aufhebungssemantik“ der Avantgarde ist ihrerseits verschieden programmierbar, wobei vor allem die politischen Kontexte wechseln werden, in denen sie sich artikuliert: Wir denken in erster Linie an eine „anarchistische“, an eine „marxistische“ und an eine „faschistische“ Avantgarde. Alle eint der Frontalangriff auf die modern differenzierte, sogenannte „bürgerliche“ Gesellschaft und die Stellung von Kunst und Literatur in ihr.

Die Resultate dieser „Avantgarden“ befinden sich heute da, wo ihre Protagonisten sie am wenigsten sehen wollten, in Museen, belletristischen Verlagen, auf Konzertpodien und in Theatern, so weit sie überhaupt dauernde Resonanz gefunden haben. Anders gesagt: Die moderne Kunst und Literatur haben den Angriff auf ihre soziale Geschäftsgrundlage – ihren Systemstatus – glänzend überlebt und sich die Attacken als interessante oder langweilige „Werke“ zu Zwecken der Unterhaltung eines schockverliebten Publikums einverleibt. So schreibt der Chronist des französischen Surrealismus, Maurice Nadeau, z.B.:

„Diese antiliterarische, antipoetische, kunstfeindliche Bewegung läuft nämlich letztlich doch wieder nur auf eine neue Literatur, eine neue Dichtung, eine neue Malerei hinaus, in denen zwar Kostbarstes hervorgebracht wird, die jedoch gerade das, was die Bewegung eigentlich verheißen hatte, kaum erfüllen. Sollte soviel Kraftaufwand, Zuversicht, Schwung, Begeisterung, Lauterkeit der Gefühle zu nichts anderem geführt haben als zu ein paar weiteren Namen in einer Literaturgeschichte oder dazu, daß ein paar Kunsthändler gute Geschäfte machten? Aus *der umfassenden Umwandlung des Lebens,* die die Bewegung sich zum Ziel gesetzt hatte, ist jedenfalls so gut wie nichts geworden.“[24]

Die Avantgarde ist – gemessen an ihren Ansprüchen – gescheitert, so interessant sie war; oder gerade, weil sie so interessant war und mehr oder weniger reibungslos literarisch kommuniziert werden konnte.

Was bleibt aber einer Literatur, die genau dieses Schicksal der Avantgarde beobachten konnte, für die die „Avantgarde“ also Geschichte ist? Diese Frage exponiert die weitere nach dem Epochencharakter „nach-avantgardistischer“ Literatur. Ihr bleibt die Wiederholung, die Variation und Kombination. Sie ist jene Literatur, die wissen kann (und wissen sollte!), daß alle Systemmöglichkeiten und -unmöglichkeiten moderner Literatur bereits erfaßt und ausgespielt worden sind. Sie ist die Literatur – danach! So ist es zutreffend, wenn wir sie mit einem Ausdruck des Romanisten H.R. Jauß – etwas schrill – „Postismus“ nennen. Gemeint ist damit jene Literatur des 20. Jahrhunderts, die zu Reprisen gezwungen ist und das Alte als das Neue drapieren muß: *Neo*-Realismus, *Neo*-Avantgarde usw. Bis auf weiteres scheint dieser „Postismus“ unser literarisches Schicksal

24 M. Nadeau: Geschichte des Surrealismus. Reinbek 1965, S. 9.

zu sein, da das Literatursystem seine strukturellen Möglichkeiten historisch erschöpft hat; auf dieser Ebene sind keine neuen „Epochen" in Sicht, es sei denn, man wäre der Auffassung, daß die Selbstwahrnehmung der Gegenwart als „Postmoderne" nicht nur eine Variante des modernen „Postismus", sondern eine wirkliche Alternative zur Moderne, d.h. zur funktional differenzierten Gesellschaft ist. Die Lage scheint aber eher als „Posthistoire" in dem Sinn gekennzeichnet werden zu können, den ihr Arnold Gehlen mit dem Ausdruck „Kristallisation" gegeben hat:

„Ich (...) würde vorschlagen, mit dem Wort Kristallisation denjenigen Zustand auf irgendeinem kulturellen Gebiet zu bezeichnen, der eintritt, wenn die darin angelegten Möglichkeiten in ihren grundsätzlichen Beständen alle entwickelt sind. Man hat auch die Gegenmöglichkeiten und Antithesen entdeckt und hineingenommen oder ausgeschieden, so daß nunmehr Veränderungen in den Prämissen, in den Grundanschauungen zunehmend unwahrscheinlich werden. Dabei kann das kristallisierte System noch das Bild einer erheblichen Beweglichkeit und Geschäftigkeit zeigen (...). Es sind Neuigkeiten, es sind Überraschungen, es sind echte Produktivitäten möglich, aber doch nur in dem schon abgesteckten Feld und auf der Basis der schon eingelebten Grundansätze, diese werden nicht mehr verlassen."[25]

„Romantik", „Realismus", „Ästhetizismus", „Avantgarde" und „Postismus": mit diesen Begriffen meinen wir die Systemgeschichte moderner Literatur im Hinblick auf epochale Tendenzen charakterisieren zu können. Die Begriffe, deren Bezeichnungen bis auf die etwas ausgefallene Formulierung „Postismus" konventionell sind, kennzeichnet eine einheitliche, auf Systemdifferenzierung abzielende Referentialisierung, sie sind homogen und bieten zumindest die Chance der Kompatibilität mit der Evolution anderer europäischer Literaturen.

25 A. Gehlen: Studien zur Anthropologie und Soziologie. Neuwied/Berlin 1963, S. 321.

Kapitel 2: Romantik

Einer der ersten literarischen Texte, von denen man mit Fug und Recht sagen darf, sie seien in dem erläuterten Sinne „modern", ist Goethes Roman „Die Leiden des jungen Werther" aus dem Jahre 1774 gewesen. Dieses Buch war mit Abstand der größte Erfolg, den Goethe als Schriftsteller erringen konnte; mit ihm wurde er zu einem europäischen Autor. Es ist bekannt, daß Napoleon, als er 1808 mit Goethe zusammentraf, die Gelegenheit nutzte, um über Einzelheiten des Werther-Romans zu diskutieren. In seinen Lebenserinnerungen hat Goethe selbst davon gesprochen, daß die „Wirkung dieses Büchleins (...) groß, ja ungeheuer" gewesen sei.[1] Die umfassend dokumentierten Einzelheiten dieser Wirkung des Romans auf das zeitgenössische Publikum geben uns eine gute Möglichkeit, den Sachverhalt der Ausdifferenzierung der Literatur, der sie modern werden läßt, beispielhaft kennenzulernen. „*Aus*differenzierung": der Ausdruck wirft ja als erstes die Frage auf, welches „Woraus" es denn gewesen sei, aus dem sich da etwas ausdifferenziert habe. Das Wort impliziert eine „Vorgeschichte", die durch ein geringeres Maß an Differenzierung, oder positiv gesagt, durch ein höheres Maß an Integration gekennzeichnet ist. Die Wirkung des „Werther"-Romans ist deshalb historisch so signifikant, weil an ihr die „Ungleichzeitigkeit des Gleichzeitigen" ablesbar wird. Die Modernität von Goethes Roman traf auf eine noch weithin vormoderne Rezeptionshaltung, die sich durch den Inhalt des Romans provoziert fühlte. Modern war der Roman in erster Linie deshalb, weil er sich die Freiheit nahm, ein religiöses und moralisches Tabu – die Selbsttötung – um des literarischen Effektes willen zu brechen. Wir können hier keine Interpretation des Romans vornehmen und weisen deshalb lediglich in Form einer bloßen Behauptung darauf hin, daß Werthers Selbstmord nicht als beklagenswertes Finale einer Existenzverfehlung, sondern als freudige Quittierung eines Moments höchster Lust gelesen werden muß, was anscheinend bis heute nicht leicht fällt, weil alle Welt in dem suizidalen Werther einen bedauernswerten Patienten sieht, den man therapieren müßte.[2] Diese bis in die Germanistik unserer Tage hineinwirkende Gutmütigkeit verfehlt die Modernität des Romans. Goethe hatte ja keineswegs die Absicht, mit moralischem Zeigefinger eine Art „Lehrstück" über Ich-Schwäche und Seinsverfehlung zu verfassen oder eine didaktisch ergiebige Charakterstudie eines monströsen Individuums zu entwerfen. An der Reaktion des Lesepublikums beklagte Goethe ausdrücklich „das *alte* Vorurteil",

1 J.W. v. Goethe: Hamburger Ausgabe. Bd. 9, S. 589.

2 So auch die deutsche Literaturwissenschaft; vgl. exemplarisch für eine ganze Forschungsrichtung H. Schmied: Woran scheitert Werther? In: Poetica 11 (1979).

daß „ein gedrucktes Buch (...) einen didaktischen Zweck“ haben müsse.[3] Die moralisch uninteressierte, ausschließlich am literarisch reizvollen Thema orientierte Darstellung eines Todesbegehrens und ekstatischer, momenthaft sich erfüllender Liebe – exzentrischer Individualität also, die sich an Normen moralischen Weltverhaltens nicht gebunden fühlt – traf auf ein Leseverhalten, dem die Differenzierung der Kommunikationen noch längst nicht selbstverständlich geworden war. Man reagierte also nicht „modern“ und las den Text nicht als entpragmatisierte Fiktion, die entweder Interesse findet oder langweilt, sondern man reagierte überwiegend moralisch, fühlte sich in seinen Überzeugungen provoziert und rief nach Zensur: Der Roman müsse verboten werden, weil er die Jugend verderbe! Christen sahen ihre Gebote in den Schmutz gezogen, Aufklärer die „Vernunft“ in Frage gestellt, Politiker zur Rebellion aufgerufen. Goethe schrieb dagegen: Die wahre Literatur habe keinen Zweck – bzw., wie wir ergänzen, nur einen literarischen, nämlich auf interessante Weise zu unterhalten. In den siebziger Jahren des 18. Jahrhunderts, das zeigt die Wirkungsgeschichte des „Werther“-Romans, war die Ausdifferenzierung literarischer Kommunikation aus einer polyfunktionalen Kommunikation noch keineswegs abgeschlossen, die Codierung literarischer Kommunikation gegen andere Codes – wie wahr/falsch, gut/böse, wünschenswert/verwerflich, gottgewollt/des Teufels usw. – noch keineswegs vollzogen. Wir verstehen den wahrhaft epochemachenden Einschnitt, den die Ausdifferenzierung der Kommunikationssysteme im 18. Jahrhundert bedeutet hat, erst angemessen, wenn wir ein Gespür dafür zu entwickeln suchen, warum es vielen Zeitgenossen Goethes noch unmöglich war, die Zumutung zu bewältigen, die für sie darin lag, sich von einem sie moralisch, religiös oder politisch provozierenden Sujet gleichwohl literarisch faszinieren zu lassen – oder technisch ausgedrückt: literarische Kommunikation bereichsspezifisch zu codieren und andere Codes als unpassend zurückzuhalten. Die moralisch oder religiös offenbar indifferente, literarisch aber höchst effektvolle Inszenierung eines „Liebestodes“ nach dem Erlebnis momenthafter Erfüllung – Werther sagt ja, ehe er sich erschießt, daß alle Wünsche seines Lebens in Erfüllung gegangen seien,[4] und im Gegensatz zu einer therapieinteressierten Germanistik sind wir geneigt, ihm aufs Wort zu glauben –, die um des literarischen Effekts willen notwendige Einklammerung oder Neutralisierung sonst gültiger Wertmaßstäbe überforderte ein nach anderen Bedingungen zu kommunizieren gewohntes Lesepublikum. Denn im alteuropäischen, in der Antike paradigmatisch ausgebildeten System des Wissens gab es keine strikte Differenzierung zwischen den Bereichen des Guten, Wahren, Nützlichen und Schönen, bzw. ihren Gegenspielern, des Bösen, Falschen, Schädlichen und Häßlichen. Wer in diesen vormodernen Kommunikationssystemen also etwa behauptete, das Gedicht X sei „schön“, der meinte zugleich, daß es wahr, nützlich und gut sei; wer es dagegen für „häßlich“ hielt, gab damit gleichzeitig seiner Überzeugung Ausdruck, daß es falsch, schlecht

3 J.W. v. Goethe: Hamburger Ausgabe. Bd. 9, S. 590.

4 J.W. v. Goethe: Hamburger Ausgabe. Bd. 6, S. 123.

und nutzlos sein müsse. Man sieht schon hieran, welch enorme Restriktion literaturfähiger Themen mit solcher – wenig differenzierten – Kommunikationstechnik verbunden sein mußte. War die kommunikationsstimulierende Motivationsressource des Codewertes „schön“ in diffuser Weise gekoppelt mit Werten wie „wahr“, „gut“ und „nützlich“, dann konnten „falsche“, „böse“ oder „schädliche“ Themen gar nicht literaturfähig werden; es sei denn im Modus der Abschreckung, in dem die literarische Darstellung von „Bösem“ und „Falschem“ ihre moralische Empörung fortwährend mitartikuliert. Ob dieser Kommunikationsmodus in vormoderner Zeit „Nischen“ für die subkutane, offiziell unartikulierbare Faszination durch moralisch oder religiös verwehrte Themen zugelassen hat, das ist eine interessante literarhistorische Frage, der wir hier aber nicht nachgehen können.

Die aus der Code-Kopplung folgende Restriktion literarischer Kommunikationsmöglichkeiten läßt sich an dem in dieser Hinsicht prominentesten Exempel studieren, an der Diskussion zwischen Platon und Aristoteles über den Rang der Dichtung. Wir lassen Einzelheiten außer acht und geben kurz die Hauptlinie dieser Kontroverse wieder. Platon wollte die Dichter bekanntlich in seinem idealen Staat nicht dulden. Die Begründung dieser unfreundlichen Haltung bemühte keine literarischen Argumente: Platon war nicht etwa der Auffassung, die Dichter seiner Zeit würden das Publikum in unerträglicher Weise langweilen – und müßten deshalb verschwinden! Er glaubte vielmehr, daß das, was die Dichter in ihren Werken zustandebrächten, von vorne bis hinten erlogen sei, von der Wahrheit weit ab liege und deshalb das Publikum verwirre, mit falschen Behauptungen irritiere und dem Staat auf diese Weise schade. Die philosophischen Voraussetzungen dieses Arguments gegen die Dichter lassen wir hier beiseite. Es geht uns allein um die Struktur dieses Arguments, an der ersichtlich wird, daß die Redeweise über die Literatur von den Codewerten wahr/falsch und nützlich/schädlich regiert wird. Platon argumentiert also, wie wir sagen würden, in einem Zug epistemologisch, moral-pragmatisch und politisch: Literatur, die lügt und deshalb schädliche Wirkungen hat, gehört verboten! In genau dieser Weise argumentierten die Pfarrer, Philosophen und Politiker noch 1774 gegen Goethes „Werther“.

Aristoteles hat in seiner „Poetik“ die Dichter gegen Platons Kritik in Schutz genommen und rehabilitiert. Allerdings hat auch Aristoteles keine im modernen Sinn literarischen Qualitäten zur Verteidigung der attackierten Poeten ins Feld geführt, sondern er hat Platons Vorwürfe lediglich in Vorzüge verwandelt. Nichts tun die Dichter weniger als Lügen zu verbreiten! Ihre Geschichten sind vielmehr „wahrer“ als alle Geschichtsschreibung, denn sie kleben nicht an der Oberfläche der zufälligen Geschehnisse, sondern dringen in die Tiefe und stellen das Wesen der Geschichte dar. Und dem Vorwurf Platons, Dichtung sei einem vernünftig geordneten Staatswesen schädlich, weil sie z.B. Götter als Waschlappen darstelle und eine verweichlichende Auswirkung hätte, stellt Aristoteles seine berühmte Katharsis-Lehre entgegen: Man müsse nur ins Theater gehen und sich Tragödien anschauen, dann werde man von Anfällen von „Jammer“ und „Schauder“, unheroischen Haltungen also, befreit und in seinem Mannesmut aufs Neue bestärkt. Auch Aristoteles' Argument ist demnach zugleich epistemologisch und moral-pragmatisch interessiert, wenn es die Vorzüge der Dichtung unter Beweis stellen will.

An dieser Konstellation hat sich bis ins 18. Jahrhundert hinein wenig geändert; das Schöne bleibt zugleich das Gute, Wahre und Nützliche; Charles Batteux, dessen Kunsttheorie im 18. Jahrhundert fast kanonische Geltung hatte, sagt z.B. lapidar:

„Die Künste [haben] das Gute und Schöne [zum Gegenstande]; zwei Wörter, die fast einerlei Bedeutung haben.“[5]

Und bei Gottsched, der sich explizit auf Platon beruft, heißt es:

„Ein Dichter ahmet die Handlungen der Menschen nach, die entweder gut oder böse sind. Er muß also in seinen Schildereien die guten als gut; das ist schön, rühmlich und reizend: Die bösen aber als böse; das ist häßlich, schändlich und abscheulich abmalen. Täte er dieses nicht und unterstünde er sich, die Tugend als verächtlich, schädlich und lächerlich, das Laster hergegen als angenehm, vorteilhaft und lobwürdig zu bilden, so würde er die Ähnlichkeit ganz aus den Augen setzen und die Natur derselben sehr übel ausdrücken. Ich schweige noch, daß ein so schädlicher Skribent in einer wohlbestellten Republik nicht zu dulden wäre: worauf denn Plato gesehen haben mag, wenn er in der seinigen gar keine Dichter hat leiden wollen.“[6]

Gottsched faßt hier also immerhin bereits die Möglichkeit ins Auge, die „Schönheit des Bösen“ zum Thema der Dichtung zu machen, er hält diese Möglichkeit aber für pervers, wendet sich ab mit Grausen und droht die Verbannung an. An der französischen Literatur lobt er ausdrückliche ihre Dezenz:

„Die französische Nation verdienet (...) viel Lob, daß die Schriften ihrer verliebtesten Poeten so rein von allen Unflätereien sind, daß man fast keine einzige anstößige Stelle bei ihnen antreffen wird.“[7]

Auch bei der Lektüre solcher Stellungnahmen hat man den Eindruck, daß Gottsched kommen sieht, was da kommen wird: eine Entkopplung moralischer und literarischer Kommunikation und in ihrer Folge die Ausdifferenzierung der Codewerte schön/häßlich aus der Verklammerung mit einer moralischen, epistemologischen und politischen Option, eine Ausdifferenzierung, die sie „interessant“ bzw. „langweilig“ werden läßt. Das Schöne ist das Interessante, wenn es nicht länger das Gute, Wahre und Nützliche mitvertreten muß. Das Schöne ist dagegen das Langweilige, wenn es genau dieses weiterhin tun, also gut, wahr und nützlich bleiben will. Das mag erbaulich sein, fasziniert aber niemanden. Man teste seine Lektüreerfahrungen: je erbaulicher, desto langweiliger – es sei denn, man ist auf Erbauung aus, aber dann beteiligt man sich streng genommen nicht mehr

5 Zit. Französische Poetiken. Teil 1. Stuttgart 1975, S. 211.

6 J.C. Gottsched: Schriften zur Literatur. Stuttgart 1972, S. 51.

7 Ebd., S. 52f.

an literarischer Kommunikation und verlangt statt dessen von ihr Leistungen für Religion, Moral oder Politik. Damit aber überfordert man Literatur, denn sie kann auch nicht mehr tun als Religion, Moral oder Politik bereits ohne sie tun.

Bedeutet der epochale, um 1800 zumindest für avanciertere Beobachter abgeschlossene Prozeß der Ausdifferenzierung also eine Trennung der Codes, die fortan bereichsspezifisch operieren, dann ist damit ein anderer Vorgang unmittelbar verbunden, der eigener Erwähnung bedarf. An den beispielgebenden Stellungnahmen von Platon und Aristoteles wird nämlich auch ablesbar, daß die alteuropäische Poetik Literatur auf ein keineswegs von ihr selbst dirigiertes Weltprogramm festgelegt hatte und sie zur „Mimesis" genannten Repräsentation verpflichtete. Für Platon und Aristoteles, später für das christliche Abendland und noch für die Neuzeit bis ins 18. Jahrhundert hinein existierte ein perspektivenunabhängiges Sein, dem höchste Wirklichkeit zukam, ob man es „Kosmos", „Idee", „Schöpfung Gottes", „Natur" oder „Vernunft" nannte, das aller menschlichen Erkenntnis und Tätigkeit kategorisch vorgeordnet war. Eine Aussage galt als wahr, wenn sie diesem „Sein" entsprach, als falsch, wenn sie es verfehlte; eine moralische Maxime als gerecht, wenn sie mit dem göttlich, natürlich oder vernünftig Gebotenen übereinstimmte, als ungerecht, wenn sie ihm zuwiderlief. Und schön war ein literarischer Text, wenn er die Weltschönheit kopierte. Batteux meinte, daß „die Natur (...) das Urbild oder das Muster der Künste" sei.[8] Gottsched war der gleichen Auffassung, als er in seiner „Critischen Dichtkunst" schrieb:

„Die Schönheit eines künstlichen Werkes beruht nicht auf einem leeren Dünkel, sondern hat ihren festen und notwendigen Grund in der Natur der Dinge. (...) Die natürlichen Dinge sind schön; und wenn also die Kunst auch was Schönes hervorbringen will, muß sie dem Muster der Natur nachahmen. Das genaue Verhältnis, die Ordnung und richtige Abmessung aller Teile, daraus ein Ding besteht, ist die Quelle aller Schönheit. Die Nachahmung der Natur kann also einem künstlichen Werke die Vollkommenheit geben, dadurch es dem Verstande gefällig und angenehm wird."

Und er fügt noch hinzu:

„Nicht der Beifall macht eine Sache schön; sondern die Schönheit erwirbt sich bei Verständigen den Beifall."[9]

In dieser Hinsicht bedeutet Ausdifferenzierung den Bedeutungsverlust aller Weltprogramme, die nicht systemreferentiell sind. Was man vordem das „Sein" als göttliche Ordnung oder Ideengefüge oder vernünftige Natur nannte, wird zu einer polykontexturalen Wirklichkeit, hinter der die Tatsache diverser Funktionssysteme mit diversen Umwelten steht, die in keinem einheitlichen Weltbild mehr aufgehen. Für religiöse Kommunikation ist die Erde auch heute noch Gottes Schöpfung; das besagt für wissenschaftliche oder politische Kommunikation aber nichts weiter. An dem Streit zwischen Religion und Wissenschaft, der noch das

8 Zit. Französische Poetiken, a.a.O., S. 209.

9 J.C. Gottsched, a.a.O., S. 70f.

19. Jahrhundert erfüllte, kann man ablesen, wie schwierig dieser Prozeß der wechselseitigen Perspektiveneinklammerung gewesen ist. Lange galten der Religion viele wissenschaftliche Erkenntnisse als „Gotteslästerung"; umgekehrt galten der modernen Wissenschaft die Dogmen der Religion als sachlich falsch – etwa im Sinne jenes legendären sowjetrussischen Kosmonauten, der offenbar ernsthaft bekannte, im Weltall Engel nicht angetroffen zu haben! Ebenso wie sich die Religion heute mit der Form und den Ergebnissen wissenschaftlichen Erkenntnisgewinns arrangiert hat, ist die Haltung des sogenannten „wissenschaftlichen Atheisten" veraltet und zur Kuriosität geworden. Die Weltprogramme von Wissenschaft und Religion laufen heute konfliktarm nebeneinander her, weil man die Differenz ihrer Codes – wahr/falsch bzw. immanent/transzendent – zu beachten gelernt hat. Ähnliches ließe sich zum Verhältnis von Religion und Politik ausführen. Die Politik kann ihren Entscheidungen keine religiösen Motive zugrunde legen und z.B. das, was sie für „gerecht" hält, als „Gottes Willen" ausgeben, weil das in einer Welt, in der alle unterschiedlicher Meinung sind, sofort fanatisiert: „Gottes Wille" muß exekutiert werden, koste es, was es wolle, während sich gerechte Entscheidungen im nachhinein als ungerecht herausstellen können und dann nach Lage der Dinge revidiert werden. Es gebe keine Religion in der Politik und keine Politik in der Religion, hat der ägyptische Staatspräsident Anwar el Sadat kurz vor seiner Ermordung durch Muslime gesagt, die offenbar anderer Meinung waren.[10]

Die Literatur hat als ausdifferenziertes Kommunikationssystem nur noch mit solchen „Welten" zu tun, die sie eigenständig programmiert; was für sie „Realität" ist, muß sie selbst festlegen. Romane, die von ihren Verfassern für „realistisch" gehalten wurden, können Lesern völlig surreal erscheinen. Es wäre daher ein Fehler, „realistische" Literatur nur deshalb „realistisch" zu nennen, weil sie der außerliterarischen Wirklichkeit entspräche. „Realistisch" ist moderne Literatur vielmehr dann, wenn sie eine Realitätskonstruktion, die sie freilich aus ihrer Umwelt importieren kann, als Medium für Formgewinne nutzt. Das ist nur da anders, wo die politischen Verhältnisse die Literatur dazu zwingen, Weltprogramme ihrer Umwelt zu kopieren, wie man am Beispiel des „sozialistischen Realismus" sehen kann, dem die kommunistischen Machthaber vorschrieben, was „Wirklichkeit" zu sein hatte. Aus diesem Grunde unterschieden die kommunistischen Literaturfunktionäre auch nicht zwischen „interessant" und „langweilig", sondern zwischen „fortschrittlich" und „reaktionär" und machten die Literatur so zum Appendix des politischen Systems.

Den massiven Verfall der Nachahmungslehre im 18. Jahrhundert, die die Dichtung auf Repräsentation vorgegebener Wirklichkeit verpflichtete, interpretieren wir als Voraussetzung der Ausdifferenzierung von Literatur, die fortan allenfalls noch eigenproduzierte Wirklichkeiten „nachahmen" kann, d.h. aber streng genommen nur: sich selbst! Mit dem Verfall der Mimesis ist schließlich noch das Ende jener Vorstellung verknüpft gewesen, die glaubte, Verfahrensweisen oder

10 Vgl. Die Zeit (19.4.1991).

Techniken ließen sich der Literatur von außen vorschreiben, weil auch sie – die Techniken – ihren Seinsgrund in literaturexterner „Vernunft“ oder „Natur“ hätten. Zitieren wollen wir als Zeugen für diese normative „Regelpoetik“ ein letztes Mal Batteux und Gottsched; Batteux meinte 1746:

„[Die Natur] schließt alle Anlagen zu regelmäßigen Werken, und auch die Grundrisse zu allen den Zierrathen in sich, die uns gefallen können. Die Künste schaffen ihre Regeln nicht selbst, sie sind kein Werk ihres Gutdünkens, sie liegen unveränderlich in dem Vorbilde der Natur.“[11]

Und Gottsched äußerte eine ähnliche Position, als er schrieb:

„Die Regeln nämlich, die auch in freien Künsten eingeführet worden, kommen nicht auf den bloßen Eigensinn des Menschen an: sondern haben ihren Grund in der unveränderlichen Natur der Dinge selbst. (...) Derjenige Geschmack ist also gut, der mit den Regeln übereinkommt, die von der Vernunft (...) festgesetzet worden.“[12]

Ausdifferenzierung heißt dann in dieser Hinsicht, daß die Literatur über ihre Verfahren in Eigenregie disponiert und kein Interesse mehr daran hat, ihre Gottgewolltheit, Natürlichkeit oder Vernünftigkeit nachzuweisen – eher das Gegenteil!

Man könnte noch viele solcher Ausdifferenzierungsaspekte anführen; besonders wäre etwa auch an den Verfall des alteuropäischen Bildungssystems der „artes liberales“ zu denken, aus dem sich die einzelnen Künste allmählich emanzipierten, eigenes Profil gewannen und gegen Technik und Wissenschaft abgrenzten. Hinweisen wollen wir wenigstens auch auf den Wegfall der sogenannten „Ständeklausel“, in der sich die Bedeutung sozialer Schichtung für die vormoderne Literatur Ausdruck gab. Im System höfischer Repräsentation fungierte die Gattungshierarchie der Dichtung als Spiegel sozialer Stratifizierung; sehr plastisch beschreibt diesen Sachverhalt Martin Opitz in seinem „Buch von der deutschen Poeterey“ aus dem Jahre 1624:

„In den niedrigen poetischen Sachen werden schlechte und gemeine Leute eingeführet, wie in Komödien und Hirtengedichten. Darum dichtet man ihnen auch einfältige und schlechte Reden an, die ihnen gemäß sind. (...) Hergegen in wichtigen Sachen, da von Göttern, Helden, Königen, Fürsten, Städten und dergleichen gehandelt wird, muß man ansehnliche, volle und heftige Reden vorbringen, und ein Ding nicht bloß nennen, sondern mit prächtigen, hohen Worten umschreiben.“[13]

Ausdifferenzierung heißt in dieser Hinsicht, daß außerliterarische Rangunterschiede innerhalb der Literatur bedeutungslos werden, zumal die Gesellschaft selbst von Stratifikation auf funktionale Differenzierung umstellt und nicht länger als Pyramide symbolisiert werden kann.

---

11 Zit. Französische Poetiken, a.a.O., S. 210.

12 J.C. Gottsched, a.a.O., S. 63 u. 65.

13 M. Opitz: Buch von der deutschen Poeterey. Neudrucke deutscher Literaturwerke. Neue Folge 8. Tübingen 1966, S. 30 u. 32.

Autonomie

Die romantische Poetik hat diesen Vorgang der Ausdifferenzierung aus einem komplex verschachtelten Funktionsgefüge in dem Konzept der „Autonomie" – der Selbstgesetzgebung – reflektiert, das seither eine prominente Selbstverständigungsformel moderner Literatur geblieben ist. Moderne Literatur ist „autonome" Literatur, wobei freilich mit dem Wort „autonom" kein einheitlicher Sinn verbunden werden konnte. Wie wir noch sehen werden, gab es von Schiller bis in die Gegenwart hinein überschwengliche Interpretationen, die unter „Autonomie" so etwas wie „Gesellschaftsunabhängigkeit" verstanden. Meist war damit die Vorstellung verbunden, aus der Position solcher Gesellschaftsferne erwachse der Literatur ein besonders hohes Maß an „Widerständigkeit", „Kritikfähigkeit", „Utopiepotential" – und was der schönen Dinge mehr waren. Aus unserer Sicht bedeutet „Autonomie" dagegen nicht mehr und nicht weniger als Ausdifferenzierung einer spezifischen Kommunikationskonvention mittels eines besonderen Codes – und das ist nur in, aber nicht außerhalb der Gesellschaft möglich. Explizit gegen Adorno, der ein besonders radikaler Verfechter des Autonomie-Mißverständnisses gewesen ist, hat Luhmann eingewandt, daß es im Falle der „Autonomie" um „Verselbständigungen in der Gesellschaft" gehe.

„Wir sehen die Gesellschaftlichkeit der Kunst auch nicht in einer Negativität, in einer Gegenposition zur Gesellschaft (wie Adorno), sondern darin, daß die Freisetzung für eine spezifische Funktion nur als *Vollzug von Gesellschaft* möglich ist. Entsprechend ist die in der Neuzeit erreichte Autonomie der Kunst auch nicht etwas, was der Abhängigkeit von Gesellschaft widerstreitet; nichts, was die Kunst in ein hoffnungsloses Abseits treibt. Im Gegenteil: die Kunst teilt das Schicksal der modernen Gesellschaft gerade dadurch, daß sie als autonom gewordenes System zurechtzukommen sucht."[14]

Der erste dezidierte Theoretiker dieses Autonomiekonzepts in Deutschland ist Karl Philipp Moritz gewesen. Moritz lebte von 1756 bis 1793 und ist heute vor allem noch als zeitweiliger Weggefährte Goethes nicht nur dem Spezialisten bekannt. Moritz war der Sohn eines Militärmusikers und durchlebte eine abgründige, von der pietistischen Strenge des Elternhauses geprägte Jugend. Ein Wendepunkt in seiner Biographie war die Begegnung des Gymnasiasten mit moderner Literatur, vor allem mit Goethes „Werther", der für ihn zu einer Identifikationsfigur wurde. Moritz führte ein unstetes, antibürgerliches Leben zwischen Studium, Hauslehrertätigkeit und Theaterleidenschaft. Nachzulesen sind die Erlebnisse dieser Wanderjahre, vor allem aber der harten Kindheit unter der Fuchtel menschenfeindlicher religiöser Fanatiker in dem stark autobiographisch geprägten Roman „Anton Reiser", der 1785 erschien. Nach einer kurzen Episode als Gymnasiallehrer in Berlin, wo er enge Kontakte zu der Berliner Intellektuellen-Szene um Moses Mendelssohn und Henriette Hertz knüpfte, flüchtete Moritz – u.a. einer unglücklichen Beziehung willen – nach Italien, um in Rom die Bekannt-

14 N. Luhmann: Das Kunstwerk und die Selbstreproduktion der Kunst, a.a.O., S. 623.

schaft Goethes zu machen, der ihn fortan so protegierte, daß Moritz seine letzten Lebensjahre als angesehener Professor der „Theorie der schönen Künste" und Akademiemitglied beschließen konnte. Er gehörte zu den Förderern Jean Pauls und gewann durch seine Vorlesungen Einfluß auf die Generation der jungen Romantiker um Tieck und Wackenroder. Moritz hat eine Vielzahl meist kürzerer poetologischer und ästhetischer Abhandlungen hinterlassen; einflußreich ist seine, in der Tendenz gegen die aufklärerische Geringschätzung des Mythos geschriebene Mythologie geworden, die er in seiner „Götterlehre" formulierte (1790). Schließlich gilt Moritz als Begründer der empirischen Psychologie; er war Herausgeber eines „Magazins für Erfahrungsseelenkunde". Die Zeitgenossen schätzten Moritz sehr; Goethe glaubte, daß Moritz die wesentlichen literaturtheoretischen Konsequenzen der Romantik artikuliert habe; August Wilhelm Schlegel stimmte dieser Beurteilung ausdrücklich zu, als er im Jahre 1801 meinte, daß Moritz' Schriften „die im Schönen liegende Beziehung aufs Unendliche, als das Streben der Kunst nach innerer Vollendung (...) aufs glücklichste ausgedrückt" habe.[15] Für Schelling war Moritz der erste „unter den Deutschen", der ein Verständnis für die poetische Dimension der Mythologie hatte und sie nicht in aufklärerischer Manier als dummes Zeug, Aberglaube oder bestenfalls als Illustration abstrakter Einsichten mißverstand.[16]

Literarhistorisch liegt Moritz' Bedeutung aber vor allem in der energischen Betonung der Kunstautonomie. Um ein Gefühl für die Schwierigkeiten eines Theoretikers im ausgehenden 18. Jahrhundert zu gewinnen, die „Autonomie" der Literatur zu reflektieren, wollen wir Moritz' Bemühungen etwas genauer betrachten. Denn eines ist es, abstrakt zu sagen: „Autonomie" heißt nichts anderes als Reflexion von Systemdifferenzierung; ein anderes ist es, die konkrete Art und Weise nachzuvollziehen, in der sich dieses Ereignis im 18. Jahrhundert semantisch vollzog. Wir wechseln also die Beobachtungsdistanz; statt wie bisher aus großem Abstand das epochale Ereignis der Differenzierung schematisch zu identifizieren, wollen wir nun aus der Nähe sehen, wie man in den achtziger Jahren des 18. Jahrhunderts dieses Ereignis konkret reflektierte.

Die erste Schrift, die für diese Fragestellung von Bedeutung ist, hat Moritz 1785 verfaßt; sie trägt den bombastischen Titel „Versuch einer Vereinigung aller schönen Künste und Wissenschaften unter dem Begriff des in sich selbst Vollendeten". Bereits an diesem Titel läßt sich erkennen, daß Moritz an einer Epochenschwelle steht: Teils ist dieser Titel nämlich überaus altmodisch und reicht weit in die alteuropäische Tradition zurück. „Schöne Künste und Wissenschaften" war ein Ausdruck des alten Bildungssystems und bezeichnete ursprünglich die „artes liberales", die „freien Künste", die im wesentlichen solche Disziplinen umfaßten, die wir heute unter die Wissenschaften zählen: Arithmetik beispielsweise, oder Astronomie. Der Ausdruck ist vor allem aber deshalb so altmodisch,

15 A.W. Schlegel: Vorlesungen über schöne Literatur und Kunst. Hg. v. J. Minor. Heilbronn 1884. Bd. 1, S. 103.

16 F.W. Schelling: Philosophie der Kunst. Darmstadt 1980, S. 56.

weil er Kunst und Wissenschaft in einem Atemzug nennt. „Schöne Wissenschaften“ – dieser Terminus ist wenige Jahre später von der Bildfläche verschwunden, denn die Sätze der Wissenschaften sind nicht „schön“, sondern „wahr“ oder „falsch“. 1790 sagte Kant, daß es „schöne Wissenschaften“ überhaupt nicht geben könne:

„Eine Wissenschaft, die als solche schön sein soll, [ist] ein Unding. Denn wenn man in ihr als Wissenschaft nach Gründen und Beweisen fragte, so würde man durch geschmackvolle Aussprüche (...) abgefertigt. (...) Es gibt [keine] schöne Wissenschaft, sondern nur schöne Kunst.“[17]

Einerseits ist Moritz' Titel also überaus rückwärtsgewandt und zitiert eine vergangene Welt. Andererseits aber setzt er eine ganz neue Pointe, die einen Einschnitt markiert: Das Schöne der Kunst ist das „in sich Vollendete“. Mit dem Kriterium des „in sich Vollendeten“ gewinnt Moritz eine Möglichkeit, die Kunst unter allen Formen des Herstellens spezifisch zu differenzieren und als „autonom“ zu reflektieren. Moritz argumentiert folgendermaßen: Alles übliche technische Herstellen bringt einen Gegenstand hervor, der Mittel zu einem Zweck ist; dieser – äußere – Zweck schreibt dem herzustellenden Gegenstand vor, wie er seinem Wesen nach zu sein hat; der technische Gegenstand ist nichts für sich selber, er dient einer Funktion und in dieser Funktionserfüllung erfüllt sich sein Sein, er ist „dienlich“. Das Messer dient dem Schneiden des Brots, und von diesem Zweck her definiert sich das Wesen des Brotmessers, läßt sich seine Qualität beurteilen. Der technisch hergestellte Gegenstand ist nützlich, weil und wenn er einen ihm äußeren Zweck dient.

„Da das Nützliche seinen Zweck nicht in sich, sondern *außer* sich in etwas anderem hat, dessen Vollkommenheit dadurch vermehrt werden soll, so muß derjenige, welcher etwas Nützliches hervorbringen will, diesen *äußern* Zweck bei seinem Werke beständig vor Augen haben.“[18]

Ein „Ganzes“ ist der technische Gegenstand – z.B. das Brotmesser – erst, wenn er vollzieht, was sein Zweck ihm vorschreibt; für sich genommen ist er nichts. Diese Dominanz des Zwecks über das Mittel kann als „Heteronomie“ beschrieben werden: der Nomos – das Gesetz – des Mittels ist am Ort des Zwecks zu Hause: der Zweck schreibt dem Mittel sein Gesetz vor. Das Gesetz ist nicht da, wo das Mittel ist. Ganz anders verhält es sich nun im Falle des Kunstwerks. Moritz trägt seine Überzeugung vor, daß die Kunst keinen ihr äußeren Zweck erfülle, sondern ihren Zweck in sich selbst finde, d.h. sich ihr Gesetz selbst gebe als Einheit von Zweck und Mittel – und insofern „autonom“ sei:

„Bei der Betrachtung des Schönen (...) wälze ich den Zweck (...) in den Gegenstand selbst zurück: ich betrachte ihn als etwas (...) in sich selbst Vollendetes, das also in sich ein

---

17 I. Kant: Akademie-Ausgabe. Bd. 5, S. 304f.; vgl. W. Strube: Die Geschichte des Begriffs „schöne Wissenschaften“. In: Archiv f. Begriffsgeschichte 33(1990), S. 136-216.

18 K.P. Moritz: Schriften zur Ästhetik und Poetik. Hg. v. H.J. Schrimpf. Rübingen 1962, S. 4.

Ganzes ausmacht. [Das Schöne] hat seinen Zweck nicht außer sich, und ist nicht wegen der Vollkommenheit von etwas anderm, sondern wegen seiner eignen innern Vollkommenheit da. Man betrachtet es nicht, insofern man es brauchen kann, sondern man braucht es nur, insofern man es betrachten kann."[19]

Moritz denkt im Begriff des „in sich selbst Vollendeten" auf epochale Weise die „Autonomie" der Kunst. Eine Literatur, die „ihren Zweck in sich selbst" findet, muß auf alle externe Zweckerfüllung verzichten; das betont Moritz kategorisch: weder darf sie gefallen *wollen,* noch belehren oder politisch bzw. religiös agitieren. Setzte sie sich solches zum Ziel, verlöre sie alle „Autonomie" und bediente einen ihr „äußeren" Zweck: die Menschen bessern, die Sitten heben, die Befreiung der Unterdrückten voranbringen usw. Sie wäre dann ein Mittel, dessen Nomos woanders festgelegt würde. Moritz hätte also jede instrumentelle oder operative Literaturauffassung verwerfen müssen.

Diese Reflexion der „Autonomie" ist von beeindruckender Konsequenz und muß in ihrer historischen Bedeutung gewürdigt werden: Moritz ist der erste bedeutende Programmatiker der Kunstautonomie – gleichwohl handelt es sich um einen Fehlstart. Denn die positive Reflexion der Autonomie erfolgt aus der suggestiven Konfrontation von Kunst und Technik. Das technische Produkt liefert gleichsam ex negativo die Bestimmung der Kunstautonomie; ist dem technisch gefertigten Gegenstand als „Mittel" sein Zweck äußerlich, so hat – umgekehrt – der künstlerische Gegenstand keinen äußeren Zweck, sondern findet ihn in sich selbst. Diese Argumentationsweise, die Kunst als Gegenteil von Technik reflektiert, hat zwei fragwürdige Konsequenzen gehabt; deshalb sprachen wir von Fehlstart. Einmal hat sie gleichsam die Frage unter Tabu gestellt, was denn diese „autonome" Literatur eigentlich noch solle. Warum Literatur, wenn sie offenbar keine soziale Funktion hat? Der Denkzwang, Kunst als das Gegenteil von nützlicher Technik auszugeben, hat zu einer Fehldeutung der Kunstautonomie als a- oder antisoziale Instanz geführt. Kunst unterscheidet sich von Technik aber nicht dadurch, daß sie keine, sondern dadurch, daß sie eine andere Funktion erfüllt. Die andere fragwürdige Konsequenz lag in dem „Werk"-Konzept, das aus der Autonomie als „Selbstzweck" folgte. Moritz konzipierte das Werk nämlich als geschlossenen, harmonisch-integrierten Kosmos, der selig in sich ruht und in nichts über sich hinausweist. In werkbezogener Hinsicht interpretierte er die Autonomie also zugunsten eines klassizistischen Ideals, das längst anachronistisch geworden war. Gleichwohl: Wie kein anderer vor ihm in Deutschland hat Moritz versucht, dem Prozeß funktionaler Ausdifferenzierung der Literatur reflexiv Rechnung zu tragen und zu beschreiben, was passiert, wenn sich das herkömmliche Funktionsgemenge, das Literatur in diverse, vor allem religiöse, moralische, politische und epistemologische Zwänge einband, zu lockern beginnt, so daß ein von Moritz so bewunderter Schriftsteller wie Goethe es wagen konnte, Tabus seiner Umwelt literarisch zu brechen. Das konnte man zu Recht „Autonomisierung" nennen; heikel war es freilich, das Kind mit dem Bade auszuschütten

19 Ebd., S. 3f.

und der Literatur nun jede Funktion abzuerkennen und auf den Typ des in sich selbst ruhenden „organischen" Werks festzulegen. Man muß aber sehen, daß jede Zeit nur die semantischen Möglichkeiten hat, die sie hat. Und für Moritz war es das Paradigma des instrumentellen Herstellens, der Technik, das ihm die Mittel an die Hand zu geben schien, „Autonomie" als deren Gegenteil zu denken.

Auch der bedeutendste Beitrag Moritzens zur romantischen Poetik zeigt eine ähnliche Ambivalenz, die seinen historischen Standort auf einer Epochenschwelle, in der Altes und Neues konfliktreich ineinandergreifen, bezeugt. Dieser Beitrag trägt den Titel „Über die bildende Nachahmung des Schönen" und ist 1788 erschienen. Goethe war von ihm so angetan, daß er Auszüge aus ihm in seine „Italienische Reise" übernahm. Diese Abhandlung, die man mit gutem Grund als Moritzens Hauptwerk bezeichnen darf, ist in einzelnen Abschnitten nicht leicht zu verstehen; vom Schwung der Gedanken hingerissen, verliert sich Moritz in manchen Passagen ins Dunkle, wobei sich dieser Eindruck natürlich auch einem Defekt im Unterscheidungsvermögen des Beobachters verdanken kann. Wir greifen aus der Abhandlung nur einen Aspekt heraus. Ambivalent ist bereits wieder ihr Titel: „Die bildende Nachahmung des Schönen". Wir hatten gesehen, daß Ausdifferenzierung der Literatur Abkoppelung von jedem Weltprogramm bedeutete, das es nur zu kopieren gelte. Ausdifferenzierter oder „autonomer" Literatur kann nicht länger zugemutet werden, einem Weltprogramm zu folgen, das ihrer Umwelt, z.B. Religion oder Philosophie, angehört. Moritz hält nun am Mimesisprinzip fest: Literatur solle bildend „nachahmen"! Er argumentiert folgendermaßen: „Schön" nennen wir ein autonomes, reich strukturiertes Ganzes als Einheit seiner Teile. Damit wiederholt er lediglich den Grundgedanken der Schrift von 1785. Es gibt nun aber noch eine weitere Bedingung dafür, daß wir etwas „schön" nennen; es muß sinnfällig sein, von Auge oder Ohr als Einheit nachvollziehbar sein, d.h. zu den Proportionen der menschlichen Sinne passen, ihrer Kapazität entsprechen. Es mag winzigste Strukturen geben, die erst unterm Mikroskop sinnfällig werden; andererseits – und das ist das Entscheidende: Ist nicht auch das Ganze der Welt – der Kosmos – ein autonomes, reich strukturiertes Ganzes und insofern – an sich – das höchste Schöne, Welt-Schönheit? Moritz bejaht diese Frage; der Kosmos ist schön, da er zweckmäßig organisiert, das Ganze seiner Teile ist. Und diese „Welt-Schönheit" ist es nun, die Literatur und Kunst bildend nachahmen sollen. Moritz muß einräumen, daß unter normalen Umständen das Ganze der Welt die Aufnahmefähigkeit menschlicher Sinne so übersteigt, daß seine Schönheit verschlossen bleibt. Er hilft sich aber mit der Annahme, daß die Natur einzelne Menschen – die Genies – so begabe, daß sie die „Welt-Schönheit" schauen, oder besser „dunkel ahnen" können und diese Ahnung dann verkleinernd in das schöne Kunstwerk einbilden. Auf diese Weise ahmt die Literatur die Weltschönheit en miniature nach und macht sie der profanen Wahrnehmungskraft des Publikums zugänglich: als „Modell", das Weltschönheit wiederholt:

„Jedes schöne Ganze aus der Hand des bildenden Künstlers ist (...) im Kleinen ein Abdruck des höchsten Schönen im großen Ganzen der Natur, welche das noch *mittelbar* durch die bildende Hand des Künstlers nacherschafft, was unmittelbar nicht in ihren großen Plan gehörte."[20]

Geistesgeschichtlich gesehen müßten wir Moritzens Weltkonzept als Säkularisationsergebnis verstehen, in dem die Welt als Schöpfung Gottes zum „schönen Kosmos" geworden ist. Im Blick auf Ausdifferenzierungssemantik kommen wir zu dem Ergebnis, daß Moritz das alteuropäische Mimesispostulat paradoxiert. Denn zwar soll die Literatur weiterhin nachahmen: was sie aber nachahmen soll, das könnte man nun als eigendirigiertes Weltprogramm bezeichnen, auch wenn ihm religiöse Motive eignen mögen. Denn die „Welt", die der Literatur zur Nachahmung aufgegeben wird, ist ganz aus der Erfahrung der Kunst konstruiert. Ja, die „Welt" oder die Natur, die sich des Genies des Künstlers bedient, ist ein geschlossener Kunstzyklus, in dem sich Welt- in Werkschönheit transformiert und etwas anderes als Kunst nicht mehr bedarf.

„Von dem reellen und vollendeten Schönen (...) schuf die Natur doch *mittelbar* den Wiederschein durch Wesen, in denen sich ihr Bild so lebhaft abdrückte, daß es sich ihr selber in ihre eigene Schöpfung wieder entgegenwarf. – Und so brachte sie, durch diesen verdoppelten Widerschein sich in sich selber spiegelnd, (...) ein Blendwerk hervor, das für ein *sterbliches* Auge noch reizender, als sie selber ist."[21]

„Nachahmung" ist also ein selbstreferentieller Kunstprozeß, der ein durch und durch „ästhetisiertes" Weltprogramm kopiert, so daß sich Welt- und Werkschönheit wechselseitig reflektieren. „Altmodisch" an diesem Konzept, das etwa in Schellings romantischer Philosophie von 1800 wiederkehrt, ist allerdings noch das ontologische Argument, die Behauptung, die „Welt" sei tatsächlich ein einziges, riesenhaftes Kunstwerk. Eine Reflexion auf den Ort dieser Behauptung hätte sie aber sofort als das erscheinen lassen, was sie war: als Weltprogramm des Kunstsystems, das ohne alle ontologische Deckung auskommen muß. Diese Schwelle überschreitet Moritz noch nicht; quasi-naiv hält er die „Welt" an sich für „schön". Entscheidend für unseren Zusammenhang ist aber, daß diese „Ästhetisierung" der Welt die Autonomie der Literatur auch da sichert, wo am Mimesisgrundsatz festgehalten wird: Die Kunst ahmt die Kunst nach; sie kopiert sich selbst und ist darum „autonom".

Für die romantische Selbstreflexion ist es fortan selbstverständlich, daß Kunst und Literatur „autonom" operieren, wobei man diese „Autonomie" freilich in der unterschiedlichsten Weise programmiert hat. Wir begnügen uns hier zunächst mit zwei besonders markanten Zeugnissen dieses Autonomiebewußtseins um 1800. Friedrich Schlegel nahm in einem Lyceumsfragment 1797 den Grundgedanken Moritzens auf, kleidete ihn aber in eine politische Metapher:

20 Ebd., S. 73.

21 Ebd., S. 74.

„Die Poesie ist eine republikanische Rede; eine Rede, die ihr eignes Gesetz und ihr eigner Zweck ist, wo alle Teile freie Bürger sind, und mitstimmen dürfen."[22]

An anderer Stelle – im Studiumaufsatz – hat Schlegel auch von der „Isonomie" der Kommunikationen gesprochen, d.h. ihrer Gleichberechtigung, die es verbiete, sie zu hierarchisieren und etwa die Politik oder die Religion der Literatur überzuordnen. Die einzelnen Kommunikationssysteme können nicht länger stratifiziert werden, sie sind nicht nur auto-, sie sind auch isonom. Und die soziale Konsequenz aus dem Autonomiepostulat hat Friedrich Schiller 1754 mit folgender berühmter Formulierung gezogen:

„Von allem, was positiv ist und was menschliche Konventionen einführten, ist die Kunst (...) losgesprochen, und [erfreut sich] einer absoluten *Immunität* von der Willkür der Menschen. Der politische Gesetzgeber kann ihr Gebiet sperren, aber darin herrschen kann er nicht. (...) Er kann den Künstler erniedrigen, aber die Kunst kann er nicht verfälschen."[23]

Schiller ist zuzustimmen: Die Politik kann die Umweltbedingungen für Kunst und Literatur zwar so restringieren, daß Kunstkommunikation im Extremfall aufhören muß, solange sie aber läuft – auch unter ungünstigen Umweltbedingungen läuft, z.B. Verbannung oder Berufsverbot –, kontinuiert sie Kunstkommunikation, und nicht etwa politische Kommunikation. „Autonom" ist Literatur, soweit und solange sie ihre operative Geschlossenheit wahren, d.h. „Welt" mittels einer eigendirigierten Unterscheidung beobachten und beschreiben kann. „Der politische Gesetzgeber kann ihr Gebiet sperren, aber darin herrschen kann er nicht", und zwar deshalb nicht, weil Politik außerstande ist, literarische Kommunikation fortzusetzen. Sie kann sie nur beenden.

Die Ausdifferenzierung der Literatur aus ihrer alteuropäischen Funktionseinheit mit wissenschaftlichen und moralischen, politischen und religiösen Bestimmungen ist von der romantischen Poetik in der Kategorie der „Autonomie" reflektiert worden. Moderne Literatur ist „autonome" Literatur, d.h. sie gibt sich ihr „Gesetz" selbst und macht sich insofern frei von „heteronomen" Leistungserwartungen, die sie fortan als „Umwelt" behandeln und nach eigenem Gutdünken beachten oder übersehen kann. Als markantes Beispiel haben wir Goethes „Werther" zitiert, weil dieser Roman in epochaler Weise von jener „Autonomie" Gebrauch gemacht hat; er inszeniert das moralisch, politisch und religiös Wünschenswerte – verkörpert besonders in Albert, Werthers Rivalen um Lottes Gunst – als „langweilig", das moralisch, politisch und religiös Verwerfliche dagegen als „interessant"; Werthers exzentrischer Liebestod ist so a-sozial wie faszinierend; das konsequente Außerkraftsetzen des ansonsten in der Gesellschaft Wünschenswerten und die Profilierung einer sozial unmöglichen Existenz haben literarisch überzeugt, auch wenn sie das Publikum und seine konventionellen Rezeptionsgewohnheiten mindestens z.T. überforderten. Goethes Roman ist bekanntlich von dem Berliner Spätaufklärer Nicolai parodiert worden; Nicolai hat die

22 F. Schlegel: Kritische Ausgabe. Bd. 2, S. 155.

23 F. Schiller: Nationalausgabe. Bd. 20, S. 333.

„Freuden des jungen Werther“ beschrieben. Zweifellos war diese Parodie gut gemeint und von der Absicht getragen, die Normen vernünftigen menschlichen Zusammenlebens zu rehabilitieren. Albert ist einsichtsvoll und verzichtet auf Lotte, an deren Seite Werther zum braven Familienvater wird. Aber weil es so gut gemeint war, ist es auch stocklangweilig. Und man kennt Nicolais Roman heute nur noch als kurioses, zeittypisches Dokument aus der Wirkungsgeschichte von Goethes Bestseller. Solange die Gesellschaft Normen noch ernst nimmt oder gar Tabus kennt, liegt es aus der Sicht „autonomer“ Literatur nahe, genau diese Normen oder Tabus im Medium poetischer Darstellung in Frage zu stellen oder zu brechen. Man kann daher eine Geschichte moderner Literatur, die interessant unterhalten will, auch als Geschichte fortschreitender Tabubrüche und forcierter Normenverletzungen schreiben. „Autonomie“ heißt in dieser Perspektive, daß die Literatur ihre gesamte Umwelt negieren kann; „Autonomie“ heißt aber auch, daß dieses literarische „Nein“ für die Gesellschaft nichts weiter besagt, außer daß es im günstigsten Fall auf spannende oder leicht schockierende Weise unterhält. Diese Sicht der Dinge kühlt jede überzogene Erwartung hinsichtlich der sozialen Wirkung von Literatur auf der Stelle ab; ein Text mag so „subversiv“ sein, wie sein Verfasser ihn gemeint hat – oder noch subversiver: Wenn er langweilt, ist es um ihn geschehen; und wenn er interessant ist, ändert das die Gesellschaft auch nicht.

Wir haben im Vorhergehenden gesehen, daß die Reflexion der „Autonomie“ einige Startschwierigkeiten hatte; sie vollzog sich in der historisch verfügbaren Semantik und konturierte – wie wir bei Karl Philipp Moritz beobachten konnten – das „autonome“ Werk erstens aus der Konfrontation mit nützlicher Technik und zweitens als Wiederholung der letztlich göttlichen Welt-Schönheit. Ein Werkzeug ist „heteronom“, weil es einem Zweck dient, der es nicht selbst schon ist; der Zweck des Kunstwerks liegt aber in ihm selbst, in der zweckmäßig erscheinenden Organisation seiner Teile zu einem schönen Ganzen; als dieser harmonisch geordnete Kosmos ahmt das Werk aber die Schönheit der Welt im ganzen nach, die in einer dem gewöhnlichen Sterblichen unfaßbaren Weise die schöne Einheit ihrer Elemente ist. Diese techno-theologische Begründung der „Autonomie“ hat ihre Problematik aber darin, daß sie die Frage nach der Funktion schöner Kunst und Literatur außerordentlich erschwert, ja geradezu abschneidet. So wenig man eine Antwort auf die Frage nach dem „Zweck“ der Welt im ganzen erwarten kann, so aussichtslos ist es, nach dem „Zweck“ autonomer Literatur zu fragen, wenn Autonomie „Selbstzwecklichkeit“ heißen soll. Bedeutet Autonomie aber Selbstzwecklichkeit, d.h. Funktionsfreiheit, dann fragt man sich natürlich, was Literatur eigentlich soll?! Genau an dieser Frage setzt eine – paradoxe – Programmierung der Autonomie an, deren zentrales Argument etwa besagt, daß gegenüber einer sich in funktionalen und instrumentellen Vollzügen erschöpfenden – und daher abzulehnenden – Gesellschaft das „zweckfreie“ Werk als zwanglos schöne Einheit seiner Teile eine kritisch-utopische Gegeninstanz sei, deren „Sprengkraft“ im besten Falle die Gesellschaft ändern und nach ihrem Vorbild neu ordnen, d.h. „verschönern“ könne. Diese Programmierung der Kunstautonomie zu einem Vehikel von Gesellschaftskritik und sozialer Utopie wollen wir später eingehend erörtern. Sie ist paradox, weil sie „Funktionslosigkeit" schließlich doch in den Rang einer Funktion erhebt: „Funktionslosigkeit" hat die Funktion, der funktional differenzierten Gesellschaft und ihrer „instrumentellen" Rationalität zu opponieren und Statthalter der „großen Alternative" zu sein.

Subjektivität

Gegründet wurde die Autonomie der Literatur aber auf die Subjektivität ihres Urhebers. Wir sahen schon, daß Moritz der Meinung war, die Natur begabe einzelne Menschen – die „Genies" – so, daß sie fähig seien, das Ganze der Weltschönheit zu ahnen, produktiv im verkleinerten Modell des Kunstwerks zu wiederholen und dem nicht-genialen Teil der Menschheit auf diese Weise zugänglich zu machen. Wie Gott die Welt geschaffen habe, so schaffe der geniale Künstler das „autonome" Werk! Der Künstler ist daher geradezu ein Mini-Gott, ein „zweiter Schöpfer", der aus seiner Subjektivität unvordenkliche Werke hervorbringt, die sich allein ihm selbst – und keiner Instanz sonst – verdanken. Die Autonomie der Werke gründet derart in der Autonomie ihrer Urheber.

Auch diese Begründung der Kunstautonomie in der Subjektivität des genialen Künstlers muß historisch verstanden und als Vollzug der Selbstbeschreibung des sich ausdifferenzierenden Kunst- und Literatursystems analysiert werden. Nur so können die eigentümlichen Paradoxien der Subjektivitätssemantik in ihrer geschichtlichen Signifikanz hervortreten. Der Begriff des „Genies" erlebte in den siebziger Jahren des 18. Jahrhunderts eine ganz außergewöhnliche Konjunktur; Kunst und Literatur schienen nun allein noch als Werke des „Genies" möglich; die Selbstbeschreibung als „Genie" wurde so inflatorisch, daß ein skeptischer Beobachter wie Kant von „Genieseuche" oder „Genieaffen" sprechen konnte. Auch Goethe, dessen frühes Werk von den Zeitgenossen als Inbegriff des „Genialen" gefeiert wurde, hat in späteren Jahren mit mildem Spott das Überhandnehmen der Genieformel kritisiert.

Um die historische Signifikanz des Geniebegriffs, d.h. seine Funktion zur Selbstbeschreibung sich ausdifferenzierender Kunst und Literatur, in den Blick zu bekommen, ist eine etymologische Überlegung von Nutzen: „Genie" leitet sich von dem lateinischen Wort „ingenium" her, das die „angeborene" Begabung bedeutet hat und dem „studium", d.h. den durch Fleiß und Lernen erworbenen Fähigkeiten gegenübergestellt wurde. Man ist von Natur aus z.B. zum Beruf des Arztes begabt und kann diese natürliche Anlage dann durch das „studium" vervollkommnen und zum Erfolg führen. „Ingenium" – als Begabung zu etwas – hatte also mit unserer Vorstellung von „Individualität" zunächst nur insofern etwas zu tun, als die Begabungen unter den Menschen ungleich verteilt sind; dieser ist zu jenem, jener zu diesem veranlagt, dieser in jenem, jener in diesem Maße usw. Das Ziel der Begabung oder ihr Zweck standen aber für sich fest; was ein guter Arzt ist, das ergibt sich aus der „Natur der Sache" und keineswegs aus der Individualität der Person als solcher. Wenn wir alteuropäisch formulieren, dann können wir sagen, daß der „nomos“ der Begabung in dem objektiven „telos“ lag, dessen Erreichung sie dienlich war: Jemand ist von Natur aus begabt, Klavier zu spielen, mit Fleiß und Ausdauer bringt er es zur Perfektion; das „ingenium“ zeigt den Grad der Beherrschung einer Sache, der Erreichung eines Ziels an, das als solches von den Zufällen der Individualität des Pianisten unberührt bleibt. Und weil die Sache, nicht die Person maßstabbildend war, kannte die alteuropäische „Kunst“ eine Einrichtung, die uns heute ganz merkwürdig erscheinen mag: den „Kunstrichter“, der – vielleicht entfernt vergleichbar den Punktrichtern beim Eiskunstlauf – die Art und Weise beurteilte, in der ein Künstler oder Schriftsteller seine Aufgabe erreichte oder verfehlte. Wer dem modernen Kunstverständnis verpflichtet ist, würde die Haltung dieses „Kunstrichters“ wohl als Anmaßung empfinden, da sie die „Individualität“ der Werke an einem Maßstab objektiver Perfektion mißt, der illegitim zu sein scheint. Solange das „ingenium“ aber den Grad der eingeborenen Begabung für etwas Bestimmtes bezeichnete, das als dieses Bestimmte objektiv feststand, war die Instanz des „Kunstrichters“ sinnvoll, und das Maß unserer Skepsis bezeugt die Distanz, die seit der Romantik gegenüber dieser normativen Kunstlehre Alteuropas geradezu selbstverständlich geworden ist. Karl Philipp Moritz hat in seinen „Vorlesungen über den Stil“ aus dem Jahre 1791 dieser kritischen Distanz Ausdruck gegeben:

„Wenn irgend etwas der freien Entwickelung der Geisteskräfte geschadet, den Gesichtskreis für das Große und Schöne verengt, und das Gefühl dafür aus seinem Gleise gebracht hat, so sind es die unzähligen Versuche, dasjenige zu lehren, was sich nicht lernen läßt. Gleichsam als ob ein Werk des Geistes, das einmal hervorgebracht ist, mit irgend einer mechanischen Erfindung zu vergleichen wäre, welche nun nach gegebenen Regeln unzähligemale vervielfältigt werden kann, und zu einem neuen Zweige der Industrie wird. – Da doch im Grunde jedes Produkt des Geistes für sich eine ganz eigene *individuelle* Erfindung ist, deren Individualität gerade ihren eigentlichen Wert ausmacht, und bei der die Klasse, worunter man sie bringt, immer nur das Zufällige ist. (...) So abweichend von den gewöhnlichen Begriffen dies auch klingen mag, so gibt es doch im strengsten Sinne gar keine Regeln des Stils. Denn man denkt sich doch unter Stil das *Eigentümliche*, woran man die Schreibart eines jeden wieder erkennet (...); nun aber finden ja über das *Eigentümliche* keine Regeln statt.“[24]

Bei Moritz ist es die „Eigentümlichkeit“ des Subjekts, die die Kunst seiner Werke begründet, nicht länger eine von ihm unabhängig existente Norm der Perfektion oder des Gelungenseins. Die Formel des „Genies“ meinte genau dies: Kunst ist Kunst als Ausdruck inkalkulabler, normativ nicht bemeßbarer Subjektivität, und darum mußte der „Kunstrichter“ abtreten, wie der dem „Sturm und Drang“ zugerechnete Autor Heinrich Wilhelm von Gerstenberg bereits 1766 konstatierte:

„Zuerst merke ich an, daß die Klassifikation der Gedichte kein Werk der Poeten, sondern der Kunstrichter ist, deren Zweck nur darin bestand, Phänomena, die schon da waren, zu

24 K.P. Moritz, a.a.O., S. 268 u. 270.

erklären. Sie konnten sich also irren, und nichts verpflichtet uns, ihren Aussprüchen einen blinden Glauben zu unterwerfen."[25]

Gerstenberg war es auch, der die neue Begrüngungsformel des „Genies" in den sechziger Jahren des 18. Jahrhunderts forciert verwandt hat; er bestimmt das Genie durch seine Befähigung zur unerwartbaren „Erfindung", zur „Neuheit", zum „Original", und definiert es im einzelnen durch

„eine Wendung in der Art zu denken, wodurch jeder bestimmte Gegenstand mit allen seinen Verhältnissen, Beziehungen und Phänomenen, mittelbar oder unmittelbar, zur *Individualität* des Dichters übertritt."[26]

„Genie" ist also nicht länger „ingenium", sondern – motiviert wohl von der Vorstellung des lateinischen „genius", des persönlichen Schutzgottes – eine Steigerungsformel von „Individualität", die als Gegeninstanz zu allem Kalkulier- und Erwartbaren, allem Normier- und Vergleichbaren emphatisiert wird. Es ist nicht länger die alteuropäische Unterscheidung von „ingenium" und „studium", die die Voraussetzung zur Kunst umschreibt, sondern die Differenz „individuell"/ „konventionell", die für die erste Phase der romantischen Poetik ausschlaggebend wird.

„Das dichterische Genie wählt sich neue vehicula, weil es sich in andern nicht so bequem tätig erweisen kann; ja, es muß sich uns sogar schon seiner Natur nach neu und originell darstellen, weil Begriffe, die aus einer solchen Seele kommen, von den gewöhnlichen durchaus abweichen (...): wo Genie ist, da ist Erfindung, da ist Neuheit, da ist das Original."[27]

Statt weitere, aber lediglich bedeutungsgleiche Belege aus dem letzten Drittel des 18. Jahrhunderts für die Semantik des „genialen Subjekts" anzuführen, wollen wir lieber einen Schritt zurücktreten und aus dem historischen Abstand von gut zweihundert Jahren nach der kommunikativen Funktion der Rede vom „Genie" (als potenzierter Individualität) fragen. Unsere These war, daß „Individualität" als Ausdifferenzierungssemantik eingesetzt wurde. Wenn Kunst und Literatur „autonom" sein sollen, dann müssen sie sich aus Ressourcen herleiten lassen, die ansonsten in der Gesellschaft nicht vorkommen. Als derartige Ressource bot sich die Instanz der Subjektivität an, ja sie drängte sich geradezu auf. Warum? – Das haben wir schon angedeutet, als es um die Konsequenzen funktionaler Systemdifferenzierung für den Ort der Person ging. Wir können etwas überpointiert wiederholen, daß die Differenzierung der modernen Gesellschaft in spezifische Funktionssysteme die Person „ortlos" machte, ja geradezu „aus-differenzierte". Nimmt sich die Person unter solchen Prämissen als mehr wahr, als es die Summe sozialer Kommunikationserfordernisse von ihr verlangt, und ver-

---

25 W. v. Gerstenberg: Briefe über Merkwürdigkeiten der Literatur. In: Sturm und Drang. Kritische Schriften. Heidelberg ^{3}1972, S. 55.

26 Ebd., S. 51.

27 Ebd., S. 54f.

sucht sie, die Einheit ihrer Existenz diesseits ihrer Teilnahme an sozialen Kommunikationskonventionen zu reflektieren, dann stößt sie auf ihre Un-teilbarkeit, d.h. ihre von Rollenzumutungen nicht erschöpfte In-dividualität. So wird die Person von der neuen Struktur sozialer Differenzierung dazu gedrängt, ihre Einheit, d.h. ihre Individualität, gleichsam ins Außen der Gesellschaft zu verlegen; die Gesellschaft wird zum Gegenüber der Individualität des Subjekts! Auf diese Figur gesellschaftsexterner Subjektivität konnte nun das Kunstsystem bei seinem Bemühen, „Autonomie" zu begründen, wie auf eine offenbar maßgeschneiderte Formel zurückgreifen. Soziale Kommunikation erscheint in allen ihren Sparten als konventionell, regelgeleitet und erwartbar; originell und inkalkulabel sind Kunst und Literatur als Expression sozialexterner Individualität.

War schon die Reflexion der Autonomie in der techno-theologischen Figur des selbstzwecklichen Werks ein problematischer Start, weil er die Frage nach der Funktion tabuisierte, so mehren sich die Probleme bei dieser Gleichsetzung von „autonomer" mit „individueller" Literatur. Es ging um Ausdifferenzierung der Literatur in der Gesellschaft; reflektiert wurde dieser intrasoziale Prozeß von der romantischen Poetik aber zunächst als Kopplung der Literatur an die gesellschaftsexterne Ressource „Subjektivität", bzw. ihre Potenzierung zum unvordenklichen „Genie". Und sofort entsteht das so zeittypische Kommunikationsparadox: In der Umwelt der Gesellschaft kommen psychische Systeme vor, die sich als Person wahrnehmen und ihre „Identität" aus der Distanz zur Gesellschaft gewinnen mögen. Soll diese „Identität" der gesellschaftsexternen Person – wie „genial" auch immer sie sei – aber mitgeteilt werden, so ist das nur in der Gesellschaft, d.h. mit Hilfe von Kommunikation möglich. Diesen Eintritt in die Gesellschaft und ihre kommunikativen Strukturen muß die Person aber als Bedrohung ihrer „Identität" wahrnehmen, die nur im sprachlosen Außen der Gesellschaft sie selbst, authentisch bleibt. Dieses Paradox, zu sprechen und sich im Sprechen verfehlen zu müssen, ist von höchster Signifikanz für das ausgehende 18. Jahrhundert, die Formeln sind bezeichnend: „individuum est ineffabile", heißt es z.B., das Individuum ist unaussprechbar; „spricht die Seele, ach so spricht die Seele nicht mehr", klagt Schiller. Hamann radikalisiert einen Satz aus der Poetik des Horaz, wenn er schreibt: „impossibilissimum est, communia proprie dicere", es ist völlig ausgeschlossen, Konventionelles auf persönliche Art und Weise auszudrücken! Ist die Person nur im Außen der Gesellschaft ganz bei sich, so verfehlt sie ihr „Selbst" notwendigerweise immer dann, wenn sie ihm kommunikativ Ausdruck geben will, weil sie dabei der Gesellschaft bedarf.

Greift die Selbstreflexion der Kunst und Literatur in ihrem Bemühen, „Autonomie" zu denken, auf dieses Kommunikationsparadox der Individualität zurück, dann ergeben sich automatisch bezeichnende Konsequenzen: So zunächst der absolute Vorrang der Künstlerindividualität vor ihrem Werk; liegt der Grund der Kunst in sozialexterner Subjektivität, dann erscheint das Werk als deren Ausdruck zweitrangig, vor allem aber zweideutig. Zweitrangig, weil alles auf die subjektive Vision, die geniale Gestimmtheit, die individuelle Wahrnehmung ankommt, die das Werk bestenfalls fixieren, d.h. wiederholen kann; zweideutig, weil diese Wiederholung der authentischen Subjektivität Medien der Kommunikation bedarf, die sie stets zu verfehlen drohen. Wenn die Seele nicht mehr spricht, wenn sie spricht oder anders, wenn die Systemreferenz von „Bewußtsein" auf „Kommunikation" umgestellt wird –, dann könnte es der genialen Intuition angemessener sein, im Bewußtseinskäfig zu verbleiben, und das heißt im Sozialen abwesend zu sein, zu schweigen. Der geniale Künstler schweigt, weil er sich im Sozialen verfehlt; der beste Künstler ist der, dessen Werke ungesagt bleiben! Von dieser Problemlage aus ist es erklärlich, daß das Motiv des „Künstlers ohne Werk" zu den großen romantischen Motiven gehört hat.

Tautologie

Aber auch diese Reflexion der Autonomie d.h. der Ausdifferenzierung moderner Literatur mit Hilfe der Leitdifferenz von Individuum und Gesellschaft ist ein Fehlstart gewesen, da sie konsequent auf die Unmöglichkeit von Kunst und Literatur als Formen sozialer Kommunikation hinauslaufen müßte. „Wovon man nicht sprechen kann, darüber muß man schweigen" – diese Einsicht Wittgensteins hätte ein Aufhören literarischer Kommunikation nahegelegt, statt dessen aber ist das „Genie", geschwätzig wie es war, in die Literatur eingedrungen und hat mit seiner Klage, daß es nicht sagen könne, was es fühle, viele Seiten Papier gefüllt; vielleicht am beeindruckendsten in der Version Herders aus dem Jahre 1767:

„[Der Dichter] soll Empfindungen ausdrücken: – Empfindungen durch eine gemalte Sprache in Büchern ist schwer, ja an sich unmöglich. Im Auge, im Antlitz, durch den Ton, durch die Zeichensprache des Körpers – so spricht die Empfindung eigentlich –, und überläßt den toten Gedanken das Gebiet der toten Sprache. Nun, armer Dichter! und du sollst deine Empfindungen aufs Blatt malen, sie durch einen Kanal schwarzen Safts hinströmen, du sollst schreiben, daß man es fühlt, und sollst dem wahren Ausdrucke der Empfindungen entsagen: du sollst nicht dein Papier mit Tränen benetzen, daß die Tinte zerfließt, du sollst deine ganze lebendige Seele in tote Buchstaben hinmalen und parlieren, statt auszudrücken."[28]

Von dem nämlichen Gefühl ist Goethes Werther erfüllt – ein wahrer Künstler ohne Werk –, dem immer dann, wenn er in „Stimmung" ist, die Worte oder andere Medien der Kommunikation fehlen:

„Ich bin so glücklich (...), so ganz in dem Gefühle von ruhigem Dasein versunken, daß meine Kunst darunter leidet. Ich könnte jetzt nicht zeichnen, (...) und bin nie ein größerer Maler gewesen als in diesen Augenblicken."[29]

Dieses Paradox einer geschwätzigen Sprachlosigkeit ermöglichte zwar einen interessanten literarischen Effekt, der noch dadurch gesteigert werden konnte, daß

28 J.G. Herder: Sämtliche Werke. Bd. 1, S. 394f.

29 J.W. v. Goethe: Hamburger Ausgabe. Bd. 6, S. 9.

man fortan im Gesagten das Ungesagte mitzuhören sich angewöhnte, um der unerfindlichen Individualität innezuwerden, für eine angemessene Selbstreflexion sich ausdifferenzierender Literatur blieb es eine Sackgasse. Das Pathos jener heroischen Geste der Subjektivität, die aus Goethes „Prometheus"-Hymne hervortönt –

> „Hast du's nicht alles selbst vollendet
> Heilig glühend Herz?"[30]

konnte zwar die antikonventionelle, regel- und traditionskritische Stoßrichtung moderner Literatur illustrieren, zu ihrer angemessenen Selbstreflexion gab es wenig oder nichts her; denn es begründete nicht, es negierte die Möglichkeit einer spezifisch literarischen Kommunikation, die nur in der Gesellschaft denkbar ist und nirgendwo sonst. Wenn das „Individuelle" und „Geniale" das Unsagbare sind, dann bliebe einer genialen Literatur konsequentermaßen nur die leere, langweilige Attitüde einer Sinnverweigerung, die sich in sich selbst erschöpft. Ebensowenig wie das Konzept des selbstzwecklichen, funktionslosen Werks konnte daher das Konzept gesellschaftsexterner, der Kommunikation sich verweigernder Subjektivität für die Belange der Selbstbeschreibung moderner Literatur überzeugen. Scharfsinnig wandte Lessing bereits 1768 gegen das Genie-Gerede folgendes ein:

> „Wir haben (...) itzt ein Geschlecht (...) von Kritikern, deren beste Kritik darin besteht, – alle Kritik verdächtig zu machen. 'Genie! Genie!' schreien sie. 'Das Genie setzt sich über alle Regeln hinweg! Was das Genie macht, ist Regel!' So schmeicheln sie dem Genie: ich glaube, damit wir sie auch für Genies halten sollen. Doch sie verraten zu sehr, daß sie nicht einen Funken davon in sich spüren, wenn sie in einem und eben demselben Atem hinzusetzen: 'die Regeln unterdrücken das Genie!' – Als ob sich Genie durch etwas in der Welt unterdrücken ließe! Und noch dazu durch etwas, das, wie sie selbst gestehen, aus ihm hergeleitet ist. Nicht jeder Kunstrichter ist Genie: aber jedes Genie ist ein geborener Kunstrichter. Es hat die Probe aller Regeln in sich. Er begreift und behält und befolget nur die, die ihm seine *Empfindung in Worten* ausdrücken. Und diese seine in Worten ausgedrückte Empfindung sollte seine Tätigkeit verringern können?"[31]

Mit dieser rhetorischen Frage bringt Lessing den eher trivialen Sachverhalt in Erinnerung, daß Literatur Kommunikation ist, die der Sprache als Medium bedarf und noch die paradoxe Geste des Verstummens so inszeniert, daß man Mitteilung und Information an ihr unterscheiden kann, d.h. sie nicht als Nichts, sondern als beredtes Schweigen versteht, das darüber informieren will, daß es nicht sagen kann, was es sagen will. Folglich hat eine angemessene Selbstbeschreibung moderner Literatur keine Möglichkeit, außergesellschaftliche Ressourcen zu ihrer Begründung ins Feld zu führen; sie muß Literatur in der Gesellschaft als eine besondere Kommunikationskonvention begreifen und beschreiben lernen. Ist Literatur aber weder Kopie der göttlichen Welt-Schönheit im organisch-selbst-

---

30 Ebd., Bd. 1, S. 45.

31 G.E. Lessing: Sämtliche Schriften. Bd. 10, S. 190.

zwecklichen Werk noch Expression genial disponierter Subjektivität, noch auch deren „dialektische" Vermittlung, dann bleibt das ernüchternde Fazit, daß Literatur genau das ist, was sie ist: Literatur. Am Ende des Bemühens der romantischen Poetik um eine zutreffende Selbstreflexion „autonomer" Literatur steht also die tautologische Definition, wie wir sie bei Novalis finden, der in einem Fragment seiner „Enzyklopädie" (1798) sagt:

> „Es gibt einen speziellen Sinn für Poesie – eine poetische Stimmung in uns. (...) Wer es nicht unmittelbar weiß und fühlt, was Poesie ist, dem läßt sich kein Begriff davon beibringen. Poesie ist Poesie."[32]

Auch diese Notiz trägt noch alle Züge eines semantischen Kompromisses zwischen dem Individualitätskonzept und dem konsequenten Eingeständnis literarischer Selbstreferenz, die in die Tautologie einmündet. Bemerkenswert ist jedoch, daß Novalis nicht länger den Künstler als Subjekt in den Mittelpunkt seiner Überlegungen stellt, sondern die „personelle" Poesie, die etwas so Besonderes sei, daß es unmöglich werde, ihre Eigenart etwa philosophisch-begrifflich solchen Menschen nahezubringen, die von ihr nicht angerührt werden. Weil „Poesie Poesie" ist, kann sie nur durch sich selbst erläutert werden, alle anderen Erläuterungen formulieren Fremdbeschreibungen, die ihr unangemessen sind. Diese tautologische Selbstbeschreibung vorgenommen zu haben, die die erfolgreiche Ausdifferenzierung der Literatur erstmals angemessen bilanziert, weil sie externe Begründungsinstanzen wie „Welt" oder „Ich" abweist, ist vor allem Friedrich Schlegels Verdienst gewesen, auf den sich Novalis beziehen konnte. Dabei übertrug Schlegel die reflexive Selbstbegründung der transzendentalen Subjektivität Fichtes – d.h. das exklusive Paradigma von Selbstreferenz – auf die Literatur, als er 1798 notierte:

> „Eine Philosophie der Poesie (...) würde mit der Selbständigkeit des Schönen beginnen, mit dem Satz, daß es vom Wahren und Sittlichen getrennt sei und getrennt sein solle, und daß es mit diesem gleiche Rechte habe; welches für den, der es nur überhaupt begreifen kann, schon aus dem Satz folgt, daß Ich = Ich sei."[33]

Die Literatur ist nicht etwa deshalb „autonom", weil sie Kopie der schönen Welt oder Ausdruck des Subjekts ist, sondern weil sie alles nicht ist, was sie nicht ist, weder Wissenschaft noch Moral, sondern nur und ausschließlich ist, was sie ist: Literatur! Ausdifferenzierte Kommunikationssysteme können sich nur mit Bordmitteln beschreiben, sie können zum Zwecke der Selbstreflexion kein Element aus ihrer Umwelt importieren. Literatur ist Literatur, so sieht es die reife romantische Poetik, was aber keineswegs heißt, daß sich moderne Literatur auf Selbstwahrnehmung beschränken muß; im Gegenteil: die basale Selbstreferenz, salopp: das mitlaufende Wissen, daß alles Literatur ist, was man schreibt, eröffnet der modernen Literatur den uneingeschränkten Zugriff auf ihre Umwelt, die in prinzipiell jeder denkbaren Weise, vorausgesetzt es ist eine literarische,

32 Novalis: Werke und Briefe. Hg. v. A. Kelletat. München 1962, S. 502.

33 F. Schlegel: Kritische Ausgabe. Bd. 2, S. 207.

zum Thema gemacht werden kann; der modernen Literatur steht die ganze Welt als Themenressource offen, alle nichtliterarischen Restriktionen Alteuropas sind weggefallen; zugleich aber verkümmert diese ganze Welt zur „Umwelt“: nicht die Welt, „wie sie ist“, sondern eine unabdingbar systemreferentielle Umwelt ist es, die der Literatur zur thematischen Ausschöpfung freigegeben ist. Und dieser Sachverhalt ist ambivalent; einerseits handelt es sich um einen gewaltigen Zugewinn an literaturfähigen Themen; erst unter den Bedingungen der modernen Gesellschaft konnte ein Autor wie der Marquis de Sade seine Karriere postum antreten; im 18. Jahrhundert saß er dagegen im Gefängnis, und noch heute mag es vereinzelt Befürworter einer Zensur seiner obsessiven Romane geben; andererseits aber ist das Zusammenschnurren der Welt zur Umwelt auch als Verlust bilanziert worden: Was die Literatur von ihrer „Welt“ sagen kann, ist Literatur – und diese Welt nie ...! Es gibt keinen Durchgriff auf die Welt mehr, der über die Umwelt eines Systems hinauskäme.

Auch diese Konsequenz gelungener Systemdifferenzierung ist von der romantischen Poetik scharfsinnig durchdacht worden. Das Resultat dieser Reflexion auf die Systemreferenz jeder Weltanschauung – also auch der literarischen – kann in drei Punkten zusammengefaßt werden:

(1) Moderne Literatur ist sich bewußt, der Welt niemals habhaft zu werden; die Welt als Ganzes – von der man glaubte, daß sie die griechisch-antike Kunst unter den Bedingungen geringer Funktionsdifferenzierung noch symbolisch als Ganze repräsentieren konnte: deshalb galt sie als „schön“ – die Welt als Ganzes ist das schlechthin Undarstellbare; dem Anspruch gegenüber, sie angemessen repräsentieren zu können, muß alle Kunst und Literatur der Moderne scheitern; moderne Literatur ist in dieser Hinsicht verurteilt, Fragment zu bleiben. Die konstitutive Selektivität jeder Weltzuwendung macht moderne Kunst und Literatur – gemessen am Horizont der „Welt“ – zum Fragment. Schiller nannte die moderne Literatur „Kunst des Unendlichen“; ihr werde die Welt undarstellbar und unaussprechlich.[34] Im Hinblick auf das unmögliche Vorhaben, Welttotalität als Kunsttotalität symbolisch zu simulieren, scheitert alle moderne Literatur. Dieses Scheitern versuchte die romantische Poetik aber ins Produktive zu wenden.

Hatte aber nicht Moritz gerade die These vertreten, daß das Kunstschöne die (göttliche) Welt-Schönheit en miniature abbilde und daraus seine „Autonomie“ gewinne? Ist die Welt literarisch also doch darstellbar und nicht das „Unendliche“, „Undarstellbare“, wie Schiller, Schlegel oder auch Jean Paul überzeugt waren? Wir hatten darauf aufmerksam gemacht, daß Moritzens Weltkonzept eine poetische Simulation, daß „Welt“ aus dem Sinnzusammenhang der Kunsterfahrung her gedacht war, d.h. als großes Kunstwerk eines göttlichen Urhebers. Hat Moritz aber geglaubt, daß zwischen „Welt“ und „Werk“ eine vollendete Makro-/Mikrokosmos-Relation walte, die das „Werk“ zur Metapher der „Welt“ machen würde, was die Darstellbarkeit der Welt sichere? War Moritz ein „antiquus“, ein Anhänger

34 F. Schiller: Nationalausgabe. Bd. 20, S. 440.

der Antike, der das schöne Werk als Symbol der schönen Weltganzheit verstanden wissen wollte – oder ein „modernus", dem die Undarstellbarheit des Ganzen gewiß war? Prüft man die Abhandlung „Über die bildende Nachahmung des Schönen" im Hinblick auf diese Frage, dann stößt man auf Bemerkungen, die von der Einsicht in die Nichtrepräsentierbarkeit der hypothetischen „Welt-Schönheit" künden; selbst das gelungenste Kunstwerk bleibe als „Abdruck" hinter seinem Vorbild zurück,[35] und zwar in erster Linie deshalb, weil die Welt als Inbegriff des Seienden nichts ein für allemal Gegebenes, kein zeitloser Kosmos ist, sondern der Wandlung und Veränderung unterliege, so daß schon deshalb keine Repräsentation möglich sei: der Fluß der Zeit lasse sich in keiner Momentaufnahme abbilden.[36]

Weil das „Ganze" schon wegen seiner konstitutiven Zeitlichkeit der Repräsentation unzugänglich bleibt, ist moderne Literatur in Hinblick auf solches Repräsentationsverlangen unausweichlich Fragment; sie ist nicht länger „schön", wenn man, beeindruckt durch die klassizistische Tradition der „antiqui", das schön nennt, was das Ganze angemessen ins Symbol hebt. Statt dessen ist moderne Literatur, wie Friedrich Schlegel epochemachend gesagt hat, interessant. Ohne ontologische – d.h. vom „Sein" gegebene – Garantien etabliert die moderne Literatur kontingente Perspektiven, die auswechselbar und überbietbar sind, in permanenter Konkurrenz miteinander um Resonanz kämpfen. Moderner Literatur geht es nicht mehr um das unmöglich gewordene Projekt, das Ganze des Seins dingfest zu machen und sich darin zu beruhigen, sondern darum, eine interessante Perspektive zu finden, die freilich immer Gefahr läuft, von einer noch interessanteren übertrumpft zu werden. Weil moderne Literatur nicht länger vom „Sein" her finalisiert ist, weil sich nicht quasi-objektiv mehr sagen läßt, was „schön" ist, eignet ihr eine Tendenz zur permanenten Überbietung „interessanter" Konstrukte, die sich in keinem Ziel beruhigen oder zum Abschluß kommen. Moderne Literatur ist daher extrem zeitabhängig, unruhig, von stetem Wechsel der Themen und Motive beherrscht und so vom Kollaps bedroht. In einer Schrift, die diese Tendenzen noch skeptisch beurteilt, in seiner Abhandlung „Über das Studium der griechischen Poesie" (1755) hat Friedrich Schlegel diesen Grundzug moderner Literatur mit großer Klarheit herausgestellt:

„Aus diesem Mangel der Allgemeingültigkeit, aus dieser Herrschaft des Manirierten, Charakteristischen und Individuellen, erklärt sich von selbst die durchgängige Richtung der Poesie (...) der Modernen aufs *Interessante*. Interessant ist nämlich jedes originelle Individuum, welches ein größeres Quantum von (...) ästhetischer Energie enthält. Ich sagte mit Bedacht: ein größeres. Ein größeres nämlich als das empfangende Individuum bereits besitzt: denn das Interessante verlangt eine individuelle Empfänglichkeit, ja nicht selten eine momentane Stimmung derselben. Da alle Größen ins Unendliche vermehrt werden

35 K.P. Moritz, a.a.O., S. 84.

36 Ebd., S. 92.

können, so ist klar, warum auf diesem Wege nie eine vollständige Befriedigung erreicht werden kann; warum es kein *höchstes Interessantes* gibt."[37]

Und als Parteigänger der „antiqui", der Schlegel 1755 noch war, um dann kurze Zeit später zum entschiedensten Vertreter der „moderni" zu werden, prophezeit er dieser sich selbst verzehrenden modernen Literatur eine „Katastrophe". Der Zwang zur Übertrumpfung des Interessanten durch das noch Interessantere führe zum Kollaps: der Geschmack werde

„der alten Reize je mehr und mehr gewohnt, nur immer heftigere und schärfere begehren. Er wird schnell genug zum Pikanten und Frappanten übergehen. Das *Pikante* ist, was eine stumpfgewordene Empfindung krampfhaft reizt; das *Frappante* ist ein ähnlicher Stachel für die Einbildungskraft. Dies sind die Vorboten des nahen Todes. Das Fade ist die dünne Nahrung des ohnmächtigen, und das *Schockante,* sei es abenteuerlich, ekelhaft oder gräßlich, die letzte Konvulsion des sterbenden Geschmacks. Das Schockante hat drei Unterarten: was die Einbildungskraft revoltiert: das *Abenteuerliche;* was die Sinne empört – das *Ekelhafte;* und was das Gefühl peinigt und martert – das *Gräßliche.* Diese natürliche Entwicklung des Interessanten erklärt sehr befriedigend den verschiedenen Gang der bessern und gemeinen Kunst."[38]

Befreit man dieses Szenario von den düsteren Untertönen, hinter denen Schlegels anachronistisches und schnell fallengelassenes Hoffen auf eine Wiederkehr des „klassischen" Kunstideals stand, dann erscheinen diese Sätze wie ein erstes programmatisches Manifest moderner Literatur, die ihren Mangel an ontologischer Deckung produktiv macht und sich fortan als interessante Konstruktion selbstregulierter „Weltbilder" versteht, die ein Publikum unterhalten wollen, indem sie es von der Zumutung entlasten, die „frappanten" Sinnarrangements in einem anderen als poetischen Sinn ernstnehmen zu müssen. Unter den Spezialbedingungen literarischer Kommunikation, in der die Zwänge anderer Systemreferenzen außer Kraft gesetzt sind, läßt das Publikum seine Einbildungskraft nur zu gern „revoltieren", seine Sinne „empören" oder seine „Gefühle martern". Alles andere wäre langweilig!

(2) Moderne Literatur ist reflexive, sich selbst beobachtende Literatur, die weiß, daß sie nicht ist, was sie nicht ist. Auch da, wo sie von Gott und der Welt, von Liebe, Tod und Teufel spricht, tönt der basso continuo der Selbstreferenz laut oder leise mit; und genau dieses Wissen um die Positionsgebundenheit jeder Sinn-Setzung ist es, was für Friedrich Schlegel zur Ironie führt. Moderne Literatur ist ironisch, weil sie nicht ernst nimmt, was sie sagt, nicht ernst nimmt in genau dem Sinn, daß sie es für das tatsächlich hielte, als das sie es simuliert: Botschaft des Seins, Ausdruck des Subjekts, Stimme Gottes, Aufruf zur Revolution, Geste der Betroffenheit psychischer Systeme usw. Wer wirklich meint, die Literatur offenbare sonst unverfügbare Wahrheit, ist nach Schlegels Darlegungen „naiv" und muß sehen, wie weit er mit seiner „Wahrheit" kommt, wenn sie im Wis-

---

37 F. Schlegel: Kritische Ausgabe. Bd. 1, S. 252f.

38 Ebd., S. 254.

senschaftssystem ohne Resonanz bleibt: bestenfalls zu einem von Privatevidenzen erhellten Eigenbrödlertum.

Die stets mitlaufende Selbstreferenz imprägniert jede Sinn-Setzung mit Ironie; moderne Literatur ist ironisch, weil und wenn sie sich bei dem, was sie beobachtet, selbst mitbeobachtet; Schlegel hat dafür das schöne Wort von der „transzendentalen Buffonerie" gefunden; d.h. von einer Spaßmacherei, die von der Bedingung ihrer Möglichkeit weiß und sich, wie Schlegel schreibt, „über alles" erhebe, „auch über eigne Kunst (...) oder Genialität".[39] Nichts, was Literatur unternimmt, ist notwendig so, wie es ist, weil es etwa aus Gottes Wille folgte oder einem Vernunftgebot entspräche, alles ist kontingent, anders möglich – nicht schön, weil objektiv „wahr", sondern interessant, weil selektiv und perspektivisch! Und „Ironie" ist es auch, mit deren Hilfe die reine Tautologie der Selbstbeschreibung des Literatursystems – „Poesie ist Poesie" – verdeckt werden kann, ohne daß sie schließlich doch unsichtbar würde. Wer wissen will, was Literatur ist – und dann die Antwort erhielte „Literatur ist Literatur", wird nicht zufrieden sein, wiewohl man ihm kaum etwas Besseres sagen kann. Gleichwohl ist die tautologische Selbstdefinition kommunikativ unergiebig, daher wird die Selbstreferenz unterbrochen. Dann lassen sich im Sinn der obigen Beispiele vollmundigere Definitionen formulieren, die Dichtung als Ort des „Wahren", der Betroffenheit, der Revolution, der Utopie eines „noch nicht", der Versöhnung oder Subversion usw. ausgeben; man sollte das nur in letzter Konsequenz nicht ernst nehmen, sondern die durch diese oder andere „Definitionen" verdeckte Selbstreferenz stets mitsehen, wie es Schlegels Buffo empfohlen hat. Dann kann es „interessant" sein, Kunst als „Revolte" auszugeben, ohne daß man damit ernsthaft sagen will, es handele sich um politische Kommunikation. Die Systemreferenz „Politik" klammert man vielmehr gerade ein, um sich in der Literatur von „Subversivem" oder „Revolutionärem" faszinieren, seine Gefühle „martern" zu lassen, wie Schlegel gesagt hat. Niemand wird ernsthaft behaupten wollen, daß Brechts Theater auf das Wahlverhalten des Publikums irgendeinen durchschlagenden Einfluß gehabt hätte, oder daß Paul Claudels Stücke es frommer gemacht hätten. Die Reflexivität moderner Literatur läßt solche Erwartungen vielmehr ins Leere laufen oder setzt sie ironischem Spott aus. Insofern bleibt die Selbstbeschreibung der Literatur auch dann tautologisch, wenn sie sich scheinbar ganz anders definiert; denn diese offenbar nicht-tautologischen Definitionen sind „ironisch" gemeint: auch das „ganz Andere" ist nur Literatur.

Für die Praxis der Literatur folgt daraus eine Tendenz zur Selbstinszenierung; sei es, daß das Theater sich als Theater darstellt; sei es, daß sich das Erzählen als Erzählen – und nicht als „Realität" präsentiert; sei es, daß sich die Lyrik gegen den Verdacht verschließt, die Gefühle sprudelten aus ihr, und sich in ihrer sprachlichen Komplexität selbst ausstellt. Am berühmten Exemplum von Tiecks Komödie „Der gestiefelte Kater" hat Ingrid Strohschneider-Kohrs diese typisch romantische Selbstreflexion der Literatur mit folgenden Worten beschrieben:

39 Ebd., Bd. 2, S. 152.

„Tieck hat nicht nur die bekannten Mittel einer alten Theatertradition verwendet: die verschiedenen Formen der Illusionsdurchbrechung, die Aufführung in der Aufführung, die Rede über Rolle und Requisit – und anderes; er hat diesen Mitteln eine neue Kompositionsform abgewonnen dadurch, daß er sie nicht vereinzelt und sparsam verwendet, sondern sie nun (...) zusammenwirken läßt. Sie potenzieren sich zu einem Reflexionsspiel und stellen das Theater als Theater zur Schau. Diese Selbstdarstellung des Bühnenspiels zeigt die Bühne nicht als 'moralische Anstalt', sondern spiegelt sie als Veranstaltung fiktiven Spiels.“[40]

Aber auch dort, wo diese energische Selbstinszenierung der Literatur als Literatur unterbleibt und die Dichtung scheinbar naiv – wie etwa bei Eichendorff – von den Dingen der Welt redet, klingt der basso continuo der Selbstreferenz mit, so daß jeder Zweifel erlischt, es könne sich um etwas anderes als literarische Kommunikation handeln.

(3) Schließlich erwächst aus der romantischen Einsicht in den Systemstatus ausdifferenzierter Literatur ein Bewußtsein von ihrer Selbstreproduktion oder „Autopoiesis“. Wenn wir dies unterstellen, dann machen wir keineswegs den zwanghaften Versuch, um jeden Preis Konzepte der Systemtheorie in der Literaturprogrammatik der Romantik wiederzufinden; es ist vielmehr umgekehrt so, daß sich gelingende Systemdifferenzierung auch reflexiv Ausdruck gibt, wobei wir gesehen haben, wie sehr die semantische Gestalt dieser Selbstreflexion von historischen Ambivalenzen und Kompromißbildungen gekennzeichnet wird. Wenn Systeme sich aber als Systeme wahrzunehmen beginnen – und das können sie trivialerweise erst, wenn ihre Ausdifferenzierung geglückt ist –, dann tauchen notwendigerweise bestimmte Reflexionsfiguren auf: Differenz von System und Umwelt; Selbstreferenz, Konstruktion und Perspektive, Kontingenz und schließlich die Frage der Selbstreproduktion. Wie also gewährt Literatur ihre zeitliche Kontinuität? Auf diese Frage gibt August Wilhelm Schlegel 1802 eine bemerkenswerte Antwort, die ein Schema für den Entwurf einer Literatur-Geschichte enthält. Eine Formel seines Bruders aufnehmend, sagt August Wilhelm über die Reproduktion der Literatur folgendes:

„Man kann ohne Übertreibung und Paradoxie sagen, daß eigentlich alle Poesie Poesie der Poesie sei; denn sie setzt schon die Sprache voraus, deren Erfindung doch der poetischen Anlage angehört, die selbst ein immer werdendes, nie vollendetes Gedicht des gesamten Menschengeschlechtes ist. Noch mehr: in den früheren Epochen der Bildung gebiert sich in und aus der Sprache, aber ebenso notwendig und unabsichtlich als sie, eine dichterische Weltansicht, d.h. eine solche, worin die Fantasie herrscht. Das ist die Mythologie. Diese ist gleichsam die höhere Potenz der ersten durch die Sprache bewerkstelligten Naturdarstellung; und die freie selbstbewußte Poesie, welche darauf fortbaut, für welche der Mythus wieder Stoff wird, den sie dichterisch behandelt, poetisiert, steht folglich noch um eine

40 I. Strohschneider-Kohrs: Zur Poetik der deutschen Romantik: Die romantische Ironie. In: H. Steffen (Hg.): Die deutsche Romantik. 2. Aufl. Göttingen 1970, S. 89.

Stufe höher. So kann es nun weiter fortgehen, denn die Poesie verläßt den Menschen in keiner Epoche seiner Ausbildung."[41]

August Wilhelm Schlegel will sagen, daß die Literatur ihre Reproduktion aus eigenen Ressourcen – also autopoietisch – realisiert, indem sie sich selbst als Differenz von Medium und Form behandelt und die vollzogene Form als Medium neuer Formierung nutzt. Wenn wir die Plausibilität der Annahmen über den poetischen Charakter der Ursprache und die Mythologie einmal auf sich beruhen lassen, dann laufen Schlegels Bemerkungen auf folgendes Schema einer sich selbst reproduzierenden Literatur hinaus:

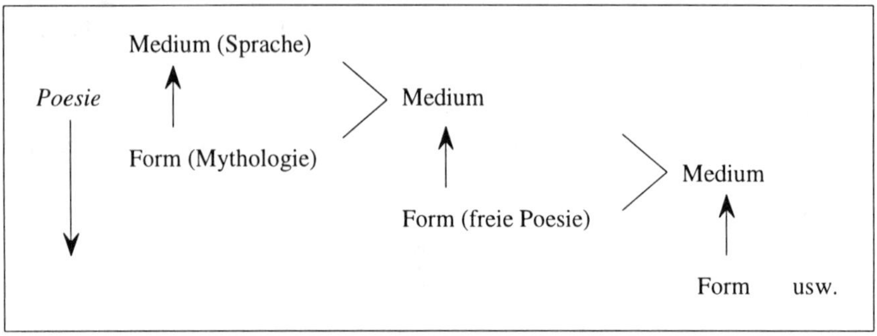

Prägnanter als in diesen Sätzen August Wilhelm Schlegels läßt sich die „autonome" System-Geschichte der Literatur kaum beschreiben; denkt man sich zu diesem Schema Friedrich Schlegels Codierung, die Unterscheidung „interessant"/ „uninteressant" hinzu, die dieser Systemgeschichte ihre Dynamik verleiht, und die im Begriff der „Ironie" geleistete volle Reflexivität des Systems, dann läßt sich ohne Überschwang sagen, daß der Romantik eine angemessene Selbstbeschreibung ausdifferenzierter Literatur gelungen ist, worin wir ihr Epochenkennzeichen sehen wollen. Wenn es richtig ist, daß die Epoche der Romantik Ausdifferenzierung zunächst techno-theologisch aus der Werkautonomie bzw. subjektreferentiell aus der personalen Autonomie gesellschaftsexterner Individualität zu begründen versucht hat, mit diesen Versuchen aber scheiterte, weil sie die Einsicht in die volle Selbstreferentialität in der Annahme externer Ressourcen wie „Welt" und „Subjektivität" erschwerten, dann darf man es als Abschluß dieser Selbstbeschreibungsversuche bezeichnen, wenn um 1800 alle externen Begründungsinstanzen für „autonome" Literatur fallengelassen werden. Diese externen Begründungsinstanzen – „Welt" und „Subjektivität" zumal – werden zur Umwelt der Literatur, über die sie nach eigenem Vermögen verfügen kann. Mit unnachahmlicher Präzision hat Friedrich Schlegel diese souveräne Verfügung autonomer Literatur über ihre Umwelt in einem berühmten Athenäum-Fragment

41 A.W. Schlegel: Vorlesungen über Ästhetik. Bd. 1. Hg. v. E. Behler. Paderborn u.a. 1989, S. 388.

charakterisiert: Die romantische Poesie könne sich einerseits völlig „in das Dargestellte verlieren“, „ein Spiegel der ganzen umgebenden Welt“ sein; d.h. ihre sachliche Umwelt nach Belieben simulieren. Sie könne andererseits „den Geist des Autors vollständig ausdrücken“, perfekte Selbstdarstellung der Person sein. „Spiegel der Welt“ – „Expression des Subjekts“: das sind zwei elementare Optionen moderner Literatur, die gleichwohl weiß, daß sie sich natürlich der „Welt“ oder der „Subjektivität“ nicht verdankt! Schließlich aber könne – so Schlegel – die Literatur von „Welt“ und „Subjektivität“ ganz absehen und ihre Selbstreferenz kommunizieren:

„Und doch kann (...) sie [die Poesie] am meisten zwischen dem Dargestellten (= Welt) und dem Darstellenden (= Subjekt) (...) auf den Flügeln der *poetischen Reflexion* in der Mitte schweben, diese Reflexion immer wieder potenzieren und wie in einer endlosen Reihe von Spiegeln vervielfachen.“[42]

Damit formuliert Schlegel in großer Eindeutigkeit eine Option, die wir „Ästhetizismus“ genannt haben, weil uns kein besserer Begriff zur Verfügung steht und weil das Wort „Ästhetizismus“ in der Literaturgeschichtsschreibung vertraut ist. Schlegel legt mit großer gedanklicher Klarheit dar, daß moderne Literatur zwei grundlegende Optionen für ihre Themenselektion hat: sie kann ihre Umwelt kommunizieren, wobei Schlegel „Ich“ und „Welt“ unterscheidet, und sie kann sich selbst thematisieren, indem sie, wie August Wilhelm Schlegel dargelegt hat, literarische Formen als Medien für neuen Formgewinn verwendet. In diesen Überlegungen ist die „Autonomie“ der Literatur definitiv reflektiert worden; die weitere Literaturprogrammatik der Moderne konnte diese Einsichten nur noch paraphrasieren, ergänzen, verdeutlichen, ohne zu durchgreifend anderen Erkenntnissen zu gelangen.

Ehe wir nun zu zeigen versuchen, in welcher Weise die Romantik die „Autonomie“ der Literatur im Hinblick auf „Leistungen“ programmiert und mit überschwenglichen Erwartungen überfordert hat, wollen wir wenigstens einen kurzen Blick auf die Realität der geschriebenen Literatur werfen. Denn in ihr finden sich die Reflexionsfiguren der Poetik wieder; die romantische Literatur enthält – wie alle moderne Literatur – eine immanente Poetik. Wir denken dabei nicht in erster Linie an die vielfältigen Inszenierungen exzentrischer Subjektivität oder an die märchenhaft-phantastischen Realitätssimulationen romantischer Erzählliteratur; vorrangig interessiert uns der literarische Vollzug von „Autonomie“, d.h. die Bewältigung der Differenz von System und Umwelt in der Dichtung. Hier fällt die Versuchung ins Auge, die Autonomie der Kunst unter den anderen sozialen Instanzen im Sinne einer Hierarchie zu inszenieren – und die Kunst nicht als eine neben anderen, sondern über anderen sozialen Kommunikationskonventionen auszugeben. Das Kunstsystem hält sich selbst für das wichtigste aller Sozialsysteme: es will Autonomie, nicht aber Isonomie! Als Beispiel mag Wakkenroders Erzählung „Das merkwürdige musikalische Leben des Tonkünstlers

42 F. Schlegel: Kritische Ausgabe. Bd. 2, S. 182f.

Joseph Berglinger" dienen, die die „Herzensergießungen eines kunstliebenden Klosterbruders" beschließt und 1796 entstanden ist. Dieser Text inszeniert die Sphäre der Kunst und die Wirklichkeit der übrigen Gesellschaft im Sinne eines strikten, unversöhnlichen Gegensatzes, der zu dem Kontrast von „Himmel" (= Kunst) und „Erde" (= Gesellschaft) dramatisiert, d.h. mit der Leitdifferenz der Religion illustriert wird. Die Gesellschaft ist ein Jammertal kunstferner Banausen, hastenden Gewinnstrebens, von Sorge und Not ums Brot usw., dem der musikalische Enthusiast Berglinger, koste es, was es wolle, entfliehen möchte:

„Wenn er dann aber zu seinen Anverwandten zum Mittagessen ging, und es sich in einer gewöhnlich-lustigen und scherzenden Gesellschaft hatte wohl schmecken lassen, – dann war er unzufrieden, daß er so bald wieder ins prosaische Leben hinabgezogen war, und sein Rausch sich wie eine glänzende Wolke verzogen hatte. Diese bittere Mißhelligkeit zwischen seinem angebornen ätherischen Enthusiasmus und dem irdischen Anteil an dem Leben eines jeden Menschen, der jeden täglich aus seinen Schwärmereien mit Gewalt herabziehet, quälte ihn sein ganzes Leben hindurch."[43]

Während Berglinger ganz der religiös verklärten Musik leben, also gleichsam exklusiv Kunstkommunikation betreiben will, zwingt ihn die Struktur der differenzierten Gesellschaft immer wieder zur Teilnahme an kunstfremder Kommunikation – im amusischen Elternhaus, später als angestellter Hofmusiker und Komponist –, und an diesem Konflikt geht er schließlich zugrunde:

„Eine Nervenschwäche befiel gleich einem bösen Tau, alle seine Fibern; – er kränkelte eine Zeitlang hin und starb nicht lange darauf in der Blüte seiner Jahre."[44]

Wackenroders Erzählung läßt sich – wie andere romantische Texte auch – von der Faszination leiten, die in der Annahme steckt, Kunst sei unter den sozialen Möglichkeiten eine besonders ausgezeichnete, höchstrangige, exklusive. Diese Faszination verführt zu der Idee, „nur der Kunst zu leben", d.h. die Existenz und den Sinn der anderen sozialen Funktionssysteme zu vergleichgültigen. Auch Berglinger nahm sich vor:

„Du mußt zeitlebens, ohne Aufhören in diesem schönen poetischen Taumel bleiben, und dein ganzes Leben muß eine Musik sein."[45]

Die Person kann aber in der modernen Gesellschaft nicht nur und exklusiv in einem Funktionssystem – wie in einer Kaste oder einer Schicht – leben; sie kann nicht permanent enthusiasmiert, poetisch erregt sein, sondern hat daneben noch dies und das zu tun. Später sprechen Schriftsteller wie Gottfried Benn von der Nötigung zu einem „Doppelleben", d.h. zu einer polykontexturalen Existenz; diese Nötigung ergreift auch Berglinger:

„Ich gedachte in meiner Jugend dem *irdischen* Jammer zu entfliehen, und bin nun erst recht in den *Schlamm* hineingeraten. Es ist wohl leider gewiß; man kann mit aller An-

43 W.H. Wackenroder: Werke und Briefe. Heidelberg 1967, S. 115.

44 Ebd., S. 130.

45 Ebd., S. 115.

strengung unsrer geistigen Fittiche der Erde nicht entkommen; sie zieht uns mit Gewalt zurück, und wir fallen wieder unter den gemeinsten Haufen der Menschen."[46]

Da Berglinger sich gleichwohl diesem Zwang, am „Schlamm der Erde" festzukleben, statt in den „Himmel der Kunst" entrückt zu werden, widersetzt, läßt ihn Wackenroder in der „Blüte seiner Jahre" sterben. Darin mag man bereits ein Moment der Selbstkorrektur sehen, eine Zurücknahme der Überschätzung von Kunst als exklusiver Gipfel aller Existenz.

Weit schärfer hat E.T.A. Hoffmann diese Selbstverkennung autonomer Kunst und Literatur kritisiert. Seine Erzählungen sind von dem Motiv durchstimmt, Kunst als eine – gleichberechtigte – Kommunikationsform unter anderen hinzustellen und vor ihrer Totalisierung zum „Ganzen" oder „Wesentlichsten" des sozialen Lebens zu warnen. Man lese etwa den „Sandmann" aus den „Nachtstücken", geschrieben 1815. In dieser Novelle scheitert der Dichter Nathanael daran, daß er die poetische Perspektive – Coppelas Zaubergläser –, die die mechanische Wunderpuppe Olympia seltsam lebendig machen, nicht mehr los wird, die Welt gleichsam permanent „poetisch" wahrnimmt und in ihrer Andersartigkeit auf groteske Weise verkennt. Erscheint der poetisch-faszinierten Wahrnehmung Olympia – die Puppe – als beseelte Schönheit, so ist es fatal, wenn in eben derselben Perspektive Klara, Nathanaels ebenso liebenswürdige wie nüchtern-pragmatische Freundin, zu dem wird, was Olympia ist, zu einem mechanischen Räderwerk, von dem Nathanael sich abwendet.

„Da sprang Nathanael entrüstet auf und rief, Clara von sich stoßend: 'Du lebloses, verdammtes Automat!' Er rannte fort, bittre Tränen vergoß die tief verletzte Clara: 'Ach er hat mich niemals geliebt, denn er versteht mich nicht', schluchzte sie laut."[47]

Die Totalpoetisierung der Welt erscheint als Gefahr, die ihr ausgelieferten Subjekte drohen wahnsinnig zu werden, wenn ihnen die Differenz der Perspektiven verloren geht, sie das Poetische für relevanter halten als das übrige Leben, ihnen also alle Selbst-Ironie abhanden gekommen ist. Für Nathanael, den seine Zauberbrille verhext hat, ist Olympia – die Figur poetischer Imagination – realer als seine Klara; er erwartet von der Kunst mehr als sie geben kann und bezahlt den Kollaps der Perspektiven mit einem gräßlichen Tod. Hier und in anderen Erzähltexten kritisiert Hoffmann jeden poetischen Überschwang, der „Autonomie" als Ausschließlichkeit der Kunst mißversteht, und er plädiert für eine differenztechnische Weltwahrnehmung, die das Nebeneinander der Perspektiven routinisiert, der die Welt wunderbar und profan, irritierend und erwartbar, märchenhaft und banal zugleich ist. Die „Welt" ist die Summe der Perspektiven, in der sie zur Geltung kommt, und wer die poetische Perspektive monopolisieren will, verarmt nicht nur die Welt, er selbst scheitert mit dieser „Wahn-Wahrnehmung";

46 Ebd., S. 126.

47 E.T.A. Hoffmann: Sämtliche Werke. Hg. v. W. Segebrecht/H. Steinecke. Bd. 3. Frankfurt/M. 1985, S. 32.

so etwa ließe sich ein Fazit der immanenten Poetik in E.T.A. Hoffmanns Dichtung formulieren, aus der ein ernüchtertes Verständnis der Kunstautonomie spricht.

Programme der „Autonomie“

Von dieser Hoffmannschen Nüchternheit sind jene romantischen Konzeptionen weit entfernt gewesen, die um 1800 die Autonomie der Kunst und Literatur programmiert haben. Wir denken in erster Linie an Schiller und Schlegel, desweiteren auch an Humboldt und Novalis. Nüchtern besehen ist „Autonomie“ ja nicht mehr – so unser Ergebnis – als der Titel, unter dem sich die Selbstreflexion ausdifferenzierter Literatur vollzogen hat. „Autonomie“ ist ein Differenzierungsresultat; nur weil sich die eher „diffuse“ Gemengelage integraler Kommunikationen im Übergang zur modernen Gesellschaft spezifisch in Funktionssysteme differenziert hat, nur deshalb konnte man am Ausgang des 18. Jahrhunderts von „Autonomie“ der Literatur sprechen. Nur weil literarische Kommunikation politische, wissenschaftliche, moralische oder religiöse Interessen nicht länger mitvertreten mußte, sondern sich darauf kaprizieren konnte, ihr Publikum interessant zu unterhalten, nur deshalb war sie „autonom“.

Im Hinblick auf diesen einfachen Sachverhalt ist es einigermaßen paradox, daß die Programmierung der „Autonomie“ das ausdifferenzierte Kommunikationssystem „Literatur“ mit der Zumutung belastet hat, jene Ausdifferenzierung der Gesellschaft in „autonome“ Kommunikationssysteme wieder rückgängig machen, d.h. entdifferenzieren zu sollen. Wir erläutern diese paradoxe Programmierung der „Autonomie“ zunächst an Schiller. Schiller war ein entschiedener Verfechter der „Autonomie“. Er ging so weit, Kunst und Literatur vor der Berührung mit aller sozialer Realität zu warnen, da sie ihre „Autonomie“ in Frage stelle. In einem Brief an Herder aus dem Jahre 1795 plädierte er für eine rigorose Trennung von Kunst und Gesellschaft; die Begründung für dieses Plädoyer ist bezeichnend:

> „Es läßt sich, wie ich denke, beweisen, daß unser Denken und Treiben, unser bürgerliches, politisches, religiöses, wissenschaftliches Leben und Wirken *wie die Prosa der Poesie* entgegengesetzt ist. Diese Übermacht der Prosa in dem Ganzen unsres Zustandes ist, meines Bedünkens, so groß und so entschieden, daß der poetische Geist, anstatt darüber Meister zu werden, notwendig davon angesteckt und also zu Grunde gerichtet werden müßte. Daher weiß ich für den poetischen Genius kein Heil, als daß er sich aus dem Gebiet der wirklichen Welt zurückzieht und anstatt jener Koalition, die ihm gefährlich sei würde, auf die strengste *Separation* sein Bestreben richtet.“[48]

Die moderne Gesellschaft ist „prosaisch“, im Gegensatz zur Literatur, die „poetisch“ ist. Vermengen sich Prosa und Poesie, dann ist es um die „Autonomie“ der Literatur geschehen! Unter der „Prosa“ der modernen Lebensverhältnisse versteht Schiller im wesentlichen die Folgen sozialer Differenzierung: die viel-

48 F. Schiller: Briefe. Hg. v. F. Jonas. Bd. 4, S. 313f.

fältige, a-zentrische, polykontexturale Gesellschaft, die nicht länger als „schöne Einheit ihrer Teile" erlebbar und symbolisierbar ist. Diese „Einheit" der Gesellschaft meinten die Romantiker im klassischen Griechenland bzw. im christlichen Mittelalter vorfinden zu können; der Prozeß der Modernisierung – Reformation, Aufklärung, wissenschaftlich-technischer Fortschritt usw. – hätten diese „poetischen" Lebensverhältnisse Alteuropas aber zerstört und durch die zwar effektive, zugleich aber häßliche und kalte „Prosa" der differenzierten Gesellschaft ersetzt. Schiller kann sich nicht genug daran tun, die bösen Folgen der Modernisierung aller Lebensbereiche zu beklagen:

„Auseinandergerissen wurden jetzt der Staat und die Kirche, die Gesetze und die Sitten; der Genuß wurde von der Arbeit, das Mittel vom Zweck, die Anstrengung von der Belohnung geschieden. Ewig nur an ein einzelnes kleines Bruchstück des Ganzen gefesselt, bildet sich der Mensch selbst nur als Bruchstück aus, ewig nur das eintönige Geräusch des Rades, das er umtreibt, im Ohre, entwickelt er nie die Harmonie seines Wesens, und anstatt die Menschheit in seiner Natur auszuprägen, wird er bloß zu einem Abdruck seines Geschäfts, seiner Wissenschaft."[49]

Die Folgen dieser modernen Auflösung der alten Einheit sind katastrophal; für den einzelnen Menschen bedeuten sie eine notorische Disharmonie seiner elementaren Wesenskräfte; entweder triumphieren in ihm die „rohen" Sinne, Leidenschaft und Begehren, oder es haben seine abstrakten Verstandeskräfte gesiegt, die ihn in das Gefängnis einer kalten Rationalität einsperren und seine Sinnennatur unterdrücken. Weil sich Schiller die Gesellschaft konventionell als aus Einzelmenschen zusammengesetzt denkt, fällt die Bilanz der Moderne für das staatliche Zusammenleben ähnlich verheerend aus. Entweder zwingt die rohe Gewalt der Starken unter die Knute – Schiller spricht vom „Naturstaat" – oder ein erbarmungsloses Vernunftgesetz tyrannisiert mit mindestens ebenso großer Gnadenlosigkeit. Die Beobachtung der Französischen Revolution belehrte Schiller darüber, daß von einer Politik, die entweder auf die Leidenschaften oder auf die um Einzelschicksale unbekümmerte normative Rationalität setzt, für das Glück der Menschen nichts zu erwarten ist.

„Bestätigt die Erfahrung mein Gemälde der Gegenwart, so muß man jeden Versuch einer solchen Staatsveränderung so lange für unzeitig und jede darauf gegründete Hoffnung so lange für schimärisch erklären, bis die Trennung in dem innern Menschen wieder aufgehoben, und seine Natur vollständig genug entwickelt ist, um selbst die Künstlerin zu sein und der politischen Schöpfung der Vernunft ihre Realität zu verbürgen."[50]

Wie aber ist diese Harmonisierung der menschlichen Vermögen – die Versöhnung von Sinnen und Vernunft – zu erreichen, wenn die Politik die Spaltungen und Risse nur potenziert? Gibt es einen Ausweg aus der differenzierenden Moderne, die die alte Einheit des Menschen und der Gesellschaft wiederherstellen könnte? Genau diese Frage ist es, die die „Kunstautonomie" ins Spiel bringt.

---

49 F. Schiller: Nationalausgabe. Bd. 20, S. 323.

50 Ebd., S. 328f.

„Alle Verbesserung im Politischen soll von Veredlung des Charakters ausgehen – aber wie kann sich unter den Einflüssen einer barbarischen Staatsverfassung der Charakter veredeln? Man müßte also zu diesem Zwecke ein Werkzeug aufsuchen, welches der Staat nicht hergibt, und Quellen dazu eröffnen, die sich bei aller politischen Verderbnis rein und lauter erhalten. – Jetzt bin ich an dem Punkt angelangt, zu welchem alle meine bisherigen Betrachtungen hingestrebt haben. Dieses Werkzeug ist die schöne Kunst, diese Quellen öffnen sich in ihren unsterblichen Mustern.“[51]

Weil die Kunst „autonom“, von der Gesellschaft separiert und „unberührt“ ist, gilt sie Schiller als ausgezeichnetes Medium, um die Folgeschäden der Moderne für das einzelne Individuum und für die Summe der Individuen, für die Gesellschaft, zu beheben. Funktionslosigkeit wird zur Funktion, Kunst wird Therapie! Aus dem Abstand von etwa zweihundert Jahren erkennen wir natürlich den Denkfehler Schillers: „Autonomie“ bedeutet ja nicht, daß die Kunst für die Gesellschaft gleichsam „exterritorial“ ist, sondern nur, daß sie eine Spezialfunktion betreut wie alle anderen Sozialsysteme auch. Schiller emphatisiert die „Autonomie“ zur „Exterritorialität“ und meint deshalb, von der Kunst erhoffen zu können, was der Politik mißlang: die Ausbildung einer harmonisch integrierten Gesellschaft, in der sich Teil und Ganzes, Individuum und Staat wechselseitig versöhnt hätten. Der Kunst traut Schiller diese quasi-politische Leistung aber deshalb zu, weil er in der Nachfolge Kants eine extravagante ästhetische Theorie im Kopf hatte. Die Schönheit der Kunst verstand Schiller nämlich als zwanglose Einheit von Differenz und Identität, Sinnen und Vernunft, Natur und Geist und insofern als Versöhnungsparadigma par excellence. Im Umgang mit Kunst und Literatur könnte – so spekulierte Schiller – die Dissonanz der modernen conditio humana, das Ungleichgewicht von sinnlichen und rationalen Antrieben, wieder ins Gleichgewicht gebracht werden: Wer unter einem Übergewicht der Sinnennatur leide, dem verhelfe ästhetische Erfahrung zu einem ausbalancierenden Zugewinn an rationaler Kraft; wer umgekehrt an einem Übermaß an Verstandeskälte laboriere, dem mobilisiere die Kunst die Sinne. Die Kunst versetze das an der Moderne leidende Subjekt gleichsam momenthaft in eine Situation des „Spiels“ und kuriere die einseitigen Verzerrungen seiner Wesenskräfte. Aus der ästhetischen Therapie geht dann ein Subjekt hervor, das die harmonische Totalität seiner Gattungsnatur zurückgewonnen habe. Und weil die Gesellschaft für Schiller nichts weiter ist als die Summe der in ihr befindlichen Individuen, löst die Therapie der Personen zugleich die Probleme der Gesellschaft, vor denen alle Politik kapitulieren mußte. Als Einheit solcher Teile, die in sich die Einheit von Teil und Ganzem, d.h. von Sinnen, die vereinzeln, und Vernunft, die vereinheitlicht, bereits hergestellt haben, ist die Gesellschaft – nach erfolgreichem Abschluß der ästhetischen Therapie – die Wiederherstellung schöner Totalität, in der die Teile zwanglos miteinander konsentieren. Schiller formuliert dieses „sozialästhetische“ Credo folgendermaßen:

---

51 Ebd., S. 332f.

> „Wenn (...) die Vernunft in die physische Gesellschaft ihre moralische Einheit bringt, so darf sie die *Mannigfaltigkeit* der Natur nicht verletzen. Wenn die Natur in den moralischen Bau der Gesellschaft ihre *Mannigfaltigkeit* zu behaupten strebt, so darf der moralischen *Einheit* dadurch kein Abbruch geschehen; gleich weit von Einförmigkeit und Verwirrung ruht die siegende Form. *Totalität* des Charakters muß also bei dem Volk gefunden werden, welches fähig und würdig sein soll, den Staat der Not mit dem Staat der Freiheit zu vertauschen."[52]

Diese Totalität des Charakters kann allein aus der Begegnung mit Kunst hervorgehen, weil sie als „autonomes" Kommunikationssystem von den Differenzierungsfolgen der Modernisierung frei geblieben sei. Wie sich Münchhausen am eigenen Schopf aus dem Sumpf zog, so ist die Kunst von Schiller aufgerufen, als differenziertes Sozialsystem Systemdifferenzierung aufzuheben und eine Totalität des Sozialen herzustellen, in der Subjekt und Gesellschaft herrschaftsfrei miteinander versöhnt wären. Ein derartiges Programm ist zum Scheitern verurteilt, und Bedenken scheinen Schiller hinsichtlich der Plausibilität seiner ästhetischen Bildungsutopie selbst gekommen zu sein: Wer die „Briefe über die ästhetische Erziehung des Menschen" gelesen hat, wird jene merkwürdige Zurücknahme des ursprünglichen politischen Anspruchs an die therapeutische Kraft der Kunst nicht übersehen haben, die am Ende dazu führt, daß Schiller sagen kann, der „ästhetische Staat" ändere die moderne Gesellschaft nicht, sondern koexistiere mit ihr, gleichsam als Refugium zur zeitweiligen Kompensation jener Belastungen, die die Gesellschaft dem Menschen abverlangt und von denen die Kunst unterhaltsam ablenkt. Humboldt hat dann die Konzeption der Gesellschaft als Einheit der ästhetisch Gebildeten weitergeführt.

Den Gedanken der ästhetischen Sozialversöhnung, der strikt gesehen ja als Import einer philosophischen Leistungserwartung durch das Literatursystem und sachlich als Überforderung gesehen werden muß, aber hat Schiller niemals fallengelassen. So sah er seine Zusammenarbeit mit Goethe, die dann später zum Nukleus der „deutschen Klassik" stilisiert wurde, als Allianz, in der ein „Realist" (Goethe), dem die Natur das wichtigste war, und ein „Idealist" (Schiller selbst), der dem Geist verpflichtet war, zu einer Natur und Geist versöhnenden Koalition zusammengefunden hätten, die derart eine kompakte Sozialutopie verwirkliche. Auch Schillers Zeitschriftenprojekt, die kurzlebigen „Horen", waren diesem überschwenglichen Versöhnungsparadigma verpflichtet. Dieser Zeitschrift ging es programmatisch um die Beförderung des Ideals schöner Geselligkeit mit Hilfe sozialer und diskursiver Integration. In sozialer Hinsicht schwebte Schiller ein Publikumsprojekt vor, das alle Unterschiede der Bildung und Schichtung überwinden sollte. Diesem Projekt lag seine Idee einer wahrhaft „populären" Literatur zugrunde, die er erstmals 1791 in einer vernichtenden Rezension der Gedichte Gottfried August Bürgers formuliert hatte. „Populär" sei Literatur nicht, so argumentierte Schiller, wenn sie dem breiten Publikum und seiner Gier nach unterhaltsamen Stoffen einfach nachgebe, wie Bürger in seiner Schauerballade „Le-

---

52 Ebd., S. 318.

nore". Von echter Popularität könne man vielmehr erst dann sprechen, wenn es der Literatur gelinge, das differenzierte Publikum zu integrieren:

„Ein Volksdichter [hat] bloß zwischen dem Allerleichtesten und dem Allerschwersten die Wahl: entweder sich ausschließlich der Fassungskraft des großen Haufens zu bequemen und auf den Beifall der gebildeten Klasse Verzicht zu tun – oder den ungeheuren Abstand, der zwischen beiden sich befindet, durch die Größe seiner Kunst aufzuheben (...). Popularität ist ihm (...) eine so schwere Aufgabe, daß ihre glückliche Auflösung der höchste Triumph des Genies genannt werden kann."[53]

In diskursiver Hinsicht propagierte Schiller in seiner programmatischen Ankündigung der „Horen" eine Überwindung der disziplinären Schranken zwischen Literatur, Wissenschaft und Philosophie, d.h. eine Strategie „entdifferenzierter" Kommunikation:

„Man wird streben, die Schönheit zur Vermittlerin der Wahrheit zu machen und durch die Wahrheit der Schönheit ein daurendes Fundament und eine höhere Würde zu geben. Soweit es tunlich ist, wird man die Resultate der Wissenschaft von ihrer scholastischen Form zu befreien und in einer reizenden (...) Hülle dem Gemeinsinn verständlich zu machen suchen. (...) Auf diese Art glaubt man zur Aufhebung der *Scheidewand* beizutragen, welche die *schöne* Welt von der *gelehrten* zum Nachteile beider trennt ..."[54]

Es ist die Utopie der ästhetisch integrierten Gesellschaft, die alle Konsequenzen der Modernisierung wieder revidiert hätte, die hinter Schillers literaturpolitischen Programmen gestanden hat. Paradox haben wir diese Programmierung genannt, weil sie schließlich darauf hinausläuft, daß die vielbeschworene „Autonomie" sich selbst zur Strecke bringt – im Auftrag einer sozialphilosophischen Spekulation, die vor der Komplexität der modernen Gesellschaft versagt und deshalb die Kunst (oder besser das, was die ästhetische Philosophie um 1800 für „Kunst" hält) zum Modell und Vorschein einer künftigen Gesellschaft erklärt, die die unterkomplexen Verhältnisse einer verklärten Vergangenheit wiederholte und erneuerte.

Von hier aus erklärt sich auch die Faszination, die der Mythos für die romantischen Intellektuellen um 1800 gehabt hat. Der Mythos – man dachte natürlich an die antike griechische, aber auch an die orientalische, indische Mythologie, die im ausgehenden 18. Jahrhundert zuerst Gegenstand ernsthafter Erforschung geworden war – wurde als Paradigma einer anschaulichen Sinntotalität verstanden, die ein Volk diskursiv und sozial integrieren könne. „Wissen" und „Kunst", „Moral" und „Religion" schienen in den alten Mythen noch in großer Einheit versammelt zu sein. „Mythologie" war das verbindende Mittelglied zwischen Philosophie und Poesie, so August Wilhelm Schlegel, und wurde auch von den Griechen als eine „gemeinschaftliche Wurzel" beider betrachtet.[55] Diese schöne Einheit einer universellen und verpflichtenden Singgebung sei durch die

53 Nationalausgabe. Bd. 22, S. 248.

54 Ebd., S. 107.

55 A.W. Schlegel: Vorlesungen über Ästhetik, a.a.O., S. 451.

Moderne zersetzt und in ihre einzelnen Bestandteile beziehungslos auseinandergerissen worden. Dieser Prozeß der Differenzierung wird von den romantischen Intellektuellen um 1800 insgesamt als Verlust bilanziert, auch wenn etwa Schiller einräumen mußte, daß die wissenschaftlichen und technischen Fortschritte seiner Zeit zweifellos erstaunlich sind und nur auf der Grundlage von Differenzierung möglich wurden. Die kulturelle Bilanz im Ganzen sei aber trostlos: es mangele die Möglichkeit, die „Einheit“ der Gesellschaft noch verpflichtend und überzeugend zu symbolisieren. Das von der Struktur der modernen Gesellschaft her unmögliche Verlangen nach schöner Totalität des Sozialen hat nun die Idee einer „Neuen Mythologie“ aus den Ressourcen „autonomer“ Dichtung motiviert. Der von dem modernen Verhängnis angeblich nicht betroffenen „autonomen“ Literatur wurde – für eine gewisse Zeit, bis man das Illusionäre dieses Projektes erkannte – aufgetragen, eine „neue Mythologie“ zu entwerfen, die ihr Publikum in der Weise des verklärten antiken Mythos neu integrieren und das Ganze der Gesellschaft anschaulich symbolisieren sollte. Um ein Gefühl für die Eigenart dieses Totalitätsbegehrens der Romantiker zu gewinnen, lese man etwa des Novalis Abhandlung über „Die Christenheit und Europa“ aus dem Jahre 1799. Denn neben dem Mythos und dem Märchen war es auch die Idee der christlichen Katholizität des Mittelalters, die Vorbildfunktion gewann und den Gedanken an eine Konversion zum katholischen Glauben für modernegeschädigte Protestanten so reizvoll werden ließ. Novalis' Abhandlung setzt mit dem hymnischen Satz ein:

„Es waren schöne glänzende Zeiten, wo Europa ein christliches Land war, wo *eine* Christenheit diesen menschlich gestalteten Weltteil bewohnte; *ein* großes gemeinschaftliches Interesse verband die entlegensten Provinzen dieses weiten geistlichen Reichs.“[56]

Die Idee der „neuen Mythologie“ ist, nachdem Herder bereits gelegentlich von ihr gesprochen hatte, im Freudeskreis um Hegel, Hölderlin und Schelling diskutiert und in dem berühmten „ältesten Systemprogramm des deutschen Idealismus“ (1796) entwickelt worden. Schon hieran sieht man, daß es philosophische Interessen gewesen sind, die hinter dem Projekt einer „neuen Mythologie“ gestanden haben, keineswegs in erster Linie Kommunikationsinteressen des Literatursystems. Das „älteste Systemprogramm“ sieht nun dezidiert in der Poesie die Voraussetzung jener neuen universalen Sinnstiftung, die den Namen „Mythos“ verdient:

„Die Poesie bekömmt dadurch eine höhere Würde, sie wird am Ende wieder, was sie am Anfang war – Lehrerin der Menschheit; denn es gibt keine Philosophie, keine Geschichte mehr, die Dichtkunst allein wird alle übrigen Wissenschaften und Künste überleben.“[57]

Diese integrale Poesie stifte einen Mythos, der die Differenz von Volk und Intellektuellen, Ungebildeten und Gebildeten aufhebt und die Gesellschaft sowohl

56 Novalis, a.a.O., S. 389.

57 F. Hölderlin: Frankfurter Ausgabe. Bd. 14, S. 17.

horizontal – im Blick auf die Diskurse – als auch vertikal – im Blick auf Stratifikation – reintegriert. Dieser neue Mythos soll die abstrakten Ideen der Aufklärung in schöne Anschaulichkeit verwandeln und so das aufklärerische Versprechen, das Glück und die Freiheit der Menschen, lebenspraktisch verwirklichen.

„Ehe wir die Ideen (nicht) ästhetisch, d.h. mythologisch machen, haben sie für das Volk kein Interesse, und umgekehrt: ehe die Mythologie (nicht) vernünftig ist, muß sich der Philosoph ihrer schämen. So müssen endlich Aufgeklärte und Unaufgeklärte sich die Hand reichen, die Mythologie muß philosophisch werden, um das Volk vernünftig, und die Philosophie muß mythologisch werden, um die Philosophen sinnlich zu machen. Dann herrscht ewige Einheit unter uns. (...) Keine Kraft wird mehr unterdrückt werden, dann herrscht allgemeine Freiheit und Gleichheit der Geister!“[58]

Zwischen dieser „Mythologie der Vernunft“, Schillers „ästhetischem Staat“ und der Hoffnung des Novalis auf eine Erneuerung der „Katholizität“ existieren zwar Unterschiede –, ihren Einheitspunkt finden jedoch alle diese Konzepte in dem Faszinosum der „schönen Totalität“, die der modernen Gesellschaft, die keinen einheitlichen Sinn, sondern lediglich noch diverse „Meinungen“ kenne und ihre „Einheit“ nicht mehr glaubhaft repräsentieren könne, kritisch entgegengestellt wurde.

Die Schlegel-Brüder haben dieses philosophische Totalitätsbegehren am entschiedensten zu einem literarischen Programm gemacht, das nicht ganz leicht zu beschreiben ist. Denn „autonome“ literarische Kommunikation hat natürlich jedes Recht der Welt, ernstgemeinte philosophische Programme als „interessante“ Themen aufzugreifen, ohne sich um Motive und Einwände scheren zu müssen, die in der philosophischen Diskussion relevant sein mögen. Es könnte „interessant“ sein, eine poetische Welt zu konstruieren, in der „schöne Einheit“ herrscht, auch wenn die soziale Wirklichkeit dieser Simulation nie wird entsprechen können. Mit anderen Worten: Was als philosophisches Programm einer Kapitulation vor der Moderne und einer Überforderung der Poesie gleichkommt, das kann gleichwohl als literarisches Simulacrum interessant unterhalten (kann, muß natürlich nicht; das hängt von der Raffinesse der Vertextung ab!). Die Position der Schlegel-Brüder zur „Poetizität“ des „neuen Mythos“ ist zweideutig, weil insbesondere Friedrich Schlegel in der „Totalität“ wohl mehr sehen wollte als ein interessantes Konstrukt der Literatur, worauf seine Konversion zum katholischen Glauben im Jahre 1808 hindeutet.

Daß es der romantischen Programmierung „autonomer“ Literatur um Totalität ging, davon zeugt bereits das wohl bekannteste Literaturprogramm der Romantik, Schlegels Idee der „progressiven Universalpoesie“. Romantische Dichtung sollte „universal“ und „progressiv“ sein; „universal“ als Integration der poetischen Gattungen, wie sie der Roman, das bevorzugte Genre der Moderne, vollzieht, als Integration der Disziplinen und schließlich als Integration von Kunst und Leben im Ganzen:

---

58 Ebd.

„Die romantische Poesie ist eine progressive Universalpoesie. Ihre Bestimmung ist nicht bloß, alle getrennten Gattungen der Poesie wieder zu vereinigen und die Poesie mit der Philosophie und Rhetorik in Berührung zu setzen. Sie will, und soll auch Poesie und Prosa, Genialität und Kritik, Kunstpoesie und Naturpoesie bald *mischen*, bald *verschmelzen*, die Poesie lebendig und gesellig und das Leben und die Gesellschaft poetisch machen."[59]

Diese potentielle „Universalität" der romantischen Dichtung, in der großer Zusammenhang aufscheint, wird aber gebrochen von dem anderen Prinzip, der „Progressivität", womit nicht etwa gemeint ist, diese Poesie müsse politisch fortschrittlich sein, sondern auf die konstitutive Zeitlichkeit der Welt verwiesen wird, die alle moderne Dichtung daran hindert, „Universalität" jemals abschließend erreichen zu können. Die Zeitlichkeit schlägt in die Totalität eine Bresche des Mangels; moderne Dichtung ist unabschließbar und ewig „Fragment":

„Die romantische Dichtart ist noch im Werden; ja das ist ihr eigentliches Wesen, daß sie ewig nur *werden*, nie vollendet sein kann."[60]

Gleichwohl kann man die Idee der „progressiven Universalpoesie" als Vorstufe zu Friedrich Schlegels Beitrag zur Diskussion um eine „neue Mythologie" verstehen, der im Jahre 1800 veröffentlicht wurde. Schlegel formuliert sein Konzept einer neuen mythischen Ganzheit, deren Mangel in der Gegenwart er beklagt, freilich ganz poesie-zentriert, ohne wie Schiller, Novalis, Schelling oder Hegel andere philosophische Interessen zu verfolgen. Es geht ihm nicht um Welterlösung, sondern um eine neue Grundlage für die Literatur:

„Ihr habt selbst gedichtet, und ihr müßtet es oft im Dichten gefühlt haben, daß es euch an einem festen Halt für euer Wirken gebrach (...).
Es fehlt (...) unsrer Poesie an einem Mittelpunkte, wie es die Mythologie für die der Alten war, und alles Wesentliche, worin die moderne Dichtkunst der antiken nachsteht, läßt sich in die Worte zusammenfassen: *Wir haben keine Mythologie.* Aber, setze ich hinzu, wir sind nahe daran, eine zu erhalten (...). Die neue Mythologie (...) muß das künstlichste aller Kunstwerke sein."[61]

Diese „neue Mythologie" soll als faszinierende Simulation von „Einheit", „Zusammenhang" oder „Totalität" Gestalt gewinnen. Konkret dachte Schlegel an eine poetische Inszenierung der Indifferenz der Differenz von Natur und Geist, Realismus und Idealismus – als den polaren Gegensätzen der Moderne. Der „Geist" solle naturalisiert, die „Natur" spiritualisiert und so ihre Zusammengehörigkeit in einem Netz vielfältiger Korrespondenzen erfahrbar werden. Als „Harmonie des Ideellen und Reellen" solle die romantische Dichtung den „neuen Mythos" inszenieren und damit die Spaltung, die die Moderne zwischen Naturwissenschaft und spekulativer Philosophie des Geistes aufgerissen habe, überwinden. Die Poesie imaginiert ein interessantes Weltbild, das die Sinnrestriktionen, die ausdifferenzierte Wissenschaft zumutet, wieder rückgängig macht.

59 F. Schlegel: Kritische Ausgabe. Bd. 2, S. 182.

60 Ebd., S. 183.

61 Ebd., S. 312.

Die Literatur kann die Welt so darstellen, als wäre sie gesamthaft sinnvoll und von großem Zusammenhang durchwaltet. Eine konkrete Vorstellung davon, wie man sich diesen poetischen Mythos der Welteinheit vorzustellen hat, vermittelt August Wilhelm Schlegel. Er polemisiert gegen den progressiven Sinnentzug im Gefolge der rationalen Naturwissenschaften und plädiert *aus literarischen Gründen* für eine Wiederkehr von Astrologie und Magie; das sei interessanter als die anschauungsferne Dürre rationaler Welterklärung:

„Die Astrologie ist für die Poesie eine unentbehrliche Idee; sie kann derselben nicht entraten, wenn sie sich irgend mit den Sternen einläßt (...). Ebenso wie die Astrologie fordert die Poesie (...) die Magie (...). Die Natur soll uns (...) wieder magisch werden, d.h. wir sollen in allen körperlichen Dingen nur Zeichen, Ziffern geistiger Intentionen erblicken ...“[62]

Ausdifferenzierte Literatur muß sich bei ihrer Themenwahl um die Rationalitätsstandards der Naturwissenschaften nicht bekümmern; für sie zählt allein die Resonanz, die ihre Kommunikationsofferten finden. Daher mögen Astrologie, Magie und andere Kuriositäten, die im Prozeß der Wissensevolution nicht mehr konkurrenzfähig waren, literarisch tradiert und dem interessierten Publikum präsent gehalten werden. Die romantische Literatur ist auch da „autonom“ geblieben, wo sie selbst meinte, sich in das „Ganze“ aufzulösen oder gar das „Ganze“ zu sein. Denn das war eine interessante, bislang noch unerhörte Pointe! Problematisch muß man es freilich nennen, daß sich die philosophische Beobachtung der Literatur infolge eigener Reflexionsdefizite von den poetischen Sinngebilden so imponieren ließ, daß sie ihre Theoriebildung an ihnen zu orientieren begann.

Insofern ist es im Hinblick auf eine Charakterisierung der Romantik als Epoche der Ausdifferenzierung der Literatur zu einem eigenständigen Kommunikationssystem sinnvoll, die zeitgenössische philosophische Problematik einzuklammern und strikt als „Umwelt“ des Literatursystems zu behandeln. Die Reflexionsnöte der Philosophie um 1800, in deren Ästhetik Kunst und Literatur eine ebenso herausragende wie problematische Rolle spielen, haben der Autopoiesis der Literatur allenfalls Themen zugespielt, zu ihrer angemessenen Beschreibung aber wenig und zumal Verwirrendes beigetragen. Wie an kaum einem anderen Beispiel wird an den Begriff der „Autonomie“ deutlich, wie sehr ästhetische Fremdbeschreibung und literarische Selbstbeschreibung divergieren können. Was für die Philosophie vorrangig ein Leistungsbegriff hinsichtlich der Kompensation von Modernisierungsfolgen war, das war für das literarische System selbst ein Differenzierungsbegriff, der auf die Wahrnehmung der Grenze von Literatur und Nicht-Literatur abzielte: „Jedes Kunstwerk bringt den *Rahmen* mit auf die Welt, muß die Kunst *merken* lassen“,[63] – mit dieser pointierten Notiz hat Friedrich Schlegel dem Problem der „Autonomie“, dem Schlüsselproblem der Epoche der Romantik, vielleicht die markanteste Formulierung gegeben.

---

62 A.W. Schlegel: Kritische Schriften und Briefe. Bd. 3, S. 59.

63 F. Schlegel: Literary Notebooks. Hg. v. H. Eichner. London 1957, S. 26.

Kapitel 3: Realismus

Als „Romantik" haben wir im Vorhergegangenen die erste Etappe moderner Literatur bezeichnet und ihre Signifikanz in dem Vollzug der Selbstreflexion des sich ausdifferenzierenden Literatursystems gesehen. Im Zentrum dieser Reflexion stand die Kategorie der „Autonomie", deren Zwiespältigkeit aus den Problemen beginnender Selbstbeobachtung der Literatur hergeleitet wurde; einerseits diente die Kategorie in zutreffender Weise als Formel für die Differenzierung der Literatur zu einer spezifischen Kommunikationskonvention der Gesellschaft, die ihre Umwelt mit Hilfe einer selbstdirigierten Unterscheidung beobachtet; andererseits aber wurde die Kategorie der „Autonomie" mit allzu vielen spekulativen Annahmen und fragwürdigen Zumutungen belastet; wir wiesen auf die Paradoxie der Subjektivitätssemantik hin: auf das Paradox, daß eine subjektreferentielle Literatur in der Gesellschaft nur sagen kann, daß sie nicht sagen kann, was sie sagen kann; wir wiesen auf die techno-theologische Fassonierung des selbstzwecklichen Werkes als Kopie der selbstzwecklichen (göttlichen) Schöpfung hin und auf die implizite Tabuisierung der Funktionsfrage; und wir hatten unser Augenmerk schließlich auf jene Überschwenglichkeit gerichtet, mit der die philosophische Ästhetik von „autonomer" Kunst und Literatur eine Therapie der sozialen Modernisierung erwartete; wir sprachen von einem „Münchhausen-Effekt", da von „autonomer" Kunst verlangt wurde, die Prämissen ihrer Existenz – die funktionale Differenzierung der Gesellschaft – halluzinatorisch aufzuheben. All diese epochentypischen Zumutungen und Erwartungen eines „ästhetischen Staats" oder einer „neuen Mythologie" als Phantasmen von Totalität in einer polykontexturalen, nonzentrischen Gesellschaft haben jedoch am Ende nicht verdecken können, daß literarische Kommunikation nur Literatur fortsetzen kann – und nicht Politik, Moral, Religion oder gar deren Einheit. „Poesie ist Poesie", d.h. die Literatur hat keine Möglichkeit, auf außerliterarische Ressourcen ihrer Umwelt zurückzugreifen, wenn sie beschreiben will, was sie ist und was sie kann. Auf dieser Konzeptebene haben wir die Epochensignifikanz der Romantik reflektiert; die Dimension der einzelnen literarischen Texte haben wir kaum angesprochen und nur en passant auf ihre immanente Poetik hingewiesen. In einem Buch, das sich die Aufgabe gestellt hat, einen Überblick über die Literatur der Moderne im Ganzen zu geben, ist eine Einzelbetrachtung der literarischen Texte auch gar nicht möglich; man würde in der Fülle des Stoffes alsbald versinken. Wir beschränkten uns daher ausdrücklich auf die Programmebene. Im Hinblick auf die epochentypischen Themen romantischer Literatur läßt sich aber immerhin andeuten, daß die Programmatik natürlich auch als Themengenerator fungiert hat; so erwähnten wir, daß die romantische Literatur in hohem Maße von der

System-Umwelt-Unterscheidung, d.h. der Differenz von Kunst und Gesellschaft fasziniert war und diese Differenz mit ihren Suggestionen, Aporien und Vermittlungsversuchen vertextete; im Zentrum stand vor allem das Ausschreiten der Subjektivität, ihrer a-sozialen Exzentrik und Tragik bis hin zu ihrer von der Bildungsidee dirigierten „Vermittlung" mit den Ansprüchen des Sozialen: von Werther und anderen Künstlerexzentrikern bis hin zu Wilhelm Meisters nüchternem Sich-Abfinden mit den Gegebenheiten der modernen Gesellschaft. Zum anderen faszinierte die romantische Literatur die entpragmatisierte Simulation von „Umwelten", die von keiner außerliterarischen Norm mehr eingeschränkt sein mußten; das Spiel mit Tabuisiertem im Feld von Erotik und Blasphemie, Kriminalität und Bösem aller Art ist epochensignifikant und liegt geradezu in der „Logik" früher Ausdifferenzierung; man testet dann, „was geht" und findet Gefallen an den noch ungewohnten Spielräumen entlasteter literarischer Kommunikation.[1] Wir sollten allerdings darauf hinweisen, daß die Lizenzen zu derartigen literarischen Enttabuisierungen sonst geltender – religiöser oder moralisch-juristischer – Umwelttabus von dem Umstand eingeengt wurden, daß sich die Literatur auch als beobachtete Literatur beobachtete und dann feststellte, daß die Gesellschaft keineswegs immer umstandslos bereit war, Tabuverletzungen und Normverstöße im Medium der Literatur zu tolerieren. Das 19. Jahrhundert ist auch ein Jahrhundert der Zensur gewesen. Und noch in der Gegenwart ist das Verhältnis von Strafrecht und grundgesetzlichem Kunstfreiheitsgebot nicht völlig entspannt. Darauf kann sich die Literatur einstellen und Konflikte vermeiden, oder sie kann diese geradezu suchen, um sich ihrer „Subversivität" zu versichern und interessant zu bleiben. Ein dritter großer Themenkomplex der romantischen Literatur ergab sich in Folge der ästhetischen Leistungsanforderung und der Bereitwilligkeit der Dichtung, aus ihrer „Autonomie" eine Ressource für personale und soziale, später auch nationale Identitätsofferten werden zu lassen und Modelle von „Humanität", integrierter Gesellschaft oder Nation zu entwerfen, die für psychische oder soziale Systeme wie Erziehung oder Politik von Nutzen sein konnten, jeweils aber in der semantisch aufgepäppelten „Autonomie" ihren Bezugspunkt fanden.

Wir gehen nun davon aus, daß nach 1800 die Reflexion von Ausdifferenzierung ihre Brisanz verliert, daß die Annahme von „Autonomie" selbstverständlich, sozusagen „paradigmatisch" wird, womit das Insistieren auf der Differenz von Literatur und Umwelt langweilig zu werden droht. Diese Paradigmatisierung der „Autonomie" zu einer unspektakulären Selbstverständlichkeit, die die Literatur dazu zwingt, neue Themen zu suchen, will sie nicht Gefahr laufen, uninteressant zu werden und die romantischen Motive bloß zu kopieren oder zu variieren, zeigt sich vor allem auch daran, daß die Umwelt die „Autonomie" der Literatur weithin akzeptiert und ihrer Beobachtung zugrunde gelegt hat. So sehr das Recht sich immer noch zu zensuristischen Interventionen von einer

---

1 Vgl. N. Werber: Literatur als System. Zur Ausdifferenzierung literarischer Kommunikation. Opladen 1992.

wenig modernen Politik im 19. Jahrhundert motivieren ließ, so entschieden positivierte es doch gleichzeitig im Urheberrecht das moderne, innovationsorientierte und traditionskritische Literaturverständnis, so daß man mit etwas Übertreibung davon sprechen kann, daß der urheberrechtliche, originalitätsfixierte Literaturbegriff, der in Deutschland zu Beginn des 19. Jahrhunderts geltendes Recht wurde – in England und Frankreich bereits im 18. Jahrhundert –, den literarischen Codewert „interessant" gewissermaßen gestützt und geradezu als Moment der Beschleunigung im Literatursystem gewirkt hat, während die moralgestütze Zensur auf der anderen Seite eher bremste. Wie auch immer, bereits zu Beginn des 19. Jahrhunderts ist die Ausdifferenzierung der Literatur und ihre Reflexion als „autonome" kein aufregendes Thema mehr, sondern eine Selbstverständlichkeit: Man muß sich nach anderen Themen umsehen. Damit tritt die moderne Literatur in die Epoche des „Realismus" ein. Unter „Realismus" wollen wir jene Programmatik verstehen, die die Literatur – bei selbstverständlich kontinuierlich weiterlaufender Systemreferenz – auf Umweltreferenz festlegt. Die Umwelt soll jene Themen liefern, deren interessante Bearbeitung die Unterhaltungsfunktion der Literatur sichern soll. In der uns vertrauten Terminologie der Differenz von Medium und Form besagt dies folgendes: Das „Reale" – die Umwelt – wird zur medialen Ressource für Formgewinn, wobei – und damit kommt ein entscheidender Aspekt hinein – die Differenz von Medium und Form gering sein muß; realistische Literatur entdramatisiert die mögliche Dramatik von Medium und Form. Wir haben also etwa folgende Strukturformel für die Literatur des Realismus im Auge:

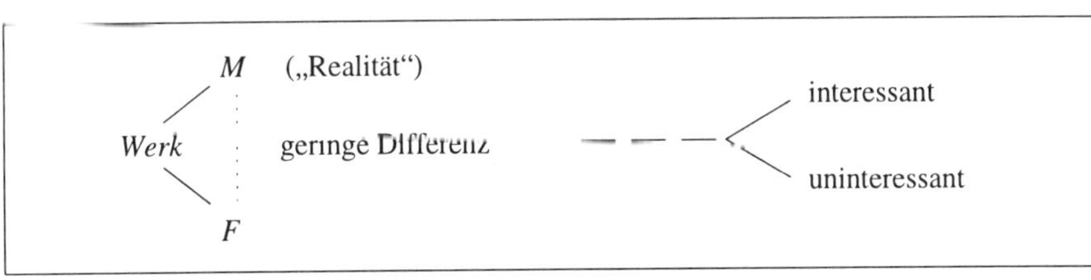

Die „Realität" als Medium für Formgewinn ist nun eine hochproblematische Angelegenheit. Denn was man auch sagen mag: „Realität" gibt es nicht, sie ist immer das Ergebnis einer Konstruktion, einer Perspektive, und wer seine „Realität" für die einzig denkbare, selbstverständliche und natürliche hält, ist naiv. Daher gibt es nie *eine* Realität, sondern diverse „Realitäten", keine „Wirklichkeit", sondern verschiedene „Wirklichkeiten". Der eine lebt nach dem Motto „was ich nicht weiß, macht mich nicht heiß", dem anderen sind Engel und Götter, ist ein magisch vernetzter Kosmos unbezweifelbare Wirklichkeit. Spätestens nach dem Zerfall des ontologisch und religiös begründeten Weltbilds Alteuropas – das selbst freilich nie alternativlos galt – ist „die" Realität in Realitäten zerspellt, und wir sehen auch nichts Wünschenswertes darin, wieder auf eine Wirklichkeit verpflichtet zu werden. „Wirklichkeiten" sind vielmehr stets systemreferentielle Konstruktionen von Umwelten und ontologisch ohne Deckung. Für den „Realismus“ in der Literatur heißt das, daß er nicht naiv das „Reale“ kopiert, sondern seiner Umweltsimulation Realitätskonstruktionen zugrunde legt, die er von anderen sozialen Kommunikationssystemen entlehnt hat. Er importiert also Konstruktionen der Umwelt aus der Umwelt, um sie in Literatur zu transformieren:

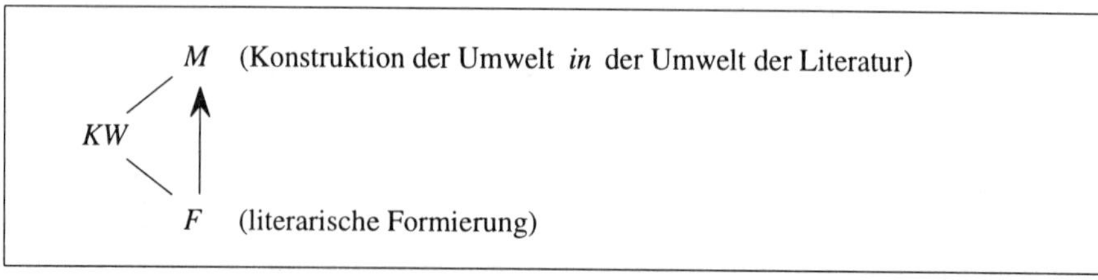

Dieser Grundüberlegung zufolge gibt es in der Epoche des Realismus nicht etwa nur eine Realitätskonstruktion als Medium für literarischen Formgewinn, sondern diverse. Wohin man kommt, wenn man eine dieser möglichen Konstruktionen zur einzig möglichen dogmatisiert, zeigt sich in besonderer Deutlichkeit an dem traurigen Beispiel des „sozialistischen Realismus“.

Der Realismus des 19. Jahrhunderts, d.h. jene Literaturepoche, die sich programmatisch der Umwelt-Referenz ausdifferenzierter Literatur öffnet und über „interessante“ Themen reproduziert, weist eine Mehrzahl unterschiedlicher Realitätskonstruktionen auf; daher grenzen wir ihn keineswegs – wie in der konventionellen Literaturgeschichte üblich – auf den sogenannten „bürgerlichen Realismus“ nach 1848 ein; wir wollen vielmehr an vier Paradigmen exemplarisch zu beschreiben versuchen, in welcher Weise die Umwelt der Literatur, d.h. um es zu wiederholen: Konstruktionen der Umwelt in der Umwelt, als Medium für Formgewinn genutzt worden sind. Und zwar wollen wir eine religiöse Realitätskonstruktion am Beispiel Eichendorffs, eine materialistische am Beispiel Georg Büchners, eine idealistische am Beispiel des sogenannten „bürgerlichen“ Realismus und schließlich eine szientifisch-technische im Hinblick auf den sogenannten „konsequenten Naturalismus“ näher betrachten.

Begriffsgeschichtliches

Zuvor mögen aber einige Hinweise auf die Herkunft des Realismusbegriffs als poetologische Kategorie von Nutzen sein. Es war Schiller, der den Begriff aus Kants Erkenntnistheorie übernahm und als erster in einem poetologischen Zusammenhang verwendet hat. Allerdings überaus kritisch! „Realistisch“ nannte er jene Literatur, die sich gleichsam mit einer Reproduktion, einer Kopie der Wirklichkeit zufrieden gibt, also die konstitutive Differenz von Literatur und Wirklichkeit einebnet; als Beispiele solchen „Realismus“ galten ihm etwa lebensechte Wachspuppen oder das Auge täuschende künstliche Blumen. In unserer Terminologie gesprochen wäre „Realismus“ also gleichbedeutend mit dem Wegfall der Differenz von Medium und Form: das Medium ist die Form, das „Reale“ ist Kunst. Für Schiller fehlte diesem „Realismus“ jedoch die kunstkonstitutive Sphäre des Scheins, die sich der Formgebung genialer Subjektivität verdanke. Schiller führt als Beispiel die weibliche Schönheit an:

„Eine lebende weibliche Schönheit wird freilich ebensogut und noch ein wenig besser als eine ebenso schöne bloß gemalte gefallen; aber insoweit sie uns besser gefällt als die letztere, gefällt sie nicht mehr als selbständiger Schein, gefällt sie nicht mehr dem reinen ästhetischen Gefühl (...).“[2]

Der „Realist“ würde in Schillers Augen jedoch die reale Schönheit gegenüber dem schönen Schein favorisieren, und als Grenzfall des „Realismus“ ist dieses Motiv in die realistische Literatur tatsächlich eingegangen. Das „Reale“ kann so schön sein, daß es von keiner Kunst zu übertreffen ist, daß ihm gegenüber – als Medium also – kein zusätzlicher Formgewinn mehr vorstellbar scheint. Es ist Adalbert Stifter gewesen, der dieses Motiv aufgegriffen hat und in seiner Erzählung „Nachkommenschaften“ einen Maler seine Palette an die Wand hängen läßt, als er auf ein Mädchen trifft, deren Real-Schönheit jede Kunst beschämen würde. Statt sie zu malen, heiratet er sie.[3] Dagegen hätte Schiller gewiß nichts eingewendet, solange der Maler darauf verzichtet hätte, seine Frau als „lebendes Kunstwerk“ ins Museum zu stellen. Die Unterscheidung von Kunst und Wirklichkeit, Form und Medium darf nicht kollabieren, und Schiller hielt den „Realismus“ für ein literarisches Programm, das genau diese Differenz tendenziell leugnete; bleibt der Dichter „bei dem Wirklichen stehen“, werde er „realistisch, (...) knechtisch und gemein“, so Schiller in einem Brief an Goethe.[4] Das Wirkliche müsse vielmehr durch die formende Kraft des Dichters „idealisiert“, d.h. in Dichtung verwandelt werden, die in die Irre führt, wenn sie sich selbst mit der Realität verwechselt und als „Wirklichkeit“ ausgibt.

Die Unterscheidung von „Realismus“ und „Idealismus“ diente Schiller vor allem dazu, sein Programm einer Allianz mit Goethe zu konzipieren, in der Goethe als „Realist“ und Schiller als „Idealist“ sich zusammenfinden und auf diese Weise die komplementären Einseitigkeiten ihrer sei es „realistischen“, sei es „idealistischen“ Haltung überwinden könnten. Schiller hielt Goethe tatsächlich für zu „realistisch“, wie eine briefliche Äußerung an Körner belegen kann: Goethes „Vorstellungssart [sei] zu sinnlich und betastet mir zu viel“[5], sie klebe also am Realen, statt sich von ihm freizumachen. Von ihm – Schiller – könne Goethe eine gute Dosis „Idealismus“ übernehmen, während umgekehrt Goethe ihm ein größeres Maß an Bodenhaftung für seine tendenziell weltflüchtigen Spekulationen vermitteln könne. Es ist amüsant zu lesen, wie Schiller Goethe mit diesem Programm umwirbt, Goethe aber skeptisch bleibt. Am 27. April 1798 schreibt Schiller

2 F. Schiller: Nationalausgabe. Bd. 20, S. 402.

3 Vgl. Verf.: An der Grenze des Realismus. In: Jb. d. Raabe-Ges. 1994, S. 70ff.

4 Der Briefwechsel zwischen Goethe und Schiller. Hg. v. E. Staiger. Bd. 1, S. 467.

5 F. Schiller: Briefe, a.a.O., Bd. 3, S. 113f.

Goethe etwa, daß die Franzosen „bessere Realisten als Idealisten [seien]. (...) Ich nehme daraus ein siegendes Argument, daß der Realismus keine Poeten machen kann."[6] Gleichwohl beharrt Goethe darauf, ein „Stockrealiste" zu sein, jedenfalls in rezeptiver Hinsicht.[7] Allerdings hat er – wo er sich nicht gegen Schillers philosophische Zumutungen zur Wehr setzen mußte und sich dann auf seinen „realistischen Tic" zurückzog – dem „Realismus" keinen Kredit eingeräumt und immer wieder auf die transformierende Kraft der Subjektivität erwiesen: „echte Kunst [sei] nicht realistisch", sagte er z.B. 1808.[8]

An diesem Begriffsursprung in den neunziger Jahren des 18. Jahrhunderts ist überaus signifikant, daß die Literatur in der Phase der Reflexion ihrer Ausdifferenzierung „Realismus" als pure Umweltkopie und als Kollaps ihrer „Autonomie" begriff, „Realismus" also als ein anderes Wort für „Mimesis" oder „Imitatio" zurückwies. Im Prozeß der Ausdifferenzierung neigte die Literatur verständlicherweise dazu, vorrangig „Autonomie" zu inszenieren und emphatisch eigendirigierte „Welten" zu simulieren. Erst wenn „Autonomie" selbstverständlich geworden ist, wird es für die Literatur unproblematisch, sich als autonome, d.h. mit weiterlaufender Systemreferenz, auf ihre Umwelt im eben erläuterten Sinn einzulassen, für „Realismus" zu optieren und nach „interessanten Objekten" Ausschau zu halten. Die Begriffsgeschichte von „Realismus" im 19. Jahrhundert trägt jedoch schwer an der belasteten Herkunft des Begriffs aus dem Gespräch zwischen Goethe und Schiller. Die Dokumente zeigen, daß fast alle Autoren, die mit der Selbstbezeichnung „Realist" einverstanden waren, zusätzliche Bestimmungen und Ergänzungen bemühten, um nicht den Eindruck entstehen zu lassen, sie wären keine „Künstler". Erst die Naturalisten sind dazu übergegangen, sich als „Realisten" ohne Wenn und Aber zu bezeichnen.[9]

Nach diesem Exkurs zur Begriffsgeschichte wollen wir nun besonders charakteristische Formen des „Realismus" im 19. Jahrhundert näher analysieren. Dabei geht es uns in erster Linie um die „immanente poetische Programmatik" dieser Literatur, d.h. um ihre Adaption spezifischer Realitätskonstruktionen.

Religiöse Realitätskonstruktionen

Die „Realität" wird in christlicher Perspektive von der fundamentalen Differenz zwischen Himmel und Erde, Gott und Welt, Transzendenz und Immanenz bestimmt. Näherhin sind die beiden Seiten dieser Differenz völlig asymmetrisch: Der Himmel ist der Erde, Gott ist der Welt, die Transzendenz ist der Immanenz das kategorisch Unverfügbare, dessen Wirken hingenommen, aber nicht eigentlich

---

6 Der Briefwechsel zwischen Goethe und Schiller, a.a.O., S. 613.

7 Ebd.

8 J.W. v. Goethe: Sophienausgabe. Bd. 48, S. 136.

9 Zur Begriffsgeschichte vgl. Verf.: Realismus (Literatur und Kunst). In: Hist. Wb. d. Philos. Bd. 8, Spalte 169ff.

beeinflußt werden kann; der Mensch kann Gott nicht – auch nicht im Gebet – manipulieren. Die Transzendenz ist das Sich-Entziehende, von dem in der Immanenz keine volle Repräsentation möglich ist; von Gott kann man sich „kein Bild“ machen, die Theologie würde überschwenglich, gäbe sie vor, das Wesen Gottes angemessen explizieren zu können. Die Transzendenz ist der Immanenz inkommensurabel – und nur *deshalb* Transzendenz! Der Gläubige stellt sich dieser Transzendenz anheim, ohne der Hybris zu verfallen, ihr im Glauben ganz inne zu werden; er respektiert die Differenz gerade deshalb, weil er „die andere Seite“ als unzugänglich, gleichwohl aber als bestimmend in Demut erfährt und hinnimmt. Das transzendente Schicksal des Menschen läßt sich auf Erden nicht beeinflussen – durch ökonomische Kommunikation, d.h. durch wohltätige Zahlungen etwa –, sondern muß als das Unverfügbare, als Gnade, akzeptiert werden. „Realität“ ist in christlicher Sicht also die Einheit einer asymmetrischen Differenz: Himmel und Erde, Gott und Menschenwelt.

Als Attacke auf diese christliche Realitätskonstruktion – und aus ihrer Sicht als „Sünde“ – lassen sich daher solche Projekte verstehen, die den binären Code „transzendent“/„immanent“ aufheben, vor allem in der Weise, daß sie die Möglichkeit in Aussicht stellen, die Differenz einzuebnen und die „Transzendenz“ in die „Immanenz“ hereinzuziehen, also eine „innerweltliche Erlösung“ versprechen. Als besonders eindrucksvolles Exempel dieser antireligiösen Strategie eines die „Transzendenz“ aufhebenden Selbsterlösungsprogramms für die „Immanenz“ darf man die – freilich gescheiterte – marxistische Revolutionstheorie verstehen, die auf politischem Wege der Menschheit ein immanentes Vollglück in der klassenlosen Gesellschaft in Aussicht stellte, das des Bezuges zur „Transzendenz“ nicht mehr bedürftig wäre. Insofern war der Atheismus für die marxistische Bewegung völlig konsequent und keineswegs nur mit dem Argument begründet, die Institution der Kirche hätte sich etwa mit den „Kapitalisten“ verbündet.

Das Programm einer „Immanentisierung der Transzendenz“ hat aber auch den Hintergrund der Poetik um 1800 erfüllt, wie wir an Schiller zeigen wollen. Denn Schiller schwebte die Idee einer modernen Literatur vor, der es gelingen könnte, das irdische Glück der Menschheit positiv ins Bild zu bringen, um dieses Bild dann als Antizipation einer realen Selbsterlösung hinzustellen. Diese Literatur verstand Schiller als moderne Idylle und stellte sie als höchste Gattung der Moderne neben die Elegie, die im Tone der Wehmut dem entschwundenen Glück der antiken Menschheit nachtrauert und den Verlust der Götter beklagt; denn für die Antike lebten die Götter in der einen Welt – neben, über und mit den Menschen.

„Schöne Welt, wo bist du? – Kehre wieder,
holdes Blütenalter der Natur!
Ach! nur in dem Feenland der Lieder
lebt noch deine goldne Spur.
Ausgestorben trauert das Gefilde,
keine Gottheit zeigt sich meinem Blick,

Ach! von jenem lebenswarmen Bilde
blieb nur das Gerippe mir zurück.
Alle jene Blüten sind gefallen
von des Nordes winterlichem Wehn.
Einen zu bereichern, unter allen,
mußte diese Götterwelt vergehn.
Traurig such ich an dem Sternenbogen,
dich, Selene, find ich dort nicht mehr;
Durch die Wälder ruf ich, durch die Wogen,
ach! sie widerhallen leer.“[10]

Während die Elegie also den Verlust der schönen, von Göttern erfüllten Immanenz beklagt, geißelt die Satire, die dritte moderne Literaturform nach Schiller, die Defizite und Versäumnisse der modernen Kultur; sie ist kritisch, anklagend, reibt gleichsam Salz in die Wunden der an sich selbst verzweifelnden Moderne, hält das Bewußtsein des Mangels wach. Die Idylle dagegen ist weder von Wehmut erfüllt, noch klagt sie an, sie imaginiert vielmehr das Glück einer sich selbst erlösenden Menschheit. Der moderne Dichter stehe vor der Aufgabe eine Idylle, sagt Schiller, welche

„jene Hirtenunschuld (d.h. die alte, bukolische Idylle) auch in Subjekten der Kultur und unter allen Bedingungen (...) des ausgebreitetsten Denkens, der raffiniertesten Kunst, der höchsten gesellschaftlichen Verfeinerung ausführt (...). Der Begriff dieser Idylle ist der Begriff eines völlig aufgelösten Kampfes sowohl in dem einzelnen Menschen als in der Gesellschaft, einer freien Vereinigung der Neigungen mit dem Gesetze, einer zur höchsten sittlichen Würde hinaufgeläuterten Natur, kurz, er ist kein andrer als das Ideal der Schönheit, auf das *wirkliche Leben* angewendet. Ihr Charakter besteht also darin, daß aller Gegensatz der Wirklichkeit mit dem Ideale (...) vollkommen aufgehoben sei und mit demselben auch aller Streit der Empfindungen aufhöre.“[11]

Die von dieser Idylle imaginierte Menschheit hätte sich aus dem Geist der Autonomie selbst erlöst und bedürfe der Transzendenz nicht länger als einer Instanz, die den untilgbaren Mangel im Diesseits markierte.

Schillers Konzeption einer modernen Idylle, Goethes naturphilosophisch grundierter Pantheismus, die Programme der „neuen Mythologie“ sind poetische Realitätskonstruktionen gewesen, die man vielleicht „monistisch“ nennen darf, weil sie die „Transzendenz“ in die „Immanenz“ ohne Rest hineinziehen wollten und dem Ideal einer sich selbst genügenden, schönen und perfekten Wirklichkeit verpflichtet waren. Es sind diese romantischen Programme gewesen, gegen die sich Eichendorffs christlicher Realismus gerichtet hat. In seiner „Geschichte der poetischen Literatur Deutschlands“ (1857) hat Eichendorff gesagt, daß Goethe

10 F. Schiller: Nationalausgabe. Bd. 1 , S. 194.

11 Ebd., Bd. 20, S. 472.

„ohne Zweifel am besten erreicht [hat], was die (...) vom positiven Christentum abgewandte Poesie *aus sich selbst* erreichen konnte: die vollendete Selbstvergötterung des emanzipierten Subjekts und der verhüllten irdischen Schönheit."[12]

Und über Schiller fügte er hinzu:

„Schiller suchte das Christentum ohne Christus, den Frieden zwischen dem Sinnlichen und Unsichtbaren *ohne eine höhere Vermittlung,* einzig und allein durch die selbständige sittliche Freiheit, zu welcher die Kunst den Menschen erziehen sollte."[13]

Gegen die „Sünde" des Selbsterlösungsverlangens hat Eichendorff das Prinzip christlich gedachter Realität in der immanenten Poetik seiner Werke erneuert und bekräftigt. Er legte seiner Dichtung die religiöse Wirklichkeitskonstruktion zugrunde und zog aus ihr die poetologische Konsequenz eines „christlichen Realismus". Das wollen wir kurz an seiner Novelle „Das Marmorbild" aus dem Jahre 1819 verdeutlichen. Die Erzählung spielt in Italien, wohl zu Beginn der Renaissance, und berichtet von den einigermaßen aufregenden Erlebnissen eines reisenden Edelmannes namens Florio in der Stadt Lucca. Florio lernt bei seiner Ankunft in Lucca den berühmten Sänger Fortunato kennen und begegnet bei einem abendlichen Fest der schönen Bianca, aber auch dem düster-dämonischen Ritter Donato; die Ereignisse des Tages, Bianca vor allem, erfüllen Florios nächtliche Träume, sie vermischen sich mit verführerischen, aber auch ängstigenden Wunschbildern:

„Da war ihm, als führe er mit schwanenweißen Segeln einsam auf einem mondbeglänzten Meer. Leise schlugen die Wellen an das Schiff, Sirenen tauchten aus dem Wasser, die alle aussahen, wie das schöne Mädchen mit dem Blumenkranze vom vorigen Abend. Sie sang so wunderbar, traurig und ohne Ende, als müsse er vor Wehmut untergehn. Das Schiff neigte sich unmerklich und sank langsam immer tiefer und tiefer. – Da wachte er erschrocken auf."[14]

Florio schweift ziellos in der nächtlichen Landschaft umher und trifft unversehens auf ein marmornes Venusbild, das voller Leben zu sein scheint:

„Je länger er hinsah je mehr schien es ihm, als schlüge es die seelenvollen Augen langsam auf, als wollten sich die Lippen bewegen zum Gruße, als blühe Leben wie ein lieblicher Gesang erwärmend durch die schönen Glieder herauf."[15]

Diese offenbar lebende Venusstatue verhext Florio fortan, sie erfüllt seine Gedanken und zieht sie von der schönen Bianca ab. Florio versucht, die nächtliche Begegnung zu wiederholen, im Lichte des Tages kann er aber die Statue zunächst nicht wiederfinden. Irgendwann gelangt er jedoch in der Schwüle eines italienischen Mittags wie zufällig in eine Art „Zaubergarten", in dem plötzlich die Venus als lebendige, faszinierende Frau erscheint, als „Frühlingsgöttin":

---

12 J. v. Eichendorff: Werke und Schriften. Bd. 4, S. 239f.

13 Ebd., S. 241.

14 J. v. Eichendorff: Werke. Hg. v. W. Rasch. München 1960, S. 1156.

15 Ebd., S. 1158.

„Da trat plötzlich (...) eine hohe schlanke Dame von wundersamer Schönheit zwischen den Bäumen hervor (...). Sie trug eine prächtige mit goldnem Bildwerk gezierte Laute im Arme, auf der sie, wie in tiefe Gedanken versunken, einzelne Akkorde griff. Ihr langes goldenes Haar fiel in reichen Locken über die fast bloßen, blendend weißen Achseln bis auf den Rücken hinab; (...) den schönen Leib umschloß ein himmelblaues Gewand, ringsum an den Enden mit buntglühenden, wunderbar ineinander verschlungenen Blumen gestickt. Ein heller Sonnenblick durch die Öffnung des Bogenganges schweifte soeben scharf beleuchtend über die blühende Gestalt. Florio fuhr innerlich zusammen ...“[16]

So schnell wie sie gekommen ist, entzieht sich diese Venus wieder – und Florio bleibt fasziniert, voller Sehnsucht zurück. Nach einer Weile sieht er auf einem ländlichen Maskenfest ihres Onkels Pietro die schöne Bianca wieder, die als Griechin kostümiert ist, aber plötzlich eine noch schönere Doppelgängerin bekommt, in der Florio seine angebetete Venus vermutet, über der er Bianca auf der Stelle vergißt:

„Der Tanz war endlich aus, die Musik hielt plötzlich inne; da glaubte Florio seine schöne Tänzerin am anderen Ende des Saales *noch einmal* wiederzusehen. Es war dieselbe Tracht, dieselben Farben des Gewandes, derselbe Haarschmuck. Das schöne *Bild* schien unverwandt auf ihn herzusehen und stand fortwährend still im Schwarme der nun überall zerstreuten Tänzer, wie ein heiteres Gestirn zwischen dem leichten fliegenden Gewölk bald untergeht, bald lieblich wieder erscheint.“[17]

Schließlich ist es der zwielichtige Ritter Donati, der ihn eines Abends ans Ziel seiner Wünsche, zu Venus geleitet, deren Haus nun explizit als heidnischer Tempel geschildert wird; die Szenerie ist schwül, erotisch geladen, und Florio ist drauf und dran, der verführerischen Venus gänzlich zu erliegen:

„Die schöne Führerin ließ sich (...) auf mehrere am Boden liegende seidene Kissen nieder. Sie warf dabei, zierlich wechselnd, ihren weiten, blütenweißen Schleier in die mannigfaltigen Richtungen, immer schönere Formen bald enthüllend, bald lose verbergend. Florio betrachtete sie mit flammenden Augen.“[18]

In diesem Augenblick ertönt von außen die einfache Weise eines frommen Liedes, ein Gewitter kommt auf, und die Szenerie verwandelt sich vollkommen: die lebendige, verführerische Schönheit der Venus erstarrt wie ertötet:

„Ein langer Blitz erleuchtete soeben das dämmernde Gemach. Da fuhr Florio plötzlich einige Schritte zurück, denn es war ihm, als stünde die Dame starr mit geschlossenen Augen und ganz weißem Antlitz und Armen vor ihm. (...) Florio zog seinen Degen und warf einen ungewissen Blick auf die Dame. Als er aber bemerkte, daß dieselbe, bei den indes *immer gewaltiger werdenden Tönen des Gesanges* im Garten, immer bleicher und bleicher wurde, gleich einer versinkenden Abendröte, worin endlich auch die lieblich spielenden Augensterne unterzugehen schienen, da erfaßte ihn ein tödliches Grauen.“[19]

---

16 Ebd., S. 1162.

17 Ebd., S. 1168.

18 Ebd., S. 1176.

19 Ebd., S. 1178f.

Der erschrocken fliehende Florio versteht die Welt nicht mehr, er droht wahnsinnig zu werden und verliert sich in trostloses Brüten, aus dem ihn erst der Entschluß befreit, Lucca für immer zu verlassen. Vor der Stadt schließt er sich drei Reisenden an – Fortunato, Pietro und Bianca. Als sie an einer verfallenen antiken Ruinenstätte vorbeikommen, erzählt der Sänger in einem weit ausholenden Lied von der verführerischen Kraft der antiken Venus:

„Von kühnen Wunderbildern
Ein großer Trümmerhauf,
In reizendem Verwildern
Ein blühnder Garten drauf.

Versunknes Reich zu Füßen
Vom Himmel fern und nah
Aus andrem Reich ein Grüßen –
Das ist Italia!
(...)
Und unterm duftgen Schleier
Sooft der Lenz erwacht,
Webt in geheimer Feier
Die alte Zaubermacht.

Frau Venus hört das Locken,
Der Vögel heitern Chor,
Und richtet froh erschrocken
Aus Blumen sich empor.

Sie sucht die alten Stellen,
Das luftge Säulenhaus,
Schaut lächelnd in die Wellen
Der Frühlingsluft hinaus.

Doch öd sind nun die Stellen,
Stumm liegt ihr Säulenhaus,
Gras wächst da auf den Schwellen
Der Wind zieht ein und aus."

Die antike Welt und ihre Schönheit sind zerfallen, trotz aller bleibenden Verführung für immer dahin, denn an ihre Stelle ist die siegende Macht des Christentums getreten:

„Zuweilen nur Sirenen
Noch tauchen aus dem Grund
Und tun in irren Tönen
Die tiefe Wehmut kund. –

Sie selbst muß sinnend stehen
So bleich im Frühlingsschein,
Die Augen untergehen,
Der schöne Leib wird Stein. –

Denn über Land und Wogen
Erscheint, so still und mild,

Hoch auf dem Regenbogen
Ein andres Frauenbild.

Ein Kindlein in den Armen
Die Wunderbare hält,
Und himmlisches Erbarmen
Durchdringt die ganze Welt.

Da in den lichten Räumen
Erwacht das Menschenkind
Und schüttelt böses Träumen
Von seinem Haupt geschwind.

Und, wie die Lerche singend,
Aus schwülen Zaubers Kluft
Erhebt die Seele ringend
Sich in die Morgenluft."[20]

Wir wollen die Erzählung nicht interpretieren, sondern lediglich die immanente Poetik des „christlichen Realismus" andeuten. Abstrahiert man den Text im Hinblick auf seine semantische Struktur, dann stößt man auf eine Reihe signifikanter Isotopien: Auffallend ist zunächst – wie immer bei Eichendorff – die Lichtsymbolik; die Novelle führt vom Tag in die Nacht – und aus der Nacht in den Tag. Florios Begehren gilt zunächst Bianca, richtet sich dann auf die Statue und die scheinbar lebende Venus, trifft dann auf das „Doppelbild" der Griechin, kapriziert sich nochmals auf die verführerische Venus, um am Ende seinen Ausgangspunkt, eben Bianca, wiederzufinden. Die textkonstitutive Semantik von „Leben" und „Tod" folgt der gleichen Struktur: Vom „Leben", der blühenden Bianca, geht es zum lebendig scheinenden Tod; vom mortifizierten „Leben" zur realen Lebendigkeit der wiedergefundenen Bianca. Dem entspricht auch die Artikulation der „Realitätsebenen" der Novelle. Vom handgreiflich Realen geht die Reise ins Imaginäre, das Maskenfest läßt Reales und Imaginäres ununterscheidbar werden; von den imaginären Wunschwelten heidnischer Sinneslust im Venustempel geht es schließlich zurück in die morgenhelle Wirklichkeit vor den Toren Luccas. Dieser gegensinnig-zyklischen Tiefenstruktur korrespondiert auch die manifeste Handlung der Novelle, die man als Gefährdung Florios durch die Venuswelt und als seine Rettung durch den christlichen Sänger Fortunato charakterisieren darf.

Um Florio entbrennt gewissermaßen der Kampf zweier poetischer Programme: einer Poetik der Verzauberung und Verführung durch das Imaginäre und einer Poetik des rettenden christlichen Realismus, der der Differenz von Himmel und Erde verpflichtet ist. Die Poesie „romantischer" Verzauberung imaginiert in zunächst faszinierender Weise – im Dunkel der Nacht oder in der Schwüle des südlichen Mittags – das Tote als das fesselnd Lebendige. Das Tote ist aber die untergegangene heidnische, antike Welt, ihre Verlockung besteht in der vollendeten Immanentisierung der Transzendenz, für die hier die vollendete sinnliche

20 Ebd., S. 1181ff.

Schönheit der Venus steht, eine „Vergottung des Irdischen“. Aus der Perspektive des christlichen Realitätsverständnisses handelt es sich bei dieser Suggestion immanent möglicher Vollendung aber um eine diabolische Verführung, die ein Desaster zur Folge hat, wie es Eichendorffs berühmtes Gedicht „Zwei Gesellen“ besingt: Zwei junge Männer haben zu Beginn ihrer Lebensbahn große Pläne, der eine wird dann rasch ein Philister und gibt sich mit bürgerlichem Erfolg zufrieden; den anderen aber reiten alle Teufel der Verführung:

„Dem zweiten sangen und logen
Die tausend Stimmen im Grund,
Verlockend' *Sirenen*, und zogen
Ihn in der buhlenden Wogen
Farbig klingenden Schlund.

Und wie er auftaucht' vom Schlunde
Da war er müde und alt,
Sein Schifflein das lag im Grunde,
So still wars rings in die Runde,
Und über die Wasser wehts kalt.“

Diesem romantisch-antiken – ebenso betörenden wie zerstörerischen – Sirenengesang tritt im „Marmorbild“ als rettende Alternative die Poesie des „frommen Liedes“ entgegen, die vor jeder Ausstreichung der Transzendenz zugunsten einer absolut gesetzten Diesseitigkeit warnt und den verführten Florio vom Imaginären zum Realen, von der Nacht zum Tag, vom Traumdunkel zur hellen, morgendlich-frischen Wirklichkeit zurückführt, die sich der Spannung von hier und dort, Erde und Himmel, Menschen-Welt und Gott öffnet und insofern die Endlichkeit, Vergänglichkeit, den Mangel aller irdischen Existenz im Hinblick auf die Transzendenz freudig anerkennt. In der Perspektive dieses christlichen Realismus ist die alte Welt der griechischen Götter, ihr ganzer Zauber, tot und dahin. Das Absolute auf Erden zu suchen, ist vergeblich, dem Menschen ist aufgetragen, in und mit der Differenz zu leben.

Besonders prägnant hat Eichendorff diese Divergenz der poetischen Programme in der farblichen Symbolik gestaltet, wie sie an den beiden weiblichen Protagonistinnen, an Frau Venus und an Bianca, ablesbar wird. Beide sind in eine Aura des Blau – die Farbe der Sehnsucht – getaucht; während an der Venus aber die Bläue ihres Kleides bezaubert – „den schönen Leib umschloß ein himmelblaues Gewand“ –, ist es das reale Blau des Himmels, das am Ende der Erzählung die schöne Bianca illuminiert und derart sinnbildlich verdeutlicht, daß das Ziel menschlicher Existenz über alles irdische Glück, auch über die Liebe hinausdrängt, statt sich in ihm ohne Rest zu erfüllen.

In fast allen Dichtungen ist es Eichendorff um die Vertextung dieser religiösen Leitdifferenz zu tun gewesen, die vor einem Sich-Einspinnen in die Diesseitigkeit bewahren wollte. Dabei propagierte er keineswegs jene asketische Weltflüchtigkeit, die in das gegenteilige Extrem verfällt und nun die Immanenz zugunsten der Transzendenz vergleichgültigt; eher ging es ihm um eine erfüllte Diesseitigkeit ohne Verlust des alles relativierenden Bezuges zur Transzendenz. Wie dieses gelingende Leben im Aushalten der Spannung von Himmel und Erde genau auszusehen hätte, das zu sagen, ist Eichendorff allerdings schwer gefallen, und wie könnte es auch anders sein! Die philiströse Existenz pragmatischen Kleinglücks sah er voller Verachtung. Im „Leben eines Taugenichts" ist es diese Enge bürgerlichen Lebens, die den Taugenichts in die Welt hinaustreibt, und in die er trotz aller Angebote nicht mehr zurückkehren wird. Auch ihm begegnet in Italien die Verlockung der antiken Welt, ihre Schönheit und Sinnlichkeit, und auch er kehrt nach mancherlei Wirrnissen zu jener Aurelia zurück, der er schon gleich zu Beginn seines Wanderns begegnet war. In der letzten Szene der Erzählung haben sich die beiden Liebenden gefunden, gütige Mächte haben ihnen ein idyllisches Schlößchen geschenkt, und ihr Glück könnte vollkommen sein. Aber unter einem von einem Feuerwerk illuminierten Nachthimmel ist es des Taugenichts Sehnsucht, woanders zu sein, die das sich Einnisten in der scheinbaren Perfektion des Hier durchkreuzt. Die Erzählung ist dann zu Ende, und es wäre wohl auch schwierig, die lebenspraktischen Konsequenzen dieses Offenhaltens der Differenz genauer auszufabulieren, das die Existenz über jede Selbsterlösungshoffnung im erfüllten Moment an das Jenseitige verweist.

Aus unserer Sicht darf man Eichendorffs „christlichen Realismus" als Kritik an der romantischen Programmierung „autonomer" Kunst zu einem Instrument personaler oder sozialer Totalität verstehen, d.h. als Kritik an einer Konzeption von „Autonomie", die den Respekt für die Unverfügbarkeit der Transzendenz verloren hat, der die Subjektivität unabdingbar ausgeliefert ist, so daß sie sich in ihr Geschick fügen muß, statt sich von ihm befreien zu können, um sich im „Hier" ein autonomes Paradies einrichten zu können. Eichendorffs Poesie war durchaus von der Absicht getragen, Leistungen für das Religionssystem zu erbringen und etwa „erbauliche" Wirkungen im Publikum zu erzielen. Er konnte solche – formal gesagt – „heteronomen" Ansprüche akzeptieren, weil die Ausdifferenzierung der Literatur zu einem besonderen Kommunikationssystem im 19. Jahrhundert so selbstverständlich geworden war, daß man die religiösen Motive in seiner Dichtung als reizvoll oder interessant empfinden konnte, ohne daraus die Nötigung abzuleiten, bestimmte religiöse Konsequenzen zu ziehen. Die religiöse Leitdifferenz und die von ihr beherrschte Realitätskonstruktion sind als interessant vertextetes Thema in die Literaturkommunikation des 19. Jahrhunderts eingegangen; interessant vor allem deshalb, um dies wenigstens anzudeuten, weil in Eichendorffs Texten unzweideutig zum Vorschein kommt – und zwar gegen die programmatische Absicht zum Vorschein kommt, welche Verlockung in der Welt der Frau Venus und ihrer heidnischen Sinnlichkeit gelegen haben muß. Denn Bianca ist gewiß ein nettes Mädchen, fasziniert ist der Text des „Marmorbildes" aber von der nächtlichen Welt des Venustempels! Das wäre dann ein anderer Realismus in Eichendorffs Erzählen gewesen.

Materialistische Realitätskonstruktionen

Wir finden uns mit einem vollkommen anderen Weltverständnis, einem völlig anderen Realitätsprogramm konfrontiert, wenn wir uns der Dichtung Georg Büchners – als einem zweiten Paradigma des „Realismus" im 19. Jahrhundert – zuwenden. Büchner, der Medizin und Physiologie studierte – über die Schädelnerven der Barben promovierte – und zeitweise aktiv an den revolutionären Ereignissen im Gefolge der Juli-Revolution teilnahm, orientierte sein Wirklichkeitsverständnis an einem strikten Materialismus, der die Welt als einheitlichen, sich selbst reproduzierenden materiellen Prozeß verstand, der nichts weniger tue, als auf irgendein „Ziel" hinzusteuern oder irgendeine famose Idee zu verwirklichen. Im Hinblick auf die geschichtliche Wirklichkeit bedeutete diese materialistische Realitätskonstruktion die Leugnung aller „ideellen" politischen Motive: „Ideen" – und seien sie die ehrenwertesten oder erhabensten – verfügen über keine politische Stoßkraft; das Reale wird von ganz anders gearteten Kräften bewegt; die politische Revolution dient nicht solchen idealen Interessen wie „Freiheit", „Gleichheit" oder „Gerechtigkeit", sondern sie wird ausgelöst und angetrieben durch materielles Elend, durch Armut, Hunger, körperliche Repression. An Gutzkow, den Programmatiker des sogenannten „Jungen Deutschland", schrieb Büchner daher im Jahre 1835:

„Das Verhältnis zwischen Armen und Reichen ist das einzige revolutionäre Element in der Welt, der Hunger allein kann die Freiheitsgöttin und nur ein Moses, der uns die sieben ägyptischen Plagen auf den Hals schickte, könnte ein Messias werden. Mästen Sie die Bauern, und die Revolution bekommt die Apoplexie. Ein Huhn im Topfe jedes Bauern macht den gallischen Hahn verenden."[21]

Diese abgrundtief desillusionierte, ja fast zynische Haltung gegenüber den politischen Motiven der revolutionsbereiten Bevölkerung ließ Büchner zu dem Schluß kommen, daß allein „materielles Elend" – allenfalls noch „religiöser Fanatismus" – einen Grund hergeben könne, aus dem heraus breite Massen zu politischem Handel zu bewegen seien.[22] In diesem von elementaren materiellen Interessen angetriebenen Prozeß der Geschichte so etwas wie Vernunft, Zielgerichtetheit oder gar „Fortschritt" erkennen zu wollen, mußte Büchner als gutmütige Naivität erscheinen. Die Menschen wollen keine „Ideale" verwirklichen, sondern Brot, und wer ihnen das verschafft, dem folgen sie! Diese hyperskeptische – von dem eigenen enttäuschenden Revolutionserlebnis noch potenzierte – Bewertung der tatsächlichen politischen Antriebskräfte veranlaßte Büchner zu einer tief pessimistischen Beurteilung der Bedeutung subjektiven, noch so gut gemeinten Handelns im historischen Prozeß: Über Ideen läßt sich Geschichte nicht programmieren, sie folgt der Menschennatur, der es stets um das Naheliegende des materiellen Lebens zu tun ist; wer sich diesem Gesetz – und sei es in lauterster

21 G. Büchner: Sämtliche Werke und Briefe. Hg. v. W.R. Lehmann. Bd. 2, S. 441.

22 Ebd., S. 455.

Absicht – widersetzt, wird zur lächerlichen Figur, die an der Banalität wirklicher Interessen scheitert. In dem berühmten, vielzitierten Brief an die Braut schreibt Büchner im März 1834:

„Ich studierte die Geschichte der Revolution. Ich fühlte mich wie zernichtet unter dem gräßlichen Fatalismus der Geschichte. Ich finde in der Menschennatur eine entsetzliche Gleichheit, in den menschlichen Verhältnissen eine unabwendbare Gewalt, Allen und Keinem verliehen. Der Einzelne nur Schaum auf der Welle, die Größe ein bloßer Zufall, die Herrschaft des Genies ein Puppenspiel, ein lächerliches Ringen gegen ein ehernes Gesetz, es zu erkennen das Höchste, es zu beherrschen unmöglich."[23]

Dieses materialistisch-fatalistische Weltverständnis, das den Handlungsspielraum „freier" Subjektivität gegen Null tendieren läßt, hat Büchners Literaturprogramm – *seine* Version des Realismus – tief geprägt. Die „Politisierung" der Literatur, wie sie das „Junge Deutschland" forderte, d.h. die Erwartung, auf dem Wege literarischer Handlungsmotivierung politischen Einfluß auf die Massen gewinnen zu können, erschien Büchner als geradezu grotesker Einfall. Der Familie bekennt er im Juni 1833, daß er mittlerweile „gelernt" habe, „alles Bewegen und Schreien der Einzelnen [sei] vergebliches Torenwerk", daß „nur das notwendige Bedürfnis der großen Masse Umänderungen herbeiführen" könne.[24] Aus diesem Grund weigerte sich Büchner auch dezidiert, als Parteigänger des „Jungen Deutschland" betrachtet zu werden:

„Übrigens gehöre ich (...) keineswegs zu dem sogenannten *Jungen Deutschland* (...). Nur ein völliges Mißkennen unserer gesellschaftlichen Verhältnisse konnte die Leute glauben machen, daß durch die Tagesliteratur eine völlige Umgestaltung unserer (...) gesellschaftlichen Ideen möglich sei."[25]

Und im Februar 1836 legte Büchner Gutzkow gegenüber sein zentrales Bedenken unzweideutig dar:

„Sie und ihre Freunde scheinen mir nicht gerade den klügsten Weg gegangen zu sein. Die Gesellschaft mittelst der Idee, von der gebildeten Klasse aus reformieren? Unmöglich! Unsere Zeit ist rein materiell, wären Sie je direkter politisch zu Werk gegangen, so wären Sie bald auf den Punkt gekommen, wo die Reform von selbst aufgehört hätte. Sie werden nie über den Riß zwischen der gebildeten und ungebildeten Gesellschaft hinauskommen."[26]

Wenn sich die Literatur mit der Zielsetzung politischer Massenagitation aber übernimmt, was bleibt ihr dann noch? Sie kann die Lage nüchtern und illusionslos rekapitulieren, also das „Gesetz" der Geschichte zu „erkennen" versuchen, ohne jede Hoffnung, es manipulieren zu können, wie der zitierte Brief an die Braut vom November 1833 zum Ausdruck gebracht hat. Die Aufgabe der Literatur besteht in der schonungslosen, „wahren" Wiedergabe der Realität, d.h. jener Rea-

23 Ebd., S. 425f.

24 Ebd., S. 418.

25 Ebd., S. 451f.

26 Ebd., S. 455.

litätsversion oder Wirklichkeitskonstruktion, die Büchner als die ihm plausibel dünkende akzeptiert hatte. Die Literatur soll das Leben so zeigen, „wie es ist“! Der Familie schreibt Büchner über die Absichten, die hinter seinem Drama „Dantons Tod“ gestanden hätten, folgendes:

„Das Ganze muß bald erscheinen. Im Fall es Euch zu Gesicht kommt, bitte ich Euch, bei Eurer Beurteilung vorerst zu bedenken, daß ich der Geschichte treu bleiben und die Männer der Revolution geben mußte, wie sie waren, blutig, liederlich, energisch und zynisch. Ich betrachte mein Drama wie ein geschichtliches Gemälde, das seinem Original gleichen muß.“[27]

Dieses poetische Programm „authentischer“ Realitätsreproduktion findet sich auch in der „Lenz“-Novelle, in dem Kunstgespräch zwischen dem Dichter Lenz und Kaufmann, das jedem „Idealisieren“ und „Verklären“ in der Dichtung die schärfste Absage erteilt. Ja, Lenz schwebt geradezu ein extremer Grenzwert des „Realismus“ vor, wenn er dem – freilich unerfüllbaren – Wunsch Ausdruck gibt, das „Reale selbst“ als Kunst auszustellen:

„Wie ich gestern (...) am Tal hinaufging, sah ich auf einem Steine zwei Mädchen sitzen, die eine band ihre Haare auf, die andre half ihr; und das goldne Haar hing herab, und ein ernstes bleiches Gesicht, und doch so jung, und die schwarze Tracht und die andre so sorgsam bemüht. Die schönsten, innigsten Bilder der altdeutschen Schule geben kaum eine Ahnung davon. Man möchte manchmal ein Medusenhaupt sein, um so eine Gruppe in Stein verwandeln zu können (...). Sie standen auf, die schöne Gruppe war zerstört.“[28]

Die Ausstellung des „Realen“ – hier freilich einer für Büchner eher untypisch idyllischen Genreszene – ist der Fluchtpunkt eines realistischen Literaturprogramms, das in authentischer Reproduktion der für „wirklich“ gehaltenen Realitätskonstruktion das Maß und Ziel aller Kunst sieht. Ironisch hielt Büchner Kritikern, die das „Ideelle“ oder „Höhere“ in seinen Texten vermißten, vor, daß er den lieben Gott nicht zu korrigieren gedenke:

„Was noch die sogenannten Idealdichter anbetrifft, so finde ich, daß sie fast nichts als Marionetten mit himmelblauen Nasen und affektiertem Pathos, aber nicht Menschen von Fleisch und Blut gegeben haben, deren Leid und Freude mich mitempfinden macht, und deren Tun und Handeln mir Abscheu oder Bewunderung einflößt. Mit einem Wort, ich halte viel auf Goethe oder Shakespeare, aber sehr wenig auf Schiller.“[29]

Technisch ausgedrückt: Büchners „Realismus“, der die Literatur als „wahres“ Abbild einer materialistischen Realitätskonstruktion versteht, zielt darauf ab, die Differenz von Medium und Form so weit wie möglich zu minimalisieren:

---

27 Ebd., S. 438.

28 Ebd., Bd. 1, S. 87.

29 Ebd., Bd. 2, S. 444.

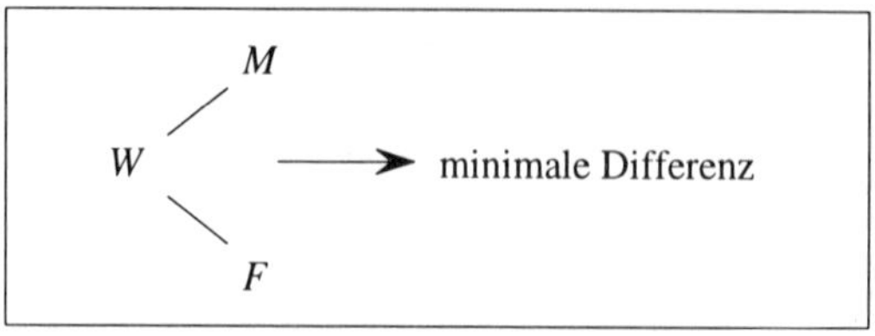

Fast sieht es so aus, als seien Medium (die „Realität") und Form (die spezifisch literarische Selektion) identisch, als vollziehe die Literatur gar keine Selektionen mehr, sondern präsentiere lediglich pure Wirklichkeit. Es sieht fast so aus, aber eben nur fast! Denn die Aufhebung der Differenz von Medium und Form – die in anderer Weise im „Realismus" der Naturalisten Schlaf und Holz versucht und in bestimmten Spielarten der Avantgarde dann praktiziert werden wird – würde das symbolische Kommunikationsmedium „Werk" unkenntlich machen und literarische Kommunikation abbrechen. Davon kann jedoch bei Büchner keine Rede sein. Er konnte die Differenz von Medium und Form auf ein Minimum zurückschrauben, weil die Ausdifferenzierung literarischer Kommunikation – ihre „Autonomie" – im 19. Jahrhundert so selbstverständlich geworden war, daß die Literatur davon absehen konnte, diese Differenz eigens hervorzukehren oder spektakulär zu inszenieren, um noch dem letzten Ignoranten zu beweisen, daß sie ... Literatur sei und nichts anderes, nicht Umwelt, Realität etc. Solange die werkkonstituierende Differenz von Medium und Form – sie sei so minimal wie sie wolle – beobachtbar bleibt, reproduziert sich die literarische Kommunikation problemlos. Und diese Differenz hat Büchner tatsächlich nicht aus den Augen verloren. Er verglich den Dramatiker mit dem Historiker, ein Vergleich, der bereits von Aristoteles angestellt und zugunsten des Dramatikers entschieden worden war. Denn der Historiker kopiere lediglich die kontingente Geschichtsoberfläche, während der Dramatiker der Idee des geschichtlichen Prozesses innewerde und sie im Handeln der dramatis personae vergegenwärtige. Auch in den Augen Büchners geht der Dramatiker als Sieger aus dem Vergleich hervor; die Begründung ist aber eine etwas andere:

„Der dramatische Dichter ist in meinen Augen nichts als ein Geschichtsschreiber, steht aber *über* Letzterem dadurch, daß er uns die Geschichte zum zweiten Mal erschafft und uns gleich unmittelbar, statt eine trockne Erzählung zu geben, in das Leben einer Zeit hineinversetzt, uns statt Charakteristiken Charaktere und statt Beschreibungen Gestalten gibt. Seine höchste Aufgabe ist, der Geschichte, wie sie sich wirklich begeben, so nahe als möglich zu kommen."[30]

Die Differenz von Medium und Form, die Literatur von „Wirklichkeit" unterscheidbar macht und ihre „Autonomie" sichert, liegt für Büchner also paradoxerweise gerade in perfekter Illusionierung, in der Erzielung eines „Realitätseffekts", wie man sagen könnte. Dieser Effekt verdankt sich einer literarischen Formierung, die das „Reale" so verlebendigt und gestaltet, d.h. in quasi-lebendige

30 Ebd., S. 443.

Charaktere und Handlungen überführt, daß sich ein Authentizitätseindruck ergeben mag: „so, wie es auf der Bühne dargestellt wird, so ist es gewesen!"

Man sieht aber die Artifizialität dieser Illusionierung mit und bleibt vor dem Irrtum bewahrt zu glauben, unmittelbare Wirklichkeit vor Augen zu haben. D.h. gerade die perfekte Realitätssimulation läßt die Differenz zur Realität hervortreten; man bewundert die Kunstmittel dieser Illusionierung, wenn sie überzeugen! Und selbstverständlich ist natürlich auch, daß Büchners Kategorien des dramatischen „Charakters" und der dramatischen „Gestalt" hochselektive Operationen implizieren, die die Kontingenz „realer" Personen und Prozesse in kompakte, z.B. Identifikation ermöglichende Kunstfiguren transformieren.

Um es noch einmal so pointiert wie möglich zu sagen: Auch die Suggestion, das „Leben, wie es ist", auf die Bühne zu bringen, bedarf – um erfolgreich zu sein – der Differenz von Medium und Form, die stets mitbeobachtbar bleiben muß. Unter dieser Bedingung kann „realistische" Literatur darauf verzichten, romantischen Selbstreflexionsaufwand zu treiben und etwa das Theater „als Theater" zu inszenieren, um die Autopoiesis literarischer Kommunikation zu vollziehen, denn dann ist ohnehin klar, daß man mit Literatur – und mit nichts sonst – konfrontiert wird, wenn man ins Theater geht.

Werfen wir in dieser Perspektive noch einen ganz kurzen Blick auf Büchners Drama „Dantons Tod" aus dem Jahre 1835. Dieses Stück ist in der Tat sehr „authentisch"; es behandelt eine Episode aus der Französischen Revolution, die Tage vor der Hinrichtung Dantons und seiner Anhänger am 5. April 1794, d.h. die Zeit des schlimmsten Terrors. Büchner hat sein Drama – insbesondere die Redepartien Robespierres und Dantons, aber auch anderes – unmittelbar aus den historischen Quellen übernommen; er bediente sich vor allem der Geschichtswerke von Thiers und Mignet. Daß die Rhetorik der Französischen Revolution auf der anderen Seite selbst schon quasi-theatralische Züge trug und sich insofern für eine literarische Adaption trefflich eignete, hat der Historiker Ernst Schulin hervorgehoben:

> „Danton und Desmoulins machten das Tribunal zum Theater. Büchner brauchte kaum noch etwas hinzuzufügen. Auf die Frage nach seinem Wohnort antwortete Danton geschichtsbewußt, wie diese Revolutionäre waren: 'Meine Wohnung? Bis jetzt rue Marat. Bald wird sie im Nichts sein. Und dann im Pantheon der Geschichte.' Desmoulins antwortete auf die Frage nach seinem Alter: '33 Jahre, das Alter des Sansculotten Jesus, als er starb. Das kritische Alter der Patrioten.' Und Danton dann zum Henker: 'Du wirst meinen Kopf dem Volke zeigen. Er ist es wert'."[31]

„Realitätseffekte" ergeben sich – neben der Quellentreue vieler Redepassagen der Protagonisten des Dramas – auch aus der ungewöhnlichen Rolle, die das Volk – die Massen von Paris – in einer Reihe interessanter Straßenszenen spielt – und aus dem Verzicht auf die konventionelle Beachtung der Einheiten des Ortes und der Zeit; das Drama montiert z.T. zusammenhanglose Szenen oder

---

31 E. Schulin: Die französische Revolution. 2. Aufl. München 1989, S. 222.

besser Szenenfragmente zu dem Eindruck eines simultan ablaufenden, komplexen historischen Geschehens mit vielerlei Ebenen, privaten und öffentlichen, intimen und hochpolitischen, Einzelschicksalen und Massenaktionen, z.B. angesichts des Spektakels der Guillotinierung. Überhaupt läßt sich sagen, daß Büchners Drama die proletaroiden „Massen" als Akteure den Helden der Revolution, Robespierre und Danton zumal, gleichgewichtig an die Seite stellt; nicht zu vergessen schließlich die bedeutsame Rolle der Frauengestalten: Marions um Politik gänzlich umbekümmerte sinnliche Präsenz, Luciles und Julies verzehrende, hingebungsvolle und opferbereite Liebe, die sie Desmoulins und Danton in den Tod folgen läßt.

Diese an überaus plastische Akteure gebundene Bühnenpräsenz der revolutionären Ereignisse des Frühjahrs 1794 artikuliert mit großer Eindeutigkeit Büchners materialistische Realitätskonstruktion; nicht Männer, nicht „Helden" sind es, die Geschichte machen; weder Robespierres menschenverachtender Vernunftrigorismus und Tugendwahn, noch auch Dantons Hedonismus und forcierte Genußsucht, die das latente Wissen um die Vergeblichkeit und Sinnlosigkeit planvollen politischen Handelns nicht vergessen machen kann. Diese Einsicht in die Defizienz alles politischen Wollens läßt Danton vor dem Terror, der sich ja allein durch die unbedingte Gewißheit, er sei vernünftig, notwendig und befördere das Gute, rechtfertigen Läßt, zurückschrecken:

„Ich will lieber guillotiniert werden, als guillotinieren lassen. Ich hab es satt, wozu sollen wir Menschen miteinander kämpfen? (...) Es wurde ein Fehler gemacht, wie wir geschaffen wurden, es fehlt uns etwas, ich habe keinen Namen dafür, wir werden es einander nicht aus den Eingeweiden herauswühlen, was sollen wir uns drum die Leiber aufbrechen?"[32]

Und wenig später gibt er seiner Einsicht in die Ohnmacht der Subjektivität beredt Ausdruck:

„Puppen sind wir von unbekannten Gewalten am Draht gezogen; nichts, nichts wir selbst! Die Schwerter, mit denen Geister kämpfen –, man sieht nur die Hände nicht, wie im Märchen."[33]

Dieser Einsicht entspricht kein revolutionärer Aktionismus, der über sich selbst im Irrtum bleibt, sondern eher ein fatalistisches Hinnehmen und Geschehenlassen, wie es Lucile kurz vor ihrer provozierten Verhaftung zum Ausdruck bringt: „Wir müssen's wohl leiden".[34] Der historische Prozeß folgt weit eher der materiellen Interessendynamik der Massen, ihrem Begehren des Naheliegendsten und Lebensermöglichenden, und in diesem Prozeß spielen die politischen Führer mit ihren Theorien, Programmen und Phrasen nur eine kontingente, allenfalls beschleunigende oder bremsende Rolle. Keineswegs aber neigt Büchner nun dazu, das Volk zum „Subjekt der Geschichte" zu erheben und zu glorifizieren. Wie

32 G. Büchner, a.a.O., Bd. 1, S. 32.

33 Ebd., S. 41.

34 Ebd., S. 74.

den Protagonisten, so fehlt auch dem Volk jede intentionale Handlungsperspektive im Vollzug des Fatums, das „Geschichte" heißt. Das Volk will seine materiellen Bedürfnisse befriedigt sehen, und wer das verspricht, dem akklamiert es. Bezeichnend ist eine Rede vor dem Revolutionstribunal, die einen rhetorisch geschickten Danton zeigt:

„Wie lange sollen die Fußstapfen der Freiheit Gräber sein? Ihr wollt Brot, und sie werfen euch Köpfe hin. Ihr durstet und sie machen euch das Blut von den Stufen der Guillotine lecken. (Heftige Bewegung unter den Zuhörern, Geschrei des Beifalls, viele Stimmen: Es lebe Danton ...)"[35]

Die Stimmung schlägt aber um, als ein anderer Redner Danton der Bereicherung und des Luxuslebens auf Kosten der Armen bezichtigt und Robespierre als Alternative anpreist:

„Danton hat eine schöne Frau, er badet sich in Burgunder (...) und schläft bei euren Weibern und Töchtern, wenn er betrunken ist. (...) Was hat Robespierre? Ihr kennt ihn Alle. ALLE: Es lebe Robespierre! Nieder mit Danton!"[36]

Der „Realismus" Büchners vertextet eine materialistische Realitätskonstruktion, die die Kontingenz des „Realen" durch keine irgendgeartete ideenoptimistische Geschichts- oder Fortschrittskonzeption entschärft, sondern dem Blick illusionslos preisgibt. Moderne Literatur bleibt diese Simulation einer desperaten „Welt" gleichwohl, weil die Künstlichkeit ihrer Mittel, die das „Reale" formieren und als „authentisches Geschehen" auf die Bühne bringen, offenkundig ist. Die Wirklichkeit erstarrt nicht im „todbringenden Medusenblick" – das hat man wenige Jahre später von den Bildresultaten der eben erfundenen Photographie gesagt –, die „Wirklichkeit" wird vielmehr noch einmal erschaffen, wie Büchner schrieb, und die beobachtbare Differenz zwischen erster und zweiter „Wirklichkeit" gewährleistet die „Autonomie" der Literatur.

Idealistische Realitätskonstruktionen

Es ist von literarhistorischer Signifikanz gewesen, daß Büchners „materialistischer" Realismus von den Autoren, die in unseren Literaturgeschichten explizit als Vertreter des Realismus im 19. Jahrhundert anerkannt werden, als „unrealistisch" abgelehnt wurde. Büchner „drehe sich die Welt im Fiebertraum", hat Julian Schmidt, der eigentliche Programmatiker des sogenannten „bürgerlichen Realismus" gesagt.[37] Um diese schonungslose Kritik Büchners würdigen zu können, bedarf es eines Blicks auf die ganz anders geartete Realitätskonstruktion, die der „programmatische" Realismus nach 1848 seiner Umweltsimulation zu-

35 Ebd., S. 63.

36 Ebd., S. 64.

37 J. Schmidt: G. Büchner. In: Die Grenzboten 10 (1851). Bd. 1, S. 122.

grundegelegt hat. Es handelte sich, kurz gesagt, um die simplifizierende Übernahme der philosophisch-ästhetischen Realitätskonstruktion des deutschen Idealismus, vor allem Hegels. In der Perspektive Hegels ist die geschichtliche Wirklichkeit die Realität des sich selbst bewegenden Geistes – also zielgerichtet und vernünftig –, und soweit sich im Realen die in ihm anwesende Geistigkeit – die Idee – konkret und anschaulich zeigt, ist die Welt schön. Hegel definierte das Schöne als das „sinnliche Scheinen der Idee". Die Wirklichkeit ist – als vom Geist durchherrschte – schön; und diese Realschönheit ist aller Kunst vorgeordnet. Wäre die Schönheit des Wirklichen perfekt, dann müßte die Kunst abtreten, sie verlöre ihre Funktion und könnte das Reale allenfalls kopieren. Auf diesen Grenzfall der idealistischen Konzeption des Natur- oder Realschönen, der einen Funktionsverlust aller Kunst und Literatur nach sich zöge, hatten wir schon einmal hingewiesen. So schwärmte etwa der berühmte Kunstschriftsteller Carl Friedrich von Rumohr von der Schönheit eines italienischen Mädchens namens Vittoria, „die alle Kunstwerke Roms übertroffen [und] den nachbildenden Künstlern durchaus unerreichbar geblieben sein soll".[38] Technisch ausgedrückt: die kunstkonstitutive Differenz von Medium und Form ginge verloren; das Medium wäre die Form, ihm gegenüber wäre kein Formgewinn im Hinblick auf den Wert „schön" mehr erzielbar und denkbar. Vor diesem Überflüssigwerden hat die idealistische Ästhetik die Kunst aber bewahrt. Sie war davon überzeugt, daß das Real-Schöne niemals perfekt sein könne und immer Mängel aufweise, das Schöne der Welt gleichsam nur „locker" gekoppelt und von Kontingenz durchsetzt sei. Daher war Hegels Schüler Friedrich Theodor Vischer, der jene Äußerung Rumohrs zitiert, davon überzeugt, daß die Schönheit jener legendären Vittoria die Kunst nicht wirklich in Gefahr bringen könne; er wandte ein:

„Wären aber auch alle Grundformen an ihr vollkommen gewesen, so war Blut, Wärme, Gärung des wirklichen Lebens mit all den trübenden Einzelheiten, die sie notwendig auf der Oberfläche absetzen, hinreichend, sie unendlich hinter die hohen Kunstwerke zu setzen, welche nur *scheinbar* Blut, Wärme, Hautleben usw. haben."[39]

Und Hegel selbst legt am Beispiel des Portraitmalers dar, daß der Künstler sein Modell immer und unter allen Umständen selektiv behandle, Kontingenz eliminiere, um das Wesentliche zu profilieren:

„Indem die Kunst (...) das in dem sonstigen Dasein von der Zufälligkeit und Äußerlichkeit Befleckte zu[r] Harmonie mit seinem wahren Begriffe zurückführt, wirft sie alles, was in der Erscheinung demselben nicht entspricht, beiseite und bringt erst durch diese *Reinigung* das Ideal hervor. (...) Der Portraitmaler [muß] alle die Äußerlichkeiten in Gestalt und Ausdruck, in Form, Farbe und Zügen, das nur Natürliche des bedürftigen Daseins, die Härchen, Poren, Närbchen, Flecke der Haut (...) fortlassen und das Subjekt in seinem

38 F.T. Vischer: Ästhetik oder Wissenschaft des Schönen. Hg. v. R. Vischer. Bd. 2. München 1922, S. 365.

39 Ebd., S. 365f.

allgemeinen Charakter und seiner bleibenden Eigentümlichkeit auffassen und wiedergeben."[40]

Das Schöne der Kunst und Literatur verhält sich zum Real-Schönen also strikt selektiv; es reinigt oder „idealisiert" das Wirkliche, um die in ihm anwesende Schönheit – die Repräsentation der „Idee" – in vollendeter Weise ins Bild zu bringen. Wieder technisch ausgedrückt: die idealistische Konstruktion einer – zumindest partiell – schönen Wirklichkeit ist das Medium, das die Kunst formt, um die „reale" Imperfektion des Schönen zu optimieren:

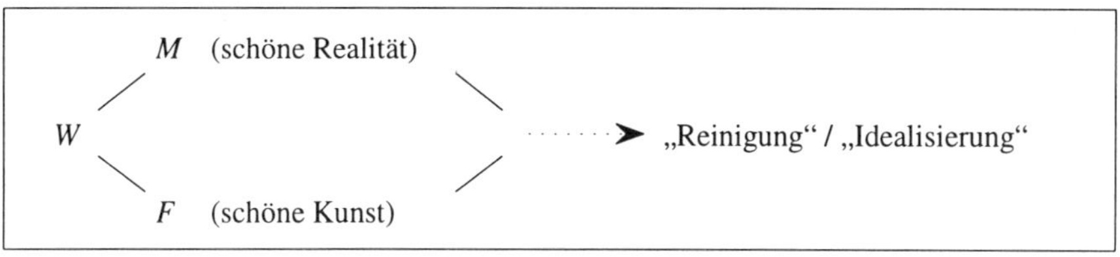

Dabei gilt, daß die Differenz von Medium und Form – wie für den Realismus konstitutiv – ohne Dramatik ist; es handelt sich um eine Form der Selektion, in der die „Wiedererkennbarkeit" der Wirklichkeit garantiert bleibt.

Diese Disposition der idealistischen Ästhetik ist von der Poetik des „bürgerlichen Realismus" nach 1848 importiert und zur Grundlage des eigenen programmatischen Selbstverständnisses erhoben worden; ein entscheidender Zug des Hegelschen Konzeptes wurde freilich unterschlagen, und zwar die Historisierung des „Real-Schönen". Hegel hielt – wie vor ihm die romantische Generation – die Lebenswirklichkeit der Antike für schön; er sprach vom „poetischen Weltzustand" Griechenlands. Damals habe jene schöne Individualität der allgemeinen Lebensverhältnisse geherrscht, die der antiken Kunst als Medium gedient habe. Obzwar selbst diese antike Real-Schönheit ihre Mängel gehabt habe – weil alles Reale der Kontingenz ausgeliefert sei –, so sei sie doch jenes Modell gewesen, das der alten Kunst zur Bearbeitung aufgegeben war. Die antike Kunst war „realistische" Kunst, weil sie ihre Umwelt als Medium nutzen konnte. Diese Welt aber ist für Hegel vergangen, nicht wiederherstellbar, das unterscheidet ihn von den romantischen Hoffnungen auf eine „neue Mythologie"; die alte Welt ist von der „Prosa" der Moderne abgelöst worden, der zwar ein höheres Maß an Vernunft und Freiheit zukommt, das jedoch mit einem Verlust an „Schönheit" erkauft ist. Die moderne Welt ist nicht länger „schön". Sie scheidet daher als Medium für Formgewinne aus und verweist die Kunst auf sich selbst und auf ihre Geschichte; in der Moderne, so glaubte Hegel, ist die Kunst auf Kunst zurückgeworfen und kommuniziert vorrangig ihre eigenen Systembestände, ihr Themen- und Formenrepertoire, weil ihr die Umwelt als zu komplexe entschwunden ist. Moderne Kunst ist also „anti-realistisch", sie ist exklusiv selbstreferentiell und informiert nicht länger über die Wirklichkeit.

40 G.W.F. Hegel: Theorie-Werkausgabe. Bd. 13, S. 205f.

Der Realismus nach 1848 hat Hegels Konzept auf sonderbare Weise rezipiert: Er hat die historische Perspektive unterschlagen und so getan, als sei auch die moderne, differenzierte Gesellschaft weiterhin „schön" und deshalb auch vernünftig, von der Idee durchdrungen, könne von der Literatur demnach so als Medium verwendet werden, wie die antike Kunst nach Hegel ihre Welt als Medium behandelte. Der Begriff, mit dem die selektive Operation gekennzeichnet wurde, die Medien in Formen transformieren sollte, war der Begriff der „Verklärung" oder „Läuterung", d.h. eine Paraphrase der Hegelschen „Reinigung". Berühmt und vielzitiert sind die Sätze Theodor Fontanes aus dem Jahre 1852:

„[Unter Realismus] verstehen wir *nicht* (...) das nackte Wiedergeben alltäglichen Lebens, am wenigsten seines Elends und seiner Schattenseiten. (...) Diese Richtung verhält sich zum echten Realismus wie das rohe Erz zum Metall: Die *Läuterung* fehlt."[41]

Als Medium ist das Reale eine Art „Steinbruch", in dem Schönes und Unschönes noch ungeläutert koexistieren; die Literatur „formiert" das Medium, indem sie Schönes von Nichtschönem trennt und das Schöne schließlich perfektioniert. Programmatische Stellungnahmen wie die zitierte von Theodor Fontane ließen sich in beliebiger Anzahl vorführen; da es uns hier aber nur um ein Paradigma des Realismus und nicht um eine Beschreibung des sogenannten „bürgerlichen Realismus" geht, beschränken wir uns auf einen einzigen anderen Beleg, auf eine Passage aus Otto Ludwigs „Shakespeare-Studien":

„Die Kunstwelt des künstlerischen Realisten ist ein *erhöhtes Spiegelbild* des Gegenstandes (...) [eine Welt], die von der schaffenden Phantasie vermittelt ist (...); sie schafft die Welt noch einmal, (...) keine zusammenhanglose, im Gegenteil, eine in der der Zusammenhang sichtbarer ist als in der wirklichen (...). Eine Welt, in der die Mannigfaltigkeit der Dinge nicht verschwindet, aber durch Harmonie und Kontrast (...) in Einheit gebracht ist; nur von dem, was dem Falle gleichgültig ist, *gereinigt*. Ein Stück Welt, solchergestalt zu einer ganzen gemacht, in welcher Notwendigkeit, Einheit, nicht allein vorhanden, sondern *sichtbar* gemacht sind."[42]

An dieser programmatischen Erklärung Otto Ludwigs läßt sich zugleich die besondere Leistung ablesen, die realistische Literatur zu erbringen glaubte. Denn die Differenz von Medium und Form erscheint als Serie von Kontrasten, die auf die Unterscheidung einer kontingenten, undurchsichtigen Realität von einer notwendigen, kohärenten und transparenten Kunst-„Wirklichkeit" hinauslaufen. Die Form der Literatur vollzieht eine Ordnungsleistung, die jedoch – unter der Prämisse der idealistischen Realitätskonstruktion – gleichzeitig die, wenn auch auf den ersten Blick nicht erkennbare, „Ordnung" der Welt entbergen soll:

41 T. Fontane: Sämtliche Werke. Bd. 21/1. München 1963, S. 12.

42 O. Ludwig: Shakespeare-Studien. Hg. v. M. Heydrich. Leipzig 1872, S. 266 u. 264f.

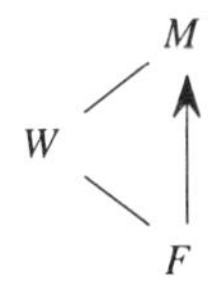

Verklärung = Leistungsofferte: Simulation schöner Ordnung

Studiert man die Dokumente aus der zweiten Hälfte des 19. Jahrhunderts, dann gewinnt diese Leistungsofferte Sinn; denn Klagen über die „Undurchschaubarkeit“ der sich modernisierenden Lebensverhältnisse häufen sich. Diesen Eindruck der „Undurchschaubarkeit“ und Kontingenz als unbegründet zu erweisen und die „schöne Ordnung“ hinter der Oberfläche des Gegenteils zu erweisen, hat sich der „programmatische Realismus“ zugemutet. Die „Idee“ habe sich „in der Wirklichkeit realisiert“, daher müsse man „in der Wirklichkeit die positive Seite“ aufsuchen, hat Julian Schmidt gefordert.[43] Mit dem Anspruch, das Schöne im Realen aufzufinden und in der Literatur zu „verklären“, hat sich der Realismus im 19. Jahrhundert aber wohl überfordert. Wo er es auf Biegen und Brechen versuchte, erlag er der Gefahr fragwürdiger Beschönigungen unschöner Verhältnisse, wurde also ideologisch und affirmativ. Gut zu beobachten ist diese fatale Konsequenz des Festhaltens am idealistischen Realitätskonstrukt entgegen Hegels Historisierung an Gustav Freytags Roman „Soll und Haben“ (1855), ein Roman, den Fontane als „erste Blüte des modernen Realismus“ begrüßt hat.[44] Dieser Roman verherrlicht das deutsche Bürgertum in penetranter Weise und preist die schöne Ordnung seiner sittlich-intakten Lebensweise, indem alles Unschöne und Störende „undeutschen“ Elementen angelastet wird: den Schacherjuden, die es auf sich nehmen müssen, die negativen Seiten der Durchkapitalisierung der Ökonomie zu vertreten; und den Polen, die als versoffene und verkommene Revoluzzer und Terroristen geschildert werden, die das „deutsche Haus“ von außen attackieren, während die Juden es von innen aushöhlen. Die „schöne Ordnung“ des deutschen Bürgers wird als harmonisch-überschaubares Gemeinwesen ins Bild gesetzt, das „häßliche Chaos“ ist allein Ergebnis von Machenschaften seiner Feinde und wird am Ende bravourös beseitigt: Die polnischen Desperados werden von preußischer Kavallerie hinweggefegt, die Schacherjuden entlarvt und in den Tod getrieben. Daß es sich bei diesem penetranten Loblied auf deutsche Bürgertüchtigkeit in allererster Linie um eine literarische Ordnungsofferte gehandelt hat, die poetischen Formgewinn quasi ins Medium, ins Reale zurückprojizieren wollte, hat der prominenteste Rezensent des Romans, Theodor Fontane, in den Mittelpunkt seiner Besprechung gestellt:

„'Soll und Haben' (...) ist keineswegs leicht und heiter hingeschrieben, sondern vielmehr ernstlich aufgebaut. (...) Wer das Ideal epischer Darstellung einzig und allein in naiver und fesselnder Herzählung der buntesten Ereignisse findet, wird sich hier entweder getäuscht

43 J. Schmidt zit. Verf. (Hg.): Theorie des bürgerlichen Realismus. Stuttgart 1985, S. 124 u. 118.

44 T. Fontane, a.a.O., S. 215.

sehen oder doch nicht begreifen können, warum so schrecklich ordentlich und gewissenhaft verfahren sei. Wir wissen dem Verfasser Dank dafür. Er hat (...) dem Drama und seinen strengen Anforderungen und Gesetzen auch die Vorschriften für [die] Behandlung des Romans entnommen. Das dünkt uns ein Fortschritt, und wir legen um so lieber Gewicht darauf, als wir überzeugt sind, hierin keinem bloßen Zufall, sondern einer wohlüberlegten Absicht zu begegnen. 'Soll und Haben' hat keine Episoden und Abschweifungen (...). Da wird im ersten Bande kein Nagel eingeschlagen, an dem im dritten Bande nicht irgend etwas, sei es ein Rock oder ein Mensch aufgehängt würde."[45]

Die kompositorische Ordnung des Romans – die Eliminierung aller Kontingenz – hat im Kontext der idealistischen Realitätskonstruktion, die ihr zugrunde liegt, aber die vorrangige Funktion, der Realität selbst eine „schöne Ordnung" zu unterschieben, die ihr in den Augen der Zeitgenossen längst abhanden gekommen war. Daher zeigt sich in der Erzählprosa des Realismus in der zweiten Hälfte des 19. Jahrhunderts – wo sie nicht so unbekümmert ideologisch daherkommt wie bei Gustav Freytag – ein eigentümliches Dilemma, das „Schöne" im Realen überhaupt noch finden zu können. Das Real-Schöne wird marginal, Idyllen sind selten geworden. Man findet sie vielleicht noch auf dem Lande, weit weg von der modernen Welt – wie in Raabes „Hungerpastor" – oder in Momenten persönlichen Glücks, denen freilich alles Repräsentative fehlt. Weit eher offenbart die Literatur des „bürgerlichen Realismus" – man denke etwa an Kellers „grünen Heinrich" –, wie schwer, ja wie unmöglich es geworden ist, des „Schönen" im Realen noch habhaft zu werden.[46] Mehr und mehr stellt die realistische Prosa die Unmöglichkeit eines „Realismus" heraus, der – an der idealistischen Realitätskonstruktion festhaltend – das Real-Schöne verklären will. Fontanes spätere Romane dekonstruieren den „idealistischen" Realismus daher: Wenn das „Erz" der Wirklichkeit kein „Gold" mehr enthält, greift ein Literaturprogramm ins Leere, das dieses Erz „läutern" oder „verklären" will. Die moderne, zumal urbane Lebenswelt, so sieht es Fontane in den neunziger Jahren, sperrt sich jeder an „Verklärung" interessierten Formabsicht. Wer dann noch „Realist" bleiben will, muß seine Realitätskonstruktion auswechseln, wie es die „konsequenten Naturalisten" getan haben.

Wir haben den „Realismus" als dominante Epochentendenz der Literatur des 19. Jahrhunderts gekennzeichnet und als jene Option des modernen Literatursystems interpretiert, die seine Umwelt als Medium für Formgewinn behandelt. Diese Formulierung erschien uns noch zu unpräzise, denn „Umwelten" sind ja nichts für sich Bestehendes, sie sind vielmehr „Realitätskonstruktionen" je unterschiedlicher Systemreferenz. Unsere genauere Bestimmung lautete also, daß es aus der Umwelt importierte Realitätskonstruktionen sind, die das Literatursystem als Medien für Formen nutzt. Als Paradigmen behandelten wir die christliche Realitätskonstruktion am Beispiel Eichendorffs, eine materialistisch kon-

45 Ebd., S. 217ff.

46 Vgl. H.J. Schrimpf: Das Poetische sucht das Reale. In: J. Kolkenbrock-Netz u.a. (Hg.): Wege der Literaturwissenschaft. Bonn 1985, S. 145ff.

zipierte Realität im Hinblick auf Büchners Werk und schließlich jene tief idealistisch geprägte Wirklichkeit, deren „Verklärung" sich der sogenannte „bürgerliche" oder „poetische" Realismus nach 1848 zum Ziel gesetzt hatte. Der Streit der germanistischen Literaturgeschichtsschreibung um die Frage, ob der Realismus nach 1848 „bürgerlich" oder „poetisch" sei, ist aus unserer Perspektive ohne Bedeutung: „bürgerlich" ist eine sozialhistorische Kategorie, die allenfalls eine Bestimmung der sozialen Herkunft der Teilnehmer an literarischer Kommunikation ermöglicht; und „poetisch" heißt nicht mehr und nicht weniger, als daß auch jene Literatur, die sich mit ihrer Umwelt befaßt, Literatur bleibt und nicht Wissenschaft wird oder Reportage usw. Aber das ist eine Trivialität, denn „Realismus" ist eine Option des Literatursystems, insofern ist jeder Realismus „poetisch", wenn man so will. Um Unterschiede zwischen den „Realismen" des 19. Jahrhunderts herauszufinden, scheint es sinnvoller, Realitätskonstruktionen zu unterscheiden, die Medien für Formen wurden. In dieser Hinsicht nennen wir den Realismus nach 1848 „idealistisch" oder „real-idealistisch" – und nicht „bürgerlich" oder gar „poetisch".

Das andere Kennzeichen des Realismus betrifft die Differenz von Medium und Form; „realistisch" nannten wir jene Literatur, die diese Differenz nicht dramatisiert, sondern so artikuliert, daß „Wiedererkennungseffekte" statthaben können; daß man also glaubt, so wie die Literatur die Dinge schildere, sehe die Welt aus. Der Realismus-Theoretiker Friedrich Spielhagen hat diesen Effekt einmal folgendermaßen beschrieben:

„Sollte es nicht schon jedem begegnet sein, daß er, noch ganz erfüllt von dem frischen Eindrucke einer Gestalt, welche der Dichter in klaren Umrissen und hellen Farben vor ihn hingestellt hatte, unmittelbar darauf in der Gesellschaft, auf der Straße, auf der Reise einen Menschen sah, (...) und es ihm wie ein Blitz durch die Seele fuhr: das ist doch der leibhaftige Hans oder Peter, oder wie nun eben der Held des eben gelesenen Romanes hieß?"[47]

Es versteht sich natürlich von selbst, daß dieser „Realitätseffekt" nur dann eintritt, wenn der Leser die Realitätskonstruktion teilt, die jeweils als Medium verwendet worden ist; nur wer die christliche Sicht der Realität teilt, wird Eichendorffs Erzählprosa „realistisch" nennen; nur wer Büchners materialistische Perspektive teilt, wird die desaströse Bilanz seiner Dramen unter den Titel des „Realismus" stellen wollen; nur wer der Auffassung ist, die Welt sei an sich schon in vielen ihren Gegebenheiten sinnvoll, vernünftig und schön, wird dem „Realismus" einer „verklärenden" Dichtung Beifall zollen.

47 F. Spielhagen: Beiträge zur Theorie und Technik des Romans. Leipzig 1883, S. 23.

Konsequenter Naturalismus

Beschließen wollen wir unsere Überlegungen zum Realismus des 19. Jahrhunderts mit einer kurzen Betrachtung des sogenannten „Naturalismus“, den wir der Epoche des Realismus als eine seiner Varianten hinzurechnen. Es fällt ja zunächst auf, daß sich die Wortführer des sogenannten „Naturalismus“ selbst als Realisten verstanden haben, und zwar im Unterschied zu den Realisten des Nachmärz nicht als „poetische“, „echte“, „wahre“ oder „gesunde“ Realisten, sondern als Realisten schlechthin. „Das Wort ist gefunden, welches in neun Buchstaben die Losung (...) enthüllen soll“ – so Wilhelm Bölsche 1887 – „dieses schicksalschwere Wort heißt Realismus.“[48] Der „naturalistische“ Realismus legte seiner Weltsicht eine forciert naturwissenschaftliche Realitätskonstruktion zugrunde und erweiterte damit zunächst das Repertoire interessanter Themen. Der „idealistische“ Realismus verordnete der Literatur eine strikte Themenselektion; nur „schöne“ Realität kam in Frage. Wir erinnern uns, daß Theodor Fontane die „Darstellung eines sterbenden Proletariers, den hungernde Kinder umstehen“, für kein poesiefähiges Sujet hielt. Mit dieser Differenzierung des „Realen“ in akzeptable und inakzeptable Themen räumte der „naturalistische“ Realismus nun auf und erschloß der Literatur daher eine Vielzahl neuer Möglichkeiten; er enthierarchisierte die Welt, machte ihre Elemente gleich-gültig. Kraß formuliert bei Conrad Alberti 1889:

> „Es gibt keine künstlerischen Stoffe zweiten und dritten Ranges, sondern als Stoff steht der Tod des größten Helden nicht höher als die Geburtswehen einer Kuh, denn dasselbe und einheitliche und allgewaltige Naturgesetz verkörpert sich in diesem wie in jenem.“[49]

Entsprechend machen bislang für degoutant gehaltene Sujets Karriere: das Subproletariat der Großstädte, Alkoholiker, Pfarrer, die den Reizen des Bordells erliegen, Mord und Totschlag im Ambiente von Mietskasernen, das alles dringt in die Literatur und findet Resonanz, teils in Form ersehnter Skandale. Als wollte er Fontane dementieren, dichtet Arno Holz 1886 folgendes Gedicht, aus dem zwei Strophen zitiert seien:

„Fünf wurmzernagte Stiegen gehts hinauf
Ins letzte Stockwerk einer Mietskaserne;
Hier hält der Nordwind sich am liebsten auf,
Und durch das Dachwerk schaun des Himmels Sterne.
Was sie erspähn, o, es ist grad genug,
Um mit dem Elend brüderlich zu weinen:
Ein Stückchen Schwarzbrot und ein Wasserkrug,
Ein Werktisch und ein Schemel mit drei Beinen.

Das Fenster ist vernagelt durch ein Brett,
Und doch durchpfeift der Wind es hin und wieder,

---

48 W. Bölsche zit. T. Meyer (Hg.): Theorie des Naturalismus. Stuttgart 1973, S. 128.

49 C. Alberti zit. D. Borchmeyer: Der Naturalismus und seine Ausläufer. In: V. Žmegač (Hg.): Geschichte der deutschen Literatur. Bd 2/1, S. 156.

Und dort auf jenem strohgestopften Bett
Liegt fieberkrank ein junges Weib danieder.
Drei kleine Kinder stehn um sie herum,
Die stieren Blicks an ihren Zügen hangen,
Vor vielem Weinen ward ihr Mündlein stumm
Und keine Träne mehr netzt ihre Wangen." usw.[50]

Solche Trostlosigkeiten stellt die Literatur um 1890 zur Schau; man kann das als Anklage gegen soziale Mißstände verstehen und für politische Verbesserungen plädieren; das Literatursystem reproduziert sich durch neue Medien für Formen, indem es nicht länger eine philosophisch-ästhetische, themenrestringierende, sondern eine quasi-szientifische, themenproduktive Konstruktion der Welt übernimmt.

Die Erweiterung der „Realität" um die Dimension des „Häßlichen" als Themenspender ist jedoch nicht die entscheidende Pointe dieses Realismus gewesen. Entscheidend war vielmehr die Auffassung der Differenz von Medium und Form, die gegen Null tendieren sollte, wie wir am Beispiel des sogenannten „konsequenten Naturalismus" von Arno Holz und Johannes Schlaf darlegen wollen. Emile Zola hatte die Literatur bekanntlich definiert als „ein Stück Natur, gesehen durch ein Temperament". Diese Definition erschien Arno Holz völlig unzureichend und konventionell, weil sie im Begriff des „Temperaments" den Ballast der alten subjektzentrierten Poetik fortzuschleppen schien, die Literatur vornehmlich als „individuelle Schöpfung" ausgab. Das aber hielt Holz für „alten Blödsinn".[51] Seine Absicht, die Kunstproduktion quasi naturwissenschaftlich verstehen zu wollen, drängte ihn zu einer vollständigen Liquidation der „Subjektivität" und zu einer Konzeption der Literatur als Kopie, die das „Reale" in photo- oder phonographischer Exaktheit reproduzieren sollte. Kunst sollte also Natur, oder in unserer technischen Terminologie, das Medium sollte mit der Form identisch sein. Das genau war sein Ziel, er mußte jedoch einräumen, daß diese angestrebte exakte Reproduktion stets nur annähernd gelinge, d.h. von einem wohl untilgbaren Defekt geschlagen sei. Diese Einsicht führte ihn zu seiner berühmten Formel „Kunst = Natur – x", wobei dieses x eben einen Fehler und nicht wie bei Zola das positiv gewertete „Temperament" eines Subjekts war. Dieses so defizitäre x erläuterte Holz an einem Beispiel: Ein kleiner Junge kritzelt auf eine Schiefertafel ein nur schwer erkennbares Gebilde. Gefragt, um was es sich dabei handele, erfolgt die prompte Antwort: „Es ist ein Suldat". Holz fragt, worin in diesem Falle das x bestehe, und kommt zu folgender Antwort:

„Nun, offenbar in erster Linie wenigstens, doch schon [in] seinem Material. [In] seinen (d.h. des Jungen) Reproduktionsbedingungen rein als solchen. Ich kann unmöglich aus einem Wassertropfen eine Billardkugel formen. Aus einem Stück Ton wird mir das schon eher gelingen, aus einem Block Elfenbein vermag ich es vollends. – Immerhin, mußte ich mir aber wieder sagen, wäre es doch möglich gewesen, auch mit diesen primitiven

50 A. Holz: Werke. Bd. 5. Neuwied/Berlin 1962, S. 62.

51 Ebd., S. 15 (Kunsttheoretische Schriften).

Mitteln, diesem Stift und dieser Schiefertafel hier, ein Resultat zu erzielen, das das Vorhandene so unendlich weit hinter sich zurücklassen hätte können (...). Einem Menzel beispielsweise wäre dieses ein spielend Leichtes gewesen. Woraus sich denn sofort ergab, daß die jedesmalige Größe der betreffenden Lücke x bestimmt wird nicht bloß durch die jedesmaligen Reproduktionsbedingungen der Kunst rein als solche allein, sondern auch noch durch deren jedesmalige dem immanenten Ziel dieser Tätigkeit mehr oder minder entsprechenden Handhabung. – Und damit, schien es, hatte ich auch bereits mein Gesetz gefunden (...): 'Die Kunst hat die Tendenz, wieder die Natur zu sein.' Sie wird sie (die Natur!) nach Maßgabe ihrer jedweiligen Reproduktionsbedingungen und deren Handhabung".[52]

Später vereinfachte Holz dieses Tendenzgesetz noch mit folgender Präzisierung:

„Die Kunst hat die Tendenz, die Natur zu sein; sie wird sie nach Maßgabe ihrer Mittel und deren Handhabung."[53]

Die perfekte Realitätskopie wird also durch offenbar unüberwindliche Grenzen der künstlerischen Technik und des verwandten Materials unmöglich; ihr so nahe als möglich zu kommen, ist aber das Ziel der Kunst und Literatur:

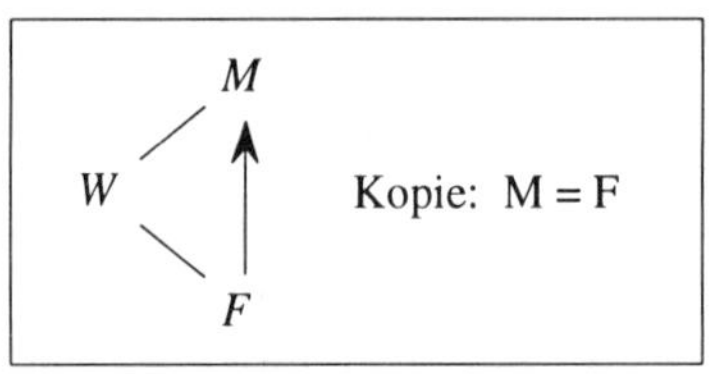

Die literarische Simulation der „Realität" soll ein so hohes Maß an Vollendung erreichen, daß die Differenz von Medium und Form entfällt, das „Reale" sich also gleichsam selbst ausstellt. Man darf natürlich sogleich fragen, welchen Sinn es macht, das, was ohnehin da ist, auf diese Weise verdoppeln zu wollen. Es mag einen Augenblick interessant sein, Kopien einer Welt zu sehen, die man weniger kennt, aber das erschöpft sich schnell: Vorstadtkneipen, das ganze proletarische Milieu, Dirnen und Gauner – die Exotik dieser Themen hält nicht lange vor und die zehnte Wiederholung des Mietskasernenelends langweilt. „Einmal geht das" – sagt der Theaterkritiker Fontane nach einer Aufführung von Holz und Schlafs „Familie Selicke" im Jahre 1890 – *„einmal* lass' ich mir das gefallen, sogar unter wärmster und bewundernder Anerkennung gefallen. Und wenn der Ostermontag mal wieder auf den 7. April [den Tag der Aufführung, G.P.] fällt, dann mag es auch mal wieder gehen, aber doch immer nur in Abständen, in Etappen. Um Himmels willen keine 'Kontinuation', ein Punkt, der nicht genug betont werden kann."[54]

Interessant sind die Texte des „konsequenten Naturalismus" weniger wegen

52 Ebd., S. 16.

53 Ebd., S. 30.

54 T. Fontane, a.a.O. Bd. 22/2, S. 733.

ihrer schnell verbrauchten Themen, interessant sind sie wegen ihrer literarischen Verfahrensweise, die das Reale, bzw. einen Ausschnitt aus ihm, Punkt für Punkt kopieren möchte, damit aber ent-realisiert und in literarische Sprache überführt. Wenn das gelingt, ist man verblüfft, in wie hohem Maße „exakt“ Literatur sein kann; man interessiert sich dann kaum noch – oder nur am Rande noch – für das artikulierte Thema, sondern für die Art und Weise der Darstellung, für die geradezu photographische Genauigkeit der Milieustudien, und vor allem für die phonographisch korrekte Wiedergabe mündlicher Rede mitsamt ihrer Dialektfärbung, allen Fehlern, Interjektionen, Wiederholungen, mit allen Oohs und Äähs, ja noch mit dem „Rauschen“ des Kanals. In ihren konsequentesten Texten, im „Papa Hamlet“, in der „Familie Selicke“ oder in der Prosaskizze „Die papierne Passion“, gelingt es den beiden Autoren Holz und Schlaf in verblüffendem Maße, Eins-zu-Eins-Kopien zu verfertigen, die der Kontingenz der Welt alles Recht geben, sich kein Räuspern schenken, kein Husten auslassen und der Simultaneität aller denkbaren optischen und akustischen Vorgänge zu entsprechen versuchen, ja, noch der Welt der schlechten Gerüche im Vorstadtmilieu. Das Drama „Die Familie Selicke“, das die trostlosen Umstände einer heruntergekommenen Kleinbürgerfamilie schildert – samt besoffenem Vater, verhärmter Mutter, frechen Kindern, das kleinste hat Schwindsucht und stirbt auch noch – das Drama, das also diese Familienmisere ausgerechnet an einem Weihnachtsabend und der sich anschließenden Nacht schildert, fasziniert nicht wegen der Tristesse, es mobilisiert auch nicht die Instinkte des Sozialarbeiters oder Familienberaters, sondern man bewundert die Genauigkeit der sprachlichen Reproduktion dieser desperaten Szenerie, die nichts ausläßt, der alles gleich-gültig ist, das Gähnen genauso wie das Sterben, das Husten wie das Küssen, das Ticken der Uhr wie das Singen usw. Das Sprechen der Personen ist in erster Linie „Geräusch“, das es ebenso zu erfassen gilt wie das Trommeln des Regens gegen die Scheiben oder das Pfeifen eines vorbeifahrenden Zuges. Die Regieangaben sind von der allergrößten Ausführlichkeit und Genauigkeit; sie versuchen, das Optisch-„Reale“ so exakt als denkbar zu repräsentieren. Das Wohnzimmer der Selickes wird etwa so beschrieben:

„Es ist mäßig groß und sehr bescheiden eingerichtet. Im Vordergrunde rechts führt eine Tür in den Korridor, im Vordergrunde links eine in das Zimmer Wendts. Etwas weiter hinter dieser eine Küchentür mit Glasfenstern und Zwirngardinen. Die Rückwand nimmt ein altes, schwerfälliges, großgeblumtes Sofa ein, über welchem zwischen zwei kleinen vergilbten Gipsstatuetten 'Schiller und Goethe' der bekannte Kaulbachsche Stahlstich 'Lotte, Brot schneidend' hängt. Darunter, im Halbkranze, symmetrisch angeordnet, eine Anzahl photographischer Familienportraits. Vor dem Sofa ein ovaler Tisch, auf welchem zwischen allerhand Kaffeegeschirr eine brennende weiße Glaslampe mit grünem Schirm steht. (...) Außerdem noch, zwischen den beiden Türen an der linken Seitenwand, ein Tischchen mit einem Kanarienvogel, über welchem ein Regulator tickt ...“ usw.[55]

55 A. Holz/J. Schlaf: Die Familie Selicke. Stuttgart 1966, S. 5.

Bezeichnenderweise passiert zu Beginn des 1. Aufzuges überhaupt nichts; die Regieanweisung schreibt „Pause" vor; es soll dem Eindruck vorgebeugt werden, das Stück beginne irgend motiviert; es beginnt vielmehr irgendwie, wie im Leben, „zufällig":

„*Frau Selicke, etwas ältlich, vergrämt, sitzt vor dem Bett und strickt. Abgetragene Kleidung, lila Seelenwärmer, Hornbrille auf der Nase, ab und zu ein wenig fröstelnd. Pause*
Frau Selicke *(seufzend).* Ach Gott ja!
Walter *(noch hinter der Szene, in der Kammer).* Mamchen?!
Frau Selicke *(hat in Gedanken ihren Strickstrumpf fallen lassen, zieht ihr Taschentuch halb aus der Tasche, bückt sich drüber und schneuzt sich).*
Walter *(steckt den Kopf durch die Kammertür. Pausbacken, Pudelmütze, rote, gestrickte Fausthandschuhe).* Mamchen? Darf ich mir noch schnell' ne Stulle schneiden?
Frau Selicke *(ist zusammengefahren).* Ach, geh, du ungezogner Junge! Erschrick einen doch nich immer so! *(Ist aufgestanden und an den Tisch getreten.)* Kannst du denn auch gar nich'n bißchen Rücksicht nehmen?! Siehst du denn nich, daß das Kind krank ist?
Walter *(ist unterdessen aufs Sofa geklettert und trinkt nun nacheinander die verschiedenen Kaffeereste aus. Den Zucker holt er sich mit dem Löffel extra raus).* Aber ich hab doch noch solchen Hunger, Mamchen?"[56]

Die Kontingenz des Realen, die das Stück nicht tilgt, sondern ungeschminkt kopiert, hat Fontane, als er das Stück im Theater sah, abgestoßen:

„Das Stück leidet an Wiederholungen, die, weil es meist Szenen und Momente sind, die an und für sich schon auf der Wippe stehen, doppelt peinlich wirken. In Wirklichkeit geht es zwar so her, und wem die photographische Treue alles bedeutet, der wird auch diese richtige Beobachtung des Lebens bewundern müssen; die Bühne aber (...) hat ihre eigenen bestimmten Gesetze, von denen vorläufig nicht wohl abzusehen ist."[57]

Die „Gesetze der Bühne" hatten für Holz und Schlaf jedoch ihre Bedeutung verloren; Holz wollte „das Theater aus dem Theater verdrängen",[58] statt Literatur Realität vorführen. Die dazu notwendige Innovation der sprachlichen Mittel, die der literarischen Sprache eine bis da unbekannte, von den medientechnischen Erfindungen der Photo- und Phonographie inspirierte Exaktheit und Detailgenauigkeit erschloß, hat das Interesse des Publikums aber vom „Realen" abgezogen und auf die Eigenart der literarischen Verfahren hingelenkt. Das Reale erscheint fast zum bloßen Anlaß depotenziert, den die Literatur benötigt, um ihre Präzisionskapazität vorzuführen. So minimal die Differenz des stenographischen Protokolls, das Holz und Schlaf anstrebten, zur vorausgesetzten Realität auch immer ist, so groß wird die Differenz zu aller vorhergegangenen Literatur – vor allem des „idealistischen" Realismus und seiner „Verklärung" –, und genau die Beobachtung *dieser* Differenz macht die naturalistische, sprachexperimentelle Literatur interessant; sie ist, jedenfalls für eine gewisse Zeit, hochinnovativ und unerwartet und findet daher Beifall. Wenn sich der Anlaß, das Stück Wirklichkeit,

56 Ebd., S. 5f.

57 T. Fontane, a.a.O., S. 732f.

58 A. Holz, a.a.O., S. 48.

gar so vergleichgültigt, daß es zum austauschbaren Sujet einer ihre Mittel experimentell erprobenden Literatursprache wird, dann scheidet die Umwelt als Medium für Formgewinn aus –, und die Literatur optiert für Systemreferenz, sie nutzt sich selbst, ihre Sprachlichkeit, als Medium für Formen. Überdies macht Fontanes Rezension deutlich, daß die Suggestion, das Reale aufs Theater zu bringen, doch unproblematisch als das verstanden wird, was es ist: als Literatur. Fontane beendete seine Besprechung der „Familie Selicke" mit folgender Einsicht:

„Wie steht es (...) mit diesen 'Ausschnitten' aus dem Leben, mit diesen Momentbildern, die das, was wir auf der Hintertreppe gratis sehen können, uns gegen Entree noch einmal zeigen? (...) Es bleibt (...) ein gewaltiger Unterschied zwischen dem Bilde, das das Leben stellt, und dem Bilde, das die Kunst stellt; der Durchgangsprozeß, der sich vollzieht, schafft doch eine rätselhafte Modelung, und an dieser Modelung haftet die künstlerische Wirkung, die Wirkung überhaupt. Wenn ich das kleine Lieschen Selicke bei Nachbarsleuten im Hinterhause hätte sterben sehen, so ist es mir zweifelhaft, ob ich geweint hätte; dem kleinen Lieschen, das gestern auf der Bühne starb, bin ich unter Tränen gefolgt. Kunst ist ein ganz besonderer Saft."[59]

59 T. Fontane, a.a.O., S. 733f.

Kapitel 4: Ästhetizismus

So zeigt auch die extremste Variante des Realismus im 19. Jahrhundert – Holz und Schlafs „konsequenter Naturalismus" –, daß die Umweltoption moderner Literatur keineswegs zu einer Verwechslung von Literatur und Wirklichkeit Anlaß gegeben hat. Die Systemreferenz, d.h. das gerade an der hohen Artifizialität der naturalistischen Sprachexperimente ablesbare „Literarische" dieser Versuche, ihre literatursysteminterne Differenz zur bislang bekannten Literatursprache, konnte stets mitbeobachtet werden und sicherte auch dem „konsequenten Naturalismus" die Zugehörigkeit zum System moderner Literaturkommunikation.

Fragen konnte man sich freilich, welche Alternativen dem Realismus nun noch blieben. Wie wir schon angedeutet haben, zeigte sich schon in den Sprachexperimenten von Holz und Schlaf eine Tendenz zur Vergleichgültigung der thematisierten Realia zugunsten der Raffinesse ihrer sprachlichen Präsenz; die Bevorzugung des tristen Unterschichten-Milieus war kaum noch motiviert und ist dann auch fallengelassen worden, etwa in den Psycho-Stenogrammen Arthur Schnitzlers. In dieser Wende vom Sujet zum Stil, von der Realitätskonstruktion zur Sprach-Kunst drückt sich der Umschlag des „Realismus" zum „Ästhetizismus" aus, dem wir uns nun zuwenden wollen, um die dritte Epoche des modernen Literatursystems zu kennzeichnen.

Wir haben schon einmal zu Bedenken gegeben, daß wir den Ausdruck „Ästhetizismus" als etwas gespreizt und künstlich empfinden, aber er hat sich durchgesetzt, und am Ende kommt es nicht auf Worte, sondern den intendierten Sachverhalt an. „In der Literaturwissenschaft", so formuliert Victor Žmegač, „wird das Wort in zunehmendem Maße als Terminus gebraucht, namentlich in vergleichend ausgerichteten Studien zur europäischen Literatur der Jahrhundertwende. Es fungiert vorwiegend als Klammerbegriff, mit der Aufgabe, die gemeinsamen Züge der gleichzeitig mit dem Naturalismus aufkommenden entgegengesetzten Strömungen auf einen Nenner zu bringen".[1] Wir wollen uns jedoch mit keiner bloßen Beschreibung zufrieden geben, sondern die Position des „Ästhetizismus" aus unserer Theorie des Literatursystems herleiten, ehe wir sie dann an ausgewählten Beispielen erläutern und illustrieren.

Der „Ästhetizismus" – so wollen wir definieren – nutzt für Formgewinn nicht die Umwelt als Medium, d.h. Realitätskonstruktionen der Umwelt in der Umwelt, er verwendet vielmehr das Literatur- und Kunstsystem selbst als Medium für Formen und sieht daher von außersystemischen Weltkonstrukten ab. Diese Stra-

1 V. Žmegač: Ästhetizismus. In: D. Borchmeyer/V. Žmegač (Hg.): Moderne Literatur in Grundbegriffen. 2., neubearbeitete Aufl. Tübingen 1994, S. 22.

tegie, das Kunstsystem als Medium zu behandeln, kennt zwei grundlegende Varianten, die die „Doppelgesichtigkeit" des Ästhetizismus begründen; einmal nämlich ist es möglich, eine strikt künstlerische Weltkonstruktion – eine Kunstwelt oder artifizielle Realität – als Medium zu verwenden, die dann selektiv bearbeitet, d.h. in „Form" gebracht wird. Diese Formierung kann sich als durchaus konventionelle Darstellung oder Abbildung vollziehen; als Beispiel dieser Variante werden wir Joris Karl Huysmans Roman „A rebours" zu Rate ziehen, der eine vollkommen künstliche, aus „Kunst" zusammengesetzte „Welt" als Medium nutzt, aber auf dem Wege konventionellen Erzählens und Beschreibens zum Text des Romans formiert. Technisch gesehen, handelt es sich bei dieser ersten Spielart des Ästhetizismus also um folgendes:

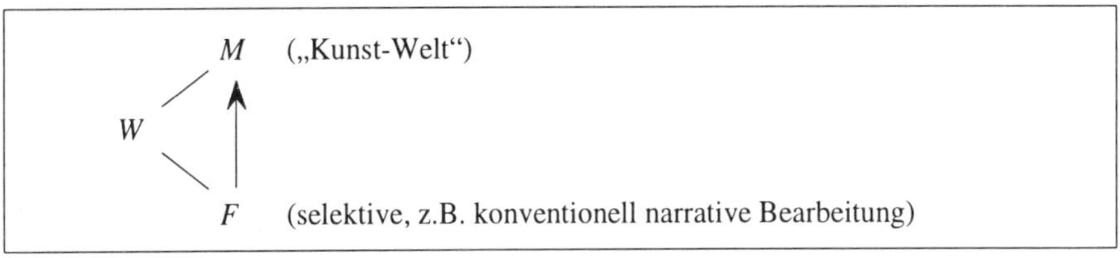

Man könnte einen Augenblick versucht sein, diese Strategie des Literatursystems noch dem „Realismus" zuzurechnen, insofern es zweifellos eine Realitätskonstruktion ist, die als Medium genutzt wird, und etwa von „ästhetizistischem Realismus" sprechen. Das Kunstsystem imaginiert eine Kunstwelt als Umwelt und bildet sie dann ab. Der Beobachter, dem die Welt insgesamt als „Kunst" erscheint, könnte tatsächlich auf den Gedanken kommen, das „ästhetizistische" Werk für „realistisch" zu halten, da es die Welt so sieht, wie der Beobachter auch. Wir wollen aber nicht zu spitzfindig werden und rufen daher noch einmal unser Kriterium für den Realismus des 19. Jahrhunderts in Erinnerung: Der Realismus importiert die leitenden Realitätskonstruktionen aus der Umwelt des Literatursystems, aus der Religion, der Philosophie, den Wissenschaften oder auch aus dem gängigen Verständnis eines Allerweltsempirismus, und dieser Umstand war die Bedingung dafür, daß die realistische Literatur auch für außerliterarische Beobachter als „realistisch" erscheinen konnte und man Balzacs „menschliche Komödie" aus soziologischem, Flauberts „Salammbô" aus archäologischem Interesse lesen oder Freytags „Soll und Haben" zur politisch-moralischen Aufrüstung empfehlen konnte. Durch die Ersetzung der systemexternen durch eine systemeigene Realitätskonstruktion unterscheidet sich die erste Variante des Ästhetizismus von allen „Realismen" auch da, wo sie konventionelle Verfahren – Reimtechnik, Erzählen, herkömmlichen Dialog usw. – einsetzt.

Die andere, vielleicht konsequentere Variante des Ästhetizismus verzichtet auf eine künstliche Imagination der „Welt", statt dessen ist es die literarische Sprache selbst, die als Medium für Formgewinn genutzt wird, wobei man sich genauer, aber auch komplizierter, so ausdrücken müßte: Die Differenz von Medium und Form wird als Medium genutzt, da die literarische Sprache ja immer schon diese Differenz ist; technisch sieht das dann so aus:

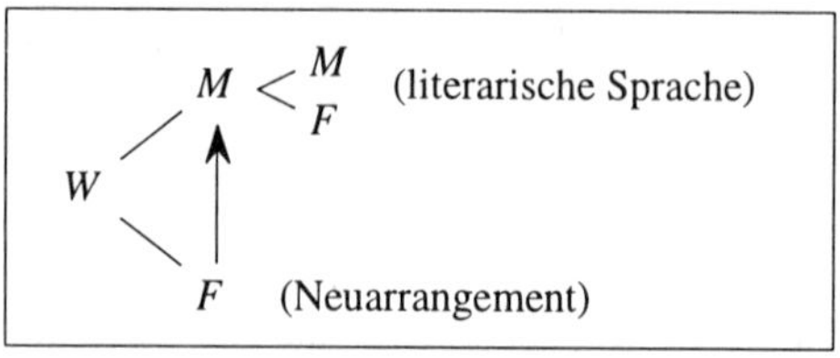

Das hier Gemeinte hat August Wilhelm Schlegel 1802 treffend beschrieben. Jede Poesie sei „Poesie der Poesie", weil sie die poetische Sprache voraussetze und als Medium behandele. Daraus ergebe sich eine tendenziell unabschließbare, innovationsorientierte Selbstreproduktion – oder Autopoiesis – der Literatur.[2]

Die zweite Variante des Ästhetizismus, deren Prototyp vielleicht Mallarmé darstellt, erfüllt sich in einer sprachexperimentellen, reflexiven Literatur, während die erste Variante „schöne", „artifizielle" künstliche Welten simuliert und ausfabuliert. Diese Unterscheidung ist natürlich nur als Hinweis auf zwei dominante Tendenzen zu verstehen; es gibt selbstverständlich auch Kombinationen zwischen ihnen, man denke etwa an Baudelaire oder an bestimmte Gedichte Georges.

Wir verstehen die Literatur des Ästhetizismus nur dann ihren Intentionen entsprechend, wenn wir in Rechnung stellen, daß sich in diesem Fall das Literatur- und Kunstsystem als Medium behandelt. Legt man dagegen irgendeine außerliterarische Realitätskonstruktion zugrunde, dann muß der Ästhetizismus in beiden Spielarten als „weltfremd", „esoterisch", „unverständlich", kurz: als „unrealistisch" erscheinen, weil dann die Differenz, die zur Beobachtung genutzt wird, von extremer Dramatik ist; technisch:

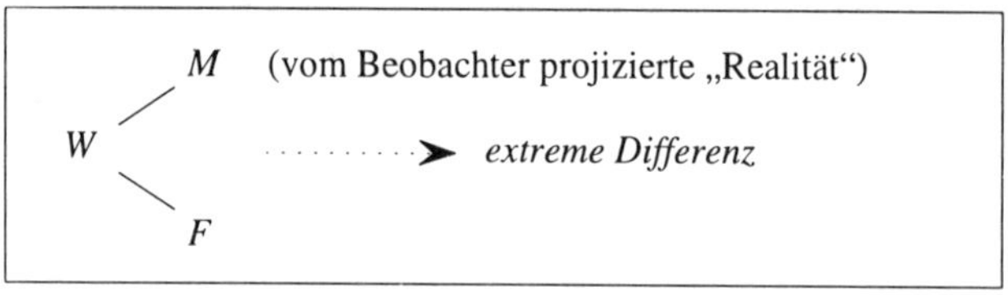

Weil man zum falschen Medium gegriffen hat, kann die Differenz so groß erscheinen, daß man Mühe hat, das Kunstwerk überhaupt noch zu erkennen, wie etwa auch der, dessen Ohr von der klassisch-romantischen Tonalität gefangen ist, Mühe hat, den Kunstcharakter zeitgenössischer Kompositionen nachzuvollziehen; er hört das passende Medium nicht mit und leidet unter der Extremdifferenz zu seinem Klang- und Harmonieideal.

So hat etwa die marxistische Literaturkritik den europäischen Ästhetizismus als unkünstlerische Verirrung dekadenter Geister verstanden, die nicht mehr im-

2 A.W. Schlegel: Vorlesungen über Ästhetik, a.a.O., S. 388; vgl. oben S. 91f.

stande gewesen seien, die Realität darzustellen. „Wenn die Literatur (...) eine besondere Form der Widerspiegelung der objektiven Wirklichkeit ist", wie Georg Lukács in seiner Polemik gegen die sprachexperimentelle Literatur behauptete, „wenn es (für die Literatur) darauf ankommt, diese Wirklichkeit so zu erfassen, wie sie tatsächlich beschaffen ist", dann steht jede ästhetizistische Dichtung auf verlorenem Posten; sie verweigert das „richtige" Medium – den marxistischen Realitätsbegriff inklusive Klassenkampf und Diktatur des Proletariats – und scheidet daher als Kunst aus; der Ästhetizismus habe ein gebrochenes Verhältnis zum Kulturerbe der bürgerlichen Aufstiegsperiode, er sei unfähig, den bürgerlichen Realismus fortzusetzen, nicht imstande, zum Realismus sozialistischer Qualität vorzudringen, er entferne sich von den Volksinteressen und sei „formalistisch", so der marxistische Literaturkritiker Reinhard Weisbach in einer 1972 unter dem Titel „Wir und der Expressionismus" erschienenen Studie.[3] Bei alledem handelt es sich schlicht um eine Verwechslung des Mediums: Die Schriftsteller des Ästhetizismus verwendeten ein anderes Medium als ihre Kritiker ihnen unterstellten; der Vorwurf, sie seien unfähig, das Reale darzustellen, weil ihr bürgerliches Klasseninteresse die „Wirklichkeit" der bevorstehenden proletarischen Revolution nicht wahrhaben wolle, müßte geradezu kurios erscheinen, hätte er nicht so bedrückende Folgen gehabt. Die Literatur ist nicht dazu da, die „Wirklichkeit widerzuspiegeln", sondern die Leute zu unterhalten, wie Brecht gesagt hat, und wenn das „Reale" langweilt, findet man andere Möglichkeiten. Über die Motive, die ihn zur Abfassung seines Romans „A rebours" veranlaßten, sagte Huysmans folgendes:

> „Als 'A Rebours' (...) erschien, nämlich im Jahre 1884, war die Lage folgende: der Naturalismus drehte den Mühlstein atemlos im Kreise herum. Die Summe von Beobachtungen, die jeder an sich oder den andern gemacht und aufgespeichert hatte, begann sich zu erschöpfen. (...) Wir (...) mußten uns fragen, ob der Naturalismus nicht in eine Sackgasse führe und ob wir nicht bald gegen die Mauer rennen würden."[4]

L'art pour l'art

Es ist die Losung „L'art pour l'art" gewesen, die gleichsam als kondensiertes Programm des Ästhetizismus gilt. Meist kann man lesen, daß es Theophile Gautier gewesen sei, der diese wirkungsmächtige Formel 1835 in der Vorrede zu seinem Roman „Mademoiselle de Maupin" geprägt habe. Dort liest man etwa, daß „wahrhaft schön nur das [ist], was zu nichts nütze ist; alles, was nützlich ist, ist häßlich; denn es ist der Ausdruck irgendeines Bedürfnisses; und diejenigen des Menschen sind gemein und widerwärtig (...). Der nützlichste Ort eines Hauses sind les

3 R. Weisbach: Wir und der Expressionismus. Berlin 1972, S. 8.

4 J.K. Huysmans: Gegen den Strich. Frankfurt/Berlin/Wien 1972, S. 7.

latrines (...)".[5] Und 1856 wiederholt Gautier diesen Standpunkt in seiner Zeitschrift „L'Artiste":

„Wir glauben an die *Autonomie* der Kunst; die Kunst ist für uns nicht ein Mittel, sie ist der Zweck. Jeder Künstler, der sich ein anderes Ziel setzt als das Schöne, ist in unseren Augen kein Künstler."[6]

Dem mit der deutschen ästhetischen und poetologischen Diskussion des 18. Jahrhunderts vertrauten Leser werden solche Sätze überaus konventionell erscheinen; was Gautier hier Mitte des 19. Jahrhunderts geradezu emphatisch postuliert – die Autonomie der Kunst –, das hatten Karl Philipp Moritz, Schiller und die Schlegel-Brüder in den beiden letzten Dekaden des 18. Jahrhunderts in fast gleichlautenden Formulierungen niedergeschrieben, um der Ausdifferenzierung der Kunst und Literatur eine semantische Gestalt zu geben. Betrachtet man die Begriffsgeschichte der Formel „L'art pour l'art" genauer, dann zeigt sich, daß nicht Gautier sie erfunden hat, sondern daß sie bereits kurz nach 1800 geprägt wurde, und es zeigt sich vor allem, daß sie ein unmittelbares Rezeptionsresultat der deutschen Ästhetik, der Ästhetik Kants gewesen ist. Kant hatte in seiner „Kritik der Urteilskraft" (1790), in dem Bemühen, das ästhetische Urteil in seiner Autonomie zu begründen, die Kunst von Wissenschaft und Moral strikt unterschieden und sie – wie schon Moritz vor ihm – aus allen instrumentellen, in Zweckbegriffen gedachten Zusammenhängen herausgelöst. Die Kunst ist „autonom", insoweit sie zum Gegenstand eines „interesselosen Wohlgefallens" wird, eines Wohlgefallens, das von keinem moralischen, politischen, religiösen oder sonstigen Motiv durchmischt wird. Dieses Autonomiekonzept Kants ist es gewesen, das nach 1800 von französischen Autoren „l'art pour l'art" genannt wurde. So berichtet der Lebensgefährte und philosophische Berater von Madame de Staël, Benjamin Constant de Rebecque, von einem Gespräch mit dem Engländer Henry Crabb Robinson im Jahre 1802 über Kant: Dieser habe das Prinzip vertreten: „die Kunst um der Kunst willen (l'art pour l'art) –, ohne Zweck; jeder Zweck entfremdet die Kunst ihrem wahren Wesen".[7] Crabb Robinson war es auch, der Frau von Staël mit Kants Gedanken vertraut machte, und auch sie betonte in ihrem Deutschland-Buch den Differenzgedanken, die Autonomie: „Mit welchem Nachdruck hält (Kant) das Schöne und das sittlich Gute auseinander und trennt beide zugleich von dem Nützlichen."[8] Und an anderer Stelle des Deutschland-Buches heißt es emphatisch:

„Die Deutschen betrachten nicht, wie man es gewöhnlich tut, die Nachahmung der Natur als den Hauptgegenstand der Kunst. Ihnen scheint vielmehr die ideale Schönheit das Prinzip aller Meisterwerke zu sein (...) Was ahmt denn die *erste* von allen Künsten, die Musik

5 Zit. K. Heisig: L'art pour l'art. Über den Ursprung dieser Kunstauffassung. In: Zs. f. Religions- und Geistesgeschichte 14 (1962), S. 202.

6 Ebd., S. 350.

7 Ebd., S. 203.

8 Ebd., S. 205.

nach? Dennoch ist sie von allen Gaben der Gottheit die herrlichste, denn sie scheint sozusagen völlig überflüssig zu sein. (...) Die Musik allein ist von einer erhabenen Nutzlosigkeit, und eben deshalb ergreift sie uns so sehr. Je weiter sie von jedem Zweck entfernt ist, desto mehr nähert sie sich jener inneren Quelle unserer Gedanken, welche die Hinwendung auf einen bestimmten Gegenstand in ihrem Lauf nur einengt."[9]

Der Ausdruck „L'art pour l'art" gehört also in die unmittelbare Wirkungsgeschichte der Kantschen Autonomieästhetik; er gelangt über Robinson, Benjamin Constant und Madame de Staël nach Frankreich und gewinnt um die Mitte des 19. Jahrhunderts die Bedeutung einer Selbstverständigungsformel des entstehenden Ästhetizismus. Der Vorgang ist nicht ohne Denkwürdigkeit. Denn die Umweltverhältnisse des sich ausdifferenzierenden Literatursystems – der „Druck" von Religion, Moral und Politik – führen in Deutschland im 19. Jahrhundert – nach den Experimenten der Romantik – zu einer Literatur, die die Potentiale der „Autonomie" nur zaghaft nutzt und zumeist in den Proportionen gutgemeinter, aber auch langweiliger „Realismen" einhegt, während die französische Literatur die Konzepte rigoroser Ausdifferenzierungssemantik zwar aus Deutschland importiert, dann aber um so energischer entfaltet und jede Realitätszumutung anderer Sozialsysteme – d.h. „Realismen" – abweist. Und erst als Rezeption dieses französischen Realismus konnte sich dann am Ende des 19. Jahrhunderts auch in Deutschland das Potential ausdifferenzierter Literatur, deren „Autonomie" hundert Jahre zuvor von Moritz, Kant, Schiller und den Schlegel-Brüdern reflektiert worden war, voll zur Geltung bringen.

Aspekte des Ästhetizismus

Ehe wir die Literatur des Ästhetizismus näher betrachten, wollen wir am Beispiel von Baudelaire und Oscar Wilde einige charakteristische Grundzüge des europäischen Ästhetizismus in der zweiten Hälfte des 19. Jahrhunderts andeuten.

Dabei ist zunächst die schroffe, kompromißlose Ablehnung jedes „Realismus" hervorzuheben. In Frankreich hatte sich um die Mitte des Jahrhunderts eine „école realiste" herausgebildet, die – anders als der „idealistische Realismus" Deutschlands – dem Grundsatz der Realitätskopie, der „fidèle imitation des originaux, que nous offre la nature"[10] verpflichtet geblieben war. In der Literatur repräsentierten diese Realismuskonzeption Autoren wie Champfleury oder Duranty, in der Malerei Courbet, der überdies einer „Politisierung" der Kunst das Wort redete: der Realismus sei die „demokratische Kunst, die das Ideal verneine".[11] Man könnte in der Tat – so hat es zumindest später Nietzsche sehen wollen – in der Vergleichgültigung der Sujets, deren Elemente enthierarchisiert, von glei-

9 G. de Staël, a.a.O., S. 347f.

10 Zit. E.B.O. Borgerhoff: 'Realism' and kindred words. In: Publ. modern language Ass. Amerika 53 (1938), S. 839.

11 Zit. K. Herding (Hg.): Realismus als Widerspruch. 1978, S. 28.

cher Gültigkeit erscheinen, eine egalisierende Stiltendenz erkennen, die dann im sogenannten „Sekundenstil“ des „konsequenten Naturalismus“ ihre deutlichste Ausprägung fand. Die Nähe dieses „egalitären“ Realismus zu einer Rangunterschiede nivellierenden demokratischen Kultur hat auch Gustave Flaubert gesehen und von seiner Position aus zurückgewiesen, wie ein Brief an Louise Colet aus dem Jahre 1852 zum Ausdruck bringt:

„Diese Sucht des Herabsetzens (...) ist zutiefst französisch, – Land der Gleichheit und der Antifreiheit. Denn man haßt die Freiheit in unserem teuren Vaterlande. Ist nicht nach den Sozialisten das Staatsideal eine Art riesiges Ungeheuer, das jede individuelle Handlung, jede Persönlichkeit, jedes Denken verschlingt und das alles leiten, alles machen wird? (...) So deliriert Frankreich seit 1830 in einem idiotischen Realismus; die Unfehlbarkeit des allgemeinen Wahlrechts ist dabei, zu einem Dogma zu werden (...), das Recht der Zahl, der Respekt vor der Menge haben die Autorität des Namens, das göttliche Recht, die Vorherrschaft des Geistes abgelöst. (...) Was ist denn die Gleichheit anderes als die Verleugnung jeder Freiheit, jeder Überlegenheit und der Natur selbst? Gleichheit bedeutet Sklaverei. Deshalb liebe ich die Kunst. Dort wenigstens, in dieser Welt der Fiktionen, ist Freiheit.“[12]

Für Baudelaire erfüllte sich der Realismus, den er als Kunst der Masse und ihrer trivialen Bilderwünsche abtat, in der Photographie, die das Bedürfnis des Publikums nach Verdopplung seiner banalen Lebenswelten nutze und technisch erfülle:

„In diesen kläglichen Tagen ist eine neue Industrie hervorgetreten, die nicht wenig dazu beitrug, die platte Dummheit in ihrem Glauben zu bestärken und was etwa noch Göttliches im französischen Geiste zurückgeblieben sein mochte, zugrunde zu richten. Diese götzendienerische Menge forderte ein Ideal, das ihrer würdig, das ihrer Natur wohl angemessen war (...). Auf dem Gebiete der Malerei und der Skulptur (. .) lautete das Credo der Leute von Welt: 'Ich glaube an die Natur und glaube einzig an die Natur (...). Ich glaube, daß die Kunst nichts anderes ist und sein kann als die genaue Wiedergabe der Natur'. (...) Ein rächerischer Gott hat die Stimme dieser Menge erhört. Daguerre ward sein Messias. Und nunmehr sagte sie sich: 'Da also die Photographie uns alle wünschenswerten Garantien für Genauigkeit gibt (...), so kommen wir notgedrungen zu der Erklärung: Die Kunst ist die Photographie'. Seit diesem Augenblick kam die ganze unsaubere Gesellschaft wie ein einziger Narcissus herbeigestürzt, ihr triviales Bildnis im Spiegel zu betrachten. (...) Unglaubliche Abscheulichkeiten ließen sich sehen. (...) Irgendein demokratischer Schriftsteller mußte hier das Mittel erblicken, auf wohlfeile Art im Volke den Widerwillen gegen die Geschichte und die Malerei zu verbreiten, wodurch er denn ein zwiefaches Verbrechen beging und zugleich die göttliche Malerei und die erhabene Kunst des Schauspielers beleidigte. Kurze Zeit danach beugten sich Tausende über die Löcher des Stereoskops, als wären sie die Dachluken der Unendlichkeit.“[13]

Oscar Wilde mokierte sich 1889 in seinem Essay über den „Verfall der Lüge“, der als *die* Programmschrift des Ästhetizismus verstanden werden kann, über die naturalistischen Romane Emile Zolas, die den „Aktenstil“ in die Literatur

12 G. Flaubert: Briefe. Hg. v. H. Scheffel. Zürich 1977, S. 203ff.

13 C. Baudelaire: Der Künstler und das moderne Leben. Leipzig 1990, S. 205f.

eingeführt hätten und ihr „Stück Natur", das sie schilderten, mit dem Mikroskop untersuchten, nachdem ihnen umfangreiche Studien in der „Librairie Nationale" vorausgegangen seien. Ihre Ergebnisse seien banal und langweilig, auch schon deshalb, weil die Wirklichkeit ihre Kopie bald überholt habe und der Geschwindigkeit der sozialen Veränderungen keine Literatur entsprechen könne! Deshalb wären die realistischen Romane, kaum geschrieben, schon überholt, veraltert wie die Zeitung von gestern.[14] Zola sei entschlossen, „uns zu langweilen"!

„Sein Werk ist vom Anfang bis zum Ende gänzlich verfehlt, und verfehlt nicht vom Standpunkt der Moral aus, sondern vom Standpunkt der Kunst. Von jedem ethischen Standpunkt aus ist es ganz unantastbar. Der Verfasser ist vollkommen aufrichtig, und er beschreibt die Dinge genauso, wie sie geschehen. Was kann man als Moralist mehr verlangen? Wir haben durchaus kein Verständnis für die moralische Entrüstung, die sich heutzutage gegen Zola geltend macht. (...) Aber was kann vom Standpunkt der Kunst aus, zugunsten (Zolas) vorgebracht werden? Nichts. Ruskin vergleicht einmal die Charaktere in den Romanen von George Eliot mit dem Gesindel eines Pentonviller Omnibus, aber Zolas Charaktere sind weit schlimmer. Sie haben ihre trostlosen Laster und ihre trostlosen Tugenden. Die persönliche Geschichte ihres Lebens ist völlig ohne Reiz. Wer kümmert sich darum, was ihnen gerade widerfährt? Von der Literatur verlangen wir (...) Bezauberung, Schönheit und Phantasie. Wir wollen nicht belästigt und angeekelt sein durch die Schilderung von Begebenheiten, die sich in den unteren Volksschichten abspielen."[15]

Die Literatur, so Wilde, solle sich nicht dem Realen ausliefern, an dem sie nur scheitern könne – das „Leben ist schneller als der Realismus"[16] – und dessen Reproduktion langweilt, sie solle vielmehr irreal, phantastisch und imaginativ sein, um damit ihrer Autonomie zu folgen und im Publikum Interesse zu wecken. Denn darauf kam es an, die Erwartungen der Leser zu enttäuschen, zu überraschen, zu irritieren, Traditionen zu brechen, um im Publikum für Resonanz zu sorgen; das hat Wilde mit großer Prägnanz beschrieben:

„Gestern war es der Realismus, der uns gefallen hat. Man fand in ihm jenen 'nouveau frisson', den er hervorrufen wollte. Man analysierte ihn und wurde seiner überdrüssig. Später kam der Luminismus in der Malerei und der Symbolismus in der Dichtung (...). Heute erhebt sich der Ruf nach Romantik, und schon zittern die Blätter im Tal, und auf purpurnen Hügelspitzen wandelt die Schönheit mit zarten goldenen Füßen dahin. Die alten Formen des Schaffens erhalten sich natürlich weiterhin. Die Künstler reproduzieren entweder sich oder einer den anderen in ermüdender Wiederholung."[17]

Um dann noch zu überraschen und eingespielte Erwartungen zu dupieren, d.h. also um „interessant" zu bleiben, bedarf es schon ausgefallener Strategien. Die „schöpferische Imagination", auf die sich Baudelaire immer wieder berief, muß daher in erster Linie als Differenztechnik oder Distanzpolitik verstanden werden, als Quelle immer neuer und überraschender Effekte:

14 O. Wilde: Werke. Hg. v. R. Gruenter. Bd. 1. München 1970, S. 427.

15 Ebd., S. 399f.

16 Ebd., S. 427.

17 Ebd., S. 510.

„In letzter Zeit hörten wir (so Baudelaire) in tausend verschiedenen Arten die Worte: 'Kopiert die Natur; kopiert nur die Natur. Es gibt keine größere Freude noch einen größeren Triumph als eine ausgezeichnete Kopie der Natur.' Und diese kunstfeindliche Lehre beansprucht, nicht allein auf die Malerei angewendet zu werden, sondern auf alle Künste, selbst auf den Roman, selbst auf die Poesie. Auf diese von der Natur so angetanen Lehren hätte ein imaginativer Mensch gewiß mit Recht erwidern können: 'Ich finde es unnütz und müßig, das Daseiende zu wiederholen, da nichts, was da ist, mir genügt. Die Natur ist häßlich, und ich gebe den Monstern meiner Phantasie vor der positiven Trivialität den Vorzug."[18]

Diese „Monster der Phantasie" erzeugte Baudelaire vor allem auch durch Drogenkonsum, durch die Stimulierung „künstlicher Paradiese", die alles vertraute Wahrnehmen außer Kraft zu setzen schien und ungeahnte Sensationen ermöglichte, die die banale Wirklichkeit vergessen machten:

„Sehe ich von den Likören ab, die rasch eine materielle Raserei entfachen und die geistige Kraft zu Boden drücken, und ebenso von den Parfüms, deren ausschweifender Gebrauch die Einbildungskraft des Menschen wohl aufs äußerste verfeinert, dafür aber im selben Grade seine physischen Kräfte erschöpft, so sind unter den Drogen, die sich am geeignetsten erweisen zur Erreichung dessen, was ich das *künstliche Ideal* nenne, die zwei wirksamsten Substanzen jene, deren Gebrauch der bequemste und verbreitetste ist, der Haschisch und das Opium. (...) Die Augen sehen das Unendliche. Das Ohr hört fast unvernehmbare Töne inmitten des größten Tumults. Hier beginnen die Halluzinationen. Die Gegenstände der Außenwelt nehmen langsam, nach und nach, seltsame Erscheinungen an; sie deformieren sich und bilden neue Formen. Dann stellen die Zweideutigkeiten sich ein, die Mißdeutungen und die Sinnverlagerungen. Die Töne kleiden sich in Farben, und die Farben enthalten eine Musik."[19]

Aus der Verdammung des Realismus als triviale Wirklichkeitskopie folgt als zweites Kennzeichen des Ästhetizismus eine forcierte Anti-Natürlichkeit als Programm. Die Natur – das Reale – ist banal, der Rede nicht wert; Kunst ist Kunst erst dann, wenn sie ihre Differenz zu aller Natur unübersehbar in Szene setzt, Anti-Natur wird. Die Natur ist für Baudelaire nicht länger Paradigma der Kunst, wie die alteuropäische Tradition es wollte, sie ist ihr Kontrapunkt, sobald man die onto-theologische Naturauffassung als Illusion entlarvt hat und die Natur in ihrer ganzen häßlichen Kontingenz vorurteilsfrei zur Kenntnis nimmt:

„Die meisten Irrtümer über das Schöne entstammen der falschen Auffassung des achtzehnten Jahrhunderts über die Moral. Die Natur ward in jener Zeit als Grundlage, Quelle und Typus jedes möglichen Guten und Schönen angenommen. Die Verneinung der Erbsünde hatte an der allgemeinen Verblendung in jenen Tagen einen nicht geringen Anteil. Wenn wir überhaupt gewillt sind, uns einfach an die sichtbare Tatsache, an die Erfahrung aller Zeiten und an die 'Gerichts-Zeitung' zu halten, so werden wir einsehen, daß die Natur gar nichts (...) lehrt."[20]

18 C. Baudelaire, a.a.O., S. 209.

19 Ebd., S. 234 und 251.

20 Ebd., S. 312.

Und den Vorzug der Kunst vor aller Natur stellt wiederum Wilde unübertrefflich heraus, als er im „Verfall der Lüge“ Vivian – sein Sprachrohr – auf den Vorschlag seines Freundes Cyril, die Bibliothek zu verlassen und sich ins Gras zu legen, um die Natur zu genießen, folgende Antwort geben läßt:

„VIVIAN. Die Natur genießen! Ich bin froh, daß ich das längst verlernt habe. Man sagt, die Kunst lehre uns die Natur mehr lieben als bisher, daß sie uns ihre Geheimnisse offenbare und daß wir nach einem sorgfältigen Studium von Corot und Constable Dinge in ihr sähen, die unserem Auge entgangen waren. Meine eigene Erfahrung ist die: Je mehr wir die Kunst studieren, desto weniger kümmert uns die Natur. In Wirklichkeit offenbart uns die Kunst den Mangel an planvoller Absicht in der Natur, ihre merkwürdigen Roheiten, ihre außergewöhnliche Eintönigkeit, das völlig Unfertige ihres Zustands. (...)
CYRIL. Schön, du brauchst ja die Landschaft nicht zu betrachten. Du kannst im Gras liegen und rauchen und plaudern.
VIVIAN. Die Natur ist aber so unbequem. Der Rasen ist hart und bucklig und feucht und wimmelt von schrecklichem Ungeziefer. Der schlechteste Arbeiter bei Morris macht dir eine bequemere Sitzgelegenheit, als die ganze Natur es vermag. Die Natur verblaßt vor den Zimmereinrichtungen 'der Straße, die von Oxford den Namen entlehnt hat', wie der Dichter (...) sie einmal umständlich nannte. Ich beklage es nicht. Wäre die Natur wohnlich, dann hätten die Menschen nie die Architektur erfunden, und ich ziehe Häuser dem freien Himmel vor.“[21]

Infolge dieser Abwertung „schöner Natur“ zum Inbegriff der Kunstfeindlichkeit oder Kunstferne dreht Wilde die herkömmliche Doktrin der Mimesis – die Kunst solle die Natur nachahmen – einfach um: die Natur, das Reale ist es, das die Kunst zu imitieren hat. Auf Cyrils Frage:

„Aber du willst doch nicht im Ernst behaupten, daß das Leben die Kunst nachahmt, daß das Leben tatsächlich der Spiegel ist und die Kunst die Wirklichkeit?“

antwortet Vivian:

„Gewiß glaube ich das. Obwohl es paradox erscheinen mag (...), ist es darum nicht weniger wahr, daß das Leben die Kunst weit mehr nachahmt als die Kunst das Leben. Wir alle haben es in England miterlebt, wie ein bestimmtes, seltsames, bezauberndes Schönheitsideal, das von zwei schöpferischen Malern erfunden (...) wurde, das Leben derartig beeinflußte, daß, sooft wir auf eine private Gesellschaft oder in einen Kunstsalon gehen, wir hier den geheimnisvollen Augen begegnen, von denen Rosetti träumte, dem schlanken Elfenbeinhals, dem eigentümlich eckig geschnittenen Kinn, dem losen, dunklen Haar (...). Ein großer Künstler erfindet eine Idealfigur, und das Leben versucht sie nachzubilden. (...) Die Griechen mit ihrem raschen künstlerischen Auffassungsvermögen, haben das erkannt, darum stellten sie eine Statue des Hermes oder des Apollon im Gemach der Braut auf, damit sie Kinder gebäre, so lieblich wie die Werke der Kunst, die sie schaute in ihrer Wonne und ihrer Qual. (...) So erklärt sich ihre (der Griechen) Abneigung gegen den *Realismus*. Sie mißbilligten ihn aus rein gesellschaftlichen Gründen. Sie fühlten, daß er den Menschen unweigerlich häßlich macht, und sie hatten völlig recht. Wir versuchen die Lebensbedingungen der Menschen zu verbessern, indem wir für gute Luft, freies Licht, gesundes Wasser sorgen und häßliche, kahle Häuser bauen, damit die unteren Volksschichten menschenwürdiger

21 O. Wilde, a.a.O., S. 393f.

wohnen. Aber diese Einrichtungen ermöglichen vielleicht die Gesundheit, ganz gewiß erzeugen sie keine Schönheit. Dazu bedarf es der Kunst, und die wahren Schüler der großen Künstler sind nicht die akademischen Nachahmer, sondern diejenigen, die ihren Kunstwerken selbst ähnlich werden."[22]

Aus diesem Rangverhältnis von Kunst und Leben leitet sich dann drittens jene Artifizialisierung der Existenz ab, die für den Ästhetizismus so kennzeichnend ist. Das Leben möge Kunst werden, um ein Medium zu sein, das die Literatur dann noch einmal formieren kann. Daher übernimmt folgerichtig – was die Anleitung zum Ideal des Lebens angeht – die Ästhetik für Wilde den Platz der Ethik; nicht um ein richtiges, gerechtes oder gottesfürchtiges Leben geht es mehr, sondern um die „schöne Existenz":

„Die Ästhetik steht über der Ethik. Sie gehört einer geistigeren Sphäre an (...). Die Ethik macht, wie die natürliche Auslese, das Dasein möglich. Die Ästhetik macht, wie die künstliche Auslese, das Leben reizvoll und wunderbar; sie bereichert es mit neuen Formen, verleiht ihm (. . .) Vielfalt und Veränderung."[23]

Prototypen dieser Ästhetisierung der Existenz waren für Baudelaire der Dandy und die Kurtisane. Der Dandy stilisiert sein Leben zum „Kunstwerk"; er lebt aus der geschmackvoll inszenierten Distanz zur Masse, er ist originell, ohne der Konvenienz Abbruch zu tun, er ist so blasiert, daß nichts ihn provozieren kann; er findet an sich selbst Genüge und bedarf der anderen zu seiner Vervollkommnung nicht länger; sein Erscheinen überrascht dagegen das Publikum. Seine Leidenschaft, sagt Baudelaire, bestehe in

„einer Art von Kult seiner selbst, der die Suche nach dem Glück, das man in jemand anderem, im Weibe zum Beispiel finden könnte, der selbst alles, was man als Illusionen bezeichnet, zu überleben vermag. Sie besteht in dem Pläsier, in Erstaunen zu setzen, und in der stolzen Genugtuung, selbst doch nie erstaunt zu sein."[24]

Dem Dandy eignen aristokratische Züge, er verachtet den „Sumpf der Demokratie"[25] und erscheint in der modernen, nivellierten Kultur wie ein „Heros" in einer Niedergangsepoche. Man kann wirklich ohne Übertreibung sagen: so wie Baudelaire den Dandy schildert, tritt er als „lebendiges Kunstwerk" auf, das an sich selbst und seiner stilisierten, die Balance von Exzentrik und Konvention haltenden Existenz Genüge hat, die Außenstehenden frappiert und in einer den Künsten feindlichen, egalitären Welt in seinem Dasein bedroht ist, eine aussterbende Gattung. „Die Dandies werden bei uns immer seltener", hat Baudelaire gesagt.[26]

Weibliches Gegenstück zum Dandy ist die schöne Frau als Kurtisane oder Schauspielerin, die Baudelaire „ein künstlich zugerichtetes Geschöpf" nennt, „ei-

22 Ebd., S. 412f.

23 Ebd., S. 528.

24 C. Baudelaire, a.a.O., S. 307f.

25 Ebd., S. 309.

26 Ebd.

nen Gegenstand der öffentlichen Vergnügung" wie die Kunst.[27] Auf die Künstlichkeit ihrer Schönheit kommt es dabei an, sie korrigiert die banale Natur und erhöht die Frau zum „Werk":

> „Die Frau ist ganz in ihrem Recht, und sie erfüllt sogar eine Art Pflicht, wenn sie das Bestreben hat, magisch und übernatürlich zu erscheinen; sie *soll* erstaunlich sein und voller Reiz (...). So muß sie denn allen Künsten die Mittel entleihen, sich über die Natur hinwegzuheben; (...) In diesen Betrachtungen wird der philosophische Künstler leicht die Berechtigung all jener Praktiken finden, die die Frauen zu allen Zeiten angewendet haben, um ihre gebrechliche Schönheit (...) zu konsolidieren und zu vergöttlichen. Sie aufzuzählen würde nicht möglich sein; beschränken wir uns auf das, was unsere Zeit grobhin *das Schminken* nennt: Wer sieht nicht, daß die *Poudre de riz*, die unsere wahrheitsbeflissenen Philosophen so dumm verdammen, zum Ziel und zum Ergebnis hat (...), alle Flecke, mit denen die Natur in so schmählicher Art den Teint übersät, verschwinden zu lassen und in der Körnung und Färbung der Haut eine abstrakte Einheit herbeizuführen, welche Einheit – gleich jener, die das Trikot erzeugt – das menschliche Wesen sofort der *Statue*, das heißt einem göttlichen, höheren Wesen näherbringt? Was das künstliche Schwarz betrifft, das das Auge umkreist, und das Rot, das die obere Wangenpartie betont, so entspringt ihr Gebrauch demselben Prinzip, nämlich dem Streben, gewissermaßen aus den *Grenzen der Natur* hinauszutreten."[28]

Der Dandy, die Kurtisane, die Schauspielerin erscheinen als künstliche, stilisierte Existenzen, deren sich die Literatur des Ästhetizismus bedient, um Medien für Formgewinn zu erlangen, der alle Natur, jede „Realität" vergessen macht, „Anti-Natur", schöne Künstlichkeit ist.

Diese Ästhetisierung der Existenz erscheint aber nur denkbar, wenn die Relevanz der moralischen Beurteilung und Bewertung neutralisiert worden ist. Das forcierte Bewußtsein von der Nichtzuständigkeit der moralischen Perspektive kann daher als viertes Kennzeichen des europäischen Ästhetizismus verstanden werden, der damit freilich nur radikalisiert, was Kant bereits unzweideutig hervorgehoben hatte: Wer „ästhetisch" urteilt, muß sein mögliches moralisches Urteil einklammern, das Schöne muß nicht gut sein, und das moralisch Verwerfliche kann gefallen und künstlerisch überzeugen. Kant sagte z.B., daß ein von Kopf bis Fuß tätowierter Neuseeländer unseren moralischen Begriff von der Würde des Menschen provoziere, seine schönen Hautzeichnungen uns gleichwohl gefallen könnten, wir müßten allerdings unsere Vorstellungen von der Moralität der Person neutralisieren, solange wir uns an den Reizen der Tätowierung erfreuten. Diese Differenzierung der Perspektiven hebt auch Oscar Wilde hervor, wenn er in seinem großen Essay „Der Kritiker als Künstler" (1890) schreibt:

> „Die Wissenschaft steht außerhalb der Ethik, denn sie richtet ihr Augenmerk auf unabänderbare Wahrheiten. Die Kunst steht außerhalb der Ethik, denn sie richtet ihr Augenmerk auf das Schöne, das Unsterbliche und ewig Wechselvolle."[29]

---

27 Ebd., S. 318.

28 Ebd., S. 314f.

29 O. Wilde, a.a.O., S. 514.

Wenn der Standpunkt der Moral für die literarische und künstlerische Kommunikation keinerlei Verbindlichkeit und Relevanz hat, dann mag es reizvoll und interessant sein, moralische Überzeugungen des Publikums zu düpieren. Daher verstehen wir das vierte Kennzeichen des Ästhetizismus nicht bloß als „Einklammerung der Moral", sondern aggressiver als Anti-Moral oder Moral-Provokation. Wilde nennt die Literatur „Kunst der Lüge" und führt ihren Niedergang im Zeichen des „Realismus" auf den Verfall der Lüge und das Aufkommen künstlerisch so verhängnisvoller Tugenden wie „Wahrheitsliebe" zurück:

„Die alten Geschichtsschreiber hinterließen uns wundervolle Dichtungen in der Form von Tatsachen; der moderne Romanschriftsteller langweilt uns mit Tatsachen, die er als Dichtung ausgibt. (...) Mancher junge Mensch beginnt das Leben mit einer natürlichen Gabe zur Übertreibung; würde diese Begabung in entsprechender und angenehmer Umgebung gepflegt oder durch Nachahmung der höchsten Vorbilder gefördert, dann könnte etwas wirklich Großes und Wunderbares entstehen. In der Regel aber bringt es ein solcher Mensch zu nichts. (...) Er verfällt entweder der gedankenlosen Gewohnheit der Akkuratesse, oder er sucht die Gesellschaft der Alten und der Alleswisser. Beides ist seiner Phantasie (...) verhängnisvoll; es dauert nicht lange, und er beginnt eine krankhafte und schädliche Neigung für die Wahrheit zu zeigen."[30]

Das überzeugendste Beispiel für diese anti-moralische Aggressivität ist aber wohl Thomas de Quinceys Essay „Der Mord als eine schöne Kunst betrachtet", der schon 1827 in Auszügen publiziert und 1854 vollendet wurde. De Quincey, der vor allem durch seine „Bekenntnisse eines Opiumessers" Berühmtheit erlangte, war für Baudelaire von großer Bedeutung. Die Abhandlung über den „Mord als Kunst" fingiert eine Londoner Geheimgesellschaft, deren Mitglieder, wie der künstlich moralisch entrüstete Herausgeber ihrer Vorlesungen berichtet, „jede einschlägige Greueltat (...) wie ein Bild, eine Skulptur oder ein anderes Kunstwerk" besprechen und kritisieren.[31] Der anonyme Autor einer dieser Vorlesungen charakterisiert die Ästhetik des Mordes und ihre Beziehung zur Moral auf folgende Weise:

„Man beginnt allmählich einzusehen, daß zur künstlerischen Vollendung einer Mordtat doch etwas mehr gehört als zwei Dummköpfe, einer, der tötet, und einer, der getötet wird, ein Messer, eine Brieftasche und eine dunkle Gasse. Formgebung, meine Herren, Sinn für Gruppierung und Beleuchtung, poetisches Empfinden und Zartgefühl werden heute zu einer solchen Tat verlangt. Williams hat für den idealen Mord Maßstäbe gesetzt (...). Wie Aischylos oder Milton die Dichtkunst, wie Michelangelo die Malerei, so hat er seine Kunst zu gewaltiger Erhabenheit emporgeführt (...). Die Geschichte dieser Kunst darzustellen und ihre Grundsätze kritisch zu beleuchten, bleibt nun dem Kenner und Richter vorbehalten, der sich vom Gepräge der Herren Richter in Seiner Majestät Schwurgericht allerdings wesentlich unterscheidet. (...) Im übrigen aber hat jedes Ding zwei Seiten. Den Mord z.B. kann man von seiner moralischen Seite betrachten, wie dies gewöhnlich von der Kanzel herab und im Old Bailey geschieht, und diese ist – ich muß es gestehen – seine schwache

30 Ebd., S. 396ff.

31 T. de Quincey: Der Mord als eine schöne Kunst betrachtet. Hg. v. N. Kohl. Frankfurt/M. 1977, S. 41.

Seite, oder man kann ihn ästhetisch würdigen, wie die Deutschen es nennen würden, d.h. mit Rücksicht auf den künstlerischen Geschmack. (...) Wenn die Tränen getrocknet sind, machen wir vielleicht zu unserer Genugtuung die Entdeckung, daß eine Tat, die, unter moralischem Gesichtswinkel betrachtet, empörend und durch nichts zu rechtfertigen ist, für die Anforderungen des guten Geschmacks dennoch äußerst verdienstvoll sein kann. So ist alle Welt zufriedengestellt, und das alte Sprichwort, daß in jedem Unglück etwas Gutes zu finden sei, bewahrheitet sich aufs Neue, denn jetzt kommt auch der Liebhaber, der – solange die Moral im Spiele war – sauertöpfisch und verdrossen dreinschaute, auf seine Kosten, und die gute Laune trägt den Sieg davon. Der Tugend ist Genüge getan, jetzt kommen Liebhaberei und Kunstsinn an die Reihe."[32]

Die ironische Idee, den Mord als Kunst zu betrachten und seine Ausführung nach künstlerischen Kriterien zu bewerten – eine Idee, von der der Herausgeber sagt (und das steigert die Ironie noch erheblich), daß sich sein „ganzes moralisches Empfinden" dagegen empöre, „solche Dinge in einem christlichen Lande zu dulden",[33] treibt die „Logik" der Ausdifferenzierung und der Autonomie zu einem interessanten, vielleicht provozierenden Extrem; wenn Kunst und Moral, künstlerische und moralische Kommunikation füreinander Umwelt sind, dann steht nichts im Wege, das moralisch Verwerfliche, daß Gräßliche zum Sujet einer moralisch desinteressierten literarischen Behandlung zu machen. Warum soll der Mord kein „Kunst-Werk" sein, wenn er eine Differenz von Medium und Form zur Beobachtung freigibt, die interessant bzw. banal ist? Diese Ästhetisierung des moralisch Verwerflichen, des Bösen, ist eine wesentliche Motivressource des Ästhetizismus gewesen.

A Rebours

Es bietet sich an, Joris Karl Huysmans' 1884 erschienenen Roman „Gegen den Strich" als Paradigma der ersten Variante des europäischen Ästhetizismus heranzuziehen. Der Belgier Huysmans stand ursprünglich dem Kreis um Emile Zola nahe und verfaßte Novellen in naturalistischer Façon wie „Stromabwärts" oder „Ein Dilemma"; nach seiner ästhetizistischen Phase wandte er sich einem mystischen Katholizismus zu und hatte für den Realismus seiner Anfänge nur noch Verachtung übrig. In dem Roman „Là bas" kann man etwa lesen:

„Die ganze naturalistische Schule (...) strahlt die Triebe einer greulichen Zeit wider. Sie hat uns eine derart kriechende und platte Kunst beschert, daß ich sie gern den Natteralismus nennen möchte. Lies doch ihre letzten Bücher: was findest du da? Im Stil schlecht gefärbter Glasscherben, einfältige Anekdoten, von Zeitungsausschnitten mit Vermischten Nachrichten (...). Wenn ich mit diesen Bänden fertig bin, (...) bleibt mir nur der überraschende Gedanke, daß ein Mensch drei- bis vierhundert Seiten hat schreiben können, wo er uns doch so ganz und gar nichts (...) zu sagen hatte."[34]

---

32 Ebd., S. 45ff.

33 Ebd., S. 44.

34 J.K. Huysmans: Tief unten. Frankfurt/Berlin/Wien 1972, S. 6.

Wir hatten schon darauf aufmerksam gemacht, daß es die Langeweile, das Abgestandene des realistischen Themen- und Stilrepertoires war, das Huysmans dazu mobilisierte, die ästhetizistische Option moderner Literatur auszuspielen. Für diese Option stellt „A Rebours" sogleich ein kaum mehr überbietbares Muster dar. Der Roman hat im Grunde überhaupt keine Handlung, die man nacherzählen könnte; er arrangiert statt dessen in sich überbietender Ausführlichkeit und Detailversessenheit ein Tableau schöner, esoterischer oder exzentrischer Dinge, das Ambiente einer exklusiven Kunstwelt, aus der alles Nicht-Künstlerische kategorisch ausgegrenzt bleibt. Der Roman ist der Gang durch das geschmäcklerische Interieur der Villa eines Ästheten oder Dandys, die einer Kombination von Bibliothek mit ausgesuchtesten Beständen, Gemäldegalerie, Museum, Gewächshaus und Raritätenkabinett gleicht. Sollte man den „Inhalt" des Romans angeben, dann könnte man allenfalls sagen, daß ein ebenso reicher wie kränklicher Abkomme eines alten Adelsgeschlechts sich von der Wirklichkeit angewidert in die weltferne Abgeschiedenheit eines fast unzugänglichen Refugiums zurückzieht, dort seine Tage in Muße damit zubringt, exklusiven Liebhabereien nachzugehen oder Tagträumen – oft unter Einfluß von Drogen – nachzuhängen, aber auch seinen häufigen neurasthenischen Anfällen mit allen möglichen „Therapien" zu begegnen, um dann am Ende, auf Anraten des Arztes, sein freiwilliges Exil aufzugeben und nach Paris zurückzukehren, mit freilich desaströsen Aussichten, voller Lebensekel und Weltverachtung.

„In zwei Tagen bin ich in Paris – dann ist alles zu Ende; wie eine Springflut steigen die Wogen der menschlichen Mittelmäßigkeit zum Himmel und drohen, das Refugium, dessen Wehr ich widerstrebend öffne, zu überfluten."[35]

Der letzte Satz des Romans deutet dann immerhin an, daß die Lebensform des Glaubens einen Ausweg bieten könnte, ein Hinweis auf die spätere Wende Huysmans' zum Katholizismus, die zugleich eine Selbstkritik des Ästhetizismus implizierte und literarhistorisch zu einer Reprise des „christlichen Realismus" führte.

Hier kommt es uns aber allein auf die Epochensignifikanz des Romans an. Wir wollen einige Punkte exemplarisch herausgreifen. Da ist zunächst das Motiv der Dekadenz oder Degenereszenz: Des Esseintes, so heißt der nervenkranke junge Adlige, ist der hypersensible Sproß eines degenerierten Geschlechts:

„Der Verfall dieses alten Hauses hatte zweifellos seinen regelmäßigen Lauf genommen; die Männer waren immer ausgesprochen weibischer geworden; und wie um das Werk der Zeit zu krönen, vermählten die Des Esseintes zwei Jahrhunderte hindurch ihre Kinder untereinander und verbrauchten so den Rest ihrer Kraft in Verbindungen gleichen Blutes. (...) Seine Kindheit war düster gewesen. Skrofulös und von hartnäckigen Fieberanfällen heimgesucht, gelang es ihm trotzdem mittels frischer Luft und guter Pflege die Klippen der Mannbarkeit zu überwinden; dann hatten die Nerven die Oberhand, bezwangen die Schwächeanfälle der Bleichsucht und führten das fortschreitende Wachstum zu völliger

35 J.K. Huysmans: Gegen den Strich, a.a.O., S. 189.

Entwicklung. Die Mutter, eine hochgewachsene, stille, weiße Frau, starb an Erschöpfung, der Vater an einer mysteriösen Krankheit."[36]

Den Décadent charakterisiert eine eminent niedrige Reizschwelle; alles Vulgäre, Laute, führt auf der Stelle zu nervösen Krisen. Seine überfeinerte Wahrnehmung erfüllt sich in einem Kult der Nuance, in einer vollkommen künstlichen Umwelt, die – und das wäre ein zweiter Aspekt – gegen die Außenwelt hermetisch abgeschirmt ist. Des Esseintes ist nicht einmal mehr postalisch zu erreichen, er empfängt keinen Besuch und inszeniert sein Haus als künstliches Kloster, indem er die unvermeidliche Bedienstete als Nonne ausstaffiert:

„Da die Frau (...) des öfteren am Haus entlanggehen mußte, um zu einem Schuppen zu gelangen, in dem das Brennholz lagerte, so wollte er vermeiden, daß ihr Schatten, wenn sie an seinem Fenster vorbeiging, ihn erschreckte; er ließ daher eine Tracht aus flämischem Seidenstoff machen, mit weißer Haube und breiter, schwarzer Kapuze, die weit herunterhing, ähnlich der, die in Gent von den Frauen in den Beginenklöstern getragen wird. Ging dieser Schatten in der Dämmerung an ihm vorbei, so hatte er die Empfindung, er sei im Kloster ..."[37]

Selbst noch innerhalb des Hauses richtet sich Des Esseintes Zonen ein, die ihn von aller Störung oder Belästigung strikt fernhalten sollen:

„Diese Mahlzeiten, deren Anordnung und Speisefolge zu Beginn jeder Jahreszeit ein für allemal festgesetzt worden waren, nahm er an einem Tisch in einem kleinen Zimmer ein, das von seinem Arbeitszimmer durch einen gepolsterten und *hermetisch* geschlossenen Gang getrennt war, der in keines der durch ihn in Verbindung stehenden Zimmer den geringsten Geruch oder das kleinste Geräusch dringen ließ."[38]

Diese hermetischen Räume sind von äußerster Künstlichkeit und raffiniertestem Geschmack; sie zeichnen sich vor allem – und was wäre ein dritter Aspekt – durch forcierte Gegennatürlichkeit aus; über die Wahl der Farben in den Gemächern heißt es z.B.:

„Er verwarf den Durchschnittsmenschen, dessen grobe Netzhaut den jeder Farbe eigenen Rhythmus und den geheimnisvollen Zauber ihrer Abstufungen und Nuancen nicht wahrzunehmen vermag; verwarf auch bürgerliches Sehen, das sich dem siegreichen Glanz vibrierender, starker Tönungen entzieht; schätzte lediglich Leute mit raffinierten, durch Literatur und Kunst geschulten Pupillen, und es schien ihm sicher, daß den Augen dessen, der vom Ideal träumt, der Illusionen fordert und das Abendrot verschleiert wünscht, im allgemeinen Blau und dessen Abstufungen wohltun: malvenfarbig, lila oder perlgrau, soweit sie zart bleiben und nicht die Grenze überschreiten, hinter der sie ihren Charakter verlieren und sich in reines Violett oder offenes Grau verwandeln. (...) Er wollte Farben, deren Ausdruck im künstlichen Lampenlicht sich verstärkten; es lag ihm nicht einmal daran, daß sie im Tageslicht fahl und herbe aussehen könnten, denn er lebte ja doch nur des Nachts ..."[39]

---

36 Ebd., S. 20.

37 Ebd., S. 33.

38 Ebd.

39 Ebd., S. 30 u. 29.

Zu dieser Antinatürlichkeit des hermetischen Kunstraumes zählt auch der Kult, den Des Esseintes mit Blumen treibt: zunächst bevorzugt er künstliche Blumen, die natürliche täuschend nachahmen; als ihn aber diese Vorliebe zu langweilen beginnt, kommt er auf die Idee, echte Blumen züchten zu lassen, die wie falsche aussehen; von dem Sortiment, das ihm die als „Blumenkünstler" titulierten Gärtner dann vorführen, heißt es:

„Es gab ganz ungewöhnliche darunter (...), weiße, wie die Alben, die aus der durchsichtigen Pleura eines Rindes oder einer diaphanen Schweinsblase hergestellt zu sein schienen; einige (...) glichen Zink, parodierten gestanzte kaisergrüne Metallstücke (...); andere wieder (...) täuschten gestärkten, karmesinrot und myrtengrün gesprenkelten Kattun vor (...). Die Gärtner brachten noch neue Arten; diese glichen künstlicher, von falschen Adern durchfurchter Haut; die meisten waren wie von Syphilis und Aussatz zerfressen und hatten fahles, rötlich marmoriertes und von Flechten damasziertes Fleisch; (...) manche schienen wie mit Pflastern bedeckt, überklebt von schwarzer oder grüner Salbe, darauf der gelbliche Glimmer des Jodoformpuders glänzte."[40]

Auf den Gipfel treibt Des Esseintes diese De-Naturierung im Ambiente seiner Kunst-Welt, als er auf die ausgefallene Idee kommt, den Farbschimmer eines Orientteppichs dadurch zu ergänzen, daß er eine Schildkröte über ihn laufen läßt. Man muß wissen, daß die Schildkröte zeitweilig sozusagen der Schoßhund der Dandies war; Walter Benjamin schreibt in einem Essay über den Flaneur, daß es um 1840 „vorübergehend zum guten Ton [gehört habe], Schildkröten in den Passagen spazieren zu führen".[41] Von derartigem Flanieren ist Des Esseintes allerdings weit entfernt; ihm dient die Schildkröte zur Vollendung eines dekorativen Ensembles; aber er ist zunächst enttäuscht:

„Das Negerbraun und das nackte Siena des Rückenschildes beschmutzten entschieden die Reflexe des Teppichs, ohne sie zu beleben; die vorherrschenden Silberschimmer funkelten jetzt kaum mehr und krochen mit den Zinktönen am Rande der matten, harten Schale entlang."[42]

Die natürlichen Farben der Kröte erzeugen einen Mißton, und Des Esseintes ist entschlossen, die Natur zu korrigieren. Er läßt den Panzer der Schildkröte vergolden und zum guten Ende mit besonders seltenen Juwelen besetzen:

„Er entschloß sich schließlich für Steine, deren Reflexe sich abwechseln sollten: für den mahagoniroten Hyazinth von Compostella, den meergrünen Aquamarin, den essigrosa Ballasrubin, den schieferfarbenen Rubin aus Södermanland. Ihr schwaches Schillern erhellte das dunkle Schildpatt zur Genüge und ließ die Blüte aller Steine zur Geltung kommen, die es mit einem schmalen Kranz unbestimmter Feuer umgab. In eine Ecke des Speisezimmers gekauert, betrachtete (...) Des Esseintes die Schildkröte, die im Zwielicht rötlich

40 Ebd., S. 87.

41 W. Benjamin: C. Baudelaire. Ein Lyriker im Zeitalter des Hochkapitalismus. Frankfurt/M. 1974, S. 52.

42 J.K. Huysmans: Gegen den Strich, a.a.O., S. 51.

glänzte. Er fühlte sich vollkommen glücklich; seine Augen berauschten sich am Glanz dieser Blütenkronen, die auf Goldgrund flammten."[43]

Freilich überlebt die arme Schildkröte ihre Totalverschönerung nicht lange, wie man sich denken kann.

Zu dem Motivkomplex der Anti-Natürlichkeit in Huysmans' Roman ließen sich noch viele Einzelzüge ergänzen; wir beschränken uns auf einen letzten Aspekt: auf die imaginären Reisen. Eines seiner Gemächer hat sich Des Esseintes im Stile einer luxuriösen Schiffskabine herrichten lassen, und hier unternimmt er auf den Schwingen der bildenden Kunst oder der literarischen Beschreibung exotischer Länder und Städte sublime Exkursionen, die jede tatsächliche Reise bei weitem übertreffen. Einmal war Des Esseintes in Holland; die niederländische Malerei hatte ihn dazu inspiriert, aber das Ergebnis war niederschmetternd; das Reale ist trivial und unterbietet das künstlerische Vor-Bild in jeder Weise:

„Alles in allem waren grausame Enttäuschungen das Ergebnis dieser Reise. Er hatte sich nach den Werken von Teniers und Steen, Rembrandt und Ostade ein eigenes Holland im voraus zurechtgemacht, mit herrlichen Judenvierteln in Goldtönen, wie Leder aus Cordova; er hatte von prächtigen Kirchweihfesten und unaufhörlichen Gelagen geträumt; er hatte die von den alten Meistern gefeierte, patriarchalische Gutmütigkeit und harmlose Völlerei erwartet. (...) Er mußte schließlich zugeben, daß die holländische Schule im Louvre ihn irregeleitet [hatte]. Nirgends entdeckte er jenes magische (...) Land, das er erhoffte; nirgends sah er Wiesen, auf denen Fässer herumlagen, und Bauern und Bäuerinnen, außer sich vor Freude und Glück, in ihren weiten Röcken und kurzen Hosen ihre Tänze tanzten und vor lauter Lachen sich erleichtern."[44]

So ist es naheliegend, daß Des Esseintes sich in eine Welt zurückzieht, die ausschließlich aus Kunst und Künstlichkeit zusammengesetzt ist, in eine Kunstwelt, wie man ein viertes Charakteristikum nennen könnte. Da ist zunächst die erlesene Bibliothek, deren Zusammenstellung eine Art Literaturgeschichte des Ästhetizismus verrät; Des Esseintes hat dezidierte Interessen; er sammelt mit Vorliebe lateinische Literatur, aber nicht die der bekannten Schulautoren aus der Zeit der Republik und des frühen Imperium, nicht Livius, Cicero oder Caesar, sondern Autoren des dekadenten, zerfallenden Roms wie Petronius, Apulejus oder Commodian. Den anderen Schwerpunkt seiner Sammlung bilden Bücher des französischen 19. Jahrhunderts, von Flaubert (Salammbô), Baudelaire, Edmond de Goncourt, Mallarmé und Verlaine. Dabei legt Des Esseintes auf die Ausstattung dieser Bände wenigstens ebenso großes Gewicht wie auf ihren Inhalt:

„So hatte er sich mit den herrlichen Kirchenlettern des Hauses Le Clerc Baudelaires Werk in Großformat, das an Meßbücher erinnerte, auf ganz leichtem, schwammigen Japanfilz drucken lassen, der weich wie Holundermark war und trotz seiner milchigen Weiße einen rosa Schimmer hatte. Er hatte davon ein Exemplar in samtschwarzer chinesischer Tusche drucken und außen und innen in herrliches, unter Tausenden von Häuten ausgesuchtes

43 Ebd., S. 53.

44 Ebd., S. 123f.

fleischfarbenes, genarbtes Schweinsleder binden lassen, auf das ein großer Künstler ein Ornament von schwarzen Spitzen gepreßt hatte."[45]

Die Bevorzugung ästhetizistischer Literatur geht einher mit der Eliminierung „realistischer" Autoren – wie vor allem Balzac – als zu grobe Kost für die verfeinerte Sensibilität Des Esseintes':

„Einst hatte er (...) Balzac verehrt, aber sobald sein Organismus aus dem Gleichgewicht gekommen war und seine Nerven die Oberhand bekamen, hatten seine Neigungen sich gewandelt, und seine Bewunderung war auf etwas anderes übergegangen."[46]

Neben der Bibliothek verdient Des Esseintes' Gemäldegalerie Beachtung; auch hier sind seine Vorlieben eindeutig: er verehrt die Symbolisten Moreau und Redon, Moreaus „Tanz der Salome" von 1876 vor allem; über Redon z.B. heißt es:

„Diese Zeichnungen waren außerhalb alles Gegebenen; die meisten übersprangen die Grenzen der Malerei und erneuerten eine besonders phantastische Kunst: die der Krankheit und des Deliriums."[47]

Beeinträchtigt wird Des Esseintes' Bewunderung dieser Künstler jedoch durch ihre wachsende öffentliche Beachtung; dies ist auch der Grund, weshalb er seine ursprüngliche Neigung zu Goya oder Rembrandt fallen läßt; was die „Masse" verehrt, ist dem esoterischen Sinn des Ästheten zuwider; deshalb weigert sich Des Esseintes auch, Konzerte zu besuchen, wiewohl er Musik – Wagner, Schumann, Schubert („Der Tod und das Mädchen") vor allem – außerordentlich schätzt; die Musik sei eine

„Kunst wahllosen Zusammenseins (...); um sie zu hören, muß man sich unter jenes stets gleiche Publikum mischen, das die Theater überfüllt und die großen Konzertsäle belagert, in denen man unter grellem Licht und in der Atmosphäre einer Waschküche einen Mann bemerkt, der wie ein Zimmermann aussieht (...) und Bruchstücke Wagners zur Riesenfreude einer verständnislosen Menge übel zurichtet! Er hatte nicht den Mut gehabt, sich in dieses Massenbad zu stürzen, um Berlioz zu hören, dessen Musik ihn durch ihre leidenschaftlichen Steigerungen und ihren Schwung teilweise sehr ergriffen hatte."[48]

Aber nicht nur bildende Kunst, Literatur und Musik, die Künste im engeren Sinn, füllen die künstliche Welt Des Esseintes'. Auch die Objekte anderer Vorlieben gewinnen Kunstgestalt, Werkform, höchste Artifizialität. Da sind etwa die erlesenen Liköre, deren raffinierte Geschmacksnuancen wie eine „Musik des Gaumens", eine gastronomische Sinfonie genossen werden können. Da ist ausgefallener Konfekt, der eine ähnliche Bedeutung hat – und da sind die Parfüms, deren „Syntax der Gerüche" bezaubert:

„Er war der Meinung, daß der Geruch die gleichen Genüsse verschaffen könne wie das Gehör und das Gesicht. (...) In der Parfümbereitung vollendet der Künstler den ursprüng-

45 Ebd., S. 127.

46 Ebd., S. 155.

47 Ebd., S. 67.

48 Ebd., S. 175f.

lichen, natürlichen Duft, dessen Wohlgeruch er abschleift und faßt, wie ein Goldschmied das Wasser eines Edelsteins läutert, um ihn zur Geltung zu bringen."[49]

Derart an sublime Geruchsnuancen gewöhnt, empfindet Des Esseintes jeden natürlichen Geruch geradezu als Infamie und Bedrohung der „Kunst der Nase". Als er einmal ein Fenster öffnet und die Frühlingsluft sein Zimmer füllt, stürzt ihn die Massivität dieses Duftes in eine Nervenkrise, so daß er ohnmächtig, fast sterbend, am Fenster zusammenbricht.

Schließlich muß man auch die Amouren Des Esseintes', seine Geliebten, als Kunstfiguren verstehen. Es ist ein wahres Raritätenkabinett, in dem eine maskuline Zirkusakrobatin ebenso vorkommt wie eine anämische Bauchrednerin. Später kommt noch ein etwas bizarrer Jüngling hinzu, aber die derbe Natürlichkeit des Sexuellen überfordert Des Essentes mehr und mehr, und er läßt schließlich gänzlich von ihr ab, um sich ausschließlich seinen Büchern, Likören, seinem Konfekt, seinen Bildern, künstlichen Blumen und phantastischen Paradiesen zu widmen.

Ein fünfter und letzter Aspekt des Romans verdient noch Erwähnung, und zwar die strikte Anti-Moralität dieser Kunstwelt. Bereits die tödliche Verzierung der Schildkröte vermöchte wohl das Gemüt eines Tierschützers zu provozieren; das ist aber noch nichts gegen jene Art von Experimenten, die Des Esseintes mitunter zu seiner Unterhaltung betreibt. So kommt er eines Tages auf die Idee, „einen Mörder zu schaffen".[50] Um sein Ziel zu erreichen, gabelt er auf der Straße einen sechzehnjährigen, mittellosen Jungen auf, hält ihn in einem Luxusbordell frei und stellt dem Verwirrten, aber auch Faszinierten in Aussicht, dieses Abenteuer alle vierzehn Tage wiederholen zu können. Gegenüber der Dame des Hauses erläutert er seinen Plan unverhohlen so:

„Hör dir mal meine Überlegungen an, dieser Bursche ist unberührt und hat das Alter erreicht, da das Blut kocht. (...) Wenn ich ihn (...) hierher mitten in einen Luxus führe, den er nicht einmal geahnt hat und der sich tief in sein Gedächtnis einprägt, wenn ich ihm alle vierzehn Tage ein solches Fest gebe, werden ihm die Freuden (...) zur Gewohnheit werden; nehmen wir an, drei Monate seien nötig, bis sie ihm absolut unentbehrlich geworden sind (...) – kurz, nach Verlauf dieser drei Monate entziehe ich ihm die Rente, die ich für diesen guten Zweck im voraus an dich bezahle; dann wird er stehlen, um hierher gehen zu können (...). Er wird, wenn es darauf ankommt, hoffentlich den Mann töten, der im falschen Moment erscheint, während er seinen Schreibtisch aufzubrechen versucht. Dann ist mein Zweck erreicht, und [ich] werde dazu beigetragen haben, einen Schuft zu schaffen, einen Feind mehr für diese widerliche Gesellschaft ..."[51]

Es ist für die Haltung Des Esseintes' bezeichnend, daß ihn dieser Plan bald langweilt, so daß er über anderen Interessen vergißt, das Gelingen seines Experiments weiterzuverfolgen.

---

49 Ebd., S. 104f.

50 Ebd., S. 73.

51 Ebd., S. 73f.

Die Dekadenz, der Hermetismus, die Anti-Natur und die künstliche Welt, schließlich der A-Moralismus sind als hervorstechende Züge in Huysmans' Roman zugleich signifikante Charakteristika des westeuropäischen Ästhetizismus gewesen, der die Kunst selbst als Medium für Formgewinne benutzt und alle Kunstsystem-externen Realitätskonstruktionen als Zumutung abgewiesen hat. Huysmans hat – in der Obsession seiner Motive – gleichsam den exemplarischen Text des Ästhetizismus verfaßt, der auf den modernen Leser stellenweise wie eine Karikatur dieser ganzen Richtung wirken mag. Huysmans' Motive wurden im deutschen Ästhetizismus aufgenommen und variiert, später auch kritisiert, was ja naheliegt, wenn man sich naiv stellt und fragt: „Kann man denn so leben?" Das kann man natürlich nicht, und schon Huysmans' Des Esseintes sieht in Kirche und Gläubigkeit eine Alternative. Vor allem aber, und das ist für die literarische Evolution entscheidender als eine moralische Beurteilung der „ästhetizistischen" Existenz, gerät die Literatur vom Huysmansschen Typus allzu schnell in Gefahr, langweilig zu werden; das ganze geschmäcklerische Ambiente dieser Dandies mit ihren esoterischen Vorlieben für falsche Blumen und falsche Nonnen, Schildkröten und anämische Damen wirkt spätestens nach der dritten Reprise schal und abgestanden; es interessiert nicht länger. Ein schönes Dokument für dieses rasche Veraltern des Huysmanstons haben wir in Thomas Manns Novelle „Tristan" aus dem Jahre 1902 in Händen. Der ironischerweise ebenso schönheitstrunkene wie häßliche Schriftsteller Detlev Spinell hat einen Roman geschrieben, von dem es heißt, er sei mit einer „vollkommen verwirrenden Umschlagzeichnung versehen und gedruckt auf einer Art von Kaffeesiebpapier mit Buchstaben, von denen ein jeder aussah wie eine gotische Kathedrale".

> „[Er] spielte in mondänen Salons, in üppigen Frauengemächern (...), die voll von Gobelins, uralten Möbeln, köstlichem Porzellan, unbezahlbaren Stoffen und künstlerischen Kleinodien aller Art [waren]. Auf die Schilderung dieser Dinge war der liebevollste Wert gelegt, und beständig sah man dabei Herrn Spinell, wie er die Nase kraus zog und sagte: 'Wie schön! Gott, sehen Sie, wie schön!'"[52]

Fräulein von Osterloh, die einigermaßen pragmatisch denkende Geschäftsführerin jenes Sanatoriums, in dem dieser Spinell irgendwelchen absurden Studien nachgeht, um nebenbei die lungenkranke Gabriele Klöterjahn mit einem Tristanauszug zu traktieren und in den Tod zu treiben, Fräulein von Osterloh also hatte den Roman „in einer müßigen Viertelstunde gelesen und fand [ihn] 'raffiniert', was ihre Form war, das Urteil 'unmenschlich *langweilig*' zu umschreiben."[53]

52 T. Mann: Sämtliche Erzählungen. Frankfurt/M. 1963, S. 176.

53 Ebd.

Sprach-Kunst

Wir definierten den „Ästhetizismus“ als Epoche moderner Literatur, die nicht länger Realitätskonstruktionen ihrer Umwelt, sondern Kunst und Literatur selbst als Medien für Formgewinn behandelt. Wir sahen, daß diese Option des modernen Literatursystems auf zweifache Weise realisiert werden konnte: Einmal vermag die Literatur eine vollkommen durchästhetisierte Welt zu konstruieren, die gleichsam nur noch aus „Kunstsachverhalten“ besteht – eine „Kunstwelt“ –, die sie anschließend zum Text des Werks formiert. Am Beispiel von Joris Karl Huysmans und seines Romans „A Rebours“, an der einigermaßen morbiden Künstlichkeit seiner Interieurs haben wir ein wirkungsmächtiges Muster dieser Strategie kennengelernt. An Huysmans hat sich auch der deutsche Ästhetizismus der Jahrhundertwende orientieren können.

Die andere Strategie des Ästhetizismus hat die Ressource „Systemreferenz“, d.h. die Möglichkeit, Literatur selbst als Medium zu verwenden, noch konsequenter genutzt. Sie verzichtet darauf, eine „Umwelt“ – und sei sie noch so ästhetisch – zu simulieren, sondern bezieht sich exklusiv auf ihre Sprachlichkeit, d.h. die Sprache und keine „Wirklichkeit“ mehr rückt in die Position des Mediums. Die Differenz, die das „Werk“ als Form vom Medium unterscheidet, ist nun keine Differenz gegenüber irgendeiner Wirklichkeitskonstruktion mehr, sondern eine Differenz gegenüber aller Sprachkonvention im Alltag und vor allem in konventioneller Literatur. Sehr vereinfacht gesagt: Wenn die Literatur des Realismus „Wirklichkeiten“ thematisierte und ihre Sprachlichkeit gleichsam nur als Vehikel zur Erzielung von „Realitätseffekten“ verstand, d.h. als völlig transparentes „Medium“, dann thematisiert die Literatur des Ästhetizismus in seiner zweiten Variante privilegiert, ja exklusiv diese Sprachlichkeit, die sich jeder Bezeichnung von „Wirklichkeiten“ sperrt und opak wird. Die literarische Sprache bezeichnet nicht länger die „Welt“ – wie immer diese auch konstruiert sei –, sie bezeichnet sich selbst und verzichtet auf den Anspruch, eine – und sei es selbsterzeugte – Umwelt zu kopieren. Die Folge ist, daß solche Literatur als „schwierig“, ja „hermetisch“ empfunden wird. Sie steht in keinem erkennbaren Bezug mehr zu irgendeiner verfügbaren Realitätskonstruktion, so daß jedes Medium für eine „realistische“ Lektüre fehlt, also nur „noise“ vernehmbar ist. Um dieses „Rauschen“ als „Form“ zu lesen oder zu hören, muß es nicht in seiner Differenz zur „Realität“, sondern zur Sprachkonvention beobachtet werden. Der sprachreferentielle Ästhetizismus behandelt die Sprache (in Literatur und Alltag) als Medium, um aus der Distanzierung von ihr Formgewinne zu erzielen. Der europäische Prototyp dieser Option ist das lyrische Œuvre Mallarmés, dessen suggestive Hermetik ganze Heerscharen von Kommentatoren angelockt hat. Mallarmé hat den Dichter aufgefordert, aus seinem Werk die „gemeine Wirklichkeit“ auszuschließen[54] und die signifikative ebenso wie die kommunikative Funktion der Sprache zu verweigern:

54 Zit. H. Friedrich: Die Struktur der modernen Lyrik, a.a.O., S. 93.

„Es ist eine unleugbare Sehnsucht meiner Zeit (so Mallarmé in der 'Krise des Verses'), das Doppelwesen des Wortes sichtbar zu machen und seine beiden Anwendungsformen zu unterscheiden: das rohe, unmittelbare Wort hier, das wesentliche dort. Erzählen, unterrichten, selbst beschreiben meint noch, daß es für jedermann vielleicht genügen würde, in der Stille eine Münze aus der Hand des anderen zu nehmen oder selbst hineinzulegen und so menschliche Gedanken auszutauschen; aus dieser Grundverwendung des Gesprächs entspringt die universelle Reportage, zu der, *die Literatur ausgenommen*, alle zeitgenössischen Schreibweisen gehören."[55]

Weder dient die poetische Sprache der Bezeichnung der „Welt", noch soll sie intersubjektive Verständigung stiften; und auch den Ästhetizismus des Huysmansschen Typus – die Kopie einer durchästhetisierten Kunstwelt – weist Mallarmé strikt ab: es komme vielmehr darauf an, „daß es die Absicht der Sprache ist, selbst schön zu werden, und *nicht*, das Schöne *darzustellen"*.[56] Gegenüber den Funktionen der Alltagssprache macht sich die Poesie zum „Rätsel", die allein durch die Prägnanz ihrer „weltlosen" Form überzeugt und Resonanz findet. In besonders eindringlicher Weise hat der französische Philosoph Michel Foucault diesen ästhetizistischen Typus der Literatur beschrieben und von den konventionellen Sprachfunktionen unterschieden:

„Von der romantischen Revolte (...) bis zur Entdeckung des Wortes in seiner ohnmächtigen Kraft durch Mallarmé sieht man wohl, welche Funktion die Literatur im neunzehnten Jahrhundert in Beziehung zur modernen Seinsweise der Sprache hat. (...) Literatur unterscheidet sich mehr und mehr vom Diskurs der Vorstellungen, schließt sich in eine radikale *Intransitivität* ein. Sie löst sich von allen Werten, die im klassischen Zeitalter sie zirkulieren lassen konnten (der Geschmack, das Vergnügen, das Natürliche, das Wahre), und läßt in ihrem eigenen Raum alles entstehen, was dessen spielerische Verneinung sichern kann (das Skandalöse, das Häßliche, das Unmögliche). Sie (...) wird zur reinen und einfachen Offenbarung einer Sprache, die zum Gesetz nur die Affirmation – gegen alle anderen Diskurse – ihrer schroffen Existenz hat. Sie braucht also nur noch in einer ständigen Wiederkehr auf sich selbst sich zurückzukrümmen, so als könnte ihr Diskurs nur zum Inhalt haben, ihre *eigene Form* auszusagen. (...) In dem Augenblick, in dem die Sprache als ausgebreitetes Sprechen Gegenstand der Erkenntnis wird, erscheint sie wieder in einer streng entgegengesetzten Modalität: schweigsame, vorsichtige Niederlegung eines Wortes auf das Weiße eines Papiers, wo es weder Laut noch Sprecher geben kann, wo sie nichts anderes mehr zu sagen hat *als sich selbst*, nichts anderes zu tun hat, als im Glanz ihres Seins zu glitzern."[57]

Man hat diese selbstreferentielle – „weltlose" –, der glatten Kommunikation sich sperrende, gleichwohl Interesse findende Literatur auch „poésie pure" – von aller konventionellen Sprachverwendung gereinigte Dichtung – genannt. Hugo von Hofmannsthal hat davon gesprochen, daß „das Wort als Träger eines

55 S. Mallarmé zit. Symbole und Signale. Frühe Dokumente der literarischen Avantgarde. Birsfelden o.J., S. 146.

56 Ebd., S. 144.

57 M. Foucault: Die Ordnung der Dinge. Eine Archäologie der Humanwissenschaften. Frankfurt/M. 1971, S. 365f.

Lebensinhaltes und das traumhafte Bruderwort, welches in einem Gedicht stehen kann", auseinanderstrebten und fremd aneinander vorbeischwebten, wie die beiden Eimer eines Brunnens.[58] Paul Valéry, der der „reinen" oder, wie er formulierte, „absoluten" Dichtung programmatische Reflexionen gewidmet hat, orientierte sein Ideal der „poésie pure" an der Musik, die sich als geformte Tonalität vom Medium diffuser „Geräusche" distinkt unterscheide. Da Valéry seine Auffassung von der Musik als Paradigma der „reinen" Dichtung in verblüffender Übereinstimmung mit unserer Konzeption der Medium/Form-Differenz formuliert, sei ein längeres, erläuterndes Zitat aus seinem Aufsatz „Poésie pure" (1928) erlaubt:

„Wie ist die Musik entstanden? Der Sinn des Gehörs liefert uns die Eigenwelt der *Geräusche*. Unser Ohr läßt eine unendliche Zahl von Wahrnehmungen zu, die es in beliebiger Ordnung empfängt (...). Uralte Beobachtungen und sehr frühe Erfahrungen haben es ermöglicht, aus der Welt der Geräusche das System oder den Kosmos der *Töne* zu erschließen, die besonders einfache und leicht unterscheidbare Geräusche sind, vor allem aber geeignet, Kombinationen und Assoziationen zu bilden, – deren Struktur, deren Verkettung, deren Unterschiede und Ähnlichkeiten das Ohr (...) bemerkt, sobald sie erzeugt sind. (...) Da die Welt der Töne reinlich getrennt ist von der Welt der Geräusche und unser Ohr sich außerdem daran gewöhnt hat, sie genau zu unterscheiden, so geschieht es, wenn ein reiner Ton, das heißt ein verhältnismäßig ungewöhnlicher Ton, zu hören ist, daß sogleich eine besondere Atmosphäre entsteht, ein besonderer Bereitschaftszustand sich in unserem Sinnesorgan herstellt, und diese Bereitschaft strebt in gewisser Weise danach, weitere Sinneseindrücke der gleichen Art von gleicher Reinheit zu erzeugen wie den zuerst ausgelösten. Wenn in einem Saal ein reiner Ton erklingt, ist in uns selbst alles verwandelt; wir machen uns bereit für die Aufführung der Musik. Man mache die Gegenprobe: wenn in einem Konzertsaal, während der Aufführung eines Musikstücks, ein Geräusch sich hören läßt (ein Stuhl, der umfällt (...) oder der Husten eines Zuhörers), dann empfinden wir, daß irgend etwas in uns zerrissen wird, daß sich ein Bruch irgendeiner Substanz oder irgendeines Assoziationsgesetzes vollzieht; eine Welt zerbricht, ein Zauber ist zerstört."[59]

Wie die Musik als Form das Geräusch als Medium voraussetzt, zugleich aber distanziert, so unterscheidet sich die Sprache der „poésie pure" von aller anderen Sprachverwendung, wenngleich Valéry sich eingestehen muß, daß die Distanzierung des Mediums im Falle der literarischen Sprache wohl niemals so perfekt gelingen wird wie im Falle der Musik. Gleichwohl:

„Ohne Übertreibung kann man sagen, daß die Umgangssprache die Frucht der Unordnung des Lebens im täglichen Umgang ist, denn Menschen jeder Art, Leute, die einer Unzahl von Bedingungen und Bedürfnissen unterworfen sind, greifen sie auf und bedienen sich ihrer, wie es am besten ihren Wünschen und ihren Interessen entspricht, um Beziehungen untereinander einzurichten. Im Gegensatz dazu kommt die Sprache des Dichters, wenn sie auch notwendigerweise die von einer solchen statistischen Unordnung gelieferten Ele-

58 H. v. Hofmannsthal: Ges. Werke. Prosa 1., S. 263.

59 P. Valéry: Zur Theorie der Dichtkunst. Frankfurt/M. 1962, S. 85f.

mente benutzen muß, aus dem Bemühen eines isolierten Menschen, mit einem Material vulgärer Herkunft eine künstliche, ideale Ordnung zu schaffen."[60]

Diese „künstliche Ordnung" der Poesie erzeugt, so zumindest will es ihre Programmierung, eine Sprache, die nichts bezeichnet, es sei denn, sich selbst, die keine Verständigung stiftet, noch auch dem Selbstausdruck ihres Urhebers diente, um etwa dessen subjektive Befindlichkeit zu kopieren. Immer wieder weist Mallarmé darauf hin, daß das „reine Werk (...) das Verschwinden des vortragenden Autors" verlange, daß das „Versbuch" den Zufall eliminiere und schon deshalb den „Autor aussparen" müsse.[61] Diese selbstreferentielle Seinsweise der „poésie pure" entwickelt daher eine Tendenz zur Musikalisierung der Dichtung, zum schönen Signifikantenklang, und sie entwickelt eine komplementäre Tendenz zur optischen Prägnanz, die die Literatur der graphischen Kunst annähert, was etwa auch an Stefan George – seiner Typo-Graphik –, vor allem aber an den späteren Formexperimenten der „konkreten Poesie" ablesbar wird. Die Schließung der Bezeichnungsfunktion gibt der Literatur akustischen oder optischen Eigensinn; sie gerät in die Nähe der Musik oder wird die Kunst des Buchstabens auf dem weißen Quadrat des Papiers.

Deutschsprachiger Ästhetizismus

Wir mußten auf die westeuropäische Ausprägung des Ästhetizismus in seinen beiden Varianten so ausführlich eingehen, weil er es gewesen ist, der die in der deutschen Romantik so energisch reflektierte Ausdifferenzierung der Literatur in der Favorisierung exklusiver Systemreferenz konsequent weitergeführt und zu Ende gebracht hat. Wir weisen noch einmal darauf hin, daß die Programmformel „L'art pour l'art", die in dem für den deutsch-französischen Kulturtransfer so eminent bedeutsamen Kreis um Germaine de Staël geprägt wurde, ein unmittelbares Rezeptionsresultat der Kantschen Autonomieästhetik gewesen ist, die den Eigensinn aller Kunstkommunikation epocheprägend bestimmt hatte. Und der deutschsprachige Ästhetizismus um 1900 ist seinerseits wiederum nur als Rezeption der westeuropäischen Literatur zu verstehen, wenn man etwa an die Bedeutung Wildes oder d'Annunzios für Hofmannsthal, an den Einfluß Mallarmés auf Stefan George denkt. Über die französischen Voraussetzungen des Werks Stefan Georges hat dessen Schüler, der Heidelberger Germanist Friedrich Gundolf 1920 folgendes gesagt:

„Jeder echte Künstler will das schlechthin Neue, d.h. Ursprüngliche, jeder 'Schöpfer' das Ungewesene das durch ihn erst entsteht. George ist hier der Gipfel und das Ende jener dichterischen Kunst von der Flaubert, Baudelaire, Mallarmé, Huysmans geträumt haben."[62]

60 Ebd., S. 88.

61 S. Mallarmé, a.a.O., S. 153.

62 F. Gundolf: George. 2. Aufl. Berlin 1921, S. 85.

Über die in dieser Sichtweise mitschwingende Wertung, die Stefan George gleichsam zum krönenden Schlußpunkt einer Entwicklung macht, an deren Beginn die Franzosen gestanden hätten, wollen wir hier nicht urteilen; statt dessen wollen wir an Georges Werk, das wir hier als Exemplum des deutschsprachigen Ästhetizismus betrachten, einige signifikante Aspekte herausstellen. Wir weisen sofort darauf hin, daß sich Georges Ansichten nach 1900 in eine andere Richtung wandten und zunehmend politischen bzw. kulturpolitischen Interessen verpflichtet waren, die wir hier außer acht lassen.

George hat sein ästhetizistisches Kunstprogramm am schärfsten in den von ihm 1892 ins Leben gerufenen „Blättern für die Kunst“ formuliert; dort erteilt er jedem „Realismus“, jeder etwa politisch engagierten Literatur eine strikte Absage und stellt sich explizit in die französische Tradition des „L'art pour l'art“:

„Der name dieser veröffentlichung ('Blätter für die *Kunst*') sagt zum teil, was sie soll: der kunst, besonders der dichtung und dem schrifttum dienen, alles staatliche und gesellschaftliche ausscheidend. sie will (...) eine kunst für die kunst und steht deshalb im gegensatz zu jener verbrauchten und minderwertigen schule, die einer falschen auffassung der wirklichkeit entsprang. sie kann sich auch nicht beschäftigen mit weltverbesserungen und allbeglückungsträumen, in denen man gegenwärtig bei uns den keim zu allem neuen sieht, die ja sehr schön sein mögen, aber in ein andres gebiet gehören als das der dichtung.“[63]

Das ist Differenzierungssemantik – politisches Engagement ist „schön“, aber keine Kunst! George sagt an anderer Stelle auch, daß „jeder, der noch von der sucht ergriffen [sei], etwas 'sagen', etwas 'wirken' zu wollen, nicht einmal wert [sei], in den vorhof der kunst einzutreten“[64] – und diese Differenzierungssemantik findet sich in besonderer Deutlichkeit in Georges Lobrede auf Mallarmé, nun aber mit expliziter Betonung der Sprachproblematik.

„Jeden wahren künstler hat einmal die sehnsucht befallen, in einer sprache sich auszudrücken, deren die unheilige menge sich nie bedienen würde, oder seine worte so zu stellen, daß nur der eingeweihte ihre hehre bestimmung erkenne.“[65]

An einer esoterischen Sprache hat sich der junge George selbst versucht; er überliefert in einem Gedicht aus dem „Siebenten Ring“ folgende Zeilen:

„In einem sange den keiner erfasste
Waren wir heischer und herrscher vom All.
Süss und befeuernd wie Attikas choros
Über die hügel und inseln klang:
CO BESOSO PASOJE PTOROS
CO ES ON HAMA PASOJE BOAÑ.“[66]

63 Der George-Kreis. Hg. v. G.P. Landmann. Köln/Berlin 1965, S. 15.

64 S. George: Tage und Taten. Düsseldorf/München 1967, S. 85.

65 Ebd., S. 53.

66 S. George: Der siebente Ring. Düsseldorf/München 1965, S. 129.

Hier gilt es freilich darauf hinzuweisen, daß solche sprachlichen Artefakte nicht als „Geheimsprache", die man in konventionelle Sprache übertragen könnte, typenprägnante Ästhetizismen sind, sondern allein als weithin desemantisierter Klangzauber, wie George selbst unterstrichen hat:

„Den wert der dichtung entscheidet nicht der sinn (sonst wäre sie etwa weisheit, gelahrtheit), sondern die *form*, d.h. durchaus nichts äußerliches, sondern jenes tief erregende in maß und klang, wodurch zu allen zeiten die Ursprünglichen, die Meister sich von den nachfahren, den künstlern zweiter ordnung unterschieden haben."[67]

Überblickt man Georges lyrisches Frühwerk, dann muß man freilich feststellen, daß in ihm der Ästhetizismus mit seiner ersten Variante vorherrscht, d.h. der Huysmans-Typus. Exemplarisch dafür ist insbesondere der Gedichtzyklus „Algabal" aus dem Jahre 1892. Algabal, d.i. Heliogabulus, war ein spätrömischer Kaiser orientalischer Herkunft, und schon dieses Motiv weist in die Tradition des westeuropäischen Ästhetizismus mit seiner Vorliebe für Zeiten der Dekadenz. Da wir die kennzeichnenden Merkmale des literarischen Ästhetizismus schon vorgestellt haben, wird es genügen, ihre Bedeutung in Georges Algabal-Dichtung kurz anzudeuten. Da sind zunächst die künstlichen Paradiese Algabals, die erlesenen Interieurs, die sich durch forcierte Anti-Natürlichkeit auszeichnen: Der Kaiser lebt in einer von der Umwelt hermetisch abgeriegelten Kunst-Welt – in einem „Unterreich" –, dessen „Natur" ein reiner, perfekt simulierter Schein, eine Inszenierung ist; der Gedichtzyklus schildert die verschiedenen Gemächer des Kaisers:

„Die häuser und höfe wie *er* sie ersonnen
und unter den tritten der wesen beschworen
ohne beispiel die hügel die bronnen
Und grotten in strahlendem rausche geboren.

Die einen blinken in ewigen wintern.
Jene von hundertfarbigen erzen
Aus denen juwelen als tropfen sintern
Und flimmern und glimmen vor währenden kerzen.

Die ströme die in den höheren stollen
Wie scharlach granat und rubinen sprühten
Verfärben sich blässer im niederrollen
und fliessen von nun ab wie rosenblüten.
(...)

Daneben war der raum der blassen helle
Der weisses licht und weissen glanz vereint.
Das dach ist glas. die streu gebleichter felle
Am boden schnee und oben wolke scheint.

Die wände matte täfelung aus zedern.
Die dreissig pfauen stehen dran im kreis,

67 S. George: Tage und Taten, a.a.O., S. 85.

Sie tragen daunen blank wie schwanenfedern
und ihre schleppen schimmern wie das eis.

Für jede zier die freunden farbenstrahlen:
Aus blitzenden und blinderem metall
Aus elfenbein und milchigen opalen,
Aus demant alabaster und kristall."[68]

Gipfelpunkt dieser artifiziellen Pseudonatur, in der alle wirklichen Naturvorgänge dem Kunstwollen unterworfen sind, ist aber der „Garten" Algabals, in dem „schöne Natur" vollends erstarrt, mortifiziert scheint:

„Mein garten bedarf nicht luft und nicht wärme,
Der garten den ich mir selber erbaut
Und seiner vögel leblose schwärme
Haben noch nie einen frühling geschaut.

Von kohle die stämme, von kohle die äste
Und düstere felder am düsteren rain,
Der früchte nimmer gebrochene läste
Glänzen wie lava im pinien-hain.

Ein grauer schein aus verborgener höhle
Verrät nicht wann morgen wann abend naht
Und staubige dünste der mandel-öle
Schweben auf beeten und anger und saat.

Wie zeug ich dich aber im heiligtume
– So fragt ich wenn ich es sinnend durchmass
In kühnen gespinsten der sorge vergass –
Dunkle grosse schwarze blume?"[69]

Empfindet man den Kontrast dieser „schwarzen Blume" zu der „Natürlichkeit" des romantischen Sehnsuchtssymbols, dann darf man sie als Chiffre einer Poesie verstehen, die an ihrer konsequenten Künstlichkeit Genüge findet und alle Natur gebannt hat. Paul Gerhard Klussmann sieht den Unterschied zwischen der „blauen Blume" des Novalis und Georges „schwarzer Blume" darin, „daß jene *gefunden* werden kann, diese aber *erzeugt* werden muß. Beiden Dichtern geht es um eine magische Verwandlung der Welt, aber Novalis will den verborgenen Zaubergarten der Erde durch die Poesie aufschließen, während George den Dingen und dem Dasein im Wort überhaupt erst ihre Existenz zu geben trachtet. (...) George (...) sieht (...) alle 'Verwandlung' vom Wort, und das heißt ihm von der Kunst ausgehen. Diese Einstellung (...) bestimmt sein ganzes Verhältnis zur Natur, deren Bildkräfte er seinem Formwillen entgegenstehen glaubt."[70]

Im Hinblick auf die intertextuellen Prozesse darf man aber zugleich sagen, daß Georges Gedichte die Literatur des Huysmans-Typus, vor allem „A Rebours"

68 S. George: Hymnen, Pilgerfahrten, Algabal. Düsseldorf/München 1966, S. 90f. u. 94f.

69 Ebd., S. 96.

70 P.G. Klussmann: Stefan George. Vom Selbstverständnis der Kunst und des Dichters in der Moderne. Bonn 1961, S. 102f.

selbst, als Medium verwenden, dessen etwas hemmungslose Geschwätzigkeit nun einem rigorosen Formdiktat unterworfen, gleichsam zum Extrakt dieser wenigen, aber genau kalkulierten Verse destilliert wird und so noch einmal überzeugt, während die bloße Reprise der Huysmansschen Szenarien alsbald anödet.

Die strikte Anti-Natürlichkeit des „Algabal" erweist sich auch an einer anderen lyrischen Episode, in der der Kaiser eine offenbar wunderschöne Priesterin heiratet, an ihr aber die Imperfektion aller Natur beobachten muß – das Real-Schöne ist niemals makellos! – und sie deshalb abweist:

„Am markte sah ich erst die würdevolle
Die schönste aus der weissen schwestern zug,
Wie fürstenmantel hing die schlichte wolle
Um ihres nackens ihrer schulter bug.
(...)

Wenn ich der kurzen werbung rasch bedenke!
Ich riss die priesterin von dem altar,
Und alle länder brachten brautgeschenke,
Ich bot in bächen gold und balsam dar ..

Und zweifelnd ob das neue glück mir werde
Erfand ich nur den quell der neuen qual ..
Ich sandte sie zurück zu ihrem herde,
Sie hatte wie die anderen ein mal."[71]

Diese Strophen weisen auch auf den anderen charakteristischen Zug der ästhetizistischen Literatur, auf ihre Anti-Moralität, die das Böse um seiner Schönheit willen begehrt. So tötet der Kaiser einen Sklaven, der ihn stört und erfreut sich am Farbkontrast des fließenden Blutes zum grünen Stein des Bodens:

„Wenn um der zinnen kupferglühe hauben
Um alle giebel erst die sonne wallt
Und kühlung noch in höfen von basalt
Dann warten auf den kaiser seine tauben.
(...)

Er lächelte, sein weisser finger schenkte
Die hirsekörner aus dem goldnen trog,
Als leis ein Lyder aus den säulen bog
Und an des herren fuss die stirne senkte.

Die tauben flattern ängstig nach dem dache
'Ich sterbe gern weil mein gebieter schrak'
Ein breiter dolch ihm schon im busen stak,
Mit grünem flure spielt die rote lache."[72]

Und ein anderes Gedicht aus diesem Zyklus folgt der römischen Kaiserlegende, nach der Heliogabulus die Gäste eines fürstlichen Gelages unter den aus den Kassetten der Decke herabstürzenden Rosen begraben haben soll:

71 S. George: Hymnen, Pilgerfahrten, Algabal, a.a.O., S. 118.

72 Ebd., S. 98f.

„Becher am boden,
Lose geschmeide,
Frauen dirnen
Schlanke schenken
Müde sich senken,
Ledig die Lende
Busen und hüfte,
Um die stirnen
Der kränze rest.

Schläfernder broden
Traufender düfte,
Weinkönig scheide!
Aller ende
Ende das fest!

Rosen regnen,
Purpurne satte
Die liebkosen?
Weisse matte
Euch zu laben?
Malvenrote,
Gelbe tote:
Manen-küsse
Euch zu segnen.

Auf die schleusen!
Und aus reusen
Regnen rosen,
Güsse flüsse
Die begraben.“[73]

Die Ästhetisierung des Bösen, der Rosen-Tod, findet sich gleichsam potenziert in dem an Klangmitteln, vor allem Alliteration und Schlagreim, so reichen, musikalischen Duktus des Gedichts selbst, das im Sog seiner durchrhythmisierten Sprache sein Sujet, das thematisierte Grauen, fast vergleichgültigt oder verzehrt. Georges Algabal-Lyrik kombiniert daher vielleicht beide Optionen des Ästhetizismus; intertextuell, d.h. durch die literarische Tradition, läßt sie sich die Themen als Medien vorgeben, formiert sie aber im Klangzauber ihrer Verse so rigoros, daß sie zwar nicht völlig ungreifbar werden, dem Eigensinn der poetischen Sprache, ihrer Selbstreferenz, aber kaum noch Widerstand entgegensetzen, was man schon daran merkt, daß man im Gefolge des rhythmisch-klanglichen Flusses geradezu Mühe hat, das Gehörte „inhaltlich“ zu verstehen, gleichzeitig aber nicht viel vermißt, so wie man die Arie einer italienischen Oper auch dann gerne hört, wenn man ihren Text nicht völlig versteht.

Ebenso wie Stefan George hat auch der junge Hugo von Hofmannsthal sein Literaturverständnis aus einer schroffen Ablehnung des „Realismus“ in jeder

73 Ebd., S. 104f.

Spielart entwickelt und auf den Eigensinn des poetischen Wortes gegründet. Da „von der Poesie kein (...) Weg ins Leben, aus dem Leben keiner in die Poesie" führe, wie Hofmannsthal 1896 notierte,[74] wies er alle Versuche, Reales literarisch zu simulieren, als unkünstlerisch ab; auf diese Weise entstünden allenfalls poetische „Wachsfigurenkabinette".[75] Politisch engagierte Literatur galt ihm als „verziertes Bekenntnis".[76] Das „Leben [müsse] man aus der Poesie vertreiben", um die Differenz der Kunst zu aller Wirklichkeit unübersehbar werden zu lassen:

„Ich liebe nicht, daß man gemalten Menschen elfenbeinene Zähne einzusetzen wünscht und marmorne Figuren auf die Steinbänke eines Gartens setzt, als wären es Spaziergänger. Sie müssen sich abgewöhnen zu verlangen, daß man mit roter Tinte schreibt, um glauben zu machen, man schreibe mit Blut."[77]

Konsequenz dieser Forderung nach einer Eliminierung des Realen aus der Literatur war für Hofmannsthal die Einsicht, daß nicht das „Leben als Materie" der Dichtung zu gelten habe, sondern einzig und allein das Wort, die Sprache selbst. Das „Material der Dichtung [seien] die Worte. ein Gedicht [sei] ein gewichtloses Gewebe aus Worten".[78] Das sprachliche Medium werde in die Form des Gedichts überführt –, und die Innovationskraft dieser Formierung entscheide über den Rang des Gedichts; nichts sei fataler für die Poesie als das konventionelle Formrepertoire schlicht zu kopieren, statt es als „Material", als Medium für neuen Formgewinn zu nutzen, der aus der Differenz zum Herkömmlichen und Vertrauten überzeugt und Interesse weckt:

„Ich kann die 'Individualitäten' nicht gut begreifen, die keinen eigenen Ton haben, deren innere Bewegungen sich einem beiläufigen Rhythmus anpassen. Ich kann ihre Uhlandschen, ihre Eichendorffschen Maße nicht mehr hören und beneide niemanden, der es noch kann, um seine groben Ohren. – Der eigene Ton ist alles; wer den nicht hält, begibt sich der inneren Freiheit, die erst das Werk möglich machen kann. Der Mutigste und der Stärkste ist der, der seine Worte am freiesten zu stellen vermag; denn es ist nichts so schwer, als sie aus ihren festen, falschen Verbindungen zu reißen. Eine neue und kühne Verbindung von Worten ist das wundervollste Geschenk für die Seelen und nichts Geringeres als ein Standbild des Knaben Antinous oder eine große gewölbte Pforte."[79]

Und allein als „Wort-Künstler" in diesem Sinn beansprucht der Schriftsteller nach Hofmannsthal die Aufmerksamkeit des Publikums, nicht aber etwa mit dem, was man als „Sinn" oder „Botschaft" in diese Worte hineindeuten mag. Strikt die Systemreferenzen der Kommunikation vor Augen fährt Hofmannsthal fort:

„Man lasse uns Künstler in Worten sein, wie andere in den weißen und farbigen Steinen, in getriebenem Erz, in den gereinigten Tönen oder im Tanz. Man preise uns für unsere

74 H. v. Hofmannsthal: Gesammelte Werke. Prosa 1, a.a.O., S. 263.

75 Ebd., S. 262.

76 Ebd.

77 Ebd., S. 266.

78 Ebd., S. 263.

79 Ebd., S. 265.

Kunst, die Rhetoren aber für ihre Gesinnung und ihre Wucht, die Weisheitslehrer für ihre Weisheit, die Mystiker für ihre Erleuchtungen. Wenn man aber wiederum Bekenntnisse will, so sind sie in den Denkwürdigkeiten der Staatsmänner und Literaten, in den Geständnissen der Ärzte, der Tänzerinnen und Opiumesser zu finden: für Menschen, die das Stoffliche nicht vom Künstlerischen zu unterscheiden wissen, ist die Kunst überhaupt nicht vorhanden; aber freilich auch für sie gibt es Geschriebenes genug."[80]

An dieser Konzeption literarischer Sprache, die in ihrer Selbstreferenz verharren will und jede Bezeichnungs-, Informations- oder Verständigungsfunktion abweist, hat Hofmannsthal seit etwa 1900 zunehmend Kritik geübt und ist auf die Suche nach einer Alternative gegangen, um der Dichtung die welterschließende Kraft zurückzugewinnen. Der berühmte und überall zitierte „Brief des Lord Chandos" aus dem Jahre 1902 ist in dieser Perspektive ein Dokument der „Krise" und der Überwindung des Ästhetizismus zugunsten einer neuen Variante „realistischer" Literatur, die Orientierungsleistungen für die Gesellschaft zurückgewinnen will. Der Ausfall der Bezeichnungs- und Verständigungsfunktion literarischer Sprache wird hier als existentielle Bedrohung erfahren – „die Worte (...) zerfielen mir im Munde wie modrige Pilze" – schreibt der fingierte Lord Chandos[81]; diese „Sprachkrise" motiviert aber zugleich die Suche nach einem neuen Welterschließungsmedium, das herkömmlicher Sprache samt ihrer verbrauchten Begrifflichkeit hoch überlegen wäre und dem „Wirklichen" auf überzeugendere Art und Weise gerecht würde; Lord Chandos hofft auf eine Sprache,

„von deren Worten mir auch nicht eines bekannt ist, eine Sprache, in welcher die stummen Dinge zu mir sprechen, und in welcher ich vielleicht einst im Grabe vor einem unbekannten Richter mich verantworten werde."[82]

Man wird es kaum einen Zufall nennen, daß Hofmannsthal seine spätere Arbeit in so hohem Maße mit sprachtranszendenten Medien wie Pantomime, Ballett und vor allem der musikalischen Komposition verband und als Librettist vieler Opern von Richard Strauss Anerkennung gefunden hat. Eine in dieser Weise mehrdimensionale Kunst, die dem Ziel verpflichtet war, „in ein ahnungsvolles Verhältnis zum ganzen Dasein zu treten", wie es der Chandos-Brief formulierte,[83] hat das ästhetizistische Paradigma verlassen.

Blickt man auf Hofmannsthals Dichtungen aus der ästhetizistischen Epoche, dann kehren zunächst die schönen Interieurs der Huysmans-Welt wieder, ihre Hermetik tritt hervor, d.h. ihre strikte Abgrenzung gegen alles „Reale" und seine Banalität. In dem Dramenfragment „Der Tod des Tizian" (1892) ist es die Stadt, die in so große Distanz gerückt wird, daß sie aus der hermetisch geschlossenen Kunstwelt des Tizian als „schönes" Bild, nicht aber als „häßliche" Realität in Erscheinung treten kann:

80 Ebd., S. 265f.

81 H. v. Hofmannsthal: Gesammelte Werke. Prosa 2, S. 12.

82 Ebd., S. 20.

83 Ebd., S. 17.

„Siehst du die Stadt, wie jetzt sie drunten ruht?
Gehüllt in Duft und goldne Abendglut
Und rosig helles Gelb und helles Grau,
Zu ihren Füßen schwarzer Schatten Blau,
In Schönheit lockend, feuchtverklärter Reinheit?
Allein in diesem Duft, dem ahnungsvollen,
Da wohnt die Häßlichkeit und die Gemeinheit,
Und bei den Tieren wohnen dort die Tollen;
Und was die Ferne weise dir verhüllt,
Ist ekelhaft und trüb und schal erfüllt
Von Wesen, die die Schönheit nicht erkennen
Und ihre Welt mit unsren Worten nennen ...
Denn unsre Wonne oder unsre Pein
Hat mit der ihren nur das Wort gemein ...
Und liegen wir in tiefem Schlaf befangen,
So gleicht der unsre ihrem Schlafe nicht:
Da schlafen Purpurblüten, goldne Schlangen,
Da schläft ein Berg, in dem Titanen hämmern –
Sie aber schlafen, wie die Austern dämmern.
(...)
Darum umgeben Gitter, hohe, schlanke,
Den Garten, den der Meister ließ erbauen,
Darum durch üppig blumendes Geranke
Soll man das Außen ahnen mehr als schauen."[84]

In dieser schönheitstrunkenen Kunst-Welt des Tizian und seines Schülerkreises bricht jedoch mit dem Tod des Meisters jenes Reale ein, das Hofmannsthal kaum noch „ästhetisierbar" schien. Schon in den frühen Dramen ist seine Haltung zum radikalen Ästhetizismus durchaus ambivalent; von der Grenzsituation des Todes aus gesehen scheint sich das Leben seiner vollkommenen Verwandlung ins Schöne zu sperren, zumindest, wenn man der Verführung zu einer Ästhetik des Morbiden, des schönen Todes, widersteht, wie ihn z.B. Paul Ernst in seinem Drama „Wenn die Blätter fallen" (1897) inszeniert hat, wo der Held zu seiner todkranken Geliebten sagt:

„Komm, laß uns sterben. Ich bin jetzt glücklich und du bist glücklich und wir werden nie wieder so glücklich sein, das ist der Höhepunkt. Ich habe schon alles ausgedacht, wie es sein soll – nicht so häßlich, so gemein – – ach, wie schön, wie tief, weißt du, wir müssen den Genuß des Todes haben, den Tod genießen (...). (Er schlägt ihr vor, in ein halbdunkles Zimmer zu gehen, den Boden mit duftenden Nelken zu bestreuen, sich die Adern zu öffnen und dann in aller Ruhe zuzusehen, wie das schmerzlos rinnende Blut auf den Blumenteppich niedertropft.) Jetzt kommt das Schönste, sieh, dann schwindet das Bewußtsein, der Duft der Nelken legt sich leise um unsere Seele – wir werden matt, – weißt du, das Gefühl, da liegt die Hand, wir könnten sie bewegen, aber wir wollen nicht –"[85]

84 H. v. Hofmannsthal: Gesammelte Werke. Gedichte und lyrische Dramen, S. 190f.

85 Zit. R. Hamann/J. Hermand: Impressionismus. München 1972, S. 167.

Dieser Ästhetisierung des Todes hat Hofmannsthal nicht zustimmen können. Seine ihm unabweisbar scheinende „Realität" macht das ästhetizistische Programm einer Verwandlung des Wirklichen in ein künstliches Ensemble schöner Formen vielmehr fragwürdig. Der Tod sei das „Ende aller Lüge, Relativitäten und Gaukelspiele", hat Hofmannsthal 1894 in sein Tagebuch notiert.[86] In diesem Ernstnehmen des Sterbenmüssens, dem der Schein des „schönen Todes" zur Frivolität wird, zeigt sich der „Realismus" schon des jungen Hofmannsthals, der den Ästhetizismus – quasimoralisch – ernstnimmt, seine Faszination wohl verspürt, ihn als Lebenshaltung aber verwerfen muß. Der womöglich häßliche Tod ist die „Rache des Realen" an seiner Verachtung durch den Ästheten – so könnte man die Selbstkritik des Ästhetizismus im Frühwerk Hofmannsthals auf eine Formel bringen – und hätte damit zugleich ein Kurzresümee seiner in dieser Hinsicht bezeichnendsten Novelle, des „Märchen der 672. Nacht" aus dem Jahre 1895 formuliert. Diese Novelle erzählt von einem reichen Kaufmannssohn, einem in den Orient versetzten Dandy Huysmansscher Provenienz:

„Ein junger Kaufmannssohn, der sehr schön war und weder Vater noch Mutter hatte, wurde bald nach seinem fünfundzwanzigsten Jahre der Geselligkeit und des gastlichen Lebens überdrüssig. (...) Da ihm an seinen Freunden nichts gelegen war und auch die Schönheit keiner einzigen Frau ihn so gefangen nahm, daß er es sich als wünschenswert (...) vorgestellt hätte, sie immer um sich zu haben, lebte er sich immer mehr in ein ziemlich einsames Leben hinein (...). Die Schönheit der Teppiche und Gewebe und Seiden, der geschnitzten und getäfelten Wände, der Leuchter und Becken aus Metall (...) wurde ihm so bedeutungsvoll, wie er es nie geahnt hatte. (...) Er fand die Farben der Blumen und Blätter, die Farben der Felle wilder Tiere (...), die Farbe der Edelsteine, die Farbe des stürmischen und des ruhig leuchtenden Meeres (...). Er war für lange Zeit trunken von dieser großen (....) Schönheit, die ihm gehörte, und alle seine Tage bewegten sich (...) unter diesen Geräten (...)."[87]

Die Mißachtung der Wirklichkeit, die Reduzierung des Realen – und der Menschen zumal – auf den Schönheits- oder Schauwert für den esoterischen Geschmack des weltflüchtigen Dandy, erscheint in der Perspektive dieser Novelle Hofmannsthals nun aber geradezu als „Sünde" oder als Seinsverfehlung und wird gleichsam „gerächt": in einem bösen, sinnlosen und häßlichen Tod, der den Ästheten ereilt, als ihn ein undurchsichtiges Ereignis aus seiner Kunstwelt herausreißt, um den Realitätsentwöhnten an der Welt scheitern zu lassen; am Ende trifft ihn der Tritt eines Pferdes:

„Mit einer großen Bitterkeit starrte er in sein Leben zurück und verleugnete alles, was ihm lieb gewesen war. Er haßte seinen vorzeitigen Tod so sehr, daß er sein Leben haßte, weil es ihn dahin geführt hatte. Diese innere Wildheit verbrauchte seine letzte Kraft. Ihn schwindelte, und für eine Weile schlief er wieder einen taumeligen schlechten Schlaf. Dann erwachte er und wollte schreien, weil er noch immer allein war, aber die Stimme versagte ihm. Zuletzt erbrach er Galle, dann Blut, und starb mit verzerrten Zügen, die

86 H. v. Hofmannsthal: Gesammelte Werke. Aufzeichnungen, S. 106.

87 H. v. Hofmannsthal: Gesammelte Werke. Die Erzählungen, S. 7f.

Lippen so verrissen, daß Zähne und Zahnfleisch entblößt waren und ihm einen fremden, bösen Ausdruck gaben."[88]

Hofmannsthals frühe Dichtung behandelt, so wollen wir unsere Beobachtungen zusammenfassen, den Ästhetizismus als Haltung zu der Welt in der Welt, er sieht ihn so, wie man ihn von einem moralischen Standpunkt aus sehen und kritisieren kann. Das heißt aber: Hofmannsthals Texte importieren eine Perspektive aus der Umwelt; ihr Medium ist – genau genommen – keine rein literatursystemreferentielle Umweltsimulation mehr wie bei Huysmans, Wilde oder dem George des „Algabal", sondern eine Realitätskonstruktion moralischer Provenienz, in der der Dandy, der Ästhet, zur zweifelhaften, kaum vorbildlichen Figur wird, die schließlich an der Realität scheitert. Blicken wir von diesem Befund auf Hofmannsthals frühes Literaturprogramm, seinen Anti-Realismus und seine Wortkunst-Konzeption zurück, dann gewinnt man den Eindruck, daß die ästhetizistische Radikalität dieses Programms in seiner Dichtung dementiert, zumindest aber problematisiert und relativiert worden ist. Die immanent „realistische" und die programmatisch „ästhetizistische" Poetik stehen in einer Spannung zueinander, die erst nach 1900 zugunsten eines religiös grundierten, sozial-konservativen „Realismusprogramms " gelöst wurde.

Sucht man nach Paradigmen des sprachreferentiellen Ästhetizismus in Deutschland, der nicht die moralisch offenbar zweifelhafte durchästhetisierte Wirklichkeit, sondern die Sprache selbst als Medium behandelt hat, dann bietet sich der sogenannte „Sturmkreis" um Herwarth Walden als interessantestes Studienobjekt an, das gewöhnlich dem „Expressionismus" zugerechnet wird. Unter dem Titel „Expressionismus" verstecken sich aber – aus der Perspektive des Literatursystems gesehen – so verschiedenartige Optionen und Programme, daß wir auf ihn verzichten. Denn Paul Hatvanis Definition des Expressionismus, die Hatvani 1917 in der Zeitschrift „Die Aktion" formulierte, hat wohl kaum generelle Zustimmung gefunden, da sie den Expressionismus strikt in die Kontinuität des europäischen Ästhetizismus einband:

„Im Expressionismus (...) ist sich die Kunst selbst Inhalt genug. Das 'l'art pour l'art' hat sich zur Idee der 'Kunst an sich' geläutert."[89]

Herwarth Walden hat im 9. Jahrgang seiner Zeitschrift „Der Sturm" (1918) folgendes – „Wort-Kunst" genanntes – Literaturprogramm formuliert, das die ästhetizistische Option des Literatursystems fortsetzt:

„Das Material der Dichtung ist das Wort. Die Form der Dichtung ist der Rhythmus. In keiner Kunst sind die Elemente so wenig erkannt worden. Der Schriftsteller stellt die Schrift, statt das Wort zu setzen. Schrift ist die Zusammenstellung der Wörter zu Begriffen. Mit diesen Begriffen arbeiten Schriftsteller und Dichter. Der Begriff aber ist etwas Gewonnenes. Die Kunst jedoch muß sich jedes Wort neu gewinnen. Man kann kein Gebäude

---

88 Ebd., S. 28.

89 Zit. O.F. Best (Hg.): Theorie des Expressionismus. Stuttgart 1976, S. 70.

aus Mauern aufrichten. Stein muß zu Stein gefügt werden. Wort muß zu Wort gefügt werden, wenn ein Wortgebäude entstehen soll, das man Dichtung nennt."[90]

In Waldens Konzeption „ungegenständlicher" Dichtung[91] wird das einzelne Wort aus seinen gewohnten semantischen und syntaktischen Bezügen gelöst, es wird „autonom" und tritt in eine rhythmische Konstellation zu anderen, ebenfalls isolierten Wörtern: in eine paradigmatische statt in eine syntagmatische Fügung, die der konventionellen Bindungen des lyrischen Genres wie Reim und Vers nicht länger bedarf und nichts anderes exponiert als das reine Sein der Wörter. Gegen die konventionelle Lyrik wendet Walden ein:

„Die Kunst aber ist es, das sichtbare Wort sichtbar oder *wieder* sichtbar zu machen. Welchem Künstler ist es je eingefallen, ein Gebäude aus edlen Steinen zu bemalen. Man bemalt, um edle Steine vorzutäuschen. Und doch ist jeder Stein edel, wenn er Stein ist. Und jedes Wort ist edel, wenn es Wort ist. Und diese Dichter bemalen diese edlen Wörter, oder sie stimmen sie nach ihren Verstimmungen ab. Dem einen paßt die Liebe, dem andern paßt sie nicht, dem einen paßt die Sonne, dem andern paßt der Regen. Und alle diese endlichen Verstimmungen werden als unendliche Stimmungen vorgesagt und eingeredet. Was geht das Wort die Stimmung an. Was geht das Wort die Persönlichkeit an. Die Persönlichkeit bedient sich des Wortes. Das Wort wehrt sich, indem es der Persönlichkeit nicht dient. Das Wort herrscht, das Wort beherrscht die Dichter. Und weil die Dichter herrschen wollen, machen sie gleich einen Satz über das Wort hinweg. Aber das Wort herrscht. Das Wort zerreißt den Satz, und die Dichtung ist Stückwerk."[92]

Als Beispiel dieser „Wort-Kunst", die das reine Sein des Wortes jenseits aller Pragmatik des Sprechens exponiert, kann das lyrische Werk August Stramms gelten, jedenfalls in seinen avanciertesten Partien. Man lese z.B. das Gedicht „Urtod", das aus 47 untereinandergeschriebenen einzelnen Wörtern besteht:

Raum
Zeit
Raum
Wegen
Regen
Richten
Raum
Zeit
Raum
Dehnen
Einen
Mehren
Raum
Zeit
Raum
Kehren

90 Ebd., S. 149.

91 Ebd., S. 154.

92 Ebd., S. 155f.

Wehren
Recken
Raum
Zeit
Raum
Ringen
Werfen
Würgen
Raum
Zeit
Raum
Fallen
Sinken
Stürzen
Raum
Zeit
Raum
Wirbeln
Raum
Zeit
Raum
Wirren
Raum
Zeit
Raum
Flirren
Raum
Zeit
Raum
Irren
Nichts.[93]

Wenn man weiß, daß dieses Gedicht der Sammlung „Tropfblut. Gedichte aus dem Krieg" (1515) entnommen ist, wird man die Möglichkeit einer quasi-realistischen Interpretation, nach der der Text des Gedichts das Geschehen des Kämpfens und Sterbens, mit dem Raum und Zeit erlischt, ins Wort bringt, nicht abweisen wollen. Gleichwohl konstituiert die a-syntaktische, paradigmatische Folge der Lexeme im Geflecht der Rekurrenzen, der Alliterationen und Schlagreime, der rhythmischen Fügung einen sprachlichen Eigensinn, der die Wörter ihrer Funktion, Reales zu kennzeichnen, entbindet und die Aufmerksamkeit des Lesers oder Hörers von der denkbaren Realreferenz auf ihre Transformation in die Reihe isolierter, gleichwohl aber ungewöhnlich miteinander kommunizierender Wörter hindirigiert.

Konsequent weitergeführt werden dann Gedichte denkbar, die nicht nur die Syntax hinter sich lassen und das einzelne Wort ausstellen, sondern die die Le-

93 A. Stramm: Das Werk. Wiesbaden 1963, S. 87f.

xeme in Phoneme dekomponieren und diese dann in neuer Weise zusammenfügen. Die so entstandenen Lautgedichte verschließen sich natürlich jeder „realistischen" Lektüre; sie lenken das Interesse exklusiv auf Klang und Rhythmus, nähern sich also, wie schon einmal hervorgehoben, der Musik an. Als Beispiel dient uns Rudolf Blümners „Ango Laïna":

Oiaí laéla oía ssíssialu
ensúdio trésa súdio mischnumi
ja lon stuáz
brorr schjatt
oiázo tsuígulu
ua sésa masuó tülü
ua sésa maschiató toró
oi séngu gádse ándola
oi ándo séngu
séngu ándola
oi séngu
gádse
ina
leíola
kbaó
sagór
kadó.[94]

Im Selbstverständnis der Autoren des „Sturm"-Kreises hatten solche Wortgedichte Wirklichkeit nur im Moment des Gesprochenwerdens, wie Lothar Schreyer hervorgehoben hat:

„Rudolf Blümners Werk war die Schöpfung der expressionistischen Vortragskunst. (...) An August Stramms Werken hat sich Rudolf Blümners Kunst entscheidend entzündet. (...) Das Prinzip der Gestaltung Rudolf Blümners war der Tonfall, aus dem er Wortklanggebilde erschütternder Kraft herausschleuderte, heraushauchte, in denen gleichsam die Urschöpfung des Wortes Laut ward. (...) Es war nur die letzte Konsequenz dieser Gestaltung, wenn Rudolf Blümner auf der Höhe seines Schaffens ein 'absolutes' Sprachklangwerk konzipierte, das lediglich aus rhythmisch gefügten Sprachklängen bestand, ein Wortkunstwerk, das völlig ungegenständlich in dem Sinne war, daß die Worte keinen gegenständlichen Inhalt hatten, sondern reine Sprachtongebilde waren. Dieses Werk 'Angolaïna' war eine vollkommene Wortklangentsprechung zur absoluten Malerei, dem Werk Kandinskys. (...) Es ist mit Rudolf Blümner erloschen für diese Welt."[95]

Überschreitet das „Klanggedicht" die kommunikative und referentielle Funktion der Sprache in Richtung „Musikalität", dann liegt in der Annäherung des Textes an Gestaltungsformen der Graphik, wie sie die spätere „konkrete Poesie" kategorisch vollzog, eine komplementäre Option. Solche Texte kann man nicht mehr hören, sondern allein noch visuell wahrnehmen. Gottfried Benn, wohl *der* Ex-

94 Zit. Lyrik des expressionistischen Jahrzehnts. München 1962, S. 188.

95 Zit. P. Raabe (Hg.): Expressionismus. Aufzeichnungen und Erinnerungen der Zeitgenossen. Olten/Freiburg 1965, S. 349.

ponent ästhetizistischer Wortkunst, hat in der Erschwerung oder Verunmöglichung des Hörens sogar ein Kriterium für die Modernität moderner Lyrik sehen wollen:

„Ich [halte] das moderne Gedicht nicht für vortragsfähig (...), weder im Interesse des Gedichts, noch im Interesse des Hörers. Das Gedicht geht gelesen eher ein. (...) Als ich einmal vor Jahren in der ehemaligen Preußischen Akademie der Künste (...) Verse vortrug, sagte ich vor jeder Lesung: jetzt kommt ein Gedicht von beispielsweise vier Strophen zu acht Reihen – das optische Bild unterstützt (...) die Aufnahmefähigkeit. Ein modernes Gedicht verlangt den Druck auf Papier und verlangt das Lesen, verlangt die schwarze Letter, es wird plastischer durch den Blick auf seine äußere Struktur.“[96]

96 G. Benn: Gesammelte Werke. Bd. 4, S. 1093.

Kapitel 5: Avantgarde

Ästhetizistische Sprachkunstwerke wie die von Stramm oder Blümner, auch die Dichtung Benns, werden häufig „avantgardistische" Literatur genannt. Die Epochenbezeichnung „Avantgarde", der wir uns nun zuwenden wollen, ist von außerordentlicher Zweideutigkeit, und alles hängt davon ab, zu einer möglichst präzisen Begriffsbestimmung aus der Sicht des modernen Literatursystems zu gelangen. Es hat sich nämlich eingebürgert, jede vorrangig an Traditionsbruch, Antirealismus und Antiillusionismus interessierte Literatur „avantgardistisch" zu nennen. Eine Sammlung programmatischer Texte solcher Autoren wie Baudelaire, Rimbaud, Lautréamont und Mallarmé trägt den Untertitel „Frühe Dokumente der literarischen Avantgarde".[1] Gottfried Benn schreibt in seinem berühmten Vortrag über „Probleme der Lyrik": „Dann kamen Heym, Trakl, Werfel – die Avantgardisten".[2] Ein vielbenutztes Lexikon literaturwissenschaftlicher Begriffe definiert lakonisch: „A., extrem fortschrittliche Kunstrichtung mit besonderer Neigung zum stilistischen Experiment".[3] Und Georg Lukács, der bedeutende marxistische Literaturtheoretiker, identifizierte die Avantgarde mit jeder literarischen Prämierung des „radikal Neuen".[4] So gleichgesetzt mit innovationsorientierter, traditionskritischer und antirealistischer Literatur, verliert der Begriff „Avantgarde" aber alle Spezifik; man müßte „Ästhetizismus" und „Avantgarde" gleichsetzen, da ein Kriterium zur Differenzierung der beiden Epochenbezeichnungen nicht mehr angebbar wäre. Uns scheint aber zwischen Mallarmés poetischem Hermetismus und André Bretons Surrealismuskonzeption, oder zwischen der „Wort-Kunst" Georges und dem „Bruitisme" Dadas ein derart deutlicher programmatischer Unterschied zu walten, daß es keinen Sinn macht, beides – Mallarmé und Breton, George und Dada – unter den Epochentitel der „Avantgarde" zu stellen. Aus unserer Theorie des Literatursystems wird sich eine plausible Möglichkeit herleiten, den Unterschied zwischen einer ästhetizistischen Literatur der Traditionsnegation – oder einer „Literatur-Revolution" – und einer avantgardistischen Literatur der Infragestellung von Systemdifferenzierung – oder einer „Revolutions-Literatur" – scharf zu markieren und insofern die Epochendifferenz zwischen Ästhetizismus und Avantgarde in begründeter Weise festzuhalten, statt

1 Symbole und Signale. Frühe Dokumente der literarischen Avantgarde, a.a.O.

2 G. Benn: Gesammelte Werke. Bd. 4, S. 1062.

3 G. v. Wilpert: Sachwörterbuch der Literatur. 4. Aufl. Stuttgart 1964, S. 49.

4 G. Lukács: Schriften zur Literatursoziologie. Neuwied/Berlin 1961, S. 227.

alles „Avantgarde“ zu nennen, was eingelebte und vertraute Lese- und Hörgewohnheiten irritiert und schockiert.

Ehe wir eine systemtheoretisch perspektivierte Definition der literarischen Avantgarde zu geben versuchen, sei ein kurzer Blick auf die Begriffsgeschichte des Wortes „Avantgarde“ eingeschoben, der sich als nützlich erweisen wird.[5] Das Wort stammt bekanntlich aus dem militärischen Bereich und meinte dort eine kleine, hochbewegliche Truppe, der die Aufgabe zufiel, die Operationen des Hauptheeres zu sichern, einerseits durch Aufklärung feindlicher Absichten, andererseits durch Verschleierung der eigenen. Die Avantgarde war die stets gefechtsbereite, immer alarmierte Vorhut, die freilich im Falle des Rückzuges zur „Arrière-Garde“, zur Nachhut wurde. Carl von Clausewitz hat in seiner Schrift „Vom Kriege“ (1832) über die „Avantgarde“ ausgeführt:

> „Jede Truppe, welche nicht vollkommen schlachtfertig ist, bedarf einer Vorhut, um des Feindes Anrücken zu erfahren und zu erforschen, bevor sie ihn selbst ansichtig wird, denn der Gesichtskreis reicht in der Regel nicht viel weiter als der Wirkungskreis der Waffen. Was wäre aber ein Mensch, dessen Augen nicht weiter reichten als seine Arme? Die Vorposten sind die Augen des Heeres (...). Ist die Truppe in Bewegung, so bildet ein mehr oder weniger starker Haufe ihre (...) Avantgarde, welche, im Fall die Bewegung rückwärts geschieht, zur Arrièregarde wird. Ist die Truppe in Quartieren oder Lagern, so bildet eine ausgedehnte Linie schwacher Posten ihre Vorhut, die Vorposten. Es liegt nämlich in der Natur der Dinge, daß beim Stehen ein größerer Raum gedeckt werden kann und gedeckt werden muß als bei der Bewegung, so daß also in dem einen Fall der Begriff einer Postenlinie, in dem andern der eines vereinigten Korps von selbst entsteht.“[6]

Die Aufgabe der Avantgarde ist seit dem Ersten Weltkrieg von Aufklärungsballons, Panzern, Flugzeugen und Satelliten übernommen worden. Die metaphorische Vitalität des Begriffs blieb davon unberührt, vor allem in der politischen Sprache, wie man etwa an dem Parteiverständnis des Marxismus-Leninismus ersehen kann. Hier wird der historische Prozeß als gesetzmäßiger „Fortschritt“ verstanden, den die jeweils „fortgeschrittenste“ Klasse exekutiert. Marschiert also in der Gegenwart des 20. Jahrhunderts das Proletariat an der Spitze des Fortschritts, so bedarf es doch einer besonders mobilen, immer alarmierten und gefechtsbereiten „Vorhut“, einer „Avantgarde“, und diese ist die aus Berufsrevolutionären rekrutierte leninistische Partei. So definierte der 3. Kongreß der Kommunistischen Internationale 1921 die Partei als „die Avantgarde, den führenden Vortrupp des Proletariats (...) für alle Phasen seines revolutionären Klassenkampfes und der späteren Übergangsperiode zur Verwirklichung des Sozialismus, der ersten Stufe der kommunistischen Gesellschaft“.[7] Die Avantgarde der Partei hat also einen historischen Vorsprung vor der Klasse, deren Interessen sie zu vertreten vorgibt; wobei wohl mit dem militärstrategisch stets möglichen Umkippen in

5 Vgl. H. Böhringer: Avantgarde – Geschichte einer Metapher. In: Archiv f. Begriffsgeschichte. 1978.

6 C. v. Clausewitz: Vom Kriege. Frankfurt/Berlin/Wien 1980, S. 294f.

7 Zit. Kritisches Wörterbuch des Marxismus. Bd. 6. Berlin 1987, S. 990.

die „Arrièregarde", die Nachhut, nicht gerechnet wurde, was von heute aus gesehen freilich eine hübsche Pointe gibt. Den historischen Vor-Sprung meinte man im Medium der Zeit egalisieren zu können, d.h. man verbreitete die Erwartung, daß am Ziel der Geschichte, in der klassenlosen Gesellschaft des Kommunismus, alle da angekommen sein werden, wo die Avantgarde schon war, die sich dann überflüssig gemacht hat. Die temporale Differenz „früher"/„später" wurde dezidiert nicht als soziale, stratifizierende Differenz zwischen „oben" und „unten" verstanden, d.h. die Avantgarde sollte keine Elite sein. Tatsächlich setzten sich die militärischen Avantgarde-Truppen auch keineswegs aus Eliteeinheiten zusammen. Diesen Unterschied zwischen Avantgarde und Elite, der in der Wirklichkeit der Parteienaristokratie längst verloren gegangen war, wollte z.B. der revolutionäre Religionsphilosoph Jakob Taubes unbedingt bewahrt wissen:

„Das Implikat in Avantgarde bleibt ein Versprechen an alle, das Implikat in Elite bleibt die konstitutive Differenzierung; und deshalb, was immer auch als Mischungen und Legierungen und Ironien der Geschichte sich ergeben haben mag, daß avantgardistische Gruppen sich zu Elitegruppen formiert haben, es bleibt bei der prinzipiellen Unterscheidung zwischen denen, die an die Katholizität des Auftrags glauben und wissen, daß Wahrheit gar nicht Wahrheit ist, wenn sie nicht an alle geht, wenn nicht alle mitgemeint sind, und denen, die eben Wahrheit für wenige als Ziel ansehen können."[8]

Die militärischen und politischen Bedeutungskomponenten sind aus der Verwendung der „Avantgarde"-Metapher im Kontext von Kunst und Literatur nicht wegzudenken. Ein aufschlußreiches Dokument für diesen Zusammenhang von Kunst und Krieg findet sich in den Tagebüchern Baudelaires; dort heißt es in einer Notiz aus den sechziger Jahren:

„Von der Vorliebe der Franzosen fur militärische Metaphern. Bei uns trägt jede Metapher einen Schnurrbart.
Kämpferische Literatur.
In die Bresche stehen.
Die Fahne hochhalten.
Sich ins Kampfgewühl stürzen.
(...)
Die kämpferischen Dichter.
Die Literatur der *Avant-Garde.*
Diese Gewohnheit der militärischen Metapher verrät eine Art von Geistern, die (...) für die Disziplin geschaffen sind, d.h. für die Gleichförmigkeit, geborene Domestikenseelen (...), die nur in Gesellschaft zu denken imstande sind."[9]

Wir ersehen aus dieser Tagebuchnotiz zweierlei: erstens war für Baudelaire die militärische Herkunft des Avantgarde-Begriffs in der Literatur noch evident; zweitens hielt er sich selbst für alles andere als einen Avantgarde-Schriftsteller. Das mag uns ein erster Fingerzeig für die Unterscheidung von Avantgarde und Ästhetizismus sein, als dessen Repräsentanten wir Baudelaire verstanden haben.

8 J. Taubes: Elite oder Avantgarde? In: Tumult 4 (1982), S. 76.

9 C. Baudelaire, a.a.O., S. 335.

Was aber hatte Baudelaire genau vor Augen, als er von der „Literatur der Avant-Garde“ sprach? Diese Frage führt uns zum Begriffsursprung von „Avantgarde“ als Terminus der Kunst und Literatur. Es ist der französische utopische Sozialismus eines Saint-Simon oder eines Fourier gewesen, in dessen Kontext die Literatur zuerst als „Avantgarde“ bezeichnet wurde. Der Graf von Saint-Simon (1760-1825) strebte einen in letzter Instanz religiös fundierten Staatssozialismus an, in dem die Interessen der Besitzenden und der Besitzlosen friedlich zum Ausgleich gebracht wären. Um dieses Reformprogramm sozial durchzusetzen oder attraktiv zu machen, baute Saint-Simon auf die mobilisierende Kraft der Literaten, deren zündenden Imaginationen einer freien und gerechten Gesellschaft weit eher als die zwar korrekten, aber auch abstrakten Erkenntnisse der Wissenschaft ein breites Publikum für die Errichtung des Zukunftsstaates begeistern könnten. In der saint-simonistischen Programmschrift „Der Künstler, der Gelehrte und der Industrielle“ aus dem Jahre 1825 taucht der literarische Avantgarde-Begriff wohl zuerst auf; es heißt dort:

„Wir sind es, die Künstler, die als *Avantgarde* dienen werden. Die Gewalt der Künste ist tatsächlich am unmittelbarsten. Wir haben Waffen aller Art. Wenn wir neue Ideen unter den Menschen verbreiten wollen, schreiben wir sie auf Marmor oder auf Leinwand. Wir bringen sie unter das Volk durch Poesie und Gesang. Wir greifen zur Leier oder zur Flöte, zur Ode oder zum Lied, zur Geschichte oder zum Roman. Die dramatische Szene steht uns offen, und gerade dort üben wir einen zündenden und erfolgreichen Einfluß aus. Wir sprechen die Einbildungskraft und die Gefühle des Menschen an.“[10]

Die Literatur erscheint hier als „Vorhut“ des historischen Fortschritts, die über die Macht verfüge, mit Hilfe der suggestiven Kraft ihrer Kunstmittel das noch in überholten Vorstellungen befangene oder träge Volk so zu elektrisieren, daß es den Sprung in die Zukunft wagen und auf diese Weise die Avantgarde einholen wird, deren Werk dann getan ist. Wenn wir uns an die romantische Reflexion der „Autonomie“ zurückerinnern und an ihre Steigerung zur Formel „L'art pour l'art“, dann erkennen wir in der allergrößten Eindeutigkeit, daß das operative, instrumentelle Literaturverständnis der Avantgarde, so wie es im Saint-Simonismus zuerst formuliert wird, in der striktesten Weise als Kontrapart dieser „Autonomie“-Poetik verstanden wurde. Dem entspricht, daß die Saint-Simonisten Literatur als Rhetorik, und zwar als Gewalt der Überredung, als „Krieg der Rede“ verstanden. Saint-Simon nannte die Beredsamkeit „die *erste* unter den schönen Künsten“ und sah in dem Dichter einen „prédicateur“.[11] In einer neueren Untersuchung hat der Romanist Georg Maag 1986 das Literaturverständnis des französischen utopischen Sozialismus als „L'art social“, als Avantgarde, folgendermaßen charakterisiert:

„Die Kunst dient der saint-simonistischen Gesellschaftsidee als propagandistisches Mittel; (...) es ist ihr Potential an persuasiven Strategien, die Erfolgsgarantie emotionaler Beein-

10 Zit. Böhringer, a.a.O., S. 97.

11 Ebd., S. 100.

flussung, die ihre Überlegenheit gegenüber dem trockenen Diskurs des Wissenschaftlers begründet und sie zugleich als das beste Vehikel der Indoktrination ausweist. (...) Das Zusammenspiel zwischen *artistes, savants* und *industriels* ist (...) auf einen relativ engen Sinn eingegrenzt: die Wissenschaft erarbeitet die 'allgemeine Theorie', nämlich der saint-simonistischen industriellen Gesellschaft, und ihr entsprechend formiert die Kunst (...) das Bewußtsein der Masse durch den Einsatz von rhetorischen Mitteln.“[12]

In ihrem Ursprung ist avantgardistische Literatur also forciert rhetorische Literatur, die die Gewalt der Rede zur Massenmobilisierung einsetzt und damit in einem politischen Funktionszusammenhang steht.

Um die Bedeutung der Rhetorik für das Selbstverständnis der Avantgarde angemessen zu verstehen, müssen wir einen kleinen Exkurs einschieben. Denn es ist die Rhetorik gewesen, die zu den „Verlierern“ im Prozeß der Ausdifferenzierung moderner Literatur gehört hat, während sie im Bildungssystem Alteuropas einen angesehenen Platz im Trivium der artes liberales innehatte und von dem Traditionalisten Sulzer noch 1773 als höchste unter den Künsten gepriesen wurde:

„Man kann der Beredsamkeit den ersten Rang unter den schönen Künsten nicht absprechen. Sie ist (...) das vollkommenste Mittel, die Menschen verständiger, gesitteter, besser und glücklicher zu machen. Durch sie haben die ersten Weisen die zerstreueten Menschen zum gesellschaftlichen Leben versammelt, ihnen Sitten und Gesetze beliebt (...). Durch sie werden die Empfindungen der Ehre, der Menschlichkeit und der Liebe des Vaterlandes in den Gemütern rege gemacht. (...) Alle schönen Künste sind einem Staat nützlich, diese allein ist notwendig, wenn ein Volk nicht in der Barbarei bleiben, oder wieder dahin versinken soll.“[13]

Die Ausdifferenzierung der Literatur aus dem alteuropäischen Bildungssystem der „freien Künste“ hat dann jedoch zu einer programmatischen „Entrhetorisierung“ geführt, ja zu einer Verdammung aller Rhetorik als unpoetisch, weil funktional gebunden. Moritz hätte gesagt, daß die rhetorische Literatur „hetero-nom“ ist, weil ihr Nomos nicht in ihr selbst, sondern außerhalb von ihr liege, etwa in politischer Indoktrinierung. Zum Verfall der Rhetorik im ausgehenden 18. Jahrhundert hat natürlich noch eine Reihe weiterer Faktoren beigetragen, etwa die Verdrängung des Lateinischen als akademische Leitsprache durch die Nationalsprachen (der Rhetorikunterricht orientierte sich ja am lateinischen Paradigma); die Transformation der fundierenden Sprachauffassung: die Sprache wurde nicht länger als Repräsentation der Dinge, sondern als Medium der Subjektivität verstanden; schließlich auch die Privatisierung der „redenden Künste“, die weniger die Sphäre der Öffentlichkeit – Hof, große Politik – als Räume der Intimität bedienten – Freundschaft, Familie, Liebe – und sich in Briefen oder Gesprächen artikulierten. Die Kunst der öffentlichen Rede tritt zugunsten der

12 G. Maag: Kunst und Industrie im Zeitalter der ersten Weltausstellungen. München 1986, S. 49; vgl. H. Pfeiffer u.a. (Hg.): Art social und art industriel. Funktionen der Kunst im Zeitalter des Industrialismus. München 1987.

13 J.G. Sulzer: Allgemeine Theorie der schönen Künste, a.a.O., Bd. 1, S. 196f.

Offenbarung des Herzens ab, wie man exemplarisch an dem Gespräch zwischen Wagner und Faust in Goethes gleichnamigem Drama ersehen kann; Famulus Wagner steht noch ganz in der alteuropäischen Tradition der Beredsamkeit:

„Ach! wenn man so in sein Museum gebannt ist,
Und sieht die Welt kaum einen Feiertag,
Kaum durch ein Fernglas, nur von weiten,
Wie soll man sie durch *Überredung* leiten?
(...)
Allein der Vortrag macht des Redners Glück;
Ich fühl' es wohl, noch bin ich weit zurück.
(...)
Ach Gott! die Kunst ist lang,
Und kurz ist unser Leben.
Mir wird, bei meinem kritischen Bestreben,
Doch oft um Kopf und Busen bang.
Wie schwer sind nicht die Mittel zu erwerben,
Durch die man zu den Quellen steigt!"

Faust dagegen vertritt das neue Konzept der „Herzenssprache", die sich aller rhetorischen Mittel ledig weiß:

„Wenn ihr's nicht fühlt, ihr werdet's nicht erjagen,
Wenn es nicht aus der *Seele* dringt
Und mit urkräftigem Behagen
Die Herzen aller Hörer zwingt.
Sitzt ihr nur immer! Leimt zusammen,
Braut ein Ragout von andrer Schmaus,
Und blast die kümmerlichen Flammen
Aus eurem Aschenhäufchen 'raus!
Bewundrung von Kindern und Affen,
Wenn euch darnach der Gaumen steht –
Doch werdet ihr nie Herz zu Herzen schaffen,
Wenn es euch nicht von Herzen geht.
(...)
Ist's nötig, Worten nachzujagen?
(...)
Das Pergament, ist das der heil'ge Bronnen,
Woraus ein Trunk den Durst auf ewig stillt?
Erquickung hast du nicht gewonnen,
Wenn sie dir nicht aus *eigner Seele* quillt."[14]

Entscheidend für die Verwerfung der Rhetorik ist jedoch die „Autonomisierung" der Literatur gewesen; ihr gegenüber wurde die „Kunst der Überredung" als „heteronom" verstanden. Ein markantes Beispiel für diese Rhetorikkritik findet sich in Kants „Kritik der Urteilskraft" von 1790, in der es nicht allein die Autonomie der Dichtung ist, der alles Rhetorische zuwiderläuft, sondern – fast

14 J.W. v. Goethe: Hamburger Ausgabe. Bd. 3, S. 25f.

wichtiger noch – auch die Autonomie der Person; Kant nennt die Rhetorik eine „Maschine der Überredung", die die Menschen wie Maschinen bewege und ihrer freien Urteilskraft beraube:

„Die Beredsamkeit, sofern darunter die Kunst zu überreden, d.i. durch den schönen Schein zu hintergehen (...) verstanden wird, ist eine Dialektik, die von der Dichtkunst nur so viel entlehnt, als nötig ist, die Gemüter, vor der Beurteilung, für den Redner zu dessen Vorteil zu gewinnen, und dieser die Freiheit zu benehmen (...). Rednerkunst (...) ist, als Kunst sich der Schwächen der Menschen zu seinen Absichten zu bedienen (...), gar keiner Achtung würdig."[15]

Hegel hat in seiner „Ästhetik" das im Hinblick auf die romantische Konzeption der „Autonomie" zentrale Argument gegen die Rhetorik pointiert resümiert:

„In der Redekunst [ist] überhaupt die künstlerische Darstellung und Vollendung nicht dasjenige, was das letzte und höchste Interesse des Redners ausmacht, sondern er hat über die Kunst hinaus noch so sehr einen anderweitigen Zweck, daß die ganze Form und Ausbildung der Rede vielmehr nur als das wirksamste Mittel gebraucht wird, ein *außerhalb der Kunst* liegendes Interesse durchzuführen. Nach dieser Seite hin sollen auch die Zuhörer nicht für sich selber bewegt werden, sondern ihre Bewegung und Überzeugung wird gleichfalls nur als ein Mittel zur Erreichung der Absicht verwendet, deren Durchführung der Redner sich vorgesetzt hat, so daß also auch für den Hörer die Darstellung nicht als Selbstzweck dasteht, sondern sich nur als ein Mittel erweist, ihn zu dieser oder jener Überzeugung zu bringen oder zu bestimmten Entschlüssen, Tätigkeiten usf. zu veranlassen."[16]

Im Hinblick auf diese Verbannung aller Rhetorik aus der Sphäre „autonomer" Literatur ist es von hoher Signifikanz, daß die „Avantgarde" jene „Maschinen der Überredung" rehabilitiert hat. Nach saint-simonistischem Verständnis entfesselt die literarische Avantgarde einen „Krieg" der Rede, um im Kampf für das politische Ziel des christlichen Staatssozialismus alle Kräfte zu mobilisieren, den Gegner zu vernichten und das ersehnte Ziel zu erreichen.

Gegen diese „Militarisierung" der Literatur hat ein Programmatiker der „Kunstautonomie" wie Baudelaire protestiert; gegen diese Instrumentalisierung der Dichtung zum „L'art social" hat der Vertreter des „L'art pour l'art", Theophile Gautier, 1834 polemisch eingewandt:

„Wenn die Vertreter des art social einen Roman in die Hand bekommen, beginnen sie zu fragen: 'Wozu dient dieses Buch? Wie kann man es anwenden für die sittliche Hebung und das Wohl der zahlenmäßig stärksten und ärmsten Klassen? Wie! Kein Wort über die Nöte der Gesellschaft, nichts, was (...) den Fortschritt befördert? (...) Kretins und Krautköpfe, die ihr seid, ein Buch produziert keine Fleischsuppe; – ein Roman ist kein Paar nahtloser Stiefel; ein Drama ist keine Eisenbahn; ein Sonett keine Pumpe mit kontinuierlichem Strahl ..."[17]

---

15 I. Kant: Akademie-Ausgabe. Bd. 5, S. 327f.

16 G.W.F. Hegel: Theorie-Werkausgabe. Bd. 15, S. 264.

17 T. Gautier: Vorwort zu „Mademoiselle de Maupin". Paris 1955, S. 19f.

Wir interpretieren diese offene Konfrontation zwischen avantgardistischem „L'art social" und ästhetizistischem „L'art pour l'art" als Hinweis auf die Differenz der Programme, die den Unterschied der Epochentitel begründen sollen. Während nämlich der Ästhetizismus die Ausdifferenzierung moderner Literatur zu einem spezifischen Subsystem der Gesellschaft nicht nur voraussetzt, sondern gleichsam zu seiner „Botschaft" macht, versteht sich die Avantgarde – seit ihrem Ursprung in der politischen Utopie des Saint-Simonismus – als Programm der Entdifferenzierung, als Code-Revolte, als Einbindung der Literatur und Kunst in weiterreichende sozialpolitische Strategien. Insofern formulierten wir die Differenz zwischen Ästhetizismus und Avantgarde als Unterschied zwischen „Kunst-Revolution" und „Revolutions-Kunst". Daß also nicht das ästhetizistische Prinzip des intrasystemischen Traditionsbruchs, sondern die Konstellation von revolutionärer Politik und ihr zugeordneter instrumenteller Kunst das Kriterium für „Avantgarde" ist, hat der Literaturkritiker Hans Egon Holthusen bereits 1965 in einem Vortrag vor der Bayrischen Akademie der schönen Künste herausgestellt; Holthusen vertrat die Auffassung,

> „daß die Begriffe 'Avantgardismus' und 'Revolution' nicht auseinandergerissen werden können, da sie ja eben paarweise, als sich gegenseitig bedingende Leitmotive ein und derselben geschichtsphilosophischen Konzeption, in die Welt gesetzt worden sind und die historische Virulenz dieser Konzeption nicht überleben können. Es ist die Konzeption der Fourieristen und Proudhonisten, denen der junge Marx (...) zuzuordnen wäre, es ist die Bewußtseinslage eines vorrevolutionären *Noch-nicht*."[18]

Und diese starke Zukunftserwartung ist es auch gewesen, deren Enttäuschung die Avantgardismen dann hat altmodisch werden lassen, so daß das Pathos des Futurs in ihren Programmen – der ganze „Futurismus" im wörtlichen Sinn – heute eher befremdet, wo man die Zukunft mit derartigen Totalalternativen zur Gegenwart nicht länger belastet.

„Avantgarde" wollen wir also eine Literaturprogrammatik nennen, die die Ausdifferenzierung der Literatur zu einem eigenständigen Kommunikationssystem frontal angreift und auf eine entdifferenzierende, Literatur in politische Funktionszusammenhänge einrückende Strategie setzt. „Entdifferenzierung" in diesem Sinne heißt zugleich Aufhebung des symbolisch generalisierten Kommunikationsmediums „Werk" und seiner binären Codierung. Unsere These ist, daß die Avantgarde – immer in der Perspektive ihres Programms – keine „Werke" als interessante oder langweilige Differenz von Medium und Form mehr herzustellen gewillt ist. Technische Konsequenz dieser Absicht ist das Zusammenfallen von Medium und Form, indem das Medium Form oder die Form Medium wird, und auf diese Weise das „Werk" verschwindet. Wir werden dieses Gedanken später noch ausführlich erläutern; um aber wenigstens einen Fingerzeig zu geben, verweisen wir auf Bretons Surrealismuskonzept der „écriture automatique". Bre-

18 Avantgarde. Geschichte und Krise einer Idee. München 1966 (Gestalt und Gedanke Bd. 11), S. 32f.

ton verstand sie als unverstelltes, mimetisches Protokoll des Bewußtseinsstromes in der Simultaneität seiner Momente und definierte den „Surrealismus" als

> „reinen psychischen Automatismus, durch den man mündlich oder schriftlich oder auf jede andere Weise den wirklichen Ablauf des Denkens auszudrücken sucht. Denk-Diktat ohne jede Kontrolle durch die Vernunft, jenseits jeder ästhetischen oder ethischen Überlegung."[19]

Der Surrealismus müsse auf jede „Filtrierung" – sprich: Selektion – verzichten; er verstehe den Schriftsteller als „Registriermaschine", usw.; technisch bedeutet das, daß die Form ins Medium zurückgenommen, bzw. keine Differenz zum Medium mehr beobachtbar sein soll:

$$\boxed{M = \mathrm{F}}$$

An einem Produkt der „écriture automatique" sollen wir „Form" vom „Medium" nicht mehr unterscheiden können, d.h. die Werkkategorie preisgeben müssen. Ob das wirklich der Fall sein muß, oder ob wir die „Bewußtseinsstenogramme" Aragons, Bretons oder Desnos' nicht vor ein anderes Medium projizieren und sie dann doch als „Werke" beobachten können, das soll hier noch nicht gefragt werden, weil wir die avantgardistischen Programme zunächst einmal in ihren Absichten verstehen wollen. Wenn sie vorhaben, den Unterschied von Medium und Form zu tilgen, wenn sie keinen Formgewinn gegenüber den Medien erzielen wollen, dann geht es ihnen darum, das „Werk" zu schleifen und die in ausdifferenzierter Literatur gebundenen Ressourcen – oder Energien – für eine revolutionäre Praxis der sozialen Veränderung freizusetzen. So war die „écriture automatique" eingebunden in das Konzept einer umfassenden Befreiung der Gesellschaft von allen Blockaden, Zwängen und Normierungen des unbewußten Begehrens und der „wilden Wünsche", einer anarchistischen Revolte, der das ganze Mißtrauen Freuds galt, dessen Nüchternheit ihn von dem Überschwang der surrealistischen Schriftsteller Abstand halten ließ. Darauf kommt es hier aber nicht an, sondern allein auf die Konturierung der These, daß die Avantgarde Entdifferenzierung und Code-Revolte, die Abschaffung der werkkonstituierenden Medium/Form-Differenz stets im Horizont einer übergreifenden sozialrevolutionären Strategie verstanden hat – und nicht etwa als interessante Innovation innerhalb des Systems; kurz: als Revolutions-Kunst, nicht als Kunst-Revolution.

Nietzsches Avantgarde

In Deutschland ist dieses avantgardistische Programm zuerst von Friedrich Nietzsche vertreten worden. Diese Behauptung mag irritieren, weil man Nietzsche

19 A. Breton: Erstes Manifest des Surrealismus. Zit. G. Metken (Hg.): Als die Surrealisten noch recht hatten. Stuttgart 1976, S. 36.

natürlich keinerlei Sympathie für sozialistische Utopien vom Schlage des Saint-Simonismus unterstellen kann. Man muß sich jedoch von dem Gedanken frei machen, als habe die Avantgarde eine quasi-natürliche Neigung zu sozialistischen Optionen gehabt; wie wir noch sehen werden, gab es im 20. Jahrhundert avantgardistische Tendenzen im Kontext faschistischer Politikkonzeptionen, wobei wir Nietzsche allerdings auch dieser Tradition nicht zuordnen wollen, da dieser in den faschistischen Massenbewegungen nichts weniger als eine Einlösung seiner politischen Hoffnungen gesehen hätte. Für unsere Definition des Epochenbegriffs „Avantgarde" ist nicht die kontingente – „linke" oder „rechte" – Politikoption ausschlaggebend, sondern die Einbindung der „Kunstaufhebung" in eine antimoderne, entdifferenzierende Globalstrategie, die von der Utopie einer nachmodernen Gesellschaft regiert wird, für die freilich der „Sozialismus" das gängigste Modell abgegeben hat.

Wenn wir Nietzsche zum Programmatiker der Avantgarde erklären, mag sich Widerspruch auch aus anderer Richtung erheben. Denn für gewöhnlich sieht man in Nietzsche den philosophischen Wegbereiter des „Ästhetizismus". Der Literaturhistoriker Victor Žmegač sieht gar in dem L'art pour l'art-Grundsatz und in Nietzsches Kunstphilosophie die beiden unmittelbar zusammengehörenden exemplarischen Ausprägungen des Ästhetizismus im 19. Jahrhundert.[20] Solche Auffassungen stützen sich in aller Regel auf einige Sätze Nietzsches in der „Geburt der Tragödie", die die Welt zu einem „ästhetischen Phänomen" erklären, das allein als solches gerechtfertigt werden könne. Das Zitat solcher Sätze, die erst im Kontext der Schopenhauerschen Willensmetaphysik verständlich werden, übersieht, daß schon die „Geburt der Tragödie" nicht so sehr der Kunst als „Werk-Kunst" verpflichtet ist und auch nicht der ästhetischen Existenz des Dandy, sondern daß sie von einem kulturpolitischen Programm durchstimmt wird, das der Wagnerbewegung verpflichtet ist und auf eine Elitekultur hinausläuft, in der die Kunst eine völlig veränderte Bedeutung gewinnt, die Bedeutung einer quasi-mythischen Sinnstiftung für die nachmoderne Gesellschaft.

Man benötigt aber gar keinen großen philosophischen Interpretationsaufwand, um Nietzsches Hoffnung auf eine Rückkehr des Dionysos als Inbegriff der produktiven Kräfte einer Kultur von dem Selbstverständnis des programmatischen Ästhetizismus abzugrenzen. Jene Literaturhistoriker, die Nietzsche in die Kontinuität des L'art pour l'art einrücken, haben übersehen, daß Nietzsche zu den wenigen Autoren in Deutschland gehört hat, die schon im 19. Jahrhundert Flaubert und Baudelaire, Theophile Gautier und die Brüder Goncourt wirklich gelesen haben. Auch die Parole selbst – „L'art pour l'art" – war Nietzsche vertraut, und es lohnt sich, die Stellen zu lesen, an denen er sich explizit dazu äußert. Da ist zunächst folgende Bemerkung aus „Jenseits von Gut und Böse":

„Unser Europa von heute [ist] seines Willens oft bis zum Sterben satt! Willenslähmung: wo findet man nicht heute diesen Krüppel sitzen! Und oft noch wie geputzt! Wie verführerisch herausgeputzt! Es gibt die schönsten Prunk- und Lügenkleider für diese Krankheit;

20 V. Žmegač: Ästhetizismus. In: Moderne Literatur in Grundbegriffen, a.a.O., S. 22.

und daß zum Beispiel das meiste von dem, was sich heute als (...) *'l'art pour l'art'* (...) in die Schauläden stellt, nur aufgeputzte (...) Willenslähmung ist – für diese Diagnose der europäischen Krankheit will ich einstehn."[21]

Die „Kunst um der Kunst willen" zu propagieren und auf alle soziale Funktion zu verzichten: darin sieht Nietzsche also das Symptom einer Willenslähmung, das Anzeichen eines geschwächten Willens, ein Kennzeichen der Dekadenz, die er in Zusammenhang bringt mit einer durchgreifenden Tendenz zur sozialen Nivellierung und Egalisierung. Zwei Jahre später, in der „Götzendämmerung", hat Nietzsche dem „L'art pour l'art" einen eigenen Abschnitt gewidmet. In diesem Abschnitt hebt er zunächst einen aus seiner Sicht positiven Aspekt hervor: den Kampf der Formel gegen jede Moralisierung der Kunst: „L'art pour l'art heißt: 'der Teufel hole die Moral'". Dann aber folgen die Einwände auf dem Fuße:

„Wenn man den Zweck des Moralpredigens und Menschen-Verbesserns von der Kunst ausgeschlossen hat, so folgt daraus noch lange nicht, daß die Kunst überhaupt zwecklos (...), kurz *l'art pour l'art* – ein Wurm, der sich in den Schwanz beißt, ist. (...) Die Kunst ist das große Stimulans zum Leben: wie könnte man sie als zwecklos, als ziellos, als *l'art pour l'art* verstehn?"[22]

Also auch hier ist es die Funktion der Kunst, ihre Funktion für die produktive Formung des Lebens, die im L'art pour l'art-Programm verlorengegangen scheint, aus Lebensschwäche, aus mangelndem Gestaltungswillen! Dies hat die wohl schärfste Attacke Nietzsches gegen die Losung des Ästhetizismus auf den Punkt gebracht, die in einem nachgelassenen Aphorismus zu finden ist; hier nennt Nietzsche L'art pour l'art „das virtuose Gequak kaltgestellter Frösche, die in ihrem Sumpf desperieren ..."[23]

Daß der moderne Grundsatz der Kunstautonomie für Nietzsche ein Ausdruck geschwächten Willens zum Leben, ein Dekadenzsymptom ist, das zeigt sich auch in seinen Urteilen über die Schriftsteller des französischen Ästhetizismus. Nietzsche nennt z.B. Baudelaire einen „typischen décadent, in dem sich ein ganzes Geschlecht von Artisten wiedererkannte".[24] Zwar übersah Nietzsche die Reize dieser in ihren Wirkungsmitteln ungeheuer raffinierten Literatur keineswegs, er hatte dafür vielmehr ein ganz ungewöhnliches Sensorium, sie galten ihm aber gleichwohl als Indiz niedergehenden, geschwächten Lebens; Theophile Gautier, den Brüdern Goncourt, Flaubert u.a. fehle es „an der Hauptsache – 'La force' –", schreibt Nietzsche 1887 in einem Brief, und an anderer Stelle nennt er diese Autoren

„Virtuosen durch und durch, mit unheimlichen Zugängen zu allem, was verführt, lockt, zwingt, umwirft, geborne Feinde der Logik und der geraden Linie, begehrlich nach dem

21 F. Nietzsche: Werke in drei Bänden. Bd. 2, S. 671.

22 Ebd., S. 1004.

23 Ebd., Bd. 3, S. 753.

24 Ebd., Bd. 2, S. 1091.

Fremden, dem Exotischen, dem Ungeheuren, allen Opiaten der Sinne und des Verstandes. Im ganzen eine verwegen-wagende, prachtvoll-gewaltsame, hochfliegende und hoch emporreißende Art von Künstlern, welche *ihrem* Jahrhundert – es ist das Jahrhundert der *Masse* – den Begriff 'Künstler' erst zu lehren hatte. Aber *krank* ...“[25]

Nietzsche liest den europäischen Ästhetizismus und sein Programm forcierter Kunstautonomie also symptomal; der Ästhetizismus ist die Kunst einer Gesellschaft, die sich einer Politik der „Gleichheit“, der sozialen Nivellierung und der aufgeklärten Massenwohlfahrt verpflichtet hat. In dieser Politik triumphiert der Typus des „reaktiven“, letztlich unproduktiven Menschen, dessen Ressentiment jede Form der Ungleichheit als moralisch verwerflich diffamiert, den Typus des aktiven, produktiven, agierenden Menschen unter Dauerverdacht gestellt und schlußendlich um seine Fähigkeit gebracht hat, sich einen kulturell bindenden, gesellschaftsformenden Lebensstil zu geben. Statt das Leben produktiv zu formen, verpuffen die schöpferischen Potenzen der dekadenten, modernen Gesellschaft in den ebenso exzentrischen wie weltlosen Artefakten einer forciert individualistischen Werk-Kunst, die derart in kraftloser Weise die durchgängige Normalisierung und Generalisierung der Gesellschaft im Namen einer anonymen Mediokrität nur kompensieren kann. Der exzentrische Individualismus der Kunst war für Nietzsche ein Komplement der durchnivellierten Massengesellschaft. Ja, noch in den eigenwilligen Kunstwerken des Ästhetizismus glaubte Nietzsche dieses epochale Zusammenspiel von steiler Individualität und nivellierter Masse entziffern zu können, das jeden „Stil“ pervertiere:

„Womit kennzeichnet sich jede literarische Décadence? Damit, daß das Leben nicht mehr im Ganzen wohnt. Das Wort wird souverän und springt aus dem Satz hinaus, der Satz greift über und verdunkelt den Sinn der Seite, die Seite gewinnt Leben auf Unkosten des Ganzen – das Ganze ist kein Ganzes mehr. Aber das ist das Gleichnis für jeden Stil der Décadence: jedesmal Anarchie der Atome, Disgregation des Willens, 'Freiheit des Individuums', moralisch geredet – zu einer politischen Theorie erweitert 'gleiche Rechte für alle'. Das Leben, die gleiche Lebendigkeit, die Vibration und Exuberanz des Lebens in die kleinsten Gebilde zurückgedrängt, der Rest *arm* an Leben.“[26]

Ist das autonome, „individualistische“ Werk in seiner ganzen Exzentrik aber nur die Kehrseite einer durchnivellierten Massengesellschaft, der jeder verbindliche Stil abhanden gekommen ist, und richtet sich Nietzsches kulturpolitische Strategie auf die Formung einer am antiken Vorbild orientierten, strikt hierarchischen Zukunftsgesellschaft, in der die Masse der Menschen ihr Ethos und ihre Würde in der dienenden Ermöglichung einer produktiven Kultur-Elite fände, die jedes Opfer rechtfertigt, dann gewinnen wir ein größeres Verständnis für Nietzsches rigorose Kritik an jeder Kunstautonomie, eine Kritik, die mit einem Frontalangriff auf die moderne, differenzierte Gesellschaft verbunden ist. Die in autonomer Kunst gefesselte, von der Massengesellschaft und ihren „demokratischen“ Idealen

25 Ebd., S. 1050.

26 Ebd., S. 917.

beargwöhnte Produktivität soll aus dem Käfig der Werke, in denen sie folgenlos bleibt, befreit und zur Stilisierung der Existenz einer Elite produktiver Menschen entfesselt werden. Um die „Kunst des Lebens", nicht um die „Kunst der Werke" war es Nietzsches sozialer Utopie zu tun:

„Die Kunst soll vor allem und zuerst das Leben *verschönern* (...); sie schafft Formen des Umgangs, bindet die Unerzogenen an Gesetze des Anstands (...), des Redens und Schweigens zur rechten Zeit. Sodann soll die Kunst alles Häßliche verbergen oder umdeuten, jenes Peinliche, (...) Ekelhafte, welches trotz allem Bemühen immer wieder, gemäß der Herkunft der menschlichen Natur, herausbrechen wird (...). Nach dieser großen (...) Aufgabe der Kunst ist die sogenannte eigentliche Kunst, die der *Kunstwerke*, nur ein Anhängsel."[27]

Und den Drang des Künstlers nach Selbstausdruck im Werk hielt Nietzsche für Barbarei:

„Das unablässige Schaffen-Wollen (...) des Künstlers hält ihn davon ab, als Person schöner zu werden, also *sich selber* zu schaffen. (...) [Er] hat nur ein bestimmtes Maß von Kraft: was er davon auf sich verwendet, wie könnte dies noch seinem *Werke* zugute kommen? – und umgekehrt."[28]

Kurz: Die Ausdifferenzierung der Kommunikationssysteme im 18. Jahrhundert – und zumal die Autonomisierung der Kunst und Literatur – beurteilte Nietzsche als Dekadenzphänomene der modernen Gesellschaft, in der es der Masse der „Re-Aktiven", nur „Reagierenden" gelungen sei, jede aktive Lebenskunst, jede Kultur der Stärke zu unterminieren und in ein Reservat folgenloser, weil „autonomer" Arenen einzuhegen. Ist die moderne Gesellschaft diskursiv differenziert – in die einzelnen Kommunikationssysteme –, sozial aber entdifferenziert oder nivelliert, dann postulierte der Avantgardist Nietzsche eine Wiederkehr sozialer Differenzierung oder Schichtung in Elite und Masse, zugleich aber eine diskursive Entdifferenzierung, eine Integration der ehedem „Kunst" genannten produktiven Ressourcen in die Formierung einer stilfähigen Kultur. Vollkommen klar hat sich Nietzsche immer wieder über sein politisches Programm und seine Sozial-Utopie ausgesprochen:

„Es treten in jeder gesunden Gesellschaft (...) drei physiologisch verschieden-gravitierende Typen auseinander, von denen jeder (...) seine eigene Art von Vollkommenheits-Gefühl (...) hat. (...) Die oberste Kaste – ich nenne sie die Wenigsten – hat als die vollkommne auch die Vorrechte der wenigsten: dazu gehört es, das Glück, die Schönheit, die Güte auf Erden darzustellen. (...) Pulchrum est paucorum hominum: das Gute (!) ist ein Vorrecht. (...) Die zweiten: das sind die Wächter des Rechts, die Pfleger der Ordnung und der Sicherheit, das sind die vornehmen Krieger (...). Eine hohe Kultur ist eine Pyramide: sie kann nur auf einem breiten Boden stehen, sie hat zu allererst eine stark und gesund konsolidierte Mittelmäßigkeit zur Voraussetzung. (...) Daß man ein öffentlicher Nutzen ist, ein Rad, eine Funktion, dazu gibt es eine Naturbestimmung: *nicht* die Gesellschaft, die Art *Glück*, deren die allermeisten bloß fähig sind, macht aus ihnen intelligente Maschinen.

27 Ebd., Bd. 1, S. 804f.

28 Ebd., S. 777.

Für den Mittelmäßigen ist mittelmäßig sein ein Glück. (...) Das Unrecht liegt niemals in ungleichen Rechten, es liegt im Anspruch auf 'gleiche' Rechte ..."[29]

Der Erreichung dieser Sozial-Utopie galt Nietzsches „große Politik". Ihr Kampfplatz – das 20. Jahrhundert – würde, so prophezeite Nietzsche, von einem epochalen Konflikt mit der Beharrungskraft der nivellierten Massengesellschaft bestimmt sein, in der die „Schwachen" triumphiert hätten. In den Dienst dieser „großen Politik" tritt die aus den „Werken" befreite Produktivität des agierenden Menschen, dessen Existenz im Kampf Stil und Größe gewinnt. Dieser Lebensstil ist nicht länger einer haltlosen Subjektivität verpflichtet, die sich in einem Kult der Exzentrik betäubt, er bindet sich vielmehr in Konventionen und will soziale Verbindlichkeit gründen, die als Balance agonaler Kräfte zustandekommt und eine differenzierte, gleichwohl aber homogene Kultur stiften wird. Die Träger dieser Kultur nannte Nietzsche „Übermenschen" und grenzte sie vom „Genie" als Prototyp des schöpferischen Menschen der modernen Kultur ab:

„An Stelle des Genies setze ich den Menschen, der über sich selber den Menschen hinausschafft (neuer Begriff der Kunst, gegen die Kunst der Kunstwerke)."[30]

An Nietzsches Projekt, das wir inhaltlich nicht diskutieren wollen, werden die Grundzüge der Avantgarde besonders deutlich. Die Avantgarde entdifferenziert die Literatur, indem sie ihren Code politisiert oder politisch „übercodiert". So verliert die Literatur ihre Autonomie und tritt in eine polyfunktionale Gemengelage ein, die sich der Differenzierung nach klaren Systemreferenzen versperrt. Mit dem spezifischen Code – für Nietzsche die Differenz „individuell"/„generell", die wir als Unterschied von „interessant" und „langweilig" lesen – löst sich auch die symbolische Einheit des „Werks" auf: als „Form" tritt das „Werk" ins „Medium", d.h. in die Wirklichkeit der gelebten Kultur zurück. Es existiert dann keine Differenz von Medium und Form mehr, die als „Werk" beobachtbar wäre. An ihre Stelle tritt die stilisierte Selektivität einer „Lebenskunst", die die „Kunst" als Synonym „dionysischer" Produktivität in die Direktive des Lebens und seines sozialen Gelingens stellt.

Futurismus in Italien

Die Avantgarde ist ein gesamteuropäisches Phänomen gewesen, und es ist unmöglich, den deutschsprachigen Anteil an ihm irgend isoliert zu behandeln. Programmatisch hat sich die Avantgarde zuerst 1909 in den berühmten Pariser Manifesten Filippo Tommaso Marinettis zu Wort gemeldet, mit denen der „Futurismus" proklamiert wurde, wobei wir immer wieder auf die Vordenkerrolle Nietzsches hinweisen, der auch den italienischen Futurismus inspiriert hat, wenngleich

29 Ebd., Bd. 2, S. 1228.

30 F. Nietzsche: Umwertung aller Werte. Aus dem Nachlaß hg. v. F. Würzbach. Bd. 2. München 1969, S. 544.

man das aus politischen Gründen, die noch erläutert werden, zeitweise nicht wahrhaben wollte. Auch wenn dem Futurismus eine große Zahl von Künstlern – an erster Stelle Literaten, aber auch Maler, Architekten und Komponisten – angehörten, so ist es doch die Person Marinettis gewesen, mit der die Bewegung des italienischen Futurismus so untrennbar verbunden war, daß man gelegentlich auch von „Marinettismus" gesprochen hat. Marinetti – 1876 geboren – hatte seine Jugend in Frankreich, in Paris zugebracht; er galt zunächst geradezu als französischer Schriftsteller in der Tradition des Ästhetizismus. Bezeichnend ist nun, daß die Proklamation des Futurismus für Marinetti untrennbar einhergegangen ist mit einer Wende des französisch schreibenden Ästhetizisten zu einem forciert italienischen Nationalismus, der sich die Befreiung Nord-Ost-Italiens von der Okkupation durch die Habsburger Monarchie zum Ziel gesetzt hatte und sich vor allem für Triest engagierte, das damals der bedeutendste Kriegshafen der Monarchie war. Von Beginn an verstand sich der Futurismus nicht etwa als literarische Erneuerungsbewegung, sondern als umfassendes nationales Projekt für eine durchgreifende kulturelle und politische Transformation Italiens. Als Marinetti 1908, also noch vor der Publikation des ersten Manifestes im Pariser „Figaro", zu einer Dichterlesung nach Triest eingeladen wurde, kündigte man ihn ausdrücklich als „französischen" Dichter an, „der den Reiz von Paris mit sich bringt":

„Den letzten Reiz, wohlgemerkt. In dieser Hinsicht ist Marinetti unerbittlich: freier Vers; Kühnheit der Bilder; Metaphern, die wie Raketen platzen; das Recht der Dichtung, alles zu sagen; das Recht der lyrischen Welle, alle Dämme der überlieferten Formen zu überspülen."[31]

Ehe Marinetti aber neben eigenen Gedichten Lyrik von Victor Hugo und Baudelaire vorträgt, verliest er ein flammendes, hochpoetisches Bekenntnis zu Italien und zu Triest als Teil Italiens.

„Meine Damen und Herren, es ist Ihnen sicherlich nicht unbekannt, daß die Dichter zu allen Zeiten das Meer geliebt haben und es immer lieben werden. (...) Hoch oben von den Klippen von Biarritz sah ich die Sonne im Atlantischen Ozean aufgehen und sterben; ich sah auch ihren verzweifelten Todeskampf auf dem glutheißen Strand Afrikas. Aber keines dieser herrlichen Schauspiele hat meinen Geist so in Entzücken versetzt wie der Blick von Opicina herab auf die Adria (...). Der Himmel schien von einer unbeschreiblichen Begeisterung trunken zu sein, als färbte ihn der Widerschein von tausend *Rüstungsfabriken*, über und über rot, als färbte ihn der Dampf von tausend blutigen heroischen *Schlachten*. (...) Das Meer war *trikolor*!... Da waren Zonen *grüner* Seide, das schöne Grün der Palmen, die der Wind auf dem *weißen* Glacis einer von Fremden *befreiten* Stadt bewegt. ... Und da waren auch *rote* Streifen, die wollüstige Farbe, die die Lippen der schönen Italienerinnen ziert ... Dieses holde *grün-weiß-rote* Meer drang glorreich in den großen Hafen von Triest (...) ein, während die Sonne ihre Purpurstrahlen auf das blendende Weiß der Häuser und das Grün der umliegenden Berge drückte. (...) Obwohl ich Ihnen gleich Verse der größten

31 Zit. C. Baumgarth: Geschichte des Futurismus. Reinbek 1966, S. 21; vgl. neuerdings H. Schmidt-Bergmann: Futurismus. Geschichte, Ästhetik, Dokumente. Reinbek 1993.

französischen Dichter und einige eigene Dichtungen, ebenfalls in französischer Sprache vortragen werde, sollen Sie wissen, daß ich Italiener bin, mein Blut und mein Name italienisch sind und daß mich nur ein einziger Ehrgeiz unbändig treibt: den Namen Italiens zu ehren (...).“[32]

Dieses „patriotisch-ästhetische“ Bekenntnis zu einem italienischen Triest, das die Wasser der Adria sich in den Farben der italienischen Flagge spiegeln läßt, weist bereits einige bezeichnende Züge des Futurismus auf: natürlich den Konnex von rhetorischer Textstrategie und politischer Funktion, d.h. Anti-Habsburg-Agitation; dann aber vor allem die Einmontierung industrieller und militärischer Bildelemente in das Seepanorama, die alle Assoziationen an herkömmliche Landschaftsschönheit mit nur natürlichen oder kulturgeschichtlichen Requisiten „verfremden“; es sind „Rüstungsfabriken“, es ist der Qualm von Schlachtfeldern, die den Himmel über der Hafenstadt illuminieren und auf die Notwendigkeit verweisen, in Kampf und Krieg gegen die Monarchie Italiens Freiheit und nationale Souveränität zu erstreiten.

Am 20. Februar 1909 publiziert Marinetti dann das Gründungsmanifest des Futurismus, auf das wir noch genauer eingehen werden; im gleichen Monat noch ein „Manifesto politico dei Futuristi“, dem sich eine ganze Flut weiterer programmatischer Erklärungen anschließen wird, bis hin zu jenem „Manifesto futurista dell' aeropittura maringuerra“, das Marinetti 1943, im Jahr vor seinem Tode, veröffentlichte. Seit 1910 veranstaltete er sogenannte „futuristische Abende“, happeningähnliche Auftritte seiner Gruppe, die bewußt den Skandal suchten, um öffentliche Resonanz zu provozieren. Der gut dokumentierte erste dieser „Abende“ fand wiederum in Triest statt; ihn kennzeichnet, was die programmatischen Verlautbarungen angeht, eine bezeichnende Einheit von literarischen, allgemein kulturellen und dezidiert politischen Aspekten und Schwerpunkten. In seiner Erklärung, die den Triester Abend am 12. Januar 1910 eröffnete, sagte Marinetti:

„In der Politik sind wir ebensoweit vom internationalen und antipatriotischen Sozialismus – dieser gemeinen Verherrlichung der Rechte des Bauches – entfernt wie vom ängstlichen, klerikalen Konservativismus, dessen Symbole Pantoffeln und Bettwärmer sind. – Wir preisen den Patriotismus und den Militarismus: wir besingen den Krieg, diese einzige Hygiene der Welt, diese stolze Flamme der Begeisterung und der Hochherzigkeit, dieses edle Bad des Heldentums, ohne das die Völker im trägen Egoismus, im wirtschaftlichen Strebertum und in der Knausrigkeit des Geistes und des Willens einschlafen. – Wir verachten und bekämpfen die Tyrannei der Liebe, die besonders in den romanischen Ländern die Energie der tatkräftigen Männer dezimiert. Wir bekämpfen die abgestandene Sentimentalität, die Besessenheit des Ehebruchs und der Eroberung der Frau im Roman, im Theater und im Leben. Wir wollen in der Vorstellungswelt der Jugend die widerwärtige Figur des Don Juan durch die gewalttätigen Herrschernaturen eines Napoleon, Clemenceau und Blériot ersetzen. – (...) Da wir überzeugt und sicher sind, daß es ebenso leicht wie verachtenswert ist, dem Publikum durch Zugeständnisse an seinen ordinären Geschmack zu gefallen, wollen

32 C. Baumgarth, a.a.O., S. 21f.

wir allein unserem Ideal gefallen, und vom feindseligen Publikum verlangen wir nur, ausgepfiffen zu werden."[33]

Wenige Wochen später kommt es in Mailand zu einem Eklat, als Marinetti eine Dichterlesung dazu nutzt, antihabsburgische Parolen in das Publikum zu brüllen und zum Widerstand gegen Österreich aufzurufen. Marinetti bekommt ein Verfahren wegen Aufruhrs, gewinnt aber zugleich immer mehr Anerkennung und Zulauf seitens der italienischen Künstler und Intellektuellen und überzieht die großen europäischen Metropolen mit futuristischer Propaganda; erwähnenswert ist vor allem ein Auftritt in Sankt Petersburg, wo ihn die russischen Futuristen – nach dem Zeugnis Tretjakovs – mit faulen Eiern bewarfen. Hervorzuheben ist auch Marinettis Tätigkeit als Kriegskorrespondent 1911 in Libyen und 1913 im türkisch-bulgarischen Krieg. In Libyen beschreibt Marinetti voller Enthusiasmus die Einsätze des italienischen Piloten Carlo Maria Piazza, der zu den ersten gehörte, die Flugzeuge militärisch – zur Aufklärung und zum Bombardement – einsetzten und auf diese Weise die militärische Avantgarde überflüssig machten. In Marinettis Kriegsreportage heißt es:

„Dreihundert Meter über mir nimmt das Dröhnen eines Eindeckers zu, dieser allerneusten Lufttrommel der Schlacht. Höher, schöner als die Sonne, schwingt sich Hauptmann Piazza. (...) Seine große, gebieterische Blériot durchschneidet brutal mit den beiden leuchtenden Sicheln ihrer waagerechten Flügel die großen, senkrecht fallenden Strahlen der Sonnenaureole. Schon fliegt er über der fliehenden Kavallerie. (...) Welch höllische Freude muß der Flieger (...) verspüren, während er ganz nach seinem Gefallen Todeskreise in der Flut des feindlichen Heeres zieht! Schwere Feuerbrocken stürzen herab, hier und da, alle hundert Meter, auf den großen Fluchtbogen, der von Sidi-Messri stufenweise nach rechts einbiegt, nach der unsichtbaren Zanzur-Oase. (...) Piazza singt beim Fliegen: (...) was tut's, wenn der tumultuarische Flug der Geschosse mir manchmal den Luftboden unter den Füßen wegzieht?... Im Fluge reite ich ungesattelt in die Schlacht, die wie toll geworden dahingaloppiert."[34]

Bei Ausbruch des Ersten Weltkrieges melden sich Marinetti und seine Freunde zum freiwilligen Heeresdienst, lassen sich in einem Radfahrerbataillon ausbilden, kommen aber wegen Italiens vorläufiger Neutralität zu keinen Einsätzen. Marinetti verwendet sein ganzes literarisch-rhetorisches Potential, um die italienische Öffentlichkeit zum Kriegseintritt gegen Österreich zu mobilisieren. Es kommt zu spektakulären Aktionen, und Anfang 1915 wandert Marinetti in Rom ins Gefängnis, um dort die Bekanntschaft Mussolinis zu machen, woraus sich eine lebenslange Vertrautheit entwickeln wird. Als Italien am 23. Mai 1915 an der Seite der Entente in den Krieg eintritt, findet Marinetti zunächst in einem Regiment der Alpini, dann als Panzerkommandant Verwendung. Propagandistisch verherrlicht er den Krieg, an erster Stelle in dem berühmt-berüchtigten Pamphlet „Guerra sola igiene del mondo" (1915). Nach Beendigung des Krieges verwandelt Marinetti die Bewegung in eine „futuristische Partei", deren Programm in ei-

33 Ebd., S. 39.

34 Ebd., S. 79f.

genartiger Mixtur quasi-sozialistische mit nationalistischen, panitalienischen und techno-euphorischen Motiven koppelt und zugleich eine umfassende „Ästhetisierung" der verwandelten italienischen Gesellschaft in Aussicht stellt. In einem 1919 gegen den Marxismus gerichteten Manifest heißt es z.B.:

„Wir Futuristen haben alle Ideologien hinweggerissen und überall unsere neue Lebensauffassung, unsere Vorschriften zur geistigen Hygiene und unseren ästhetischen und sozialen Dynamismus, der ein echter Ausdruck unseres schöpferischen und revolutionären italienischen Charakters ist, durchgesetzt. (...) Wir wollen Italien vom Papsttum, von der Monarchie, vom Senat, von der Ehe und vom Parlament befreien. (...) Wir wollen die Abschaffung der stehenden Heere, der Gerichte, der Polizei und der Gefängnisse, damit unser geniales Volk die größtmögliche Zahl an völlig freien, starken, arbeitsamen, Neues schaffenden und geschwinden Einzelpersönlichkeiten entwickeln kann. (...) Unser Verdienst ist es, daß die Zeit kommen wird, in der das Leben nicht mehr einfach ein Leben des Brotes und der Mühe sein wird, auch kein Leben des Müßigganges, sondern in der das Leben *Kunstwerk-Leben* sein wird. Jeder Mensch wird seinen bestmöglichen Roman leben. Die genialeren Geister werden ihr bestmögliches Gedicht leben. (...) Die Menschen werden in lyrischer Inspiration, Originalität, musikalischer Eleganz (...) und geistiger Elastizität wetteifern."[35]

Die futuristische Partei bildet mit Mussolinis Faschisten eine Einheitsliste bei den Wahlen 1919, Marinetti tritt der faschistischen Partei sogar bei, wendet sich nach 1920 aber vorübergehend von Mussolini politisch ab, weil das zunehmende Taktieren der Faschisten, ihre Rücksichtnahme auf das konservativ-katholische Bürgertum seinem anarchischen Radikalismus widerstrebt, der von einem abgründigen Haß auf alle Werte und Institutionen der überlieferten Kultur, vor allem des Katholizismus grundiert war. 1924 nähern sich Marinetti und Mussolini jedoch wiederum an, Marinetti bleibt bis zu seinem Tode Faschist, wird Mitglied der italienischen Akademie und Haupt ihrer Literaturklasse, reist in dieser Funktion 1934 nach Berlin, wo es zu einer denkwürdigen Begegnung mit deutschen Avantgardisten kommt, die noch auf den Nationalsozialismus setzen, und er kämpft einen verzweifelten Kampf um die Anerkennung des Futurismus als „offizielle" Kunst und Literatur des Faschismus, ein Kampf, der vergeblich sein wird, weil die konservativ-akademischen Tendenzen – in erster Linie der Gruppe „Novecento" – in der faschistischen Kulturpolitik Italiens die Oberhand gewinnen. Gleichwohl konnte Marinetti dem Futurismus eine gewisse Resonanz in den dreißiger Jahren sichern und derart den Kontakt der Avantgarde zu faschistischen Politik bewahren, um den Preis freilich, daß der Futurismus zu einer Kunstströmung neben anderen depotenziert und um seinen sozialrevolutionären Anspruch gebracht wurde. Angesichts dieser zwischen futuristischem Experiment und historistischem Traditionskult changierenden Kultur des italienischen Faschismus hat der Kunsthistoriker Umberto Silvio 1973 mit einigem Sarkasmus geschrieben:

35 Ebd., S. 157ff.

„Der futuristische Zyklus schloß mit einem (...) tragischen Ende. Während die Futuristen noch ihre Unsterblichkeit in der Pose der Verzweiflung konsumierten, tauchten hier und da in Italien in aller Unschuld Sparkassen im Stil des Duecento, Gräber im wilhelminischen Stil und Versicherungen mit zweibogigen Fenstern wie bei Giotto, Rathäuser im romanischen Stil und Apotheken im lombardischen auf.“[36]

Wir wollen nun einige Kennzeichen des futuristischen Programms genauer herausstellen. Da ist zunächst und zuerst die mit der Parole „Futurismus“, d.h. Partei der Zukunft, verbundene unbedingte und kompromißlose Frontstellung gegen alle Vergangenheit und ihre Partei, den „Passèismus“ oder „Passatismus“. Marinetti begann seine bereits erwähnte programmatische Erklärung am 12. Januar 1910 in Triest folgendermaßen:

„Was ist mit Futurismus gemeint? Ganz einfach ausgedrückt bedeutet Futurismus: Haß auf die Vergangenheit. – Unser Anliegen ist es, den Kult der Vergangenheit (...) zu zerstören (...). Man bedenke, daß die Zahl der großen Toten schier endlos ist: furchtbare Heere toter Genies, die längst unumstritten anerkannt sind, umzingeln und erdrücken die kleine Legion der Lebenden. (...) Man tötet einen jungen und starken Dichter, indem man ihm die papierene Mumie eines großen, vor 500 Jahren gestorbenen Dichters entgegenschleudert. Die Verleger werfen die Manuskripte eines hungernden Genies in den Papierkorb, um ihr Geld für den Neudruck der Meisterwerke vergangener Epochen zu verschwenden. Die Milliardäre vergeuden schwindelnde Summen beim Kauf von Sachen, deren einziger Wert darin besteht, von der Zeit zerfressen und abgenutzt zu sein. (...) Kann man einen jungen Menschen nicht mit einem ausgegrabenen Leichnam töten, dann wirft man ihm kindisch gewordene Alte, angesehene Hampelmänner oder widerwärtige Opportunisten zwischen die Beine. Aus diesem Grunde bekämpfen wir in der Kunst, in der Politik und in jeder anderen Lebensäußerung brutal die Religion der Vergangenheit und den Respekt vor allem, was alt ist.“[37]

Im Kampf gegen die Vergangenheit ging Marinetti so weit, die Zerstörung der gesamten überlieferten antiken, mittelalterlichen und neuzeitlichen Kunst und Kultur auf italienischem Boden zu propagieren oder, wenn schon nicht die komplette Zerstörung, so zumindest ihren Verkauf ins Ausland, um mit dem zu erwartenden beträchtlichen Erlös Italiens industriellen und militärischen Aufbau zu einer Supermacht zu finanzieren. Nur von der Vergangenheit lebende Städte wie Venedig, Florenz oder Rom wollte Marinetti den Garaus machen zugunsten neuer Industriestädte oder solcher modernen Metropolen wie Mailand, die ihre Geschichte im Schwung der Gegenwart vergleichgültigt hätten. Über Venedig fand Marinetti schon 1910 folgende schöne Worte der Verachtung:

„Wir lehnen das alte Venedig ab, das entkräftet und von jahrhundertelanger Wollust geschwächt ist (...). Wir lehnen dieses Venedig der Touristen ab, diesen Markt der Antiquitätenfälscher, diesen Magneten des Snobismus und der Dummheit aus aller Welt, dieses Bett, das Karawanen von Liebenden durchgelegen haben, dieses edelsteingeschmückte Sitzbad für kosmopolitische Kurtisanen, diese 'cloaca maxima' des Passatismus. Wir wollen

36 U. Silvio: Kunst und Ideologie des Faschismus. Frankfurt/M. 1975, S. 190.

37 Zit. C. Baumgarth, a.a.O., S. 37f.

diese faulige Stadt heilen, diese prächtige Wunde der Vergangenheit zum Vernarben bringen. (...) Wir wollen die Geburt eines industriellen und militärischen Venedig vorbereiten, das die Adria, dieses große italienische Binnenmeer, beherrschen kann. Beeilen wir uns, die kleinen stinkenden Kanäle mit dem Schutt der alten und einstürzenden (...) Paläste zuzuschütten. Verbrennen wir die Gondeln, diese Schaukelstühle für Idioten und errichten wir bis zum Himmel empor die mächtige Geometrie der Metallbrücken und der rauchgekrönten Fabriken als Ersatz für die weichen Kurven der alten Bauten. Es komme endlich das Reich des göttlichen elektrischen Lichts, um Venedig von seinem käuflichen Mondschein der möblierten Zimmer zu befreien."[38]

Bezeichnenderweise trug das zweite Manifest des Futurismus den Titel „Tod dem Mondschein"; es schildert in reißerischer Aufmachung die Hetzjagd einer futuristischen Fliegerstaffel auf die Bewohner passatistischer Städte, die hier „Paralysia" und „Podagra" heißen; die Passatisten werden nach Asien getrieben und an den Hängen des Himalaya im blutigen Gemetzel eines Luftangriffs zur Strecke gebracht:

„Endlich seid ihr vor uns, ameisenwimmelnde Horden Podagras und Paralysias, die ihr die schönen Abhänge der Berge wie ein schrecklicher Aussatz bedeckt. (...) Ich werde die Schußlinie festsetzen! ... Achthundert Meter! Achtung! ... Feuer!... O Rausch, wie einst in der Schule zu spielen! ... O Rausch, mit dem Tode Murmeln zu spielen! (...) Der Sieg ist unser, sicherlich, denn schon werfen die Verrückten ihre Herzen in den Himmel wie Bomben! (...) ... All unser Blut, in Strömen, um die kranke Morgenröte der Erde wieder zu färben! ... Wir werden dich zwischen unseren rauchenden Armen erwärmen, arme, siechende, fröstelnde Sonne, die über dem Gipfel des Gaurisankars vor Kälte zittert."[39]

Die Futuristen setzen den „Passatisten" gegenüber ganz auf Technik, Industrie, Großstadt, auf die Geschwindigkeit der Kommunikation und der Geschosse. Denkwürdig geworden ist Marinettis Erklärung, daß ein „heulendes Automobil" schöner sei als die Nike von Samothrake. Dynamik und Schnelligkeit werden zu obersten Werten und führen zu einer ungeheuren Beschleunigung der literarischen Sprache, die alle „verlangsamende", kommunikationsverzögernde Redundanz verlieren, zur Maschinensprache werden soll, die sich der Simultaneität komplexer moderner Prozesse gewachsen zeigt. Entscheidend aber ist, daß sich der futuristische Mensch nicht länger als Gegenüber der – oder aus Distanz zur – Technik versteht, sondern als ihr Teil, Appendix, als mechanisiertes „Subjekt", als Maschinenmensch, der mit dem Apparat gleichsam „verschmilzt". Es ist ein nahezu erotisches Verhältnis, das den Bezug des Menschen zur Maschine prägt: 1922 heißt es in einer einschlägigen Programmschrift:

„Das typisch futuristische Zeitalter, in dem wir leben, wird sich von allen anderen in der Geschichte durch die es beherrschende Gottheit unterscheiden: die Maschine. Rollen, Schwungräder, Bolzen, Schornsteine, der glänzende Stahl, der Geruch von Schmieröl, der Ozonduft der Elektrizitätswerke, das Keuchen der Lokomotiven, das Heulen der Sirenen,

38 Ebd., S. 58.

39 Zit. P. Demetz: Worte in Freiheit. Der italienische Futurismus und die deutsche literarische Avantgarde 1912-1934. München/Zürich 1990, S. 192.

Zahnräder, Ritzel! (...) Wir fühlen wie Maschinen, wir fühlen uns aus Stahl erbaut, auch wir Maschinen, auch wir mechanisiert! (...) Die schönen Maschinen haben uns umgeben, sie haben sich liebevoll über uns geneigt, und wir wilden und instinktiven Entdecker jedes Geheimnisses haben uns von ihrem wunderlichen und rasenden Reigen betören lassen."[40]

Dieser virilen Technophilie entsprach auf der Gegenseite eine Verachtung der Ehe und der Frau, ein forcierter Antifeminismus, der in dem sonderbaren „Manifest der futuristischen Frau" der französischen Schriftstellerin Valentine de Saint-Point (1912) aufgegriffen und verteidigt wurde, das die Aufgabe der Frau vornehmlich darin sah, dem Mann als Geliebte und Mutter kämpferischer Söhne zu Willen zu sein, ihn aber nicht in den einschläfernden Bann einer bürgerlichen Ehe hineinzunötigen.

Der Technikkult dieser „männerbündischen" Futuristen fand sein eigentliches Telos – um ein zweites wichtiges Charakteristikum zu nennen – aber in einer kompromißlosen Verherrlichung des Krieges als einem geradezu rauschhaft erlebten Extrem von Technik, Geschwindigkeit, Mannesmut und Vernichtungswillen. Der technisch geführte Krieg – mit Panzern, telegraphischer Nachrichtenübermittlung, Flugzeugen und weitreichenden, zielgenauen Geschossen – erschien Marinetti und seinen Freunden im Unterschied zur ansonsten eher pazifistisch gesonnenen europäischen Avantgarde in der Zeit des Ersten Weltkriegs als maximale Steigerung der Maschine-Mensch-Synthese, der zugleich höchste ästhetische Prägnanz einwohnte. Bereits das Manifest von 1909 pries in seinem neunten Absatz den Krieg als „einzige Hygiene der Welt", den Militarismus und Patriotismus; nach der Einnahme von Tripoli, der libyschen Hauptstadt durch italienische Truppen heißt es in einem Aufruf:

„Wir sind glücklich, endlich diese große futuristische Stunde Italiens zu erleben, während das unsaubere Pack der Pazifisten, das sich jetzt verkrochen hat in die tiefen Höhlen seines lächerlichen Palastes im Haag, verröchelt. Möge die lästige Erinnerung an römische Größe ausgelöscht werden durch eine hundertmal größere italienische Größe. Futuristische Dichter, Bildhauer, Maler und Musiker Italiens! Lassen wir Verse, Meißel, Pinsel und Orchester beiseite, solange der Krieg dauert! (...) Heute können wir nichts bewundern außer den furchtbaren Symphonien der Schrapnells und den wilden Skulpturen, die unsere begeisterte Artillerie in die feindlichen Massen schlägt."[41]

Der technisch geführte Krieg wird als „Kunst" gefeiert; seine Dynamik, die in ihm mögliche totale Mobilisierung von Mensch und Gerät zur kommunikativ vernetzten „Kampfmaschine" werden zum Vorbild eines sozial formierten Italiens der Zukunft, das als ein expansiv-aggressives, kraftstrotzendes, hypermodernes, techno-humanes „Geschoß" imaginiert wird, dem in Europa nichts mehr standhält. Zu diesem Zweck fordert Marinetti immer wieder eine Körperpolitik der Virilität und Härte; statt humanistische Studien, also passatistischen Unfug zu betreiben,

---

40 Zit. C. Baumgarth, a.a.O., S. 221f.

41 Zit. A. Dresler: Der politische Futurismus als Vorläufer des italienischen Faschismus. In: Preuss. Jb. 217 (1929), S. 336.

sollten die Schulen dem Sport den Vorrang geben, um die physische Kraft der jungen Männer maximal zu entwickeln.

Im Ersten Weltkrieg richtet sich Marinettis hochtourige Rhetorik gegen alles Deutsche; er verlangt die Entfernung aller „germanophilen“ Professoren – wie etwa Benedetto Croce – aus der Universität; dies ist auch der Grund seines Anti-Nietzscheanismus contre cœur! So plädiert er am 29. November 1914 an die Studenten Italiens:

„Studenten! Italiener! (...) Bekämpfen wir also die germanische Kultur – nicht, um die lateinische zu verteidigen, sondern bekämpfen wir beide, die gleich schädlich sind –, sondern um den Schöpfergeist des heutigen Italien zu verteidigen. Setzen wir Mommsen und Benedikt Croce den italienischen Elan entgegen. Fort mit den Diskussionen. (...) Schart euch alle geschlossen zusammen gegen Österreich! Unser großer hygienischer Krieg liegt [in euren Händen]! Wollt ihn, und wir werden ihn führen! Macht den Anfang damit, daß ihr die alten Büttel des Deutschtums (...) aus den Universitäten hinauswerft!“[42]

Als politische Partei setzte sich der Futurismus vor allem den Kampf gegen die Kirche, den Sozialismus und die parlamentarische Demokratie zum Ziel. Im Sinne ihres Programms einer durchmilitarisierten, homogen formierten italienischen Gesellschaft auf der Basis einer entfesselten Industrie plädierten die Futuristen für eine Expertokratie der Jungen, die an die Stelle der verächtlich gemachten Parlamente treten sollte; wir fordern, so Marinetti,

„ein von Schwachköpfen und Kanaillen befreites Parlament. (...) An Stelle eines Parlaments von inkompetenten Rednern und invaliden Gelehrten, das durch einen Senat von Altersschwachen im Zaum gehalten wird, werden wir eine Regierung von 20 Fachleuten haben, die durch eine Versammlung von noch nicht Dreißigjährigen angefeuert wird.“[43]

Dieser Expertokratie der „Futuristen“ werde es gelingen, so prophezeite Marinetti, das Italien der Zukunft in eine einzige gigantische Kraft-Maschine zu verwandeln, die die Gezeiten des Mittelmeeres als Energiequelle nutze, die Landwirtschaft perfektioniere, auf diese Weise alles soziale Elend überwinde und die Menschen instandsetze, innerhalb einer kämpferischen Kultur der Stärke ihr Leben zum „Kunstwerk“ zu stilisieren:

„Durch ein Netz von Metallkabeln steigt die vereinte Kraft des Mittelmeers und der Adria bis zu den Gipfeln des Apennin empor, um sich in großen Käfigen aus Eisen und Kristall zu konzentrieren, furchtbare Akkumulatoren, enorme Kraftzentren, die in Abständen auf dem gebirgigen Rückgrat Italiens aufgestellt sind. Durch die Muskeln, Arterien und Nerven der Halbinsel verbreiten sich die Energien ferner Winde und die Revolten des Meeres (...) überall hin (...) mit einer befruchtenden Fülle, die die von Ingenieuren bedienten Tastaturen regulieren. (...) Die gesamte in der Luft enthaltene Elektrizität, die gesamte unberechenbare Elektrizität des Erdinnern wird endlich nutzbar gemacht. (...) Die Erde gibt endlich ihren ganzen Ertrag. Unter dem Druck der großen elektrischen Hand des Menschen gibt sie den ganzen Saft ihres Reichtums her (...). Hunger und Armut verschwinden. (...) Die körperliche Arbeit hört endlich auf, Sklavendienst zu sein, weil sie nur noch drei Ziele hat:

---

42 Ebd., S. 338.

43 Zit. C. Baumgarth, a.a.O., S. 117.

Hygiene, Vergnügen und Kampf. Da der Mensch nicht mehr um seine Nahrung zu kämpfen braucht, konzipiert er endlich die Idee des steigenden Rekords. (...) Der Wettbewerb stürzt sich auf das Unmögliche und läutert sich in einer Atmosphäre von Geschwindigkeit und Gefahr. (...) Da alle ohne Mühe zu essen haben, kann jeder sein Leben in den unzähligen Wettkämpfen vervollkommnen."[44]

Kunst und Literatur – womit ein drittes Kennzeichen des Futurismus zur Sprache kommt – gewinnen in diesem Kontext des sozialen Dynamismus nun die Funktion von Beschleunigern und Kommunikationsintensivierungen. Man würde die futuristischen Sprachexperimente mißverstehen, sähe man in ihnen in erster Linie Versuche, das Tempo der Moderne abzubilden, d.h. „realistische" Kunstwerke, die etwa Verkehr und Großstadt zum Medium für Formgewinne machten. Vielmehr versteht sich die futuristische Sprache als Kommunikationsmedium der modernen Gesellschaft samt ihrer neuartigen Sensibilität, die der nachrichtentechnischen Integration der Welt entsprechen muß; so heißt es in dem Manifest „Distruzione della sintassi" von 1913:

„Wer heute den Fernschreiber, das Telefon, das Grammophon, den Zug, das Fahrrad, das Motorrad, das Auto, den Überseedampfer, den Zeppelin, das Flugzeug, das Kino, die große Tageszeitung (...) benutzt, denkt nicht daran, daß diese verschiedenen Arten der Kommunikation (...) auf seine Psyche einen entscheidenden Einfluß ausüben. (...) Die Welt schrumpft durch die Geschwindigkeit zusammen. (...) Die Menschen haben nacheinander das Gefühl für das Haus, das Gefühl für das Stadtviertel, in dem sie wohnen, das Gefühl für die geographische Zone, das Gefühl für den Kontinent erworben. Heute besitzen sie das Gefühl für die Welt. Es hat für sie wenig Sinn zu wissen, was ihre Vorfahren taten, aber sie müssen wissen, was ihre Zeitgenossen in allen Teilen der Erde tun. (...) Das menschliche Gefühl nimmt gigantische Ausmaße an, es besteht die dringende Notwendigkeit, jeden Augenblick unsere Beziehungen zur ganzen Menschheit zu bestimmen."[45]

Die Sprache hat sich den vollkommen veränderten Nachrichten- und Kommunikationstechniken zu akkommodieren, Marinetti plädiert daher für eine Art „Maschinen-Sprache", die zu allererst „das Ich" in der Literatur ausmerzt, wie es im „technischen Manifest des Futurismus" aus dem Jahre 1912 heißt, in der die Sprache also „entsubjektiviert" wird. Konkret wollte Marinetti das Personalpronomen und die Verbflexion eliminieren, Substantive und nominal verwandte Verben „in Freiheit" setzen – parole in libertà –, um zwischen den Semen schnellstmöglichen, quasi-instinktiv gesteuerten Kontakt und aufs Ganze gesehen höchstmögliche Kommunikationsgeschwindigkeit erreichen zu können. Diesem Zweck diente auch die Ersetzung von Konjunktionen durch Rechenzeichen. Die subjektlose Maschinensprache der Futuristen fand ihr Ideal in der Freiheit von jeder Redundanz, d.h. in perfekter Informationsgesättigtheit der einzelnen Zeitsequenzen. Die Worte kommen daher wie die Geschosse des Machinengewehrs, und sie treffen eine Sensibilität, die Zeichen im großer Geschwindigkeit decodiert,

44 Ebd., S. 120f.

45 Ebd., S. 130f.

statt sich an überholten – d.h. zeitraubenden – Effekten stilisierter Literatursprache zu delektieren:

„Wenn zum Beispiel dasteht: 'Eine schöne und junge Frau geht rasch über Marmorfliesen', so beeilt sich der traditionelle Geist zu erklären, daß diese Frau jung und schön ist, obwohl die Intuition ganz kurz eine schöne Bewegung gibt. Nachher erklärt der traditionelle Geist, daß die Frau geht. Dann wird er hinzufügen, daß sie schnell und endlich, daß sie über Marmorfliesen geht. Dieses rein erklärende Vorgehen, das des Unvorhergesehenen ganz beraubt ist, lastet von vornherein auf allen Arabesken, Zickzacks und Umwegen des Gedankens: es hat keine Daseinsberechtigung mehr. Man ist ungefähr sicher, daß man sich nicht irrt, wenn man gerade das Gegenteil tut."[46]

Was Marinetti unter „Maschinen(gewehr)-Sprache" verstand, gibt sein Text „Schlacht. Gewicht + Geruch" von 1912 – entstanden wohl schon 1911 in Libyen – wieder:

„Maschinengewehre = kies + brandung + frösche Geklirr tornister gewehre kanonen schrott atmosphäre = blei + lava + 300 Gerüche + 50 düfte pflaster matratze abfälle pferdemist aas klipp-klapp anhäufung kamele esel *bumbuuum* latrine Suk-der-silberschmiede labyrinth seide blau galabieh purpur apfelsinen mascharabie bögen hinübersetzen gabelung platz wimmeln (...) Vorhut: 20 meter bataillone-ameisen reiterei-spinnen straßen-furten generalinselchen meldereiter-heuschrecken sand-revolution haubitzen-volksredner wolken-gitter gewehre-märtyrer schrapnells-heiligen-scheine multiplikation addition division haubitzenabziehen granate-tilgung triefen fließen erdrutsch blöcke lawine (...) bumbum offizier weiße entfernungsmesser kreuz feuer ticktack lautverstärker ansteigen-auf-4-tausend-meter alles-nach-links genug alles-halt 7-grad-neigung aufrichtung pracht strahl durchbohren unermeßlichkeit blau-weib entjungferung erbitterung gänge schreie labyrinth matratzen schluchzen durchbrechen wüste bett präzision entfernungsmesser eindecker galerie beifall eindecker=balken-rose-rad-trommel bohrer-viehbremse (...)"[47]

Als Sprachexperten sollten die Literaten – und das ist das epochal entscheidende – nicht länger „Kunstwerke" herstellen, sondern jenes Kommunikationstempo unter die Leute bringen und einüben, dessen die durchtechnisierte Gesellschaft in Krieg und Frieden bedarf. Die „Literatur-Revolution", die diese Aufhebung der gewohnten Syntax im Namen der „Parole in libertà" ist, bedeutet für die Futuristen noch mehr eine „Revolutions-Literatur", die die Hochgeschwindigkeitsmentalität des maschinisierten und informationstechnisch vernetzten Kollektivs der Zukunft präparieren soll. „Avantgardistisch" ist die futuristische Sprache nicht deshalb, weil sie die Umgangssprache als Medium einer scharfen Selektion unterzieht, sie ist avantgardistisch, weil sie diese extremselektive Behandlung konventioneller Sprache letztlich als politisch überdeterminierte Kommunikationsstrategie im Horizont einer sozialen Transformation im Ganzen versteht; nur wenn man diese politische Codierung – für Marinetti die Leitunterscheidung „passatistisch"/„futuristisch" (oder „langsam"/„schnell") – nicht mitbeobachtet, kann man die Programmatik der „parole in libertà" als Variante des

46 Zit. P. Demetz, a.a.O., S. 202f.

47 Ebd., S. 206ff.

europäischen Ästhetizismus, als sprachexperimentellen Ästhetizismus, ausgeben – im Sinne der „Wort-Kunst" des Sturmkreises um Herwarth Walden, der den Futurismus nicht als panitalienisch-bellizistische Technokratie, sondern als Literaturbewegung wahrgenommen hat, die einige interessante oder spektakuläre literarische Neuigkeiten zu bieten hatte.

Dies war natürlich die erwartbare moderne Rezeption; es entspricht der Kommunikationsdifferenzierung unserer Gesellschaft, daß man etwa sagt: „Dieser Marinetti ist politisch nicht ernst zu nehmen, ein verschrobener Wirrkopf, ein Salon-Faschist! aber literarisch: alle Achtung! da sind ihm interessante Texte gelungen, die haben Furore gemacht!" So kann man natürlich urteilen, man sollte aber zur Kenntnis nehmen, daß der Avantgardist Marinetti seine Literatur politisch, seine Politik literarisch praktizierte und die moderne Differenzierung zwischen Literatur und Politik nicht gelten lassen wollte.

Dadas sozio-semantische Anarchie

Als zweites Exemplum der europäischen Avantgarde zu Beginn des 20. Jahrhunderts wollen wir Dada betrachten. Der Dadaismus – während des Ersten Weltkriegs in Zürich aus der Taufe gehoben – übernahm verschiedene Elemente der futuristischen Strategie, gab ihnen jedoch eine dezidiert veränderte Stellung. Es fällt sofort ins Auge, daß Dada eine „internationalistische" Gruppierung war, in Zürich, Berlin, Paris agierte und jeden militaristischen Nationalismus, der die Futuristen antrieb, kategorisch verwarf. Jedenfalls solange allgemeine Kriegsbegeisterung in Europa herrschte; gegenüber dem späteren Pazifismus erklärte sich Dada als „bellizistisch", um die Pose der Opposition wahren zu können.[48] Entscheidender aber war, und das charakterisiert Dada recht eigentlich, die Subversion jeder positiven politischen Programmatik, die sich ernsthaften Zielen verschrieb und sie auf politisch-literarischem Wege zu erreichen trachtete. Gegenüber zukunftsaffirmativen Programmen, seien sie marxistischer, faschistischer oder sonstiger Couleur, setzte Dada auf die totale sozio-semantische Anarchie, d.h. auf die karnevaleske, blödelnde, paradoxierende Destruktion jedweden Sozio-Sinns, ohne auf die Destruktion eine neue Sinnofferte folgen zu lassen, jedenfalls solange, bis der spätere Berliner Dadaismus in die Fahrwasser kommunistischer Politik geriet und die Kunst – wie an den Collagen John Heartfields und der Malerei Georges Groszs ablesbar – auf die Bahn eines sozialkritisch-grellen „Neo-Realismus" brachte, der hier nicht interessiert. Für Dada ist die große burleske Sinnverweigerung ausschlaggebend, die lustvolle Pervertierung aller sozialen Sprachspiele, ohne neuen, besseren, schöneren „Sinn" anzuvisieren. Dada richtete sich in der Negation ein, verstand die Negierung kurrenten Sinns aber nicht etwa bloß als künstlerische Zeichenrevolte, sondern als quasi-anar-

---

48 Vgl. R. Huelsenbeck: Erste Dadarede in Deutschland (1918). In: Dada Berlin. Hg. v. K. Riha. Stuttgart 1977, S. 17.

chische Aufkündigung sozialer Konventionen und Institutionen, Systeme und Kommunikationsformen schlechthin; „quasi-anarchisch", weil den Dadaisten der programmatische Anarchismus Bakunins oder Landauers noch viel zu affirmativ oder positiv war. In einem Manifest des französischen Dadaisten George Ribemont-Dessaignes aus dem Jahre 1920 heißt es etwa:

„Keine Maler mehr! keine Literaten! keine Komponisten! keine Bildhauer mehr! keine Religionen! keine Republikaner mehr! keine Royalisten! keine Imperialisten! keine Anarchisten mehr! keine Sozialisten! keine Bolschewisten mehr! (...) keine Armeen! keine Polizei mehr! keine Vaterländer! Endgültig Schluß jetzt mit dem ganzen Quatsch! Weg damit! Mit allem! Überhaupt nichts mehr! Nichts mehr! nichts! NICHTS! NICHTS! NICHTS!"[49]

Diese Weigerung, die Sinnspiele der Gesellschaft mitzuspielen, führte Dada konsequent zu der Strategie, die so zeittypische Mode der programmatischen Verlautbarungen, der Manifeste, dadurch zu unterlaufen, daß man wortgewaltige, vielparagraphige Manifeste formulierte, um dann ironisch darauf hinzuweisen, daß sie für Dadaisten keinerlei Geltung hätten; so etwa in dem 1918 von Huelsenbeck verfaßten „Dadaistischen Manifest"; dort liest man am Schluß:

„Gegen die ästhetisch-ethische Einstellung! Gegen die blutleere Abstraktion des Expressionismus! Gegen die weltverbessernden Theorien literarischer Hohlköpfe! Für den Dadaismus in Wort und Bild, für das dadaistische Geschehen in der Welt. Gegen dies Manifest sein heißt, Dadaist sein!"[50]

Dieses ironisch-paradoxe Sichverweigern jeder programmatischen Identifikation führte Dada auch dazu, keine wie immer geartete Tradition anzuerkennen, weder Expressionismus noch Futurismus, die alle etwas „wollten", Dada aber will nichts! Diese Verweigerung der Tradition, die die Unvordenklichkeit der dadaistischen sozio-semantischen Anarchie profilieren sollte, hindert den Beobachter jedoch keineswegs, Kontinuitäten – vor allem zum Futurismus – wahrzunehmen, wie gleich deutlich werden wird, wenn wir einige Kennzeichen der dadaistischen Revolte näher betrachten. Wir wollen diese Kennzeichen im Hinblick auf unsere Leitthese erörtern, die in der Avantgarde eine Entdifferenzierung von Kunstsystem und Umwelt sieht und diese Entdifferenzierung konkret als Einebnung der werkkonstitutiven Unterscheidung von Medium und Form versteht, immer im Hinblick auf das selbstgewählte Programm natürlich.

Diese Entdifferenzierung von Medium und Form erläutern wir zunächst an dem Phänomen der sogenannten „Geräusch"- oder „Lärmkunst", dem „bruitisme". Dies war ursprünglich ein Konzept des futuristischen Komponisten Luigi Russolo, der damit die herkömmliche Musik überwinden wollte. Russolo sah die Musikgeschichte als Geschichte ihrer Instrumente in striktem Bezug zu einer „Geräusch-Geschichte", d.h. der realhistorischen Veränderung der akustischen Sensationen im Zuge der technischen Ohr-Umwelt-Veränderungen. Lange habe die Evolution des Orchesters dieser akustischen Umwelt entsprochen, die Durch-

49 Zit. M. Nadeau: Geschichte des Surrealismus, a.a.O., S. 32.

50 Dada Berlin, a.a.O., S. 25.

technisierung der modernen, zumal großstädtischen Umwelt samt ihren neuartigen Geräuschen habe das herkömmliche Sinfonieorchester jedoch zu einem Anachronismus werden lassen:

„Das Ohr eines Menschen des 18. Jahrhunderts hätte die starke Disharmonie gewisser Akkorde, die unsere Orchester spielen (...) nicht ertragen. Unserem Ohr hingegen gefallen sie, denn es ist bereits durch die Schule des modernen Lebens gegangen, das so überreich an den verschiedensten Geräuschen ist. (...) Auf der anderen Seite ist die qualitative Verschiedenheit der Klangfarben des musikalischen Tones sehr begrenzt. (...) So befindet sich die moderne Musik in einer Sackgasse und bemüht sich vergeblich, neue Klangmöglichkeiten zu schaffen. (...) Beethoven und Wagner haben unsere Nerven und Herzen viele Jahre lang erschüttert. Jetzt haben wir sie satt und verspüren einen weit größeren Genuß, wenn wir im Geist die Geräusche der Straßenbahn, des Explosionsmotors (...) und der lärmenden Menge kombinieren, als zum Beispiel beim nochmaligen Anhören der 'Eroica' oder der 'Pastorale'. (...) Fort! Verlassen wir den Saal, denn wir können nicht länger unseren Wunsch bändigen, endlich eine neue musikalische Realität zu schaffen, indem wir tönende Ohrfeigen verteilen und Geigen, Klaviere, Kontrabässe und jammernde Orgeln beiseite schieben. Hinaus!“[51]

Der traditionalen Orchestermusik gegenüber pries Russolo die akustischen Sensationen der modernen Großstadt:

„Wenn wir eine moderne Großstadt mit aufmerksameren *Ohren* als Augen durchqueren, dann werden wir das Glück haben, den Sog des Wassers, der Luft oder des Gases in den Metallröhren, das Brummen der Motoren, die zweifellos wie Tiere atmen und beben, das Klopfen der Ventile, das Auf und Ab der Kolben, das Kreischen der Sägewerke, die Sprünge der Straßenbahn auf den Schienen (...) zu unterscheiden. Wir haben Spaß daran, den Krach der Jalousien der Geschäfte, der zugeworfenen Türen, den Lärm und das Scharren der Menge, die verschiedenen Geräusche der Bahnhöfe (...) und der Untergrundbahnen im Geiste zu orchestrieren.“[52]

Russolo wollte nun aber keineswegs die pure Kontingenz der simultanen Geräuschkulisse, wie sie dem Großstädter begegnen mag, bloß kopieren, sondern eben doch noch als Medium für Formgewinn nutzen:

„Wir wollen diese so verschiedenen Geräusche aufeinander abstimmen und harmonisch anordnen. (...) Hier die 6 Geräuschfamilien des futuristischen Orchesters, die wir bald mechanisch verwirklichen werden:
1. Brummen, Donnern, Bersten, Prasseln, Plumpsen, Dröhnen;
2. Pfeifen, Zischen, Pusten;
3. Flüstern, Murmeln, Brummeln, Surren, Brodeln;
4. Knirschen, Knacken, Knistern, Summen, Knattern, Reiben;
5. Geräusche, die durch das Schlagen auf Metall (etc.) entstehen;
6. Tier- und Menschenstimmen: Rufe, Schreie, Stöhnen, Gebrüll (etc.).
In dieser Aufstellung sind die charakteristischen Grundgeräusche enthalten; alle anderen sind nur Verbindungen oder Kombinationen von ihnen.“[53]

---

51 L. Russolo: Die Geräuschkunst. In: H. Schmidt-Bergman, a.a.O., S. 236ff.

52 Ebd., S. 238.

53 Ebd., S. 239.

Das futuristische „Orchester“ nutzt also die bislang musikalisch außer acht gelassenen akustischen Sensationen der modernen Lebenswelt, verwendet auch nonkonventionelle elektromechanische Tonquellen, formiert das Hör-Material aber gleichwohl, d.h. behandelt es selektiv – und gelangt mittels dieser Differenz von Medium und Form zu „Werken“ wie Russolos Partitur „Veglio di una cittá“. Und es ist diese werkkonstituierende Differenz von Medium und Form gewesen, die Dada am Futurismus bemängelte:

„Das Leben erscheint als simultanes Gewirr von Geräuschen, Farben und geistigen Rhythmen, das in der dadaistischen 'Kunst' unbeirrt mit allen sensationellen Schreien und Fiebern seiner verwegenen Alltagspsyche und in seiner gesamten brutalen Realität übernommen wird. Hier ist der scharf markierte Scheidepunkt, der den Dadaismus von allen bisherigen Kunstrichtungen, vor allem dem FUTURISMUS trennt (...).“[54]

– so Huelsenbecks Dada-Almanach. Dadas „Bruitisme“, der die Differenz von Medium und Form zu tilgen vorgab, darf man sich nun nicht als spätnaturalistische Umweltkopie inklusive aller akustischen Details vorstellen, wie wir sie bei Holz/Schlaf kennengelernt haben, sondern als Versuch, gleichsam kontingenten Lärm zu erzeugen und diesen Lärm – ohne ihn in seiner Differenz zur sonstigen Lärmumwelt irgend hören zu können – als „Medium“ auszustellen. Die dadaistischen Happenings in Zürich und Paris produzierten „sinnlose“ Geräusche und „sinnlose“ Aktionen, die sich in den Lärm der Räume – meist Lokale –, in denen sie stattfanden, kontingent einfügten und zumeist von der Absicht getragen waren, kontingenten Lärm – etwa durch die Provokation lautstarker Zuschauerreaktionen – noch zu potenzieren. Ziel war das optisch-akustische Tohuwabohu. Da von diesen Happenings – der Natur der Sache wegen – nur indirekte Eindrücke zu vermitteln sind, zitieren wir einige Zeugen; etwa Huelsenbeck über eine Zürcher Soiree:

„Es herrschte allgemeine Enttäuschung, und jemand stand auf und wollte sein Eintrittsgeld zurückhaben. 'Mund halten' schrien andere. Der Wirt kam und wollte Ruhe stiften, aber ehe er es verhindern konnte, hatten sich zwei Männer bei den Krawatten gefaßt und zerrten aneinander, um sich gegenseitig in die Horizontallage zu bringen. Irgendein anderer Mann, der mit diesem Streit nichts zu tun hatte, nahm plötzlich einen Stuhl, hob ihn hoch gegen die Lampe und ließ ihn dann mit großer Kraft auf den Fußboden fallen. Plötzlich war kein Stuhl mehr da, sondern nur noch ein Haufen Holz ohne Gestalt und Sinn. Der Wirt, der seine Einrichtung in Gefahr sah, kam schnell herbei und griff den Mann am Kragen und wollte ihn zum Eingang zerren, aber andere Zuhörer faßten den Stuhlzerschmetterer von hinten an und suchten die Anstrengungen des Wirts, dem schon die Augen aus dem Kopf traten, zu vereiteln.“[55]

Oder eine Erinnerung Hans Richters:

---

54 R. Huelsenbeck (Hg.): Dada-Almanach. Berlin 1920; daß es um die Indifferenz der Differenz von Medium und Form ging, hat Huelsenbeck selbst unterstrichen: „Dada ist der Indifferenzpunkt zwischen Inhalt und Form (...), Materie und Geist.“ Zit. P. Pörtner (Hg.): Literaturrevolution 1910-1925. Bd. 2. Neuwied/Berlin 1961, S. 517.

55 R. Huelsenbeck: Reise bis ans Ende der Freiheit. Heidelberg 1984, S. 114.

„Klingeln, Trommeln, Kuhglocken, Schläge auf den Tisch oder auf leere Kisten belebten die wilde Forderung der neuen Sprache in der neuen Form und erregten, rein physisch, ein Publikum, das anfänglich völlig benommen hinter seinen Biergläsern saß. Dann wurde es aus diesem Zustand der Erstarrung in einem solchen Grade herausgetrieben, daß es in eine reguläre Frenesie (Wahnsinn) der Beteiligung ausbrach. *Das* war Kunst, das war das Leben, und das *wollte* man.“[56]

Schließlich ein Zeitungsbericht über einen Pariser Dada-Abend anläßlich der Ausstellung von Collagen von Max Ernst:

„Mit dem schlechten Geschmack, der für sie typisch ist, haben sich die Dadaisten dieses Mal ganz darauf verlegt, Gruseln zu erregen und mit Gespenstischem Effekt zu machen. Ort der Handlung war [ein] Keller. Im Ladenlokal selbst hatte man alle Lampen ausgeschaltet. Aus einer Falltür drang fortwährend Geseufz und Gestöhn. Einer der Witzbolde hatte sich hinter einem Schrank versteckt und überschüttete von dorther die Besucher mit unflätigen Reden (...). Ohne Krawatte, in weißen Handschuhen, schlenderten die Dadas unaufhörlich auf und ab. (...) André Breton kaute an Streichhölzern, Ribemont-Dessaignes schrie alle Augenblicke: 'Es regnet auf einen Schädel', Aragon miaute wie eine Katze, Philippe Soupault spielte mit Tzara Versteck, Benjamin Péret und Charchoune begrüßten sich unzählige Male mit Handschlag. Am Eingang lungerte Jacques Rigaut und zählte laut die Autos und die Perlen der Besucherinnen.“[57]

All diese Aktionen und happenings mitsamt ihren Gags und Blödeleien liefen auf die Inszenierung gleichsam kalkulierter Kontingenz hinaus, in der „Formen“, d.h. Selektionen, nicht mehr hörbar oder beobachtbar sein sollten, um jedes „Sinn“-Erlebnis unmöglich zu machen. Man verstand diese Sinn-Subvertierung aber nicht lediglich als literarisch interessanten, schockanten oder frappanten Effekt – um es immer wieder zu sagen –, sondern als burleskes Außerkraftsetzen jeder sozialen Selektion, d.h. allen Sinns, der der Lächerlichkeit preisgegeben wurde.

Das dadaistische Happening war natürlich, wie die Beispiele zum „bruitisme“ schon gezeigt haben, als Publikumsprovokation angelegt. Es erfüllte sich gleichsam in einem tobenden, enragierten Publikum, dessen Gezeter die „Lärm-Kunst“ erst krönte. Dada zielte also – technisch gesprochen, und das wäre ein zweites Kennzeichen – auf die Entdifferenzierung der Unterscheidung von Akteuren und Publikum – oder noch technischer gesagt: auf die Symmetrisierung des an „Kunst“ beteiligten Personals, auf die Einebnung der Asymmetrie „Künstler“/„Rezipient“, die das moderne Kunst- und Literatursystem strukturiert, in dem man entweder Künstler oder Publikum ist. Dada wollte, daß *jeder* Akteur ist, und auch damit war eine programmatische Attacke auf ausdifferenzierte Kunst verbunden. Wiederum spielte der italienische Futurismus die initiierende Rolle; Marinetti etwa faszinierte das Varieté, weil es den Zuschauer als Akteur behandelte:

„Das Varieté ist das einzige Theater, das sich die Mitarbeit des Publikums zunutze macht. Dieses bleibt nicht unbeweglich wie ein dummer Gaffer, sondern nimmt lärmend an der

56 H. Richter: Dada – Kunst und Antikunst. Köln 1964, S. 17.

57 Zit. M. Nadeau, a.a.O., S. 33.

Handlung teil, singt mit, begleitet das Orchester und stellt durch improvisierte und wunderliche Dialoge eine Verbindung zu den Schauspielern her. (...) Das Varieté nützt auch den Rauch der Zigarren und Zigaretten aus, um die Atmosphäre des Publikums mit der der Bühne zu verschmelzen. Und weil das Publikum auf diese Weise mit der Phantasie der Schauspieler zusammenarbeitet, spielt sich die Handlung gleichzeitig auf der Bühne, in den Logen und im Parkett ab. Sie setzt sich nach Schluß der Aufführung zwischen den Bataillonen der Bewunderer in Smoking mit Monokel fort, die sich am Ausgang drängen, um sich den Star streitig zu machen."[58]

Und durchaus „dadaistisch" klingen die Vorschläge, mittels derer Marinetti das Publikum agitieren und zur Produktion mobilisieren wollte, um das Varieté in ein „Theater der Schockwirkungen, des Rekords und der Psychotollheit" zu verwandeln:

„Man muß die Überraschung und die Notwendigkeit zu handeln unter die Zuschauer des Parketts, der Logen und der Galerie tragen. (...) Auf ein paar Sessel wird Leim geschmiert, damit die Zuschauer (...) kleben bleiben und so die allgemeine Heiterkeit erregen (...). Ein und derselbe Platz wird an zehn Personen verkauft, was Gedrängel, Gezänk und Streit zur Folge hat. – Herren und Damen, von denen man weiß, daß sie leicht verrückt, reizbar oder exzentrisch sind, erhalten kostenlose Plätze, damit sie mit obszönen Gesten, Kneifen der Damen oder anderem Unfug Durcheinander verursachen. – Die Sessel werden mit Juck-, Niespulver usw. bestreut."[59]

Mehr hatten auch die Dadaisten nicht zu bieten, wie der Bericht Nadeaus über ein Pariser Happening aus dem Jahre 1920 zeigt:

„Masken sagen ein völlig zerstückeltes Gedicht von Breton auf. Tzara liest einen Zeitungsartikel, als ob es ein Gedicht wäre. Geläut von Glöckchen und höllisches Rasseln, Schnarren, Klappern untermalen seine Deklamation. Das Publikum macht nicht mehr mit. Pfiffe gellen. Der Tumult erreicht seinen Höhepunkt (...). Das Publikum (...) bombardiert die Manifestanten auf der Bühne mit Kleingeld und drängt dann in unbeschreiblichem Durcheinander aus dem noch dunklen Saal. Bei späteren Demonstrationen wird mit Eiern geworfen, was das ohnedies bunte Bild noch bunter macht."[60]

Die Dadaisten verstanden sich gewissermaßen als Animateure, deren „noise" das Publikum in Rage versetzen und zum Bruch mit allen gewohnten zivilen Verhaltensweisen anstacheln wollte. Das Publikum als „Akteur" sollte die Sinnkonventionen seiner „Lebenswelt" gewissermaßen selbst außer Kraft setzen und destruieren und sich im karnevalesken Chaos eines „Un-Sinns" wiederfinden, der die Lust des Zufalls feiert oder – mit Nietzsche – den dionysischen Taumel, der jede apollinische Sinngestalt einreißt und jede Sinnzumutung verweigert, weil jeder Sinn im Grunde sinnlos ist.

So wäre der Zufall – und darin läge ein drittes Kennzeichen – die einzig legitime Produktionsmaschine Dadas. Ist jede sinnsetzende Selektion kontingent, d.h. anders möglich, und entscheidet erst ein systemisch ausdifferenzierter Kom-

58 Zit. H. Schmidt-Bergmann, a.a.O., S. 222.

59 Ebd., S. 225.

60 Zit. M. Nadeau, a.a.O., S. 32f.

munikationscode über die institutionelle Zurechenbarkeit und damit den kommunikationsfähigen „Sinn“ jeder Selektion, dann ist es eine konsequent „subversive“ Strategie, genau den „Zufall“ über die Selektionen entscheiden zu lassen. Der Zufallsgenerator als Textmaschine erzeugt „Unsinn“, weil die einzelnen Selektionen keine codierte „Information“ mehr bilden, sondern lediglich den Horizont aller Selektion, das beliebige „Woraus“, das Medium vorführen. Diesem Konzept verdanken sich in erster Linie Hans Arps „Zufallsgedichte“, die „Arpiaden“, über deren Zustandekommen der Autor schrieb:

„Wörter, Schlagworte, Sätze, die ich aus Tageszeitungen und besonders aus ihren Inseraten wählte, bildeten 1917 die Fundamente meiner Gedichte. Öfters bestimmte ich auch mit geschlossenen Augen Wörter und Sätze in den Zeitungen, indem ich sie mit Bleistift anstrich. (...) Ich schrieb diese Gedichte in einer schwer leserlichen Handschrift, damit der Drucker gezwungen werde, seine Phantasie spielen zu lassen und beim Entziffern meiner Texte dichterisch mitzuwirken. Diese kollektive Arbeit glückte gut. Verballhornungen, Zerformungen entstanden, die mich damals bewegten und ergriffen.“[61]

Berühmtes Beispiel dieser „Zufallsgedichte“ ist der Text „Weltwunder“:

„WELTWUNDER sendet sofort karte hier ist ein teil vom schwein alle 12 teile zusammengesetzt flach aufgeklebt sollen die deutliche seitliche form eines ausschneidebogens ergeben staunend billig alles kauft nr 2 der räuber effektvoller sicherheitsapparat nützlich und lustig aus hartholz mit knallvorrichtung
nr 2 die zwerge werden von ihren pflöcken gebunden sie öffnen die taubenschläge und donnerschläge
die töchter aus elysium und radium binden die rheinstrudel zu sträußen (...) ARP ist da keiner versäume es erstens ist es staunend billig und zweitens kostet es viel obwohl der okulierte bleivogel des regattentages mit tausend knoten schnelligkeit in die esse fuhr dies beunruhigte die werften nicht“[62]

Auch das „simultaneistische“ Gedicht lebt vom Zufall der Ereignisse im Raum – „während Herr Schulze liest, fährt der Balkanzug über die Brücke bei Nisch, ein Schwein jammert im Keller des Schlächters Nuttke“, so das „Dadaistische Manifest“.[63]

Blickt man aus der Distanz auf solche Projekte einer „Zufallsliteratur“, die die Differenz von Literatur und Umwelt – Form und Medium – leugnet, dann zeigt sich natürlich ihre Naivität. Denn es machte der Literaturkommunikation keine Schwierigkeiten, solche Negationen des „Werks“ als interessante Werke wahrzunehmen, indem nun gerade die Sinnrestriktionen der Gesellschaft als Medium, der Sinnzerfall in Dadas Manifestationen als „Form“ gesehen wurden, die sich in einen frappierenden Kontrast zu allem kurrenten Sinn in der Gesellschaft bringt. Das Kunstsystem projizierte den „Unsinn“ der Zufallstexte vor das Medium gewohnter Sinnarrangements und verfügte damit über jene Differenz,

61 Zit. V. Žmegač (Hg.): Geschichte der deutschen Literatur. Bd. 2. Königstein/Ts. 1980, S. 491.

62 H. Arp: Gesammelte Gedichte. Bd. 1. Wiesbaden 1963, S. 47.

63 Zit. Dada Berlin, a.a.O., S. 24.

die nötig war, Werke von ihrer Umwelt zu unterscheiden. Ist die soziale Kommunikation im allgemeinen sinnhaft restringiert, dann ist es ein interessanter Effekt, wenn die Kunst „Unsinn“ zelebriert. Auf diese Weise konnte Dadas moderne Kunstkommunikation integriert und um ihren avantgardistischen Anspruch gebracht werden, die totale sozio-semantische Anarchie zu verwirklichen; denn nur, wenn wir im allgemeinen Sinnsetzungen akzeptieren, macht „Unsinn“ als Kunst Sinn.

Produktionskunst: Marxismus und Avantgarde

In Rußland hatte sich seit etwa 1910 eine zwar vom italienischen Vorbild angeregte, gleichwohl eigenständige Futurismus-Variante etabliert, der sogenannte „Kubo-Futurismus“ um Welemir Chlebnikow (1885-1922) und Wladimir Majakowski (1894-1930). Mit Marinetti war vor allem Majakowski darin einig, daß die gesamte traditionelle Literatur unfähig sei, dem Lebensrhythmus der modernen, industriell geprägten Welt noch entsprechen zu können; moderne Literatur hatte also zunächst sprachrevolutionäre Literatur zu sein:

> „Das zerfetzte Leben der aufwachsenden Städte (...) forderte, auch den Rhythmus, der die Wörter wiedererweckt, an die *Schnelligkeit* anzupassen. In Rußland hat sich das nervöse Leben der Städte entwickelt, es fordert *schnelle*, sparsame, abgehackte Wörter, aber im Arsenal der russischen Literatur befindet sich einzig irgendein herrschaftliches Turgenjev'sches Dorf.“[64]

– so Majakowski im Jahre 1914. Freilich verstand sich der Kubo-Futurismus keineswegs als Programm für eine Literatur der Moderne im Sinne eines Großstadt-, Technik- oder Geschwindigkeitsrealismus, der es etwa darauf anlegte, mit sprachlichen Mitteln die Beschleunigung aller Lebensverhältnisse zu kopieren, sondern als Befreiung des poetischen Wortes zu sich selbst, als Entfesselung seiner von aller Realreferenz abgekoppelten phonetischen, graphischen und semantischen Potentiale. Der Kubo-Futurismus proklamierte eine Kunst des „selbstwertigen“, autonomen Wortes und muß daher als Spielart des europäischen Ästhetizismus verstanden werden. „Das Ziel des Dichters [sei] das Wort (...). Das Wort [sei] Selbstzweck“, meinte Majakowski,[65] und Chlebnikow folgerte aus der Definition von Poesie als „Wortkunst“ die Abkehr des Dichters von jeder politischen oder moralischen Tendenz.[66] Majakowski plädierte konsequent „formalistisch“, als er davon sprach, daß der Dichter „eine kunstvolle Vase“ forme, und daß es gleichgültig sei, „ob in sie Wein oder Abwaschwasser gefüllt“ werde.[67]

---

64 Zit. G. Wilbert: Entstehung und Entwicklung des Programms der „linken“ Kunst und der „Linken Front der Künste“ (LEF) 1917-1925. Gießen 1976, S. 26.

65 Ebd., S. 14.

66 Ebd., S. 11.

67 Ebd., S. 17.

Prägnanter ließ sich das Programm „L'art pour l'art" kaum formulieren, und die sozialrevolutionäre Programmaskese unterscheidet den frühen russischen vom italienischen Futurismus, der von Beginn an die politische Bedeutung der Sprachrevolte in den Vordergrund stellte. Die Kubo-Futuristen rezipierten die Manifeste Marinettis ästhetizistisch, d.h. sie kaprizierten sich exklusiv auf die literarischen Passagen, also vor allem auf Marinettis „Technisches Manifest der futuristischen Literatur" von 1912. Chlebnikow charakterisierte die futuristische Literaturrevolte im Jahre 1913 z.B. durch folgende Merkmale: durch die Aufhebung der konventionellen Grammatik und der syntaktischen Bindung des Wortes zugunsten seiner graphischen und phonetischen Prägnanz; durch das forcierte Spiel mit Neologismen; durch den Verzicht auf die herkömmliche Orthographie und Zeichensetzung; durch die Betonung der Typographie, die das Wort dem Bildzeichen nähert; durch Experimente mit Metrum und Reim und der Bevorzugung freier Rhythmen.[68] Diese von Marinetti weithin übernommene Programmatik autonomer, d.h. dereferentialisierter Literatursprache hat in Majakowski und Chlebnikow hochbegabte Autoren gefunden, die ihr definitiven Ausdruck geben konnten. Vielzitiertes Beispiel dieser kubo-futuristischen „Wortkunst" ist Chlebnikows Gedicht „Beschwörung durch Lachen", dessen Übersetzung durch Hans Magnus Enzensberger vielleicht eine Ahnung von dem konsequent variierenden, Nuancen ausschöpfenden Spiel mit dem phonetischen Sprachmaterial, hier der Silbe „lach" und ihren teils neuartigen Ableitungen, vermitteln kann:

> „Ihr Lacherer, schlagt die Lache an!
> Ihr Lacherer, schlagt an die Lacherei!
> Die ihr vor Lachen lacht und lachhaftig lachen macht,
> schlagt lacherlich eure Lache auf!
> Lachen verlachender Lachmacher! Ungeschlachtes Gelachter!
> Lachen lacherlicher Lachler, lach und zerlach dich!
> Gelach und Gelacher,
> lach aus, lach ein, Lachelei, Lachelau,
> Lacherich, Lacherach.
> Ihr Lacherer, schlagt die Lache an!
> Ihr Lacherer, schlagt an die Lacherei!"

Diese sprachexperimentelle Literatur des frühen russischen Futurismus hat ihre vielleicht folgenreichste Auswirkung in der Theoriebildung der sogenannten „russischen formalen Schule" gefunden, einer lockeren Gruppierung junger Linguisten und Literaturwissenschaftler um Victor Sklowski, Boris Eichenbaum und Jurij Tynjanow, die das eigentliche Wesen der Literatur in der sprachlichen Entautomatisierung oder „Verfremdung" eingespielter Kommunikationskonventionen sahen und die Evolutionsdynamik moderner Literatur aus der Folge von Automatisierung und Entautomatisierung der sprachlichen und stilistischen Verfahren,

68 Vgl. K. Hielscher: Vom russischen Futurismus zur linken Avantgarde des LEF. In: K.-M. Bogdal u. a. (Hg.): Arbeitsfeld: Materialistische Literaturwissenschaft. Wiesbaden 1975, S. 170.

d.h. vor allem syntaktischen, metrischen und tropischen Verfahren herleitete. Aus dieser Schule ist dann die moderne strukturale Literaturwissenschaft erwachsen.

Die Oktoberrevolution politisierte Teile des russischen Futurismus, und aus dieser Politisierung ist die konsequenteste sowjetische Avantgarde der zwanziger Jahre, der LEF („linke Front der Künste“) und ihr Programm einer „Produktionskunst“ hervorgegangen, die die futuristischen Sprachexperimente nun funktional in die sozialen und kulturellen Transformationsprozesse der jungen Sowjetunion einbinden wollte. Neben Majakowski haben für diese Entwicklung vor allem Boris Arvatov (1896-1940) und Sergej Tretjakov (1892-1939) Bedeutung erlangt. Die LEF-Programmatiker verstanden sich explizit auch weiterhin als „Futuristen“ und verteidigten den Futurismus – auch den italienischen! – gegen die schon bald anlaufenden parteioffiziellen Diffamierungskampagnen; Boris Arvatov interpretierte den Futurismus als kulturellen Ausdruck der neuen technischen Intelligenz, hielt selbst seine faschistische Ausprägung für progressiv und hob als entscheidendes Kennzeichen hervor:

„In seiner Ideologie ist der Futurismus vor allem dadurch charakterisiert, daß er zum ersten Mal als eine bewußt urbanistische, und zwar industriell-urbanistische Bewegung auftrat. Die Straße, die Menschenmasse, die Straßenbahn, das Flugzeug, die Maschine, die Fabrik, die neueste materielle Umwelt und die neueste Technik, der Sieg der Gesellschaft über die Natur, das aktive materielle Beherrschen der Elemente (...) – das sind die Feldzeichen der futuristischen Ästhetik.“[69]

Auch Tretjakov sah in der Fixierung auf die „industrielle Produktion“ das Verdienst Marinettis, vor allem aber wies er darauf hin, daß die sprachexperimentelle „Wortkunst“ des frühen Kubo-Futurismus für die operative Aufgabe einer revolutionär-kommunistischen Agitation und Propaganda besser als jede andere Literatur gerüstet gewesen sei:

„Als der Oktober die Kunst zu einer Arbeit aufrief, die der 'erlesenen Kunst' immer als schmutzig galt (Agitvers, Plakat (...), Losung, Feuilleton), da zeigten die Futuristen, welche bedeutende Rolle für die sprachliche Bewältigung dieser Aufgaben ihre Arbeit an Klang, Bild und Rhythmus gespielt hat.“[70]

Die Ausrichtung auf die industrialisierte Moderne und das analytisch-experimentelle, quasi-technische Verhältnis zum Sprachmedium machten den Futurismus in den Augen des LEF zum idealen Ausgangspunkt für eine Kulturrevolution, die die ästhetisch gebundenen oder absorbierten Potentiale sozialer Produktivität zu einem integralen Faktor der kollektiven Produktion des Realen machen wollte. Diese Perspektive ging mit einem rigorosen Angriff auf die funktional differenzierte, sogenannte „bürgerliche“ Kunst mitsamt ihren spezifischen Institutionen und Konventionen einher. In einem von Majakowski formulierten Dekret über die „Demokratisierung der Künste“ heißt es schon 1918:

---

69 B. Arvatov: Kunst und Produktion. München 1972, S. 98.

70 S. Tretjakov: Die Arbeit des Schriftstellers. Reinbek 1972, S. 27.

„Von jetzt ab wird zusammen mit der Liquidierung des Zarenregimes, das Dasein der Kunst in den Magazinen und Schuppen des menschlichen Genius – den Palästen, Galerien, Salons, Bibliotheken und Theatern abgeschafft."[71]

Statt dessen sollte die institutionell gefesselte Kunst „ins Leben" treten – als „parole in libertà":

„Im Namen des großen Fortschritts der Gleichheit jedermanns vor der Kultur möge das *Freie Wort* (...) geschrieben werden überall auf die Hauswände, Zäune, die Dächer, die Straßen unserer Städte und Ortschaften, auf die Rücken der Autos, Equipagen, Straßenbahnen und auf die Kleidung aller Bürger."[72]

Es ist Boris Arvatov gewesen, der die Attacke auf die moderne Ausdifferenzierung der Kunst im Sinne einer marxistischen Kulturtheorie am konsequentesten formuliert hat, bezeichnenderweise in vielfacher, wohl unbeabsichtigter Übereinstimmung mit Nietzsche. Arvatov sah in der „Kunstautonomie" ein bezeichnendes Zurückbleiben künstlerischer Produktion hinter den allgemeinen technischen Standards der modernen Gesellschaft, ein Einfrieren der Kunst auf dem Niveau handwerklichen Herstellens im Zeitalter der großen Industrie, und er verstand diese Divergenz funktional als Kompensation der totalen Nivellierung und Generalisierung der Gesellschaft durch exzentrisches, aber folgenloses Zurschaustellen von Individualität. „Entweder äußerster Individualismus (...) oder Schablone", das sei das „Gesetz" der bürgerlichen Lebensweise, hinter der Arvatov als Marxist die umfassende Teilung der Arbeit vermutete, d.h. Differenzierung. Die kommunistische Oktoberrevolution verstand die Gruppe LEF nun nicht in erster Linie als Veränderung im Wirtschaftssystem der Gesellschaft, d.h. als Symmetrisierung der Asymmetrie zwischen Arbeitgebern und Arbeitnehmern, Kapitalisten und Proletariern, sondern als globale Veränderung des Gesellschaftssystems im ganzen, an deren Ende die aufgehobene Arbeitsteilung, d.h. der integral-kollektive soziale Produktionsprozeß stehen werde, der die funktionale Systemdifferenzierung der Moderne – die „bürgerliche" Ordnung – überwinde. Damit aber ist das Ende der Kunst und Literatur – im Sinne systemisch differenzierter Kommunikation – verbunden. Tretjakov forderte etwa den Tod „solcher speziellen Kunstprodukte wie Gedicht, Bild, Roman, Sonate usw.".[73] Die im Kunstsystem angeblich nutzlos verpulverte kreative Energie, die allenfalls dazu gut gewesen sei, ein blasiertes Publikum zu unterhalten oder die Zukurzgekommenen über die Nöte ihrer Existenz hinwegzutrösten, sollte zu einem kreativen Faktor der homogenen gesellschaftlichen Produktion gemacht werden. Dazu aber war die Kunst zunächst und zuerst auf das Niveau der Industrie zu bringen, d.h. die Differenz „Kunst"/„Technik" war zu entdifferenzieren. Arvatov proklamierte 1926:

71 Zit. K. Hielscher, a.a.O., S. 174.

72 Ebd.

73 Zit. G. Wilbert, a.a.O., S. 193.

„Die erste Aufgabe der Arbeiterklasse in der Kunst ist die Liquidierung der historisch bedingten Grenzen zwischen der künstlerischen und der allgemeinen sozialen Technik."[74]

Nicht länger sollte die Kunst eine sinnlose Verzierung des sozialen Lebens sein, sondern dessen effektive funktionale Gestaltung mitvollziehen. Der Künstler als isoliert-handwerklicher Spezialist für eine kuriose Spezialität verschwindet, an seine Stelle tritt der „Künstler-Techniker" oder der „Künstler-Politiker" im Prozeß der kollektiven sozialen Selbstorganisation:

„Die gesamte Kunst muß so revolutioniert werden, daß das künstlerische Schaffen zum Mittel der Organisierung aller Lebenssphären wird, nicht als Verschönerung, sondern als zweckentsprechende Durchformung (...). Es ist Aufgabe des Proletariats, die (...) Kluft zwischen den Künstlern, als den Monopolinhabern irgendwelcher 'Schönheit', und der Gesellschaft als ganzer zu zerstören, die Methoden der künstlerischen Erziehung zu den Methoden der allgemeinen Erziehung (...) zu machen."[75]

Für Tretjakov ergab sich aus dieser Integration der Kunst und Literatur ins kollektive soziale Leben die Konsequenz, daß jeder „Künstler" sein solle:

„Die Kunst für alle! Diese Losung sollte das höchste Maß an meisterhafter Gewandtheit des Menschen in all seinen praktischen Handlungen bedeuten. (...) Jeder soll ein Künstler sein, ein vollendeter Meister in der Sache, die er im jeweiligen Augenblick betreibt."[76]

Diese „Künstler", die den Sinn des vormodernen Kunstbegriffs als „téchne" oder „ars" erneuern, haben freilich nicht länger die Aufgabe, dem Leben „Werke" zu konfrontieren, sondern das kollektive Leben selbst zum „Werk" zu machen; wie Nietzsche proklamierte der LEF „Lebenskunst" statt „Werkkunst", die Lebenskunst des sozialistischen Kollektivs freilich, nicht Nietzsches Vision einer Elite produktiver Menschen.

„Nicht vollendete Kunstwerke sollen die Aufmerksamkeit der Erbauer des Lebens fesseln, sondern der vollendete Mensch, der organisatorisch geschickt und willens ist, alle Schwierigkeiten, die auf dem Weg zur völligen Beherrschung des Lebens liegen, zu überwinden."[77]

– so Tretjakovs Variante der „Lebens-Kunst"; auch Arvatov betonte immer wieder, daß es nicht darauf ankomme, etwa einen Wald oder einen Menschen im Medium der Kunst zur Perfektion zu bringen, sondern in der Wirklichkeit schöne Wälder oder glückliche Kollektive zu produzieren. Ist die Kunst im Prozeß der Evolution ein Differenzierungsresultat, das seine Extremversion im „L'art pour l'art" der „bürgerlichen" Gesellschaft gefunden habe, dann plädiert die futuristische Avantgarde des LEF für eine entdifferenzierende Reintegration der Kunst in das polyfunktionale System der sozialistischen Produktionsweise, oder technisch ausgedrückt: für eine Entdifferenzierung der differenzierten Kommunikationscodes „schön"/„wahr"/„nützlich"/„gut"/„gerecht" usw. bzw. ihrer Opposita – und für

74 B. Arvatov, a.a.O., S. 12.

75 Ebd., S. 23 u. 22.

76 Zit. G. Wilbert, a.a.O., S. 194.

77 S. Tretjakov, a.a.O., S. 14.

eine Entdifferenzierung der Differenz von Medium und Form; die Form zieht sich ins Medium zurück; „Werke" verschwinden zugunsten der durchformten Gesellschaft sozialistischen Typs, die ihre „große Ordnung" von der „Anarchie" der „bürgerlich-kapitalistischen" Gesellschaft unterscheidet. Während die Kunst der Vergangenheit die reale Unordnung des Sozialen als Medium für die Formanstrengung der Werke genutzt habe, bedürfe die Realordnung der sozialistischen Gesellschaft keiner sie übertrumpfenden Werkform mehr:

„Die Arbeiterklasse will keine Illusionen, sondern reale (...) Formen. Sie braucht keine Nachahmung, sondern die Gestaltung des Lebens."[78]

Wir fragen schließlich nach den Konsequenzen dieses Konzepts einer „Produktionskunst" für die Praxis der Literatur. Als erste und zentrale Konsequenz muß die Aufhebung der Unterscheidung von poetischer und alltäglicher Kommunikation herausgestellt werden; die poetisch gefesselte Energie der Sprache soll in den kommunikativen Alltag der Gesellschaft entbunden werden, die Form wird Medium:

„Der Dichter ist lediglich Wort-Arbeiter und Wort-Konstrukteur, Meister der Sprach-Schmiede in der Lebensfabrik. – Verse sind lediglich Schmelzlaboratorien für Worte, Werkstätten, in denen das Wortmaterial gebogen, geschnitten, genietet, geschweißt und montiert wird. Letzten Endes muß das Wort (...) zu einem Teil des wirklichen Lebens werden (...). Dann sterben die Verse endgültig, weil die Alltagsrede des Menschen zu einem herrlichen ununterbrochenen Gedicht geworden ist."[79]

– so Tretjakovs Vision im Jahre 1922; bis diese vollkommene Integration aber erreicht ist, bleibt der Literatur – und das ist die zweite Konsequenz – ausschließlich die Aufgabe, die revolutionäre Umgestaltung der Gesellschaft mit ihren besonderen Mitteln zu unterstützen, im Sinne von Agitation und Propaganda, Reklame – Majakowski machte Reklameverse für Schnuller und Bier! –, vor allem aber als Instrument bei der kommunikativen Bewältigung des Alltags, angefangen bei Alphabetisierungskampagnen bis hin zu Wandzeitungen als Form kollektiven Informationsgewinns und kollektiver Selbstverständigung oder als Sprachberatung in Fabriken und Kolchosen. „Unser Epos ist die Zeitung", „die gesamte namenlose Masse der Zeitungsleute (...), das ist der kollektive Tolstoi unserer Tage", so Tretjakow.[80]

Wie diese neue Praxis einer operativen „Literatur" auf ästhetizistische Schriftsteller gewirkt hat, dafür findet sich in einem Rundfunkvortrag Gottfried Benns aus dem Jahre 1931 ein aufschlußreiches Dokument. Tretjakov, der zeitweise als Sprachexperte Kolchosen beriet und davon in seinem Buch „Feld-Herren" berichtete, hielt in Berlin einen Vortrag mit dem Titel „Der Schriftsteller und das sozialistische Dorf". Benn war unter den Zuhörern, die sich am 21. Januar

78 B. Arvatov, a.a.O., S. 94.

79 Zit. G. Wilbert, a.a.O., S. 155.

80 S. Tretjakov, a.a.O., S. 96f.

1931 im Hotel „Russischer Hof" eingefunden hatten. Seine Eindrücke schilderte er später im Radio so:

„Tretjakow schilderte, wie in Rußland während der ersten zwei Jahre des Fünfjahresplans immerhin noch einige psychologische Romane erschienen, denen das Schriftstellerkollektiv auf folgende Weise zu Leibe ging. Ein Roman z.B. stellte dar, wie in einem Haus, das einem Bürger enteignet und für einen höhern Sowjetbeamten requiriert worden war, dieser Sowjetbeamte zu trinken anfing, seinen Dienst vernachlässigte, herunterkam und der alte Hauseigentümer allmählich wieder seine Zimmer okkupierte. Dies war in abendländischer, psychologischer Manier, in herkömmlicher Romanweise, etwas imaginär und gänzlich unpolitisch geschildert. Tretjakow ließ den Autor bei sich erscheinen. 'Wo hast du das erlebt, Genosse?', fragte er ihn. 'In welcher Stadt, in welcher Straße?' 'Ich habe es gar nicht erlebt', antwortete der Autor, 'das ist doch ein Roman.' 'Das gilt nicht', antwortete Tretjakow, 'du hast das irgendwo aus der Realität in dich aufgenommen. Warum hast du das nicht der zuständigen Sowjetbehörde gemeldet, daß einer ihrer Beamten infolge Trunkes seinen Dienst unordentlich versah und der Bürger Hausbesitzer wieder seine Räume beziehen konnte?' Wiederum antwortete der Autor: 'Ich habe das ja nicht in Wirklichkeit gesehen, ich habe mir das zusammengeträumt, zusammengereimt, gedichtet, eben einen Roman geschrieben.' Darauf Tretjakow: 'Das sind westeuropäische 'Individualidiotismen'. Du hast verantwortungslos gehandelt, eitel und konterrevolutionär. Dein Buch wird eingestampft und du wanderst in die Fabrik.' Auf diese Weise, schilderte Tretjakow, ist in Rußland jede individualpsychologische Literatur verschwunden, jeder schöngeistige Versuch als lächerlich und bourgeois erledigt, der Schriftsteller als Beruf ist verschwunden, er arbeitet mit in der Fabrik, er arbeitet mit für den sozialen Aufbau, er arbeitet mit am Fünfjahresplan. Und eine ganz neue Art von Literatur ist im Entstehen, von der Tretjakow einige Beispiele mitbrachte und mit großem Stolz vorzeigte. Es waren Bücher, mehr Hefte, jedes von einem Dutzend Fabrikarbeiter unter Führung eines früheren Schriftstellers verfaßt, ihre Titel lauteten z.B.: 'Anlage einer Obstplantage in der Nähe der Fabrik', ferner: 'Die Durchlüftung des Eßraumes in der Fabrik', ferner als besonders wichtig von einigen Werkmeistern verfaßt: 'Wie schaffen wir das Material noch schneller an die Arbeitsstätten?' Das also ist die neue russische Literatur, die neue Kollektivliteratur, die Literatur des Fünfjahresplans. Die deutsche Literatur saß zu Tretjakows Füßen und klatschte begeistert und enthusiasmiert. (...) Diese russische Kunsttheorie (...) behauptet nicht mehr und nicht weniger, als daß alles, was (...) in dem abendländischen Menschen an Innenleben vorhanden ist, (...) das sei reine kapitalistische Verfallserscheinung, kapitalistischer Trick. (...) In dem Augenblick aber, wo der Mensch zur russischen Revolution erwacht (...) fällt das alles von [ihm] ab, verraucht wie Tau vor der Sonne und es steht da das zwar ärmliche, aber saubere, das geglättete heitere Kollektivwesen, der Normalmensch ohne Dämon und Trieb, beweglich vor Lust, endlich mitarbeiten zu dürfen am sozialen Aufbau, an der Fabrik, vor allem an der Festigung der roten Armee (...)"[81]

Avantgarde in Deutschland

Unser Versuch einer Rekonstruktion des programmatischen Kerns der historischen Avantgardebewegungen weicht von dem üblichen Sprachgebrauch ab, der unter

81 G. Benn: Gesammelte Werke. Bd. 4, S. 986ff.

„Avantgarde" in aller Regel jede traditionsbrechende, innovationsorientierte oder antiillusionistische Kunstbewegung versteht. Dieser Sprachgebrauch erscheint problematisch, weil nach ihm strenggenommen die gesamte moderne Literatur seit ihrer Ausdifferenzierung zu einem „autonomen" Kommunikationssystem der Gesellschaft einen „avantgardistischen" Zug hätte; im 18. Jahrhundert wurde das poetologische Prinzip der Repräsentation – als Mimesis göttlicher Natur oder imitatio scriptorum classicorum – im Vorgang der „Autonomisierung" durch das Prinzip der Innovation abgelöst. Seither heißt die Produktionsregel: „Schreibe so, daß du dich von allem bislang Geschriebenen möglichst erkennbar unterscheidest!" Die Befolgung dieser Regel unterstellte die Literatur dem Reproduktionsprinzip des Traditionsbruches und des forcierten Distanzgewinns; d.h. seit etwa 1800 existiert Literatur als Prozeß unablässigen Auswechselns von Programmen, Themen, Schreibweisen, der es schwer macht, Kontinuitäten anders zu beschreiben als mit Hilfe solcher Paradoxa wie „Tradition des Traditionsbruches" oder „Erwartbarkeit des Unerwartbaren" usw. Wenn man Dramatisierungen vorzieht, läßt sich von einem Prozeß „permanenter Revolten" sprechen; mit „Avantgarde" hat dies aber deshalb nichts zu tun, weil es ein systemimmanenter Vorgang literarischer Kommunikation ist, die ihre eigene Evolution als Abfolge von „Brüchen" beschreibt. Diese „Brüche", „Revolten" und „Diskontinuitäten" finden alle, so „schockierend" immer sie sein mögen, innerhalb des Rahmens ausdifferenzierter Literatur statt; stets handelt es sich um Literatur, auch wenn manche Beobachter es mitunter kaum glauben möchten.

Statt also die Begriffsextension von „Avantgarde" mit der Wirklichkeit moderner Literatur seit zweihundert Jahren zusammenfallen zu lassen, hatten wir uns begriffsgeschichtlich orientiert und uns aus dem militärisch-politischen Verwendungskontext wichtige Hinweise geben lassen. Folgende Aspekte seien noch einmal eigens hervorgehoben:

- Erstens die Notwendigkeit eines soziopolitischen Kontextes von Kunst und Literatur, der die Möglichkeit einer „kulturrevolutionären" Retotalisierung, d.h. einer Entdifferenzierung der Funktionssysteme, in einer wie immer projektierten Zukunftsgesellschaft wenigstens für Künstler und Intellektuelle plausibel erscheinen läßt.
- Zweitens eine forcierte Zeiterfahrung, die „kairologisch" genannt werden kann und besagt, daß sich alle historischen Widersprüche auf einen ultimativen Gegensatz zugespitzt haben, dessen Austrag als Kampf zwischen „Passatisten" und „Futuristen", zwischen „Alten" und „Jungen", „Bourgeoisie" und „Proletariat" usw. als „letztes Gefecht" unmittelbar bevorsteht.
- In der Perspektive einer Retotalisierung der differenzierten „bürgerlichen" Gesellschaft geht es drittens um das Projekt einer Entdifferenzierung von Kunst und Nichtkunst, die den für die alte Gesellschaft prägenden Gegensatz von Kunst und Leben aufheben, bzw. die Differenz ununterscheidbar machen soll; in Anlehnung an Überlegungen Georg Simmels ließe sich auch von „Entrahmung" der Kunst sprechen.
- Für die Kunst heißt das dann viertens konkret: Negation des „Werks" als

Differenz von Medium und Form. „Werke“ sollen nicht länger vorkommen, statt dessen soll entweder das Medium in absoluter Kontingenz exponiert werden (Dada) oder das Medium soll ganz Form werden (Gesellschaft als Totalorganisation); in jedem Fall soll die Differenz von Medium und Form, die „Werke“ erst beobachtbar macht, neutralisiert werden.

Wir wollen nun auf das Schicksal der Avantgarde in Deutschland eingehen, da wir sie bislang ja eher als gesamteuropäisches Ereignis betrachtet hatten, was allerdings in der Natur der Sache begründet war. Fragt man nach einer Aufnahme der sowjetrussischen LEF-Konzepte in Deutschland, so stößt man zuallererst auf Bert Brecht, dessen Konzeption der sogenannte „Lehrstücke“ – besser „Lern-Stücke“ – wir als deutschsprachiges Paradigma einer marxistisch inspirierten Avantgarde verstehen wollen. Brecht hatte sich in der zweiten Hälfte der zwanziger Jahre intensiv mit den Programmen der sowjetischen Avantgarde – vor allem im Hinblick auf die Rolle des Theaters – auseinandergesetzt und von Tretjakov, aber auch von Asja Lacis, einer lettischen Regisseurin, die vor allem durch das Experiment eines proletarischen Kindertheaters Aufmerksamkeit weckte, über die sowjetischen Ideen und Experimente informieren lassen. In ihren Lebenserinnerungen berichtet Asja Lacis über ihre Begegnungen mit Brecht und notiert für das Jahr 1928:

„Brecht fragte mich (...) genau aus, wie Meyerhold und Tairow inszenieren, über Majakowski, über Tretjakow, über die marxistische Kritik und Kunsttheorie und natürlich über das Leben in der Sowjetunion.“[82]

Vor allem Meyerholds Theaterexperimente faszinierten Brecht; Meyerhold, der zum Kreis des LEF gehörte, entwickelte ein Konzept der sogenannten „Biomechanik“, die das Theater in erster Linie als Einübung optimal ökonomischer, physiologisch-effektiver Bewegungsabläufe verstand, die der sozialen Produktion insgesamt zugute kommen sollte: im Sinne einer perfekten Konditionierung und Koordinierung der gesellschaftlichen Rhythmik, die die „bürgerliche“ Trennung von Arbeit und Freizeit überwunden hätte. In einem Vortrag führte Meyerhold 1922 dazu aus:

„Wenn man einen erfahrenen Arbeiter bei seiner Arbeit beobachtet, merkt man folgendes: 1. das Fehlen überflüssiger, unproduktiver Bewegungen, 2. Rhythmik, 3. das richtige Finden des Schwerpunkts seines Körpers, 4. Ausdauer. Die auf diesen Grundlagen aufgebauten Bewegungen zeichnen sich durch 'tänzerische Leichtigkeit' aus, der Arbeitsprozeß eines erfahrenen Arbeiters erinnert immer an Tanz, hier erreicht die Arbeit die Grenze zur Kunst.“[83]

Boris Arvatov nannte das „proletarische Theater [ein] Werkzeug der Umgestaltung des Lebens“, ein „Laboratorium des neuen gesellschaftlichen Lebens“, das

82 A. Lacis: Revolutionär im Beruf. Berichte über proletarisches Theater. München 1971, S. 58.

83 V. Meyerhold: Theaterarbeit 1917-1930. München 1974, S. 73.

– im Sinne des Realismus – repräsentiere, sondern „organisiere"; er forderte die Regisseure auf:

„Genossen Regisseure! Die Arbeiterklasse baut die Welt nicht in Träumen auf, sondern in der Tat. (...) Laßt das Theater, die Bühne, die Schaustücke! Geht ins Leben, um zu lernen und umzulernen. Eignet euch nicht die Methoden der Ästhetik an, sondern die Methoden der allgemeinen, sozialen Gestaltung des Lebens. Werdet zu Ingenieuren und Monteuren des Alltags. Die Arbeiterklasse will keine Illusionen, sondern reale, wissenschaftlich organisierte Formen. Sie braucht keine Nachahmung, sondern die Gestaltung des Lebens."[84]

Blickt man von hieraus auf Brechts Theater in den zwanziger Jahren, dann zeigen sich zunächst die allergrößten Unterschiede. Denn Brecht begann mehr als konventionell; sein erster Bühnenerfolg, das Stück „Trommeln in der Nacht", ist ein nachgerade „klassisch" strukturiertes Drama mit fünf Akten und penibler Beachtung der Einheiten des Ortes, der Zeit und der Handlung. Zwar wird diese beinahe parodistische Konventionaliät in späteren Erfolgsstücken wie „Mann ist Mann", der „Dreigroschenoper" oder „Aufstieg und Fall der Stadt Mahagonny" durch die Einführung dezentrierter, serieller Strukturelemente durchbrochen, aber auch sie bleiben gewöhnliches Theater im Sinne der eingelebten Erwartungen des Publikums und provozieren bestenfalls durch manche ihrer gesellschaftskritischen Thesen. Auf keinen Fall sind sie etwa „avancierter" als Kurt Weills Kompositionen es waren, die im Kontext der Musikkultur der zwanziger Jahre nur als mäßig innovativ galten. Brechts Beschäftigung mit der Theorie des Marxismus und vor allem seine Rezeption der sowjetischen Avantgarde des LEF veranlaßten ihn jedoch seit etwa 1930 zu gänzlich neuartigen Theaterexperimenten, die mit Fug und Recht als spezifische Ausprägung der Avantgarde verstanden werden können. Brecht begreift nun die gesamte ausdifferenzierte Literatur der Moderne und ihre Institutionen, welche die Asymmetrie zwischen Produzenten und Konsumenten, Künstlern und Publikum reproduzieren, als Faktor der ideologischen Stabilisierung der „bürgerlich-kapitalistischen" Gesellschaft, weil sie die Subjekte in imaginärer Weise mit den Zwängen und Zumutungen einer repressiven Ordnung, der sie unterworfen sind, versöhnt. Die Unterhaltung, die ausdifferenzierte Kunst und Literatur ihrem Publikum gewährt, hat für Brecht alle Züge von Illusionierung und fataler Frustrationskompensation. Es ist Freud, auf den sich Brecht 1931 explizit beruft, wenn er die Funktion illusionierender Unterhaltung so charakterisiert:

„In der jetzigen Gesellschaft ist die alte Oper [als Paradigma unterhaltender Kunst, G.P.] sozusagen nicht wegzudenken. Ihre Illusionen haben gesellschaftlich wichtige Funktionen. Der Rausch ist unentbehrlich; nichts kann an seine Stelle gesetzt werden." [Und dann Freud zitierend:] „Das Leben, wie es uns auferlegt ist, ist zu schwer für uns, es bringt uns zuviel Schmerzen. Um es zu ertragen, können wir Linderungsmittel nicht entbehren. (...) Die Ersatzbefriedigungen, wie die Kunst sie bietet, sind gegen die Realität Illusionen, darum nicht minder psychisch wirksam, dank der Rolle, die die Phantasie im Seelenleben

84 B. Arvatov, a.a.O., S. 94.

behauptet hat. (...) Diese Rauschmittel tragen unter Umständen die Schuld daran, daß große Energiebeträge, die zur Verbesserung des menschlichen Loses verwendet werden könnten, nutzlos verlorengehen."[85]

Autonome Kunst leistet also jene Kompensation von Frustrationen, die nötig ist, um die mehr oder weniger reibungslose Reproduktion der „bürgerlichen" Gesellschaft zu gewährleisten; diese Gesellschaft hat sich im Ghetto ausdifferenzierter Kunst gleichsam ein hochwirksames Instrument für die Konditionierung systemkonformer „Subjektivitäten" geschaffen:

„Herausstürzend aus dem Untergrundbahnhof, begierig, Wachs zu werden in den Händen der Magier, hasten erwachsene, im Daseinskampf erprobte und unerbittliche Männer an die Theaterkassen. Mit dem Hut geben sie in der Garderobe ihr gewohntes Benehmen, ihre Haltung 'im Leben' ab; die Garderobe verlassend, nehmen sie ihre Plätze mit der Haltung von Königen ein. Soll man ihnen dies übelnehmen? (...) Die Haltung dieser Leute in der Oper ist ihrer unwürdig. Ist es möglich, daß sie sie ändern? Kann man sie veranlassen, ihre Zigarren herauszuziehen?"[86]

Um solche Veränderungen der Haltung zu provozieren und die im Sinne der „kapitalistischen" Gesellschaft erwünschten Subjekteffekte zu verhindern, d.h. eine revolutionsbereite Psychostruktur oder Subjektform auszubilden, bedurfte es für Brecht einer totalen Veränderung der Literatur und speziell des Theaters, die als „avantgardistische" Funktionsintegration von Politik, Pädagogik und Kunst beschreibbar ist. Als experimentierendes Modell solcher Funktionsintegration verstand Brecht seine „Lehrstücke" der Jahre um 1930. Von ihnen aus wird Brechts Theaterproduktion der zwanziger Jahre als „Vorgeschichte" entzifferbar. So zeigt das Stück „Trommeln in der Nacht", daß die konventionelle Dramatik infolge ihrer Interaktionsstruktur prinzipiell nicht in der Lage ist, die Realität politischer Prozesse – hier die Realität der Aufstände in Berlin 1919 – auf der Bühne darzustellen; die Revolution verbleibt im „Off", das Reale ist auf dem Theater undarstellbar und macht sich bestenfalls als „noise", als „Rauschen", als diffuse Geräuschkulisse von Schüssen, Tritten und Schreien im „Außen" der handlungsbestimmenden Familien- und Liebesgeschichte bemerkbar. Spätere Stücke wie „Mann ist Mann" oder das Libretto zur Oper „Mahagonny" bringen dann zwar die Realität sozialer Sachverhalte auf die Bühne – das Verhältnis von Individuum und Kollektiv z.B. oder die Zyklen der kapitalistischen Ökonomie –, die Bühnensimulation der „Realität" verbleibt jedoch innerhalb der Institutionen des differenzierten Sozialsystems „Kunst", die theatralische Simulation steht der Wirklichkeit der „Klassengesellschaft" inklusive Publikum im Theater als „Bild" gegenüber, das bestenfalls eine belehrend-informative, desillusionierende Bedeutung hat, wie es Brechts „Episierung" der dramatischen Struktur anvisierte. Das „epische Theater" ist eine Spielart „realistischer" Literatur, die die marxistische Realitätskonstruktion als Medium nutzt.

---

85 B. Brecht: Gesammelte Werke. Bd. 17, S. 1015f.

86 Ebd., S. 1012.

Ganz anders geartet sind demgegenüber Struktur und Funktion der sogenannten „Lehrstücke" gewesen. Sie verstehen sich nicht als „autonome" Kunstwerke, sondern als kollektive Einübung solcher Haltungen, die im revolutionären Kampf zur Überwindung der „bürgerlichen Klassengesellschaft" notwendig werden. Steht das „epische Theater" zur Gesellschaft in einem „metaphorischen" Bezug – ist es doch ein informatives Bild, eine lehrreiche Repräsentation ihrer wesentlichen Strukturen –, so das „Lehrstück" in einer „metonymischen" Relation: Es zeigt die Gesellschaft in keiner wie immer gearteten Simulation vor, es vollzieht sie, es ist ein treibendes, unmittelbares Element im revolutionären Prozeß der Geschichte selbst. Brecht verstand die „Lehrstücke" nicht eigentlich mehr als „Literatur" im Sinne ausdifferenzierter Spezialkommunikation, er ließ „ästhetische Maßstäbe" zu ihrer Beurteilung nicht gelten,[87] sondern als „politische Pädagogik", die handlungsfähige Kollektive trainieren und unbrauchbare bürgerlich-individualistische Habitusformen kritisieren und überwinden sollte. Diese „politische Pädagogik" steht – um es noch einmal zu unterstreichen – der sozialen Realität nicht gegenüber, sie differenziert sich nicht gegen Politik, Erziehung usw., um sie als Medien nutzen zu können, sie ist vielmehr Teil dieser sozialen Realität, um sie zu beschleunigen. Politik, Pädagogik und rhetorische Literatur sind in ihr „entdifferenziert" bzw. polyfunktional reintegriert.

Erste und entscheidende Konsequenz ist daher die Symmetrisierung der traditionellen Asymmetrie von Produzenten und Konsumenten; das „Lehrstück" hat keine Zuschauer:

> „Die große Pädagogik verändert die Rolle des Spielens vollständig; sie hebt das System 'Spieler und Zuschauer' auf (...); sie kennt nur mehr Spieler, die zugleich Studierende sind."[88]

Das „lernende" Kollektiv – deshalb besser „Lernstücke", da kein Publikum belehrt, sondern Handelnde im Vollzug der kollektiven Aktion lernen sollen – hat seinen Platz nicht länger in den Institutionen der ausdifferenzierten Kunst – im Theater –, sondern schließt sich den pädagogischen Einrichtungen der revolutionären Arbeiterbewegung an und versucht, die neuen Medien, Film und Rundfunk, für seine Zwecke zu nutzen. Prospektiv am Horizont dieses Projekts stand die kollektive Gestaltung der integrierten sozialistischen Gesellschaft, d.h. die Utopie des LEF und seiner „Produktionskunst", die in Sowjetrußland greifbar schien, während in Deutschland die proletarische Revolution noch ausstand, so daß Brechts Experimente – vor allem mit den neuen Medien – ihr „Scheitern" einkalkulieren mußten, dieses Scheitern aber erkenntnisproduktiv zu machen versuchten: Es sollte indirekt die tatsächliche Funktion der Kunst und der Unterhaltungsmedien in der kapitalistischen Gesellschaft offenbaren, nämlich zu illusionieren und von den realen Klassenauseinandersetzungen abzulenken. Brecht wußte, daß sich Kunst und Literatur nicht mit eigenen Mitteln in die Gesellschaft

87 Ebd., S. 1024.

88 R. Steinweg (Hg.): Brechts Modell der Lehrstücke. Frankfurt/M. 1976, S. 51.

„aufheben“ können – diese Versuche würden vielmehr immer Kunst und Literatur bleiben –, sondern daß es zunächst politischer Prozesse bedürfe, die die Sozialstruktur so transformierten, daß eine veränderte Funktion ehedem „autonomer“ Literatur allererst möglich werde. Die „Lehrstücke“ sind daher keine Vorwegnahme „sozialistischer Lebenskunst“ in der klassenlosen Gesellschaft, sondern „Revolutionsliteratur“, Experimente des Übergangs, Versuche einer Rhetorik der sozialen Transformation in didaktischer Absicht: das revolutionäre Kollektiv soll die Revolution lernen!

Um einen etwas konkreteren Eindruck von der Art und Weise dieses revolutionären Lernens zu bekommen, gehen wir kurz auf das „Badener Lehrstück vom Einverständnis“ ein, das 1929 entstand. Dieses Stück wird von einem Kollektiv – z.B. einer Schülergruppe oder naheliegenderweise von einem Arbeiterkollektiv – gespielt, das sich auf verschiedene Positionen verteilt, die immer wieder gewechselt werden, so daß nach und nach jeder auf jeder Position gestanden hat. Da sind vor allem vier Flieger, drei Clowns, ein „gelernter“ Chor, Vorsänger, ein Sprecher und eine „Menge“ – das ehemalige Publikum. Das Motiv des „Fliegens“ war für Brecht hochbedeutsam; es stand für die Fortschritte der Technik, für die revolutionäre Dynamik der sogenannten „Produktivkräfte“; hier aber, in diesem Lehrstück, sind die Flieger abgestürzt, sie liegen hilflos am Boden, und die Frage erhebt sich, ob man ihnen helfen soll. Die „Menge“ ist dazu spontan willens – im Sinne eines humanistischen Reflexes; nun muß sie aber lernen: ist die christliche Einstellung der caritas eine nützliche Haltung im revolutionären Kampf? Die „Menge“ lernt in drei Schritten; zunächst wird vorgeführt, daß aller technischer Fortschritt in der Geschichte an der sozialen Misere der Menschen nichts geändert hat; mit Hilfe von Photographien und Filmsequenzen wird anschließend zur Evidenz gebracht, daß auch die Gegenwart allerort voll des realen Grauens, blutiger Metzeleien ist. Schließlich führt das groteske Parabelspiel dreier Clowns vor, daß das einzig ausschlaggebende Verhältnis der Menschen untereinander das von Macht und Ohnmacht, Gewalt und Hilflosigkeit ist. Hat das spielende Kollektiv diese Lehre akzeptiert, daß der Mensch dem Menschen infolge der Klassengesellschaft ein Wolf ist, dann fragt sich, welche Haltung es braucht, um diese Zustände zu überwinden. Der Reflex humanistischen Helfenwollens, die Haltung der caritas, erscheint vollkommen fehl am Platz, weil sie bestenfalls Symptome lindert, den analytischen Zusammenhang von struktureller Gewalt in der Klassengesellschaft und vergeblicher Hilfeleistung aber verschleiert. Das Kollektiv lernt, jedwede Hilfe zu unterlassen, um jene Verhältnisse zu verändern, die Hilfe überhaupt nötig erscheinen lassen. Das Kollektiv verhärtet sich angesichts manifesten Leides; es verweigert den Fliegern das lebensrettende Wasser – und läßt sie sterben.

> „Freilich saht ihr (so die 'Menge')
> Hilfe an manchem Ort
> Mancherlei Art, erzeugt durch den Zustand
> Der noch nicht zu entbehrenden
> Gewalt.

Dennoch raten wir euch, der grausamen
Wirklichkeit
Grausamer zu begegnen und
Mit dem Zustand, der den Anspruch erzeugt
Aufzugeben den Anspruch. Also
nicht zu rechnen mit Hilfe:
Um Hilfe zu verweigern, ist Gewalt nötig
Um Hilfe zu erlangen, ist auch Gewalt nötig.
Solange Gewalt herrscht, kann Hilfe verweigert werden
Wenn keine Gewalt mehr herrscht, ist keine Hilfe mehr nötig.
Also sollt ihr nicht Hilfe verlangen, sondern die Gewalt abschaffen.
Hilfe und Gewalt geben ein Ganzes
Und das Ganze muß verändert werden."[89]

Die Haltung der Revolutionäre soll im lernenden Spiel so konditioniert werden, daß sie das einzelne Leben gegenüber dem zukünftigen Schicksal der Menschheit entwertet, daß sie den Tod des einzelnen gelassen in Kauf nimmt, um die sozialen Verhältnisse im Ganzen langfristig zu verändern.

Wir ersparen uns jede kritische Diskussion des hier von Brecht empfohlenen Ethos. Das zukünftige Leben des Kollektivs – so lernt die „Menge" – rechtfertigt den Tod des einzelnen. Konsequenterweise folgt aus diesem Lernziel, das keine abstrakte Moral, sondern eine gelebte, notfalls tagtäglich zu praktizierende Haltung sein soll, die weitere Frage nach dem Verhältnis des Revolutionärs zum Tod. Das revolutionäre Kollektiv soll „sterben lernen"! Wie soll man sich zum Tod verhalten? Das Lehrstück zeigt zwei Haltungen zum Tode: die des einzelnen, des einzelnen Fliegers, der zu sterben sich weigert, an Selbsterhaltung als Subjekt interessiert ist und ausgelöscht, aus dem Kollektiv ausgestoßen wird. Lernen soll man: nur dem Individuum, dem sein Selbst wichtig ist, erscheint der Tod schrecklich, weil er das Ende der Individualität ist. Dagegen nimmt das Kollektiv zum Tod eine andere Haltung ein: im Kollektiv ist der einzelne als Individuum nichts, daher trifft der Tod auch niemanden; das Kollektiv ist mit dem Tod einverstanden, weil es nur das Subjekt ist, das stirbt:

„*Der gelernte Chor:* Wer also stirbt, wenn ihr sterbt?
Die drei gestürzten Monteure: Niemand.
Der gelernte Chor: Jetzt wißt ihr:
Niemand
Stirbt, wenn ihr sterbt.
Jetzt haben sie [die Monteure als Personen]
Ihre kleinste Größe erreicht."[90]

Die Haltung der Selbstverneinung der Individualität im Kollektiv überwindet den Tod und lehrt gleichgültig sterben; diese Lehre vollziehen drei der vier ab-

89 B. Brecht: Gesammelte Werke. Bd. 2, S. 599.

90 Ebd., S. 606.

gestürzten Flieger, sie nehmen sich in ihrer Subjektivität völlig zurück, verschwinden im Kollektiv und haben an dessen Fortschritten Anteil:

> „*Der gelernte Chor redet die drei gestürzten Monteure an:*
> Ihr aber, die ihr einverstanden seid mit dem Fluß der Dinge
> Sinkt nicht zurück ins Nichts.
> Löst euch nicht auf wie Salz im Wasser, sondern
> Erhebt euch
> Sterbend euren Tod wie
> Ihr gearbeitet habt eure Arbeit
> Umwälzend eine Umwälzung.
> Richtet euch also sterbend
> Nicht nach dem Tod.
> Sondern übernehmt von uns den Auftrag
> Wieder aufzubauen unser Flugzeug.
> Beginnt!
> Um für uns zu fliegen
> An den Ort, wo wir euch brauchen
> Und zu der Zeit, wo es nötig ist. Denn
> Euch
> Fordern wir auf, mit uns zu marschieren und mit uns
> Zu verändern nicht nur
> Ein Gesetz der Erde, sondern
> Das Grundgesetz:
> Einverstanden, daß alles verändert wird
> Die Welt und die Menschheit
> Vor allem die Unordnung
> Der Menschenklassen, weil es zweierlei Menschen gibt
> Ausbeutung und Unkenntnis."[91]

Das „Badener Lehrstück vom Einverständnis" (mit dem Tod) war in den Augen Brechts eine Form der Mentalitätskonditionierung, so wie sie ihm für ein revolutionäres Kollektiv notwendig erschien. Konventionell humanistische, individualistische Haltungen sollten kritisiert und verworfen, neue Haltungen eingeübt werden: statt christlicher Nächstenliebe revolutionäre Härte, statt subjektiver Selbsterhaltung Entpersönlichung der Individualität im Kollektiv, statt transzendenter Erlösungshoffnung immanente Selbsterlösung der Gattung im Kommunismus, inklusive der profanen Tröstung, daß das Kollektiv voranmarschiert, wieviele einzelne *als einzelne* auch auf der Strecke bleiben mögen. Kurz: die avantgardistische Rhetorik der „Lehrstücke" wollte eine Haltung der Unterwerfung unter das fortschrittsverbürgende Kollektiv befördern, die in dem Einverständnis mit der höheren Notwendigkeit des eigenen Todes ihre höchste Bestätigung und ihren eigentlichen Triumph fände. In Lehrstücken wie dem „Jasager" (auch dem „Neinsager") und vor allem der berüchtigten „Maßnahme" hat Brecht diese Dok-

91 Ebd., S. 610f.

trin noch in anderen Varianten durchexerziert und zur weiteren Einübung empfohlen.

Zeitlebens hat er die Experimente der „Lehrstück-Zeit" als avancierteste Form seiner politischen Dramatik empfunden; wenn er unter den veränderten Umständen des Exils und der frühen DDR zum Typus des episch-realistischen Theaters zurückgekehrt ist, so lag dies nicht etwa an Zweifeln gegenüber der Lehrstück-Konzeption, sondern an den Umweltbedingungen der Literaturproduktion in der Ära des „sozialistischen Realismus".

Wir wollen nun nach dem Verhältnis von Avantgarde und Faschismus in Deutschland fragen. Auf den ersten Blick scheint diese Frage unergiebig zu sein, hat die NS-Kulturpolitik doch, wie man weiß, eine akademisch-klassizistische, realistisch-volkstümelnde Kunstproduktion durchgesetzt und alle formal-avancierte Kunst und Literatur als „entartet" abgewiesen. Näher betrachtet zeigt sich allerdings ein etwas anderes Bild. In der zunächst noch nicht gänzlich vereinheitlichten Kulturpolitik des NS-Regimes nach der sogenannten „Machtergreifung" gab es erhebliche Meinungsdifferenzen über die Frage, wie die dem Faschismus adäquate Kunst und Literatur auszusehen hätten, und innerhalb dieses Richtungsstreites profilierte sich ein Projekt, das man als Versuch der Kopplung von künstlerischer Avantgarde und nationalsozialistischer Politik beschreiben könnte. In seinem Buch „Worte in Freiheit. Der italienische Futurismus und die deutsche literarische Avantgarde 1912 – 1934" hat Peter Demetz neue Quellen zu diesem Projekt ans Licht gebracht, die unser Wissen von jenen Vorgängen erweitern und unterstützen. So ist es z.B. überaus interessant, bei Demetz zu lesen, daß der erste deutsche Rezipient des italienischen Futurismus, der Marinettis Manifeste nicht lediglich kunstsystemreferentiell, sondern in ihren bezeichnenden politischen Zusammenhängen wahrnahm, der rechtskonservative, nationalrevolutionäre Intellektuelle Arthur Moeller van den Bruck gewesen ist, der in den zwanziger Jahren den Nazis mit dem Titel seiner Programmschrift „Das dritte Reich" ein Schlagwort geliefert hat. Nicht die Autoren des expressionistischen „Sturm"-Kreises, die sich nur für literarische Spezialitäten interessierten, Moeller v.d. Bruck ist es gewesen, der die Weite des avantgardistischen Anspruchs Marinettis erkannte; bereits 1913 schrieb er in einem Aufsatz über „Die radikale Ideologie des jungen Italiens" folgendes:

„Man hat sich diesseits der Alpen angewöhnt, bei jeder erwünschten Gelegenheit, wenn in der Presse (...) das Schlagwort des Futurismus fällt, mit einem Lächeln, einem Mißtrauen und einer Überhebung zu antworten. Man denkt an futuristische Kunst, die ihre Probleme freilich auf Gebieten sucht, auf denen sie für ein konventionelles Formempfinden niemals liegen können. Man ist sich nicht klar darüber, daß das bewußt Experimentelle dieser Kunst nur eine notwendige Übergangserscheinung ist, die aus völlig sterilen Kulturzuständen herausführen soll. Man weiß vor allem nicht, daß Kunst überhaupt nur den kleinsten Teil eines sehr großen kulturpolitischen Programmes deckt, das sich wohl ursprünglich (...) auf Literatur und Ästhetik beschränkte, das aber mehr und mehr, in dem Grade, wie es eine Sache der Öffentlichkeit geworden ist, seine Forderungen für Sittlichkeit und Staatsleben, Nationalgefühl und Volkstum aufstellt."[92]

Moeller v.d. Bruck las die politischen Manifeste der Futuristen genau und hatte die Funktionalisierung literarischer und künstlerischer Verfahren für die Durchsetzung einer faschistisch-formierten, nationalistischen, militärisch-aggressiven, antiparlamentarischen Gesellschaft sehr gut verstanden, die auf einer totalen Mobilisierung ihrer technisch-industriellen Ressourcen beruhen sollte. Er plädierte noch vor dem Ersten Weltkrieg für eine Übernahme des futuristischen Projekts durch die deutsche Rechte und verstieg sich zu der Vision eines rassebewußten Großdeutschlands, das Europa dominiert und von einem neuen, technisch geprägten, eben „futuristischen" Menschen getragen wird:

„Während für die romanische Jugend Liberalismus, Skeptizismus, Kosmopolitismus längst überwunden wurden, sind sie der germanischen noch ein Denkproblem, wenn auch eines, das uns von den Unerbittlichkeiten unserer Wirklichkeitsprobleme, die Müßiggängereien eines rein schöngeistigen Getriebes und Getues nicht dulden, immer mehr aberzogen wird. Schon sind wir mit unseren Ideen in die Verwirklichung eingetreten, die man nicht von Jünglingen erwarten kann, aber von Männern erwarten muß. Aus den Versuchen und Wandlungen, getragen von einem wachsenden Rassenbewußtsein, (...) steigt das Diorama einer modernen Kultur auf, die wir Europa schaffen. Hamburg und Triest sind die Pole unseres Welthandels, Kiel und Essen die Zentren unserer Weltstellung. (...) Der Typ unseres Menschen selbst ändert sich und bekommt jene moderne Schärfe, die sich im Antlitz des Aviatikers und in der Haltung der Marine am radikalsten zusammenzieht und hier alle Romantik und alles Barock (...) aus Geistigkeit wie Körperlichkeit merzt ..."[93]

Es ist Ernst Jünger gewesen, der in seiner kulturpolitischen Programmschrift „Der Arbeiter" (1932) die Avantgardekonzeption des Futurismus in prägnanter Weise aufgenommen hat. Jüngers intellektuelle Ursprünge reichen in den europäischen Ästhetizismus zurück, dessen Leitfiguren – den Abenteurer und Dandy, den Bohemien und Flaneur – er aber vor der Wirklichkeit des technischen Großkrieges und der industriellen Zivilisation scheitern sah, die den Menschen zum Appendix von Vernichtungs- oder Produktionsmaschinerien verwandelten und die Pose selbststilisierter Subjektivität leerlaufen ließen. Die planetarische Konsequenz dieser Entwicklung sah Jünger in der weniger ökonomisch als vielmehr anthropologisch gedachten Figur des „Arbeiters", der die conditio humana unter den Bedingungen der Großindustrie immer deutlicher bestimmen werde und technisch effektive organo-maschinelle Synthesen in Aussicht stelle. Jüngers Konzeption des „Arbeiters" steht eindeutig im avantgarde-spezifischen Kontext retotalisierender Sozialutopien, unterscheidet sich aber von deren faschistischen und marxistischen Varianten pointiert: Ist die marxistische Variante global („Weltrevolution") und mindestens programmatisch egalitär, die faschistische Spielart national und hierarchisch ausgerichtet, so optiert Jünger für Globalität und Hierarchie; es handele sich um einen weltweiten, national nicht länger einhegbaren

92 Zit. P. Demetz, a.a.O., S. 232.

93 Ebd., S. 239f.

anthropologischen Transformationsprozeß zu einer Techno-Zivilisation nach militärischem Vorbild. Die „bürgerliche" Funktion der Kunst wird in diesem Prozeß hinfällig; die ehedem ästhetisch gebundenen Formenergien integrieren sich dem universellen Vorgang der sozialen Formierung:

„In diesem Zusammenhang deutet sich bereits die natürliche Aufgabe an, die eine Kunst zu bewältigen hat, welche die Gestalt des Arbeiters repräsentiert. Sie liegt in der Gestaltung (...) der Erde im Sinne derselben Lebensmacht, die zu [ihrer] Beherrschung berufen ist. (...) Es leuchtet ein, daß es einem Willen, der als sein elementares Material den Erdball begreift, an Aufgaben nicht fehlen kann. (...) Die Kunst hat zu erweisen, daß das Leben (...) als Totalität begriffen wird. Daher ist sie nichts Abgelöstes, was an sich und aus sich heraus Gültigkeit besitzt, sondern es gibt kein Gebiet des Lebens, das nicht als Material auch der Kunst zu betrachten ist. (...) Wer von (...) dieser Identität der Kunst mit einer höchsten, den Raum durchaus erfüllenden Lebensgewalt eine Ahnung besitzt, dem kann die Absurdität unseres musealen Betriebs als einer abstrakten Bilder- und Denkmälerschau nicht entgehen."[94]

Diese Idee einer avantgardistischen Entdifferenzierung der Kunst in den übergreifenden Prozeß der Weltformierung blieb in Jüngers Denken freilich Episode. Die Realerfahrung des Nationalsozialismus gab ihm – ähnlich wie Benn – Anlaß, die Ressourcen autonomer Kunst in ihrer Distanz zu aller Politik günstiger zu sehen. Anders als Ernst Jünger hat Gottfried Benn für kurze Zeit den Versuch unternommen, den NS-Machthabern ein Avantgardekonzept als passende Kulturpolitik zu offerieren. Benn hatte bekanntlich aus seiner antimodernen, demokratiefeindlichen Haltung heraus die Machtübernahme der Nationalsozialisten ausdrücklich begrüßt und sich ihnen als Rhetor und Propagator zur Verfügung gestellt, der die Angriffe der ersten Emigranten auf das neue Regime scharf und sarkastisch abwies:

„Da sitzen sie also in ihren Badeorten und stellen uns zur Rede, weil wir mitarbeiten am Neubau eines Staates, dessen Glaube einzig, dessen Ernst erschütternd, dessen innere und äußere Lage so schwer ist, daß es Iliaden und Äneiaden bedürfte, um sein Schicksal zu erzählen. (...) Verstehen Sie doch endlich dort an Ihrem lateinischen Meer, daß es sich bei den Vorgängen in Deutschland gar nicht um politische Kniffe handelt, die man in der bekannten dialektischen Manier verdrehen und zerreden könnte, sondern es handelt sich um das Hervortreten eines neuen biologischen Typs, die Geschichte mutiert, und ein Volk will sich *züchten*."[95]

Aufgrund seiner intellektuellen Voraussetzungen glaubte Benn in der Tat, daß das nationalsozialistische Deutschland eine Art Mutation der Weltgeschichte bedeute, und er war bereit, an seinem Aufbau mitzuwirken und seine „Züchtung" zu befördern:

---

94 E. Jünger: Der Arbeiter. Herrschaft und Gestalt. Sämtliche Werke. Bd. 8, S. 224ff.; vgl. R. Brennecke: Militanter Modernismus. Vergleichende Studien zum Frühwerk E. Jüngers. Stuttgart 1992.

95 G. Benn: Gesammelte Werke. Bd. 7, S. 1699 u. 1698.

„Die unabsehbare geschichtliche Verwandlung formiert sich politisch zunächst unter dem zentralen Begriff: der *totale Staat*. Der totale Staat, im Gegensatz zum pluralistischen der vergangenen Epoche, dem Durchkreuzungsstaat, tritt auf mit der Behauptung völliger *Identität* von Macht und Geist, Individualität und Kollektivität, Freiheit und Notwendigkeit, er ist monistisch, antidialektisch, überdauernd und autoritär. Er ist der höchstgezüchtete Exekutivbegriff, den die abendländische Geschichte kennt, aus vergangenen Kulturkreisen stehen ihm Ägypten und Yukatan nahe."[96]

Auch an konkreten Züchtungsvisionen für dieses „neue Deutschland" fehlte es Benn nicht:

„Ein Jahrhundert großer Schlachten wird beginnen (...) Also gibt es nur eins: Gehirne muß man züchten, große Gehirne, die Deutschland verteidigen, Gehirne mit Eckzähnen, Gebiß aus Donnerkeil. Verbrecherisch, wer den neuen Menschen träumerisch sieht, ihn in die Zukunft schwärmt, statt ihn zu hämmern; kämpfen muß er können, das lernt er nicht aus Märchen, Spukgeschichten, Minnesang, das lernt er unter Pfeilen, unter Feinden, aus Gedanken. Frieden in Europa wird es nicht mehr geben, die Angriffe gegen Deutschland werden erst beginnen: vom Westen, vom Osten, vom Liberalismus, von der Demokratie –, also Gehirne mit Hörnern (...). Eine militante Transzendenz (...), Härte aus tragischem Gefühl (...). Noch einmal die weiße Rasse, ihr tiefster Traum: Entformung und Gestalt, noch einmal, im Norden: der Sieg des Griechen. Dann Asien, der neue Dschingis-Khan. Das ist die Perspektive."[97]

Trotz solcher Rhetorik war Benns Position in den ersten Monaten des „Dritten Reichs" alles andere als komfortabel; er galt als „Expressionist", und der vorherrschenden Kulturdoktrin des Nationalsozialismus, verkörpert vor allem in der Person Rosenbergs, galt der „Expressionismus" samt allen anderen avancierten Kunsttendenzen der Weimarer Republik als „dekadent" und für die neu zu etablierende Kultur völlig inakzeptabel. Börries von Münchhausen fragte sich 1933:

„Was war und wollte der Expressionismus? (...) Man bekommt Bücher von Deserteuren, Verbrechern, Zuchthäuslern mit derselben Unbefangenheit vorgelegt, mit der die Verfasser sich ihrer Taten rühmen. Der Anteil der Juden ist etwa hundert- bis zweihundertmal so stark wie ihr Anteil an der Bevölkerungszahl. Die Form hat sich in demselben Maße aufgelöst wie die Sittlichkeit der Inhalte. – Ganz merkwürdig am Expressionismus war dies, daß alle seine Dichter eigentlich dauernd schweißtriefend nach dem richtigen Rezept zum Dichten suchten, wobei die Hauptsache schien, daß man alles durchaus anders machen mußte als bisher."[98]

Bei Gerd Rühle las man folgendes:

„Aus zahllosen Kloaken ergoß sich der Schmutz über das deutsche Volk, um die letzten Hemmungen wegzuspülen. Die 'Dichtkunst' (...) bewegte sich zwischen Verbrecherkaschemme und Bordell – ihre schwülstige Erotik steigerte sich bei den ganz 'Modernen' zu völlig unverständlichem Wortsalat. (...) All diese expressionistischen und dadaistischen

---

96 Ebd., Bd. 3, S. 776.

97 Ebd., S. 782f.

98 Zit. P. Raabe (Hg.): Expressionismus. Der Kampf um eine literarische Bewegung. München 1965, S. 229.

Dichtereien (...) wurden als 'Literatur' angepriesen und achtungsvoll in literarischen Zeitschriften gewürdigt. Gedichte, in denen z.B. behauptet wird, daß 'der Sonne Heringstonne schaukelt grau in der Blutlache des Monds', galten als Sprachschönheiten. (...) Das 'Kulturleben' war zum satanischen Narrenhaus geworden."[99]

Diese Richtung, die sich später durchsetzen sollte, hatte 1933 aber noch kein Monopol. Rosenbergs kulturpolitischer Widersacher Goebbels, aber auch der NS-Studentenbund, bevorzugten eine „liberalere" Linie, die auf die Integration größerer Teile der modernen Kunst und Literatur setzte. So ist es etwa bezeichnend, daß im März 1934 eine futuristische Kunstausstellung in Berlin stattfinden konnte, die unter dem offiziellen Patronat von Goebbels und dem preußischen Ministerpräsidenten Göring stand. Diese Ausstellung der „Aeropittura" fand ein höchst gespaltenes Echo; im „Völkischen Beobachter" wurde sie als Beispiel „anarchischer Verfallskunst" verdammt, von anderen Kritikern jedoch ausdrücklich – auch als kulturpolitisches Signal – willkommen geheißen. Es war Gottfried Benn, der Marinetti – aus Anlaß der Ausstellungseröffnung nach Berlin gereist – im Namen der „Union nationaler Schriftsteller" offiziell begrüßte:

„Sie hatten, Herr Marinetti, das ungeheure Glück, das vielleicht seit den hellenischen Architekten keinem Künstler mehr zuteil ward, zu erleben, wie die Gesetze Ihres inneren Gesichts in Ihrem Volk das Ideal der Geschichte wurden. Wir haben von hier aus verfolgt, wie Ihr Futurismus den Faschismus miterschuf (...) und wir haben mit äußerster Spannung wahrgenommen, wie aus Ihrem futuristischen Gedankenkreis (...) grundlegende Werte des Faschismus aufstiegen (...): wie ein moderner Künstler in den politischen Gesetzen seines Landes geschichtlich unsterblich wurde, das erblicken wir in Ihnen, unserem Gast aus Rom."[100]

Angesichts der nationalsozialistischen Angriffe gegen die moderne Literatur, die bald in persönliche Attacken übergingen, mußte es Benn als aussichtsreiche Idee erscheinen, das Verhältnis von Futurismus und italienischem Faschismus als auch für Deutschland vorbildgebendes Modell der Beziehung von avancierter Literatur und autoritärem Staat hinzustellen und so den „Expressionismus" für das Dritte Reich zu retten. Mit dieser Strategie stand Benn keineswegs allein. Auch Rudolf Blümner trug den Nationalsozialisten diese „Ehe" von literarischer Modernität und faschistischer Politik als Kulturofferte an. Im Juli 1933 schrieb er im Berliner „Börsencourier":

„Die futuristische Idee entspricht nicht nur der faschistischen, sondern die Idee des Faschismus erschien zuerst in der futuristischen Idee, wie sie 1909 von Marinetti ausgegangen war. (...) Hat man sich solcherweise nicht nur die Identität von faschistischer und futuristischer Idee, sondern auch ihre zeitliche Reihenfolge eingeprägt, dann wird man die Frage nach dem wechselseitigen Verhalten von Faschismus und Futurismus kaum noch stellen, vielmehr den alten Satz begreifen, daß der Futurismus der geistige Vater des Faschismus ist. Wie sehr das Geltung hat, geht schon daraus hervor, daß Marinetti, noch bevor Mussolini im Jahre 1919 seine 'fasci' gründete, bereits 1918 die 'fasci politici futuristi' geschaffen

99 Ebd., S. 249.

100 G. Benn: Gesammelte Werke. Bd. 4, S. 1044.

hatte. Das heißt aber nichts anderes, als daß die Futuristen die ersten Faschisten gewesen sind. Es war ihre Idee von der immer die Zukunft in sich tragenden, neue Formen und Inhalte gebärenden Kunst, die erst Marinetti selbst ins Politische umgedeutet und die dann Mussolini zu so umfassender Bedeutung und Macht erhoben hat."[101]

Mussolinis Erfolg habe nicht zuletzt darin bestanden, daß es ihm gelungen sei, die avancierten Künstler und Intellektuellen an sich zu binden und für die Gestaltung der faschistischen Kultur zu gewinnen. Eine ähnliche Rolle, so hoffte Blümner, könnten er und seine Freunde beim Aufbau der NS-Kultur in Deutschland spielen.

Am konsequentesten aber hat Gottfried Benn diese Offerte betrieben und in seinem programmatischen Essay „Bekenntnis zum Expressionismus" vom November 1933 erläutert. Dieser Essay ist wohl das bedeutendste Dokument der „rechten Avantgarde" im deutschen Sprachraum; in ihm plädiert der „Ästhetizist" und „Wort-Künstler" Benn entschieden wie kein anderer seiner Kombattanten für ein Ende der Literatur im durchformten nationalsozialistischen Staat. Den Expressionismus, den er wider besseres Wissen als rein „arische" Bewegung ausgibt, dient Benn den Nationalsozialisten als intellektuellen und künstlerischen Vorläufer oder besser „Statthalter" an, der während der chaotischen Zeit der Weimarer Republik gegen Demokratie und Liberalismus, Sozialismus und Pazifismus das Pathos der Form, den „formalen Absolutismus",[102] Ordnung und Zucht im Medium des Wortes festgehalten und konserviert hätte:

„Das war 1920-25, das war die untergangsgeweihte Welt, der Betrieb, das war der Funktionalismus, reif für den Sturm, der dann kam, aber vorher war *nur diese Handvoll von Expressionisten* da, diese Gläubigen einer neuen Wirklichkeit (...) und hielten (...) ihre Existenz dieser Zertrümmerung entgegen. (...) Form und Zucht steigt als Forderung von ganz besonderer Wucht aus jenem triebhaften, gewalttätigen und rauschhaften Sein, das in uns lag und das wir auslebten, in die Gegenwart auf. Gerade der Expressionist erfuhr die tiefe sachliche Notwendigkeit, die die Handhabung der Kunst erfordert, ihr handwerkliches Ethos, die Moral der Form. Zucht will er, da er der Zersprengteste war; und keiner von ihnen, ob Maler, Musiker, Dichter wird den Schluß jener Mythe anders wünschen, als daß Dionysos endet und ruht zu Füßen des klaren delphischen Gottes."[103]

Nietzsche, auf den sich Benn hier natürlich bezieht, hatte das Extrem der apollinischen Kultur des Maßes und der schönen Form in Sparta gesehen, in der dorischen Welt totaler Durchordnung der Gesellschaft, die der Kunst als eigenständiger Sphäre nicht bedarf. Und als Wiederkehr Spartas deutet Benn den Sieg des Nationalsozialismus, der das im Expressionismus gegen den nivellierenden und zentrifugalen Zeitgeist der zwanziger Jahre bewahrte Ethos der Form nun lebenspraktisch werden läßt und in die autoritäre Gesellschaft samt ihren Züchtungsvisionen überführt. Mit dieser Übergabe der Formimpulse in die Hände des Nationalsozialismus habe der Expressionismus – und mit ihm die Kunst

101 Zit. P. Demetz, a.a.O., S. 385.

102 G. Benn: Gesammelte Werke. Bd. 3, S. 815.

103 Ebd., S. 809 und S. 813f.

überhaupt – seine Funktion erfüllt; die Kunst ist an ihr Ende gelangt und im formierten Staat aufgehoben:

„Es wird nie wieder Kunst geben im Sinne der jüngsten fünfhundert Jahre, dies war die letzte, man kann sich unsere innere Lage gar nicht final und kritisch genug vorstellen, es geht hier um Verwandlung, ein neues Geschlecht steht Europa bevor. (...) Was politisch geprägt werden wird, wird nicht die Kunst sein, [sondern] die Züchtung der Überrassen, der solaren Eliten, für eine halb magische und halb dorische Welt. (...) Nicht Kunst, Ritual wird um die Fackeln, um die Feuer stehen.“[104]

Der „Expressionist“ als Statthalter des futuristisch-nationalsozialistischen Staates: Mit dieser Offerte wollte Benn als „rechter Avantgardist“ avancierte Literatur und nationalsozialistische Kultur zusammenbringen. Dieses Projekt hatte im Deutschland der dreißiger Jahre freilich keine Chance, einmal weil Benns hanebüchene Verfälschung des Expressionismus bei den Nationalsozialisten kaum – oder gar keine – Resonanz fand, dann aber vor allem, weil die Differenzen der NS-Kulturpolitik auf dem Reichsparteitag der NSDAP im September 1934 von Hitler endgültig zugunsten der klassizistisch-bodenständig-realistischen Linie entschieden wurden. Hitler wandte sich explizit gegen die „Kunstverderber“, die „Kubisten, Futuristen, Dadaisten“ usw., die die von ihm ersehnte Kulturentwicklung bedrohten; sie seien destruktiv, volklich und rassisch inakzeptabel und dem „gesunden Instinkt“ unzumutbar. An die Adresse der „Avantgardisten“ gerichtet fuhr Hitler fort:

„Die Scharlatane täuschen sich, wenn sie meinen, die Schöpfer des neuen Reiches wären vielleicht albern oder ängstlich genug, sich von ihrem Geschwätz benebeln oder gar einschüchtern zu lassen. Sie werden sehen, daß die vielleicht größte kulturelle und künstlerische Auftragserteilung aller Zeiten über sie zur Tagesordnung hinweggehen wird, als ob sie nie existiert hätten.“[105]

Für Benn und die deutsche „national-revolutionäre“ Avantgarde war damit das Ende ihrer Ambitionen erreicht. Benn zog sich rasch wieder auf seine alte ästhetizistische Position zurück und plädierte schon 1934 wieder für die Autonomie der Literatur, die von „Leben“, Staat und Politik unberührt sei:

„Die Zeitalter enden mit Kunst, und das Menschengeschlecht wird mit Kunst enden. (...) Die Kunst bleibt für sich die einsame hohe Welt. Sie bleibt eigengesetzlich und drückt nichts als sich selber aus.“[106]

Es gehört zu den wahrhaft ironischen Zügen der Geschichte, daß exakt zur gleichen Zeit, als Hitler der Avantgarde ein Ende machte – im Spätsommer 1934 –, auch die Zeit der sowjetrussischen und sozialistischen Avantgarde abgelaufen war. Im August 1934 fand in Moskau der erste Allunionskongreß der Sowjetschriftsteller statt, auf dem die Formel des „sozialistischen Realismus“ zur staats-

---

104 Ebd., S. 816f.

105 Zit. H. Brenner: Die Kunstpolitik des Nationalsozialismus. Reinbek 1963, S. 82f.

106 G. Benn: Gesammelte Werke. Bd. 3, S. 855 u. 852.

und parteioffiziellen Doktrin erklärt wurde, die fortan alle Literatur auf die Kopie einer marxistischen Realitätskonstruktion verpflichtete. Es war Stalins Kulturfunktionär Shdanow, der am 17. August 1934 dekretierte:

„Genosse Stalin hat unsere Schriftsteller die Ingenieure der menschlichen Seele genannt. Was heißt das? Welche Verpflichtung legt Ihnen dieser Name auf? Das heißt erstens, das Leben kennen, um es in künstlerischen Werken wahrheitsgetreu darstellen zu können (...). Dabei muß die wahrheitsgetreue und historisch konkrete künstlerische Darstellung mit der Aufgabe verbunden werden, die werktätigen Menschen im Geiste des Sozialismus ideologisch umzuformen und zu erziehen. Das ist die Methode, die wir in der schönen Literatur und in der Literaturkritik als die Methode des *sozialistischen Realismus* bezeichnen."[107]

Mit der Avantgarde war es vorbei, und viele ihrer Vertreter haben in Straflagern und Irrenhäusern ein schlimmes Ende gefunden. Der stalinistische Staat rehabilitierte die alten Institutionen des Kunstsystems, das sich fortan – unter allerdings extrem-restringierten Umweltbedingungen – wieder konventionell reproduzieren konnte, um „sozialistisch-realistische", in aller Regel langweilige Werke abzusondern, die freilich bereits der Epoche des „Postismus" angehören, der wir uns nun zuwenden wollen.

107 A. Shdanov: Ausgewählte Reden zu Kunst, Wissenschaft und Politik. Berlin o.J., S. 9.

Kapitel 6: Postismus

Man kann vielleicht sagen, daß 1934 das Schicksalsjahr der Avantgarde gewesen ist, denn spätestens jetzt konnte kein Zweifel mehr daran bestehen, daß das moderne System der Kunst und Literatur mitsamt seinen diversen Institutionen und Konventionen den „Angriff“ der Avantgarde auf den Differenzierungstypus der modernen Gesellschaft unbeschadet überstanden hatte, wenngleich der Bewegungsspielraum literarischer Kommunikation in den totalitären Gesellschaften extrem eingeengt und die Literatur gezwungen war, extreme Realitätskonstruktionen marxistischer oder faschistischer Provenienz zu kopieren und daraus Formgewinne zu erzielen, die im Publikum Resonanz fanden. Auf die subtilen Strategien „subversiver“ De- oder Übercodierungen der verordneten Realitätskonstrukte, die Lektüren gegen den Strich ermöglichten, können wir hier nicht eingehen.

1934 bietet sich als Stichdatum für das Ende der Avantgarde als kulturelle Entdifferenzierungsprogrammatik auch deshalb an, weil sich etwa seit dieser Zeit der französische Surrealismus auf die „Autonomie“ der Kunst zurückbesinnt, um sich der zunehmenden Indienstnahme der Literatur durch die kommunistische Partei zu entziehen. In seiner Schrift über den „politischen Standort der heutigen Kunst“, die 1935 erschien, wandte sich Breton gegen eine Politisierung der Kunst und stellte am Beispiel von Courbet und Rimbaud heraus, daß politisches Engagement und künstlerische Intention nicht auf einen Nenner zu bringen seien, vielmehr in ganz verschiedenen Arenen operierten; Bretons Fazit lautet:

> „Die Kunst ist (...) bei ihren eigenen Themen geblieben, auch wenn zum Beispiel das Leben der Kommune in Paris, ihr Entstehen und dann auch wieder ihre Zerschlagung, für den Geist zutiefst erregende Tatsachen waren; nach wie vor sind die großen Themen, die dem Schriftsteller und Künstler naheliegen, noch immer der Wechsel der Jahreszeiten, die Frau, die Liebe, der Traum, das Leben und der Tod. Hier zeigt sich, daß die Kunst auf Grund ihrer ganzen Entwicklung in der Moderne erkennen muß, daß ihre Qualität allein in der Vorstellungskraft liegt, ganz unabhängig vom äußeren Gegenstand, der ihr den Anstoß gegeben haben mag. Das heißt, daß alles von der Freiheit abhängt, mit der sich jenes Vorstellungsvermögen Ausdruck verschaffen kann, und dies wiederum bedeutet: nur sich selber zum Ausdruck bringen. (...) Es gibt immer noch viele in der Welt, die ebenso denken wie wir: daß es nämlich hieße, die Dichtung und die Kunst binnen kurzem zur Unbeweglichkeit zu verdammen und in eine Sackgasse zu führen, wollte man sie ausschließlich einer Idee verpflichten – so begeisternd diese selbst auch sein mag.“[1]

1 A. Breton: Der politische Standort der heutigen Kunst. In: G. Metken (Hg.), a.a.O., S. 171.

Wenn Breton diese Sätze auch primär zur Abwehr einer seiner Auffassung nach falschen Indienstnahme der Literatur formuliert hat, so kann doch kein Zweifel daran bestehen, daß die Struktur der modernen, funktional differenzierten Gesellschaft die Programme und Artefakte der Avantgarde als mehr oder weniger interessante Themen und „Werke" kommuniziert und die „Aufhebung der Kunst" als Kunst zur Kenntnis genommen hat. Mit der Beobachtung des Sachverhalts, daß die Avantgarde zum kunstsysteminternen Ereignis wird, daß die Futuristen ihre Bilder auf der Biennale in Venedig ausstellten und darum kämpften, in staatlichen oder privaten Galerien Eingang zu finden, daß Marinetti Mitglied der Akademie der Künste wurde, tritt die Literatur der Moderne in die Epoche des „Postismus" ein[2]; damit soll jene Epoche des Literatursystems bezeichnet werden, die auf Reprisen angewiesen ist, d.h. auf Neorealismen, Neoästhetizismen oder gar Neoavantgarden, weil sämtliche Optionen des Systems ausgespielt worden und genuin neue nicht in Sicht sind. Nach unserem Verständnis hat Arnold Gehlens Ausdruck „Kristallisation" diesen Sachverhalt der Erschöpfung von Systemalternativen genau charakterisiert, eine Erschöpfung, die gleichwohl den Eindruck munterster Geschäftigkeit zeigen kann:

„Ich (...) würde vorschlagen, mit dem Wort Kristallisation denjenigen Zustand auf irgendeinem kulturellen Gebiet zu bezeichnen, der eintritt, wenn die darin angelegten Möglichkeiten in ihren grundsätzlichen Beständen alle entwickelt sind. Man hat dann auch die Gegenmöglichkeiten und Antithesen entdeckt (...), so daß nunmehr Veränderungen in den Prämissen, in den Grundanschauungen zunehmend unwahrscheinlich werden. Dabei kann das kristallisierte System noch das Bild einer erheblichen Beweglichkeit und Geschäftigkeit zeigen (...). Es sind Neuigkeiten, es sind Überraschungen, es sind echte Produktivitäten möglich, aber doch nur in dem schon abgesteckten Feld und auf der Basis der schon eingelebten Grundansätze, diese werden nicht mehr verlassen."[3]

Ist das System aber „kristallisiert", dann erscheint die avantgardistische Geste eigentümlich anachronistisch, ja naiv, weil sie sich zu sehen weigert, was doch jeder sehen kann, wie Gehlen herausstellt:

„Es ist außerordentlich unwahrscheinlich, daß noch weitere Grundlagenveränderungen im System sind, und deshalb ist der Begriff *Avantgardismus* eigentlich etwas komisch, er ist überholt. Die Bewegung geht ja gar nicht nach vorwärts, sondern es handelt sich um Anreicherungen und um Ausbau auf der Stelle, wer heute von Avantgardismus spricht, der meint nur Bewegungsfreiheit als Programm, aber die ist ja längst zugestanden."[4]

Die Epoche des „Postismus" ist daher die Epoche der Neuauflagen, was natürlich nichts über die Qualität dieser „postistischen" Literatur und Kunst sagt, die ganz vortrefflich sein kann, wenn sie ihr Medium faszinierend formiert. Wir haben in diesem Buch das Kriterium für die Epochengliederung auf der Ebene der

2 Den Ausdruck übernehmen wir von H.R. Jauß: Der literarische Prozeß des Modernismus von Rousseau bis Adorno. In: Adorno-Konferenz. Frankfurt/M. 1983, S. 96.

3 A. Gehlen: Studien zur Anthropologie und Soziologie, a.a.O., S. 321.

4 Ebd., S. 322.

Programme gesucht, und die prinzipiell möglichen Programme sind mit der Avantgarde erschöpft, wie wir noch einmal in einem extrem simplifizierenden Schema zeigen wollen; das moderne Literatursystem hat vier grundlegende Optionen im Medium der Zeit, also „epochal" ausgespielt; die fünfte Option ist die Reprise des Vorhergegangenen:

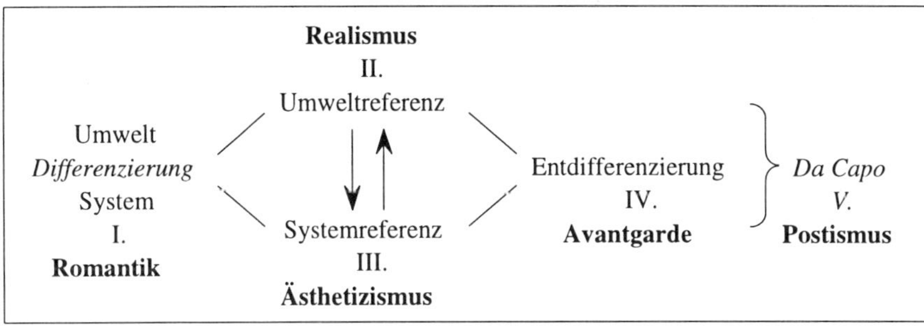

Neo-Avantgarde

Auf die chronologische Abfolge der diversen „Neo"-Programme legen wir keinen Wert mehr, da in der Ära des Postismus das Nebeneinander der Richtungen bezeichnender ist als ihr Nacheinander. Die Zeitachse hat an Bedeutung verloren, es sei denn man will den „Realismus" der Adenauerzeit von der „Betroffenheitsliteratur" in den siebziger Jahren unterscheiden. Auf dieser Ebene der Themen bewegen wir uns aber nicht.

Das charakteristischste Beispiel der „Neo-Avantgarde" dürften die Erklärungen des „Endes der Kunst" und die korrelativen Forderungen nach einer politisch-operativen Literatur, bzw. einer Ästhetisierung des politischen Alltags im Kontext des Mai 68 und der sogenannten „Studentenbewegung" sein, wie sie damals im von Hans Magnus Enzensberger herausgegebenen „Kursbuch" zu Gehör gebracht wurden. In seinen berühmt gewordenen „Gemeinplätzen, die Neueste Literatur betreffend" (1968) konstatierte Enzensberger zunächst, daß das moderne, von ihm abschätzig „bürgerlich" genannte Literatursystem nicht die geringsten Schwierigkeiten habe, noch die „subversivste" Strategie, die „revolutionärste" Geste leicht und locker zu absorbieren:

„Heute liegt die politische Harmlosigkeit aller literarischen, ja aller künstlerischen Erzeugnisse überhaupt offen zutage: schon der Umstand, daß sie sich als solche definieren lassen, neutralisiert sie. (...) Auch die extremsten ästhetischen Kontraventionen stoßen auf keinen ernsthaften Widerstand mehr. (...) Eine kritische Rhetorik, die den Begriff der Revolution auf ästhetische Strukturen übertrug, war nur zu einer Zeit möglich, da der Bruch mit konventionellen Schreib- (Mal-, Kompositions-)Weisen noch als Herausforderung gelten konnte. Diese Zeit ist vorbei. Proklamationen und Manifeste, in denen 'Umwälzungen', 'Revolten', 'Revolutionen' der Sprache, der Syntax, der Metapher usw. angekündigt werden, klingen heute hohl. Sie stoßen nicht von ungefähr auf das wohlwollende Verständnis der herrschenden Institutionen und werden dementsprechend dotiert."[5]

Läßt sich die „subversive Revolte" aber derart als „interessante Neuerscheinung" des Büchermarktes genüßlich konsumieren, dann stößt jede Absicht ins Leere, im Medium der Literatur auf die Gesellschaft einwirken zu wollen: Proteste, Aufklärung und Revolten verpuffen, weil man gerade das von der Literatur ja erwartet und es nichts weiter bedeutet, wenn Texte „aufklären", „protestieren", „revoltieren". Die Leser wollen sich, wie Schlegel 1795 feststellte, schockieren und frappieren lassen. Daher folgert Enzensberger kurz und knapp:

„Für literarische Kunstwerke läßt sich eine wesentliche gesellschaftliche Funktion in unserer Lage nicht angeben. Daraus folgt, daß sich auch keine brauchbaren Kriterien zu ihrer Beurteilung finden lassen. Mithin ist eine Literaturkritik, die mehr als Geschmacksurteile ausstoßen und den Markt regulieren könnte, nicht möglich. (...) Logisch gesehen stellt uns der Satz, eine triftige soziale Funktion lasse sich [der Literatur] nicht zuschreiben, keine neuen Gewißheiten zur Verfügung. Er negiert, daß es solche Gewißheiten gibt. Wenn er zutrifft, so zeigt er auf ein Risiko, das fortan zum Schreiben von Gedichten, Erzählungen und Dramen gehört: das Risiko, daß solche Arbeiten von vornherein, unabhängig von ihrem Scheitern oder Gelingen, nutz- und aussichtslos sind."[6]

Andere Autoren aus dem Umkreis des „Kursbuches" wie Karl Markus Michel und vor allem Peter Schneider teilten Enzensbergers Absage an die ausdifferenzierte Literatur, begründeten ihre Kritik aber etwas anders; sie erkannten moderner Literatur sehr wohl eine soziale Funktion zu: Moderne Literatur kompensiere die Defizite des Sozialen auf imaginäre Weise und sei deshalb zu verwerfen; Karl Markus Michel hatte den Einfall, die Funktion der Literatur mit der Wirkung des Hamburger Nachrichtenmagazins „Der Spiegel" zu vergleichen,

„der lange als einzige oder eigentliche politische Opposition galt, mancherlei Mißstände aufdeckte und doch die angelaufene Entwicklung nicht bremsen konnte, vielmehr noch förderte: weniger durch sein Gift, das Abwehrkräfte mobilisierte, als durch seine Leser, die sich hier abreagieren konnten und befriedigt darüber waren, daß es wenigstens den 'Spiegel' gab; seine Funktion war zwar nicht die Entpolitisierung seiner Leser, aber die Bindung und Neutralisierung von politischen Potenzen, die sich sonst vielleicht aktualisiert hätten. Ähnlich die moderne Literatur: sie fesselte und befriedigte intellektuelle Interessen, als wären es unmittelbar gesellschaftliche und politische, und hat dadurch den Blick auf die letzteren verstellt, hat die Unzufriedenheit und Unruhe, die sie nährte, zugleich in einen Käfig gesperrt, wo Scheinkämpfe ausgefochten und Scheinsiege errungen wurden, während nebenher die Geschäfte ihren Lauf nahmen."[7]

Wäre die gesamte moderne Literatur nicht geschrieben worden, wer weiß, vielleicht wären die Intellektuellen Revolutionäre geworden!

5 H.M. Enzensberger: Gemeinplätze, die neueste Literatur betreffend. In: Kursbuch 15 (1968), S. 194.

6 Ebd., S. 195.

7 K.M. Michel: Ein Kranz für die Literatur. In: Kursbuch 15 (1968), S. 178f.

„Es wäre zwar eine Befriedigungslücke entstanden, die zurückgebliebenen Intellektuellen hätten aufbegehrt gegen diesen Opiumentzug und vielleicht sogar, wachgeworden, auch noch gegen anderes opponiert."[8]

Die Kompensationsthese vertrat auch Peter Schneider in dem ebenfalls vieldiskutierten Aufsatz „Phantasie und Kulturrevolution" aus dem Jahre 1969. Ausdifferenzierte Kunst erschien ihm als Ghetto, in dem die Phantasiebedürfnisse der Bevölkerung diszipliniert und rein imaginär bedient würden:

„Mit Hilfe der Kunst (...) versuchen sich die lohnabhängigen Massen in der bürgerlichen Gesellschaft von der Entfremdung zu befreien. Täglich werden ihre Wünsche acht Stunden lang zerstört, aber abends feiern sie Auferstehung im Reich des Scheins. (...) Täglich werden die Warenproduzenten in allen ihren Lebensäußerungen acht Stunden lang kastriert, aber abends torkeln sie zusammen mit ihren Unterdrückern ins Reich der Freiheit, um im Kino, im Theater, im Fernsehen die Freiheiten anzuschauen, die ihnen in Wirklichkeit in immer höherem Maße weggenommen werden."[9]

Schneider sah genau, daß die moderne Literatur im Prinzip zwei Optionen hatte, d.h. in den Spielarten des Realismus und des Ästhetizismus vorkommt; beide Optionen wies er zurück:

„[Es gibt] die *Realisten*, die sich mit der Niederwerfung ihrer Phantasie durch das Kapital längst abgefunden haben und deren einzige Reaktion auf ihr Elend darin besteht, es jederzeit zuzugeben und mit größter Gewissenheit zu beschreiben. Sie hoffen stillschweigend darauf, daß der Leser durch die Darstellung seiner Misere zu der politischen Wut erzogen würde, die sie selbst lieber in die üppige Darstellung des Elends investieren. Der literarische Alptraum leistet aber doch nichts weiter, als daß er den subtilen Alpträumen, die jeder jeden Tag am Arbeitsplatz, auf der Straße (...) erlebt und wortlos hinnimmt, noch einen weiteren hinzufügt. (...) Schließlich gibt es die *Avantgardisten*, die den Zusammenstoß zwischen den menschlichen Wünschen und der feindlichen Wirklichkeit dadurch erledigen, daß sie ihn gar nicht erst zustande kommen lassen und alle ihre Energien auf die Darstellung ihrer Darstellungsmittel verwenden. Darin gleichen sie Leuten, die, irre geworden vom langen Warten, statt des Bratens Messer und Gabel mit Hilfe von Messer und Gabel verzehren, um sich dann mit allen Zeichen der Sättigung vom Tisch zu erheben."[10]

Gleich aber, ob keine oder eine falsche Funktion: Einig waren sich Enzensberger, Michel und Schneider in der Forderung nach Liquidierung moderner Kunst und Literatur. Auch über die Frage, was an die Stelle der alten „bürgerlichen" Kunst zu treten hätte, herrschte im Grundsätzlichen Konsens, nämlich „Entdifferenzierung" von Kunst und Politik; im Detail zeigten sich aber gewisse Unterschiede. Fasziniert von den Aktionen der französischen Studenten im Pariser Mai 68 plädierte Karl Markus Michel für eine Ästhetik der Revolte, den Karneval des

8 Ebd., S. 179.

9 P. Schneider: Die Phantasie im Spätkapitalismus und die Kulturrevolution. In: Kursbuch 16 (1969), S. 5.

10 P. Schneider: Rede an die deutschen Schriftsteller und ihre Leser. In: M. Krause/S. Speicher (Hg.): Absichten und Einsichten. Texte zum Selbstverständnis zeitgenössischer Autoren. Stuttgart 1990, S. 132f.

Protestes, die „schöne Demonstration", in der die diskursive und soziale Differenzierung der Gesellschaft kollabieren sollte:

„Wenn von den Mai-Ereignissen abschätzig gesagt wurde, sie seien 'revolutionärer Karneval' gewesen, (...) so mag das als Beschreibung noch hingehen, kaum als Bewertung, es sei denn als Selbstbewertung dessen, der so urteilt: autoritäre Lustfeindschaft kann es nicht dulden, daß die Revolution ein Fest, daß die Auflehnung gegen Autoritäten schön sein (...) sollte; also wird das (...) verpönte Emotionale strafend hervorgekehrt, damit sich der Rest desto leichter abtun lasse und keine Unordnung komme in die sauber getrennten Gehege des bürgerlichen Lebens – Arbeit/Intimsphäre/Politik/Religion/Kunst/Volksbelustigung/Wissenschaft/etc. –, Bereiche, zwischen denen es (...) keine Vermischungen geben darf, wenn das Ganze nicht zusammenstürzen soll. Unter diesem Aspekt war das, was die antiautoritäre Bewegung der jüngsten Zeit heraufbeschworen hat, tatsächlich ein anarchistischer, weil unlizenzierter Karneval, umso mehr, als durch die Solidarisierung von Arbeitern und Studenten auch noch die kunstvolle Schichtung der spätkapitalistischen Gesellschaft zu kollabieren drohte."[11]

Auch Peter Schneider forderte die Entfesselung der Phantasie aus den Gehegen der Kunst und Literatur, um sie zu einem produktiven Gestaltungsfaktor des sozialen Lebens werden zu lassen. In ausdifferenzierter Kunst erkannte er alle Zeichen der „Entfremdung", z.B. im Betrieb der professionellen Musik:

„Die Orchestermusiker, die heute nach immer undurchschaubareren Partituren zehntel Sekunden auszählen, Vierteltöne greifen und von den Marionettenhänden befrackter Dirigenten zu marionettenhaften Bewegungen auf ihren Instrumenten manipuliert werden, sind nicht besser und nicht schlechter daran, als die Fabrikarbeiter, die an Bändern arbeiten, deren Tempo sie nicht bestimmen, Bewegungen ausführen, deren Zusammenhang sie nicht verstehen, und von Aufsehern beaufsichtigt, die sie nicht gewählt haben, Produkte herstellen, die ihnen nicht gehören und nicht Ausdruck ihrer Bedürfnisse sind. (...). Den Höhepunkt dieser entfremdeten Musik stellt die elektronische Musik dar. Nachdem die Maschinen im Kapitalismus die menschlichen Produktivkräfte zerstört (...) haben, wird nun auch deren Entfaltung den Maschinen überlassen."[12]

Dieser „entfremdeten", ins Ghetto ihrer verbrauchten Institutionen verbannten Musik stellte Schneider die „revolutionäre" Musik der Massen entgegen; es ist mehr als bezeichnend, daß er – um diesen abstrakten Gedanken zu illustrieren – auf die sowjetische Avantgarde zurückkommen muß:

„Am Tage nach dem Sieg der russischen Revolution stieg ein Arbeiter mit der roten Fahne auf den höchsten Schornstein von Moskau und dirigierte von hier oben die Sirenen aller befreiten Fabriken der Stadt. Nach einer (...) vorher vereinbarten Partitur feierten die Sirenen den Beginn des Sozialismus. (...) In diesen Sirenenkonzerten steckte tausendmal mehr Musik als in unseren Philharmoniekonzerten, wo taube Musiker tauben Ohren Beethovens Lied der Freiheit vorspielen. Das Konzert der Moskauer Arbeiter gab nämlich den neuen gesellschaftlichen – nicht musikalischen – Bedürfnissen Ausdruck, die sich hier die Form der Musik suchten. Es war nicht länger der Ersatz für die unmöglichen Wünsche der isolierten Individuen, sondern Ausdruck ihrer gesellschaftlichen Befriedigung und der Hoff-

11 K.M. Michel, a.a.O., S. 180.

12 P. Schneider: Die Phantasie im Spätkapitalismus, a.a.O., S. 28.

nung auf weitere solche Befriedigungen. Es war eine Musik in einer Umgebung, die musikalisch zu werden versprach."[13]

Wer die Themen und Motive der alten Avantgarde kennt, verspürt das Abgestandene in solchen Beschwörungen ihrer Wiederkehr: da capo! So liegt es auch nahe, ja ist geradezu erwartbar, daß Schneider die Umwandlung „autonomer" Literatur in strikte Agitations- und Propagandaliteratur fordert, um von ihr revolutionären Gebrauch zu machen: Agitation gegen die Misere der bürgerlichen Klassengesellschaft, Propaganda für die befreite Zukunftsgesellschaft. Konkret dachte er an Formen wie Straßentheater und Lehrlingsspielgruppen, die Brechts „Lehrstücke" einübten, oder an Betriebszeitungen usw. Daß es stets der Rückgriff auf Modelle und Formen der alten historischen Avantgarde der zwanziger und frühen dreißiger Jahre waren, zeigt auch Enzensbergers Plädoyer für eine politisch-operative Agitations- und Dokumentarliteratur; zu begrüßen wäre es,

„wenn die intelligentesten Köpfe zwischen zwanzig und dreißig mehr auf ein Agitationsmodell geben als auf einen 'experimentellen Text'; wenn sie lieber Faktographien benutzen als Schelmenromane; wenn sie darauf pfeifen, Belletristik zu machen und zu kaufen."[14]

Die „Faktographie" Tretjakovs ist es, die Enzensberger als Vorbild galt und deren Wiederkehr er etwa in Günter Wallraffs Industriereportagen erkannte, die zu einer „politischen Alphabetisierung" der Bevölkerung führen würden.[15] Ein Autor wie Günter Wallraff werde in die politischen Prozesse unmittelbar einbezogen, statt zu ihnen – wie sein bürgerliches Pendant – in kontemplativer Distanz zu verharren:

„Statt blöder Rezensionen, in denen ihm bescheinigt wurde, daß er sich von seinem zweiten bis zu seinem dritten Buch vielversprechend weiterentwickelt habe, wohingegen sein viertes eine herbe Enttäuschung gewesen sei, erfährt er nun Korrekturen, Widerstände, Beschimpfungen, Gegenbeweise, mit einem Wort: Folgen. Was er sagt und was ihm gesagt wird, ist anwendbar, kann Praxis werden, sogar eine gemeinsame Praxis. (...) Vielleicht erreicht der Alphabetisierer eines Tages sogar, was ihm versagt bleiben mußte, solange er auf Kunst aus war: daß der Gebrauchswert seiner Arbeit ihrem Marktwert über den Kopf wächst."[16]

Literarische Konsequenz dieser neoavantgardistischen Entdifferenzierungsprogrammatik war die Mode der politischen Dokumentarliteratur, an der neben Wallraff etwa auch Enzensberger selbst („Das Verhör von Habanna", 1970), Peter Weiss („Vietnam-Diskurs", 1968) oder Erika Runge („Bottroper Protokolle", 1968) teilhatten. Diese Reprise der „faktographischen" Methode verstand sich nicht als Beitrag zu literarischer als vielmehr zu politischer Kommunikation. Exemplarisch sind etwa folgende Erklärungen des sogenannten „Wort-Arbeiters" Wallraff:

13 Ebd., S. 31f.

14 H.M. Enzensberger: Gemeinplätze, a.a.O., S. 189.

15 Ebd., S. 196.

16 Ebd., S. 197.

„Wir wollen nicht Literatur als Kunst, sondern Wirklichkeit. Die Wirklichkeit hat noch immer die größere und durchschlagendere Aussagekraft und Wirkungsmöglichkeit, ist für die Mehrheit der Bevölkerung erkennbar, nachvollziehbar und führt eher zu Konsequenzen als die Phantasie des Dichters. Dieses Wachrufen aus der längst hingenommenen Gewöhnung, das Aufstacheln des Willens zur Veränderung, diese Aufforderung zu konsequent-politischem Denken ist Voraussetzung für die Erkenntnis, daß dieses Denken nicht innerhalb der Literatur, sondern innerhalb der ganz und gar politisierten (und deshalb nur politisch anzugehenden) Wirklichkeit liegt und – wenn möglich – über die Änderung des Bewußtseins zur Veränderung der Gesellschaft führt."[17]

Entsprechend solchen Verlautbarungen verstand Wallraff sein Schreiben als eine politische Prozeßführung, in der sich die Realität der „Klassengesellschaft" auf dem Wege intelligenter Recherche selbst entlarven sollte. Um zu ergiebigen Resultaten zu gelangen, schlüpfte Wallraff bekanntlich in diverse Rollen, die ihm Einlaß in Behörden und Betriebe verschafften und gelegentlich gerichtliche Nachspiele hatten.

Während wir im Falle der historischen Avantgarden zwischen 1910 und 1934 die Programme ernstnahmen, kann die „postistische" Neoavantgarde, die die abgelegten Hüte ihrer Vorgänger als Novitäten ausgibt, darauf keinen Anspruch mehr erheben. D.h. daß wir Wallraff z.B. nur um den Preis einer nicht mehr zulässigen Naivität als „Avantgardisten" bezeichnen könnten; er gilt uns vielmehr als typischer „Realist", der die Umwelt – bzw. das, was er dafür hält – als Medium für Formen nutzt, die ihr Publikum finden. Wallraffs Texte werden als gewöhnliche Literatur rezipiert, und die Tatsache, daß die Umstände ihres Zustandekommens mitunter die Gerichte beschäftigt haben, ist alles andere als ein Indiz für „Entdifferenzierung" von Kunst, Politik und Recht. Ebensowenig wie jene legendäre Aktion der Münchner Kammerspiele im Jahre 1968, als der Regisseur Peter Stein sowie einige Schauspieler eine Geldsammlung für den Vietkong zum genuinen Bestandteil einer Aufführung des „Vietnam-Diskurses" von Peter Weiss erklärten, was zur Absetzung des Stückes und zur Entlassung von Peter Stein führte. An solchen Vorfällen läßt sich die Pointe der systemtheoretischen Beobachtungstechnik vielmehr noch einmal aufzeigen; denn sie operiert eben nicht „substantialistisch" in dem Sinn, daß ein Gegenstand für sie entweder Literatur wäre oder nicht; und wenn er es wäre, nicht zugleich ein juristischer Straftatbestand oder eine politische Inopportunität sein könnte. Die Systemtheorie differenziert keine Substanzen – literarische Werke, Straftatbestände oder politische Inopportunitäten –, sondern Kommunikationen – das „Werk" ist ja nur deren symbolisch generalisiertes Medium –, und diverse Kommunikationen mit völlig unterschiedlicher Systemreferenz können das gleiche Substrat haben. D.h. ein Text oder ein Bühnenspektakel, die das Kunstsystem als „Literatur" wahrnimmt, können im Rechtssystem zugleich als Straftatbestände bzw. im politischen System als inakzeptabel wahrgenommen und behandelt werden. Das hat nichts mit Entdifferenzierung zu tun, denn die verschiedenen Systeme wissen, daß in

17 G. Wallraff: Wirkungen in der Praxis. In: Absichten und Einsichten, a.a.O., S. 147.

ihrer Umwelt jeweils andere Unterscheidungen vorkommen, mit denen solche „Texte" oder „Stücke" beobachtet werden, und sie wissen auch, daß das jeweils andere System das auch weiß! Die jeweiligen Codes geraten also nicht in Gefahr, „entdifferenziert" zu werden. Texte bleiben interessant oder langweilig, auch wenn sie anderswo in der Gesellschaft als nicht rechtskonform oder als politisch skandalös beobachtet werden. Nur um diese beobachtungsleitenden Code-Differenzierungen geht es, alles andere wäre ein substantialistisches Mißverständnis von Systemdifferenzierung.

Neo-Ästhetizismus

Sehen wir uns nach einer Reprise „ästhetizistischer" Programme um – solcher also, die das Literatursystem selbst, nicht seine Umwelt, als Medien nutzen –, dann stoßen wir auf die sogenannte „konkrete Poesie" als wohl prägnantestes Paradigma des Neo-Ästhetizismus in der Ära des Postismus. Von „art concret" – konkreter Kunst – spricht man seit 1930, dem Jahr der Publikation eines gleichnamigen Manifestes von Theo van Doesburg, einem Mitglied der niederländischen Künstlergruppe „De Stijl". In diesem Manifest wird der Sinn des entscheidenden Wortes „konkret" im Hinblick auf die Malerei folgendermaßen erläutert:

„Konkrete und nicht abstrakte Malerei, denn nichts ist konkreter, wirklicher, als eine Linie, eine Farbe, eine Oberfläche. Sind auf einer Leinwand etwa eine Frau, eine Kuh, ein Baum konkrete Elemente? Nein – eine Frau, ein Baum, eine Kuh sind konkret im natürlichen Zustand, aber im Zustand der Malerei sind sie weit abstrakter, illusorischer, unbestimmter, spekulativer als eine Linie (...). In der Malerei ist nur die Farbe wahr."[18]

Max Imdahl hat im Hinblick auf die Resultate der „konkreten Malerei" davon gesprochen, daß diese Bilder identisch mit dem seien, was sie zeigten. Sie wiesen nicht über sich hinaus, hätten also keinerlei „Fremdreferenz", sondern realisierten einzig die malerischen Mittel selbst; weder bildeten sie etwas ab, noch drückten sie irgendetwas aus oder teilten etwas anderes mit als ihre eigene Materialität.[19] Spätestens seit den fünfziger Jahren findet sich der Begriff dieser „Konkretion" auch als Losung einer Literaturprogrammatik, die eine internationale Bewegung repräsentiert, mit Zentren in Lateinamerika, den skandinavischen und deutschsprachigen Ländern, hier vertreten durch Autoren wie Gomringer, Mon und Heissenbüttel, die Wiener Gruppe um Rühm, Wiener und Jandl, den Schweizer Kurt Marti u.a. „Konkrete Kunst" gibt es nicht nur als Malerei und Literatur, sondern auch als Musik, als „musique concrète", die aus dem futuristischen „bruitisme" hervorgegangen ist und reale Geräusche, wie Straßen- und Fabriklärm, menschliche Stimmen, Schreie usw. als Medien für experimentelle Klangmontagen nutzt.

18 Serielle Manifeste 66. St. Gallen 1966.

19 Vgl. M. Imdahl: Zum Begriff des Konkreten in der Malerei. In: S.J. Schmidt (Hg.): Konkrete Dichtung - Konkrete Kunst. Karlsruhe 1968, S. 1.

Alle programmatischen Aussagen zur „konkreten Poesie“, die sich ausdrücklich als Fortsetzung der Traditionslinie versteht, die von Mallarmé eröffnet und in der „Wort-Kunst“ des frühen 20. Jahrhunderts fortgesetzt wurde, stellen die Selbstreferenz des literarischen Zeichens in den Vordergrund und sehen darin die entscheidende Differenz von alltäglicher und poetischer Sprachverwendung. So schreibt z.B. Franz Mon in einem Essay aus dem Jahre 1968, dem ein Motto des russischen Kubo-Futuristen Chlebnikow vorangestellt ist, folgendes:

„Sprache ist ein transitorisches Phänomen: Sie erfüllt ihre Funktion am besten, wenn dabei ihr Zeichenbestand so wenig wie möglich bewußt wird. Nicht nur die Lautfolgen, auch die Wörter, Wortgruppen, die syntaktischen Ordnungen fallen, indem sie ihre Bedeutungen in den Aufbau eines Sinnes geben, durchs Bewußtsein. Die Sprache ist dann am eindeutigsten Sprache, wenn sie in ihrer Funktion verschwindet. – Poesie ist die Anstrengung, diesen Funktionsvorgang zu durchbrechen und aufzuheben, die Sprache (...) auf sich selbst zu beziehen, ihren Zeichenkörper – Laute, Silben, Wörter, Satzformen usw. – hervortreten, 'material' werden zu lassen (...). Die Geschichte der Poesie besteht aus den Erfindungen, mit denen sie Sprache der selbstverständlichen, achtungslosen Vernutzung im zivilisatorischen Getriebe entzieht und in eine *Autonomie* versetzt, die ihr alle Welt nicht müde wird zu bestreiten. (...) Poesie ist Sprache, die sich zu sich selbst verhält.“[20]

Ähnlich hieß es schon 1958 in einem brasilianischen Exposé für „konkrete Poesie“:

„Konkrete Dichtung: Wortobjekte in das Raum-Zeitgefüge gespannt (...). Das konkrete Gedicht ist Mitteilung seiner eigenen Struktur. Es ist sich selbst genügendes Objekt und nicht Darstellung eines anderen äußeren Objekts oder mehr oder weniger subjektiver Gefühle. (...) Es handelt sich um Mitteilungen von Formen und Strukturen und nicht um herkömmliche Botschaften.“[21]

Jandl spricht davon, daß die konkrete Dichtung „Dichtung mit den Elementen der Sprache“ sei; das konkrete Gedicht sei ein Gegenstand, nicht aber eine „Aussage über einen Gegenstand“.[22] Die Intransitivität der poetischen Zeichen, die nichts als sich selbst zeigen, auf keine Umwelt verweisen, wird immer wieder betont, und vor dem Mißverständnis wird gewarnt, gleichsam ein falsches Medium zu verwenden und solche Texte auf die Folie unpassender Realitätskonzepte zu projizieren.

„Visuelle Gedichte beziehen sich nicht auf biographisch erfaßbare Erlebnisse oder auf eine subjektive Deutung der Umwelt, sondern auf die Sprache (...). Mißverständnisse sind aber unvermeidlich, wenn der Leser vom visuellen Gedicht 'Inhalte' im Sinne einer Mitteilung über Gegenstände außerhalb der Sprache erwartet. Diese werden ihm ja gerade (...) vorenthalten. Es versteht sich von selbst, daß auch die traditionelle Dichtung nicht nur eine Beschreibung von Fakten ist; sie wird durch ihre besondere sprachliche *Form* (...) zu etwas Eigenständigem und poetisch Realem. (...) Durch die eigentümliche Beziehung

20 F. Mon: An eine Säge denken. In: T. Kopfermann: Theoretische Positionen zur konkreten Poesie. Tübingen 1974, S. 29ff.

21 Ebd., S. 77f.

22 Ebd., S. 47.

der traditionellen Dichtung vor allem auf die Subjektivität des Autors (...) fällt es dem Leser schwer, Gedichte nicht immer auch als mehr oder weniger offenkundige Bekenntnisse des Autors aufzufassen."[23]

– so Heinz Gappmayr 1968. Konkrete Poesie macht also, soviel ist deutlich geworden, keine Umwelten, sondern exklusiv sich selbst, insoweit sie Sprache ist, zum Medium.

Was aber folgt aus dieser Grundsatzentscheidung? Es folgt daraus, daß die kompakten Materialitäten der Phoneme, des Lautens, und der Grapheme, der Buchstaben oder Buchstabenkombinationen in ihrer Schwärze auf dem weißen Quadrat der Seite ganz in den Vordergrund treten und die semantische Dimension ausschalten oder zumindest verknappen und damit das Sinnbedürfnis eines konventionell reagierenden Publikums irritieren. Die adäquate Rezeption der Resultate konkreter Poesie erfordert eine durchreflektierte Wahrnehmung, die von der linguistischen Einsicht in die Arbitrarität des Zeichens und den Vorrang des Signifikanten vor dem Signifikat, der stets Signifikant für ein anderes Signifikat ist, weiß. So belehrt, mag das Publikum in den Artefakten der konkreten Poesie eine Art Selbstreflexion der Sprache erkennen, die sich ihrer konventionellen Verwendung in alltagskommunikativen Funktionen sperrt und ihr eigenes „Sein" ausstellt. Darin hat man dann sogar indirekt „sozialkritische" Untertöne erkennen können wie sie etwa S.J. Schmidt herausarbeitet:

„Die Einstellung der Konkretisten zur Sprache ist eher spracherzeugend als -verbrauchend, poiëtisch im strengsten Sinne. Geschieht dies in der in konkreten Texten vorgeführten Form, enthüllt ein solches Verfahren zwangsläufig den sonst meist unbemerkten konventionellen und willkürlichen Charakter der Sprache; enthüllt andererseits durch die innovative Konzentration aller ästhetischen Bemühungen auf wenige ausgewählte Elemente die hohe Redundanz üblichen Redens sowie den Verbrauch und die Abnutzung von Sprache in historischen poetischen Gattungen und Schreibweisen sowohl als in Werbung, Politik, in den Kommunikationsmedien."[24]

Solche, zweifellos gutgemeinten Funktionszuweisungen helfen der konkreten Poesie aber ebensowenig wie der Verweis auf ihre linguistische Reflektiertheit, die sie für die Spezialinteressen von Sprachwissenschaftlern – auf der Suche nach Beispielen für ihre Theoreme z.B. – bedeutsam werden läßt, innerhalb literarischer Kommunikation Resonanz zu finden. Diese Resonanz stellt sich allein dann ein, wenn die bedenklich schmale Programmbasis zu überzeugenden Ergebnissen führt. Diese Ergebnisse, d.h. die Absonderung von Texten, läßt zwei charakteristische Varianten erkennen, die freilich bereits in der „Wort-Kunst" durchparadigmatisiert worden waren, so daß der konkreten Dichtung nur die Reprise blieb; einmal nähert sich die Dichtung der Graphik an; sie nutzt die Buchseite als Raum eines Buchstabenarrangements; die Letter stellt ihre pure Materialität aus, die auf weitere Materialitäten gleicher Art verweist oder zu

23 Ebd., S. 59f.

24 Ebd., S. 85.

kompakten Einheiten aggregiert wird, wobei gelegentlich Kalauereffekte in Kauf genommen werden.

Die andere Variante nähert die Dichtung der Musik an, wenn sie Phoneme und Phonemgruppen im Medium der Zeit artikuliert. Wie schon gesagt: In allen diesen Versuchen ist die konkrete Poesie aber kaum über die Experimente zu Anfang des Jahrhunderts hinausgekommen. Ein nettes Exempel dieser „akustischen" Richtung ist Jandls Gedicht „talk", das auf den Silben „bla", „la" und „ba" aufbaut und deren Kombinationen, Varianten und Redundanzen – natürlich! – nutzt, um sich über das „Blablabla" des Redens zu erheitern. Strukturell aber halten wir fest, daß der Neo-Ästhetizismus der konkreten Poesie nur wiederholt, was die „Wortkunst" – man denke etwa auch an Kurt Schwitters – schon vorgemacht hatte: die radikale „Autonomisierung" der sprachlichen – optischen und akustischen – Materialitäten nähert die Literatur als Laut-Artefakt der Tonkunst, als Schreibartefakt der Druckkunst an. Besonders klar hat Gerhard Rühm 1965 diese komplementäre Alternative benannt:

„Sprache äußert sich mittels akustischer Zeichen (Laute) und mittels optischer Zeichen (Schrift). Sie bedient sich also zweier voneinander völlig geschiedenen Medien. (...) Zeichen haben unabhängig von ihrer Mitteilungsfunktion eine eigene Realität: man sieht sie oder hört sie. Löst man sie von Begriffsinhalten völlig los (...), entstehen 'Schriftbilder' oder 'Lautkompositionen'. (...) Es drängt sich demnach eine grundsätzliche Unterscheidung zwischen 'Lesetexten' und 'Hörtexten' auf (...). Die schriftliche Fixierung eines Textes hat demnach nicht mehr nur konservierende, sondern vielmehr auch eine strukturelle (...) Funktion. Form und Inhalt werden damit identisch – der 'konkrete Text' beschreibt nicht, er zeigt."[25]

Natürlich sind auch Kombinationen beider Varianten denkbar, in denen graphische und akustische Prägnanz miteinander verbunden werden. Beispiel dafür sind Eugen Gomringers Konstellationen, der berühmte Text „Schweigen" etwa. Verwiesen sei hier zur Illustration nur auf einen Kombinationstext des vielleicht witzigsten Autors der ganzen Richtung, das Gedicht „Die Zeit vergeht" von Ernst Jandl:

```
                        lustig
                     luslustigtig
                  lusluslustigtigtig
               luslusluslustigtigtigtig
            lusluslusluslustigtigtigtigtig
         luslusluslusluslustigtigtigtigtigtig
      lusluslusluslusluslustigtigtigtigtigtigtig
   luslusluslusluslusluslustigtigtigtigtigtigtigtig
```

Dieser Text, der, wie man sieht (und hört), auf der Silbentrennung von „lus" und „tig" sowie ihrer im Prinzip unendlichen Wiederholung basiert und in der opstinaten Rekurrenz des „tig" das Ticken der Uhr zitiert, in der Silbe „lus" – wie Jandl selbst meinte – mit der Semantik von „Los" und „to lose" spielt,

25 Ebd., S. 93f.

dieser Text dementiert schließlich in der Gleichförmigkeit seiner immer enervierenden Redundanz und ihres simplen Prinzips genau das, was er sagt: „Die Zeit vergeht – lustig“. In diesem optisch-akustischen Spiel kehrt aber unverkennbar jene Semantik wieder, die den Text lebensweltlich rezipierbar macht – etwa im Sinne der Reflexion über die Leere der Zeit, usw. –, ihn damit aber aus dem Gehege des Asketismus der reinen Intransitivität oder Selbstreferenz, wie sie die konkrete Poesie proklamiert hatte, herauskatapultiert.

Neo-Realismus

Man kann ohne weiteres sagen, daß die übergroße Masse der geschriebenen und gelesenen modernen Literatur – von den trivialen Genres bis hin zu durchaus anspruchsvollen oder gar esoterischen Werken – immer „realistische“ Literatur gewesen ist, wenn wir unter „Realismus“ Programmierungen verstehen wollen, die Realitätskonstruktionen der Umwelt als Medien für Formgewinne präferieren. Denn sowohl die avantgardistischen als auch die ästhetizistischen Programmoptionen setzten ein speziell konditioniertes, sei es politisch, sei es intellektuell besonders ambitioniertes Publikum voraus, das stets eine Minorität bleibt, während die Leseinteressen der Majorität durch die diversen Varianten „realistischer“ Textofferten bedient werden, von Konsalik und Simmel bis zu Lenz, Böll und Grass. Gegenüber der impliziten realistischen Selbstprogrammierung solcher Texte tritt die explizite Programmatik des Neo-Realismus in der Ära des Postismus zweifellos in den Hintergrund. Es gibt nur wenige ausgesprochene Realismusprogramme. Das mag zum einen mit der ungebrochenen Kontinuität realistischen Schreibens seit dem 19. Jahrhundert zusammenhängen, eine Kontinuität, die größeren Reflexionsaufwand erübrigt: realistische Literatur ist selbstverständlich; sie reproduziert sich über interessante Themen ihrer Umwelt, deren sprachliche Artikulation diesseits jener Grenze verbleibt, jenseits derer sie unsichtbar zu werden beginnen, weil die Aufmerksamkeit des Lesepublikums von der Raffinesse oder Kompliziertheit des sprachlich-stilistischen Eigensinns absorbiert wird. Als Beispiel derartig selbstverständlicher realistischer Literatur könnte man etwa auf die Erfolgsromane von Max Frisch verweisen, die uns mit mehr oder weniger interessanten Themen konfrontieren – der Problematik des Verhältnisses von Rationalität und Kontingenz z.B. oder der immer Beachtung findenden Frage nach der Identität der Person in einer „rollenförmig“ differenzierten Soziokultur, um von diversen politischen Sujets nicht zu reden –, mit Themen, die von der Art und Weise ihrer literarischen Formierung nicht aufgesaugt werden und deshalb für „Interpretation“ in Schule und Universität so geeignet sind. Die Kontinuität des Realismus über Fontane, Thomas Mann bis in die Gegenwart läßt sich also anführen, wenn man den an sich auffälligen Umstand seiner programmatischen Unterversorgung erklären soll. Da von solcher Kontinuität weder im Falle des Ästhetizismus noch insbesondere im Hinblick auf die Avantgarde die Rede sein kann, sind in diesen Fällen die Programme notwendiger: Programme kompensieren Kontinuitätsdefizite, und im schlechtesten Falle schnurrt der anzustoßende Neubeginn einer erhofften Kontinuität auf eine Reihe programmatischer Verlautbarungen zusammen, die folgenlos bleiben, wie die „Neo-Avantgarde" lehrt.

Der andere Grund, der für die programmatischen Defizite des Neo-Realismus angeführt werden kann, liegt gewiß in der Prominenz des Programms, das die Option „Realismus" lange Zeit geradezu monopolisiert und ganz gewiß diskreditiert hat: die Programmatik des „Sozialistischen Realismus". Wir hatten schon herausgestellt, daß dieser Programmoktroi 1934 faktisch das Ende aller avantgardistischen Tendenzen im Einflußbereich kommunistischer Politik bedeutet hatte. Es wurde fester Bestandteil der Satzung des „Verbandes der Sowjetschriftsteller" und später auch des DDR-Schriftstellerverbandes, wo es z.B. hieß:

„Die Mitglieder des Schriftstellerverbandes der DDR anerkennen die führende Rolle der Arbeiterklasse und ihrer Partei in der Kulturpolitik. Sie bekennen sich zur Schaffensmethode des sozialistischen Realismus. Sie treten entschieden gegen alle Formen der ideologischen Koexistenz und das Eindringen reaktionärer und revisionistischer Auffassungen in die Bereiche der Literatur auf."[26]

Als der „Sozialistische Realismus" 1934 zum verpflichtenden Programm erklärt wurde, dessen Mißachtung fortan als politisches Delikt behandelt werden sollte, bestand über seine theoretische Kontur noch kein Konsens, der über vage Forderungen nach „Wahrheit" und „Parteilichkeit", d.h. ein Paradox, hinausgegangen wäre. Nahe an seine spätere offizielle Fixierung kam aber bereits Maxim Gorkij heran, als er auf dem Kongreß in Moskau sagte:

„Die Mythe ist eine Schöpfung dichterischer Phantasie. Etwas erdichten heißt, aus der Gesamtheit der realen Begebenheiten den *Hauptsinn extrahieren* und ihn in einer *Gestalt* verkörpern – so entsteht der Realismus. Wenn man aber zu dem extrahierten Sinn der realen Gegebenheiten das Gewünschte und Mögliche hinzufügt, das heißt nach der Logik eine Hypothese zu Ende denkt und dadurch die Gestalt ergänzt, erhält man jene Romantik, die der Mythe zugrunde liegt und äußerst nützlich ist, weil sie die Entfaltung eines revolutionären Verhältnisses zur Wirklichkeit fördert, das die Welt praktisch verändert."[27]

„Mythos", „Phantasie" und „Romantik" sind zwar Worte gewesen, die dann aus dem Vokabularium des „Sozialistischen Realismus" gestrichen wurden, ansonsten aber enthält Gorkijs Diktum den Grundzug des Programms in großer Klarheit: Literatur ist „realistisch", wenn sie erstens den „Hauptsinn" – das zentrale Signifikat – aus der Kontingenz des Realen – der „Gesamtheit der realen Gegebenheiten" – „extrahiert", wie dies die Philosophie oder die Wissenschaften auch tun; wenn sie zweitens dieses Supersignifikat in eine konkrete, lebendige Gestalt einkörpert, also auf eine Reihe von ihm zentrierter und kohärenzierter Signifikanten abbildet; und wenn sie drittens mit einer optimistischen Prognose ein-

26 M. Jäger: „Sozialistischer Realismus" als kulturpolitisches Losungswort. In: K.-D. Müller (Hg.): Bürgerlicher Realismus. Königstein/Ts. 1981, S. 112.

27 Zit. H.-J. Schmidt/G. Schramm (Hg.): Sozialistische Realismuskonzepte. Frankfurt/M. 1974, S. 64.

herkommt, d.h. dem Supersignifikat eine immanente Teleologie einbaut, die das Lesepublikum zur Übernahme der entsprechenden Einstellung motivieren kann. Mit dieser Konstellation von Bedingungen ist der Arche-Text des „Sozialistischen Realismus“ bereits erstellt, und die Poesie kann ihr Werk beginnen: Das Supersignifikat ist das Abstraktum des geschichtsprägenden Klassenantagonismus, das auf Signifikanten projiziert wird, z.B. auf den Konflikt von armem, aber gutem Fabrikarbeiter und reichem, schurkischem Fabrikbesitzer. Enden kann der Konflikt, in dem es nebenbei, sozusagen zur Abrundung, auch gern um ein Mädchen gehen kann, z.B. mit einer Niederlage des armen, aber guten Arbeiters, den diese Niederlage – samt Verlust des leichtfertigen Mädchens – aber klassenbewußt macht, er schließt sich der Partei, dem Kollektiv an, und über den letzten Seiten des so programmierten Textes rötet sich der Himmel im Widerschein der kommenden Revolution.

Blickt man auf die theoretische Genealogie dieser Programmatik, so wie sie in Gorkijs Rede sichtbar wird, dann ist der Eindruck unabweisbar, daß hier die „idealistische“ Realitätskonstruktion des posthegelschen Realismus des 19. Jahrhunderts tradiert wird; wieder geht es darum, die kontingente Geschichtsoberfläche in Richtung ihres unterstellten „vernünftigen“ Kerns zu durchstoßen, diesen „Kern“ freizulegen, um ihn anschließend in konkreter Anschaulichkeit dem identifikationsbegierigen Publikum zu präsentieren, das auf diese Weise zum Agenten des Fortschritts werden kann, indem es die Tiefenvernunft der Geschichte befördert und beschleunigt. Daß dies so ist, sieht man vor allem am literaturprogrammatischen Werk von Georg Lukács, der als eigentlicher Theoretiker des „Sozialistischen Realismus“ gelten kann. Denn Lukács erneuert noch einmal den idealistischen Ansatz in der Version Hegels, der er ganz verhaftet bleibt. Er ist gleichsam der Julian Schmidt der kommunistischen Literatur gewesen. Für Lukács stand der realistische Schriftsteller vor der Aufgabe des „gedanklichen Aufdeckens“ der wesentlichen Tiefenstrukturen des geschichtlichen Prozesses, die er dann jedoch von neuem verdecken, d.h. konkret und anschaulich versinnlichen müsse. „Es entsteht“, so Lukács, „durch diese doppelte Arbeit eine neu gestaltete Oberfläche des Lebens, die, obwohl sie in jedem Moment das Wesen klar durchscheinen läßt (...), doch als (...) Oberfläche des Lebens erscheint“.[28] Diese idealistische Programmierung sozialistischer Literatur führte Lukács zu einer Privilegierung des bürgerlichen Realismus als Stilnorm. Gegenüber solchen Autoren wie Balzac, Tolstoi oder Thomas Mann galten ihm alle Formexperimente des 20. Jahrhunderts, d.h. Autoren wie Proust oder Joyce, mehr oder weniger als dekadent.

Insofern das Programm des „Sozialistischen Realismus“ stets eine massive Zensurkomponente hatte, kann man es auch als Instanz der Verknappung literarischer Kommunikation verstehen, eine Verknappung, gegen die auch von innermarxistischer Seite Kritik laut wurde, etwa von Brecht, der den „Realismus“ pragmatisch und operativ handhabte und nichts davon hielt, ihn mit Stilofferten,

28 G. Lukács: Essays über Realismus. Berlin 1948, S. 143.

etwa im Sinne des herkömmlichen Romans, gleichzusetzen. Man müsse die Realität, nicht die „Ästhetik des Realismus" über den Sinn literarischer Darstellungsformen befragen und sich davor hüten, irgendwelche konventionellen Stilmuster zu monopolisieren.

Kritik gegen die Stildogmatik des „Sozialistischen Realismus" erhob sich immer wieder; Resonanz gefunden hat vor allem auch Roger Garaudys Losung eines „Realismus ohne Ufer", die er auf dem legendären Kafka-Kongreß in Liblice 1963 ins Gespräch brachte, als er für die strikte Unabhängigkeit der Literatur von jedweder politischen Kontrolle plädierte und „Realismus" durch seine produktive, ja mythenbildende, utopische Kraft definierte, die auf wissenschaftliches Wissen nicht rückführbar oder mit ihm gleichzusetzen sei. „Der Realismus unserer Zeit ist ein prometheischer Realismus."[29]

Im Westen blieb der „Sozialistische Realismus" aus naheliegenden Gründen nur eine – meist obsolete – Realismusvariante unter anderen; es sei aber immerhin darauf hingewiesen, daß die anfangs der siebziger Jahre von Schriftstellern wie U. Friesel und U. Timm ins Leben gerufene „Autoren-Edition" Ziele verfolgte, die vom östlichen „Sozialistischen Realismus" nicht weit entfernt waren. In der Programmerklärung der „Autoren-Edition" hieß es noch ziemlich verwaschen:

„Die Autorenedition wendet sich an einen großen Leserkreis. Veröffentlicht werden ausschließlich Romane, Erzählungen und Kurzgeschichten deutschsprachiger Autoren. Die gesellschaftlichen Probleme sollen anschaulich und unterhaltsam dargestellt werden. Angestrebt wird eine realistische Schreibweise. Nicht die Schwierigkeiten des Autors angesichts einer widersprüchlichen Realität, sondern die Realität selbst (sic!) ist das Thema der Autorenedition."[30]

Dagegen propagierte Uwe Timm das Programm des „Sozialistischen Realismus" in großer Deutlichkeit:

„Die realistische Methode bedeutet: Wirklichkeit als gesellschaftlich bedingte und als veränderbar zeigen, das heißt zunächst: sie muß erkennbar beschrieben werden. Wirklichkeit erkennbar beschreiben bedeutet zweierlei: einmal, daß Wirklichkeit in ihrer historischen und gesellschaftlichen Dimension überhaupt gezeigt wird, und das ist nur möglich, wenn Menschen dargestellt werden, auch als modellhafte Einzelschicksale. Zum anderen heißt erkennbar, daß der Schein der Wirklichkeit auf ihr Wesen hin dargestellt wird, daß das Einzelne, Individuelle auf sein gesellschaftliches Wesen, auf den allgemeinen Charakter der ganzen Bewegung transparent gemacht wird, daß im Besonderen das Allgemeine aufscheint."[31]

---

29 R. Garaudy: Kafka, die moderne Kunst und wir. In: Kafka aus Prager Sicht. Prag 1965, S. 203.

30 Zit. P. Lämmle: Realismus - welcher?. München 1976, S. 115; aufschlußreich zum politischen Hintergrund der „Autoren-Edition" P. Schütt: Marionetten an roten Fäden. In: Rhein. Merkur. Nr. 48 vom 2.12.1994, S. 15.

31 Ebd., S. 173f.

In einem Roman über die Studentenbewegung – mit dem sinnigen Titel „Heißer Sommer“ (1974) – hat Timm dieses epigonale Realismusprogramm narrativ umzusetzen versucht und damit den Sarkasmus eines Kritikers wie Jörg Drews provoziert, der kurz und knapp erklärte:

„Was dabei herauskommt, sind Figuren von der Plastizität eines Spielkartenkönigs und eine Studentenbewegung mit dem gedanklichen Tiefgang eines Bertelsmann-Romans. Anders gesagt, der Modellfall Ulrich Krause wird durch (...) ästhetische und intellektuelle Selbstzensur zu einem Fall ohne Aufschlußkraft, literarisch belanglos, tauglich höchstens für ein kopfnickendes partielles Wiedererkennen durch solche, die auch dabei waren.“[32]

Mit der Implosion des Marxismus als „idée directrice“ der Gegenwart hat sich zugleich die Strahlkraft des „Sozialistischen Realismus“ verflüchtigt, der freilich über jedweden „Realismus“ als Programmierung postistischer Literatur einen dunklen Schatten geworfen hat, zumal Formeln wie „magischer“, „absoluter“, „heroischer“, „transzendenter“, „radikaler“ oder „geistiger“ Realismus, die in Umlauf gerieten, zweifellos etwas Verkrampftes, forciert Deklamatorisches hatten und weithin ohne kommunikative Resonanz blieben, sieht man von dem Sonderfall des „magischen Realismus“ einmal ab, der gelegentlich in unseren Literaturgeschichten Verwendung fand, um das Konzept einer teils nüchtern alltäglichen, teils rätselhaft verdunkelten „Wirklichkeit“ zu kennzeichnen, wie man es in den Werken solcher Autoren wie Hermann Kasack, Horst Lange oder auch Elisabeth Langgässer zu finden meinte.[33]

Die durchdachteste Programmatik eines neuen Realismus ist aber zweifellos von dem Kölner Schriftsteller Dieter Wellershoff vorgelegt worden, die sich an Arnold Gehlen und später auch an Luhmann orientierte. Wellershoff geht davon aus, daß „Wirklichkeit“ stets das Ergebnis einer Konstruktion ist, die selektiv operiert, also potentiell unendlich viele andere „Wirklichkeiten“ neben sich dulden muß. Diese Ausgangsannahme ist zunächst Resultat jener globalen metaphysischen Desillusionierung der Moderne, an deren Ende der Verzicht auf die Rede von einem „Sein“ steht, dessen Repräsentation ein Kunstwerk „realistisch“ machte. „Realität“ gibt es nur in der Weise von Konstruktionen, die keine ontologische Garantie mehr kennen. Dieses allgemeine philosophische Argument, das spätestens seit Nietzsche gängig geworden ist, wird nun durch sozio-anthropologische Annahmen erweitert: Als weltoffenes, wenig spezialisiertes, instinktschwaches Wesen ist der Mensch auf „Entlastung“ von Umweltdruck angewiesen, wie sie generalisierte Schemata, Konventionen und Institutionen leisten, die sich in der Moderne zu Superstrukturen wie Wirtschaft, Recht, Politik oder Wissenschaft transformiert haben, deren bereichsspezifisch-autonome Verfahrensweisen die Subjektivität so entlastet haben, daß sie ihr zugleich jeden selbsttätigen Durchgriff auf „Realität“ verbauen. Vom Subjekt her gesehen, das Gefahr läuft, sich in folgenlosem Raisonnement zu verschleißen, erscheint die „Realität“ als En-

32 Ebd., S. 162.

33 Vgl. M. Scheffel: Magischer Realismus. Tübingen 1990.

semble hochaggregierter Strukturen, die allesamt transindividuell operieren und als erwartbare, eingespielte, ebenso vertraute wie fremde „Wirklichkeit" erlebt werden:

„Der gesellschaftliche Konsensus verdankt sich der gemeinsamen Sorge um die Lebenserhaltung, und seine praktische Bedeutung gibt ihm seine Autorität. Gemeinsame Klassifikationen, Vorurteile, Gewohnheiten schaffen wechselseitige Erwartbarkeiten, verkürzen die Reaktionszeiten bei der Verständigung, verringern die Konfliktsituationen und Probleme, verringern die Zahl der notwendigen Entscheidungen, verstärken das Vertrauen, ermöglichen die Arbeitsteilung, machen langfristiges kooperatives Handeln möglich. Diese Erfolge verstärken die Struktur der in gemeinsamer Praxis geschaffenen Welt. Sie verfestigen sie durch Verinnerlichung und Institutionalisierung."[34]

Solche Institutionen oder Systembildungen prozessieren erfolgreich und erfüllen ihre Entlastungsfunktionen, gerade weil sie hochselektiv und situationsabstrakt verfahren, also einen Horizont anderer Möglichkeiten voraussetzen und stets indirekt implizieren, die gleichfalls zu „Wirklichkeiten" werden können:

„Jedes gesellschaftliche System, jedes Individuum verhält sich notwendig selektiv zur Wirklichkeit und konstituiert dadurch einen exterritorialen Bereich unbewußter, verdrängter, vergessener, verbotener, unentdeckter, nicht aktualisierter, möglicher Wirklichkeit."[35]

Aufgabe einer „neorealistischen" Literatur wäre es unter solchen Prämissen, „Realitätskonstruktionen" zu entwerfen, die sich als Alternative zu den tatsächlich vollzogenen, sozial erfolgreichen Selektionen verstehen, dem Publikum ein Sensorium für das „Andere" dieser neuen Realitäten verschaffen und im Endeffekt so die Kontingenz der „Welt, in der wir leben", ins Bewußtsein holen: Alles könnte auch ganz anders sein als es ist!

„Das gesellschaftliche Handlungs- und Kommunikationssystem braucht (...) Probebühnen, auf denen praktisch noch unbeherrschte, abweichende Möglichkeiten durchgespielt werden, auch bedrohliche und ruinöse. Diese noch inaktivierte, aber doch schon bereitgestellte, erweiterte Erfahrung stellt das Wandlungspotential des Systems dar, seine Alternativen, möglichen Differenzierungen, Modifikationen, Werdensrichtungen, auch seine Gefährdungen." Und weiter: „Die Welt erscheint plötzlich wieder als ein offenes Feld lockender und auch gefährlicher Möglichkeiten, sie wird angeleuchtet von bisher unterdrückten oder kulturell heruntergestimmten Wünschen, die nun wieder frei zu vagieren beginnen. Mit Mehrdeutigkeit und Geheimnis, die die Versachlichung der Welt auszutreiben versucht, kehrt die Frische des Anfangs zurück, man kann auch sagen die Poesie."[36]

Technisch gesehen meint Wellershoff, daß die konventionellen, institutionalisierten Selektionsofferten zu Medien für neue literarische Formgewinne depotenziert werden, die überraschende Sinnarrangements artikulieren, d.h. andere, fremde, irritierende „Realitäten": Alternativen zum gewohnten Betrieb.

---

34 D. Wellershoff: Realistisch schreiben. In: P. Lämmle, a.a.O., S. 15.

35 Ebd.

36 Ebd., S. 15f. und D. Wellershoff: Norm, Abweichung und Krise. In: Das Verschwinden im Bild. Köln 1980, S. 120.

„Durch Gewohnheit und Wiederholung verblaßt die Erfahrung der Realität, sie wird erst wieder frisch, wenn die gewohnten Schemata der Informationsverarbeitung gestört werden. Solche Krisen der Informationssynthese erzeugt der realistische Schriftsteller durch ungewohnte Organisation und Selektion seines Materials. – Der Leser erfährt die Realitätshaltigkeit eines Werks durch den Widerstand, den es seiner Vorerfahrung entgegensetzt. Er kann das Werk nicht restlos in die gewohnten Schemata seiner Informationsverarbeitung einbringen, muß vielmehr deren Inkompetenz, deren Begrenzung erkennen und sie durch Korrektur oder Erweiterung neu an die Realität anpassen. Das heißt, er macht eine Erfahrung. Das kann eine Folge diskreter Irritationen sein, oder ein durchschlagendes Evidenzerlebnis, ein plötzlicher Erkenntnisschock."[37]

Die in solchem Verständnis „neorealistische" Literatur erfüllt für Wellershoff aber zugleich eine bedeutsame Funktion für die moderne Gesellschaft; sie produziere jene Varianten oder Alternativen, sie erzeuge jenes Bewußtsein notwendiger „Nichtnotwendigkeit", ohne das eine auf stete Selbstveränderung programmierte Gesellschaft nicht auskommen könne:

„Realismus in der Kunst bedeutet Zerstörung gewohnter Ordnungen, um neue komplexe Informationssynthesen herauszufordern (in denen Alternativen, Abweichungen, Differenzierungen formuliert werden können). – Die Auffassung des Realismus als einer unabschließbaren Entdeckungsreise entspricht einer Gesellschaft, die ihre Formen der Realitätsanpassung und -bewältigung nicht dogmatisch verteidigt, sondern auf Selbsttransformationen angelegt ist."[38]

Uns erscheint diese Leistungsofferte „neorealistischer" Literatur überschwenglich. Denn zweifelsohne erzeugen die sozialen Teilsysteme der modernen Gesellschaft selbst laufend Alternativen zu sich selbst; sie testen selbst, was geht und was nicht geht, und es wäre geradezu naiv, von Kunst und Literatur zu erwarten, daß sie etwa Politik oder Wirtschaft oder Wissenschaft mit Alternativvorschlägen versorgte, die dort operationsfähig wären. Es ist vielmehr wohl so, daß die Literatur nur Alternativen zu sich selbst formulieren kann, d.h. diverse „Realitätskonstruktionen" in Konkurrenz zueinander bringt, die allesamt auch anders möglich wären und sich mit keiner Realität verwechseln. Eine solche, ihre eigene Kontingenz reflektierende Literatur, die die „Realität" ihrer Konstruktionen nicht substantialistisch oder ontologisch mißversteht, die sich also als Konstruktion von Wirklichkeit in einer sich selbst konstruierenden Wirklichkeit beobachtet, entspräche dem Stand der Dinge.

Postmoderne

In den achtziger Jahren hat der Begriff der „Postmoderne" im deutschen Sprachraum bemerkenswerte Prominenz erlangt; man glaubte mit ihm einen epochalen Wandel der Mentalität und der Kultur erfassen zu können; auch zur Kennzeich-

37 D. Wellershoff: Realistisch schreiben, a.a.O., S. 17.

38 Ebd., S. 18 und D. Wellershoff: Norm, Abweichung und Krise, a.a.O., S. 119.

nung einer neuen Periode der Literatur wurde die Postmoderne immer häufiger herangezogen, wobei auffällig ist, daß der Begriff weniger als Formel der Selbstbeschreibung der Literatur, als vielmehr zu ihrer Beobachtung durch Literaturkritik und Literaturwissenschaft verwandt wird. Was die Literaturwissenschaft etwa unter postmodernen Charakteristika versteht, hat Paul Michael Lützeler 1990 folgendermaßen beschrieben:

„Doch läßt sich sagen, daß es in der Literatur der Postmoderne weniger angestrengt und ambitiös, weniger totalitätssüchtig und mythosorientiert, weniger utopieversessen und manifesthaft, weniger einheitsfreudig und eurozentristisch, weniger ideologisch und entschieden, weniger hermetisch und dunkel, weniger referentiell und repräsentativ, weniger stilrein und hochkulturell zugeht als in der Literatur der Moderne. Dagegen kommt das Spielerische, das (...) Parodistische, das intertextuell Collage- und Zitathafte, die Gattungsmetamorphosen, die Mischung von Hoch- und Alltagskultur bzw. die semantische und soziologische Mehrfachcodierung (...), das Autobiographische, das Geschichtliche, das Lokale bzw. Regionale, die Entdeckungsfreude, das Multikulturelle, das weltanschaulich Offene, streiflichtartig Episodische, Unsichere, Nicht-Festgelegte, und schließlich die Vielfalt der Stile und Meinungen stärker zur Geltung.“[39]

Wir kommen auf die Benennung einiger „postmoderner“ Charakteristika gleich noch zurück; zunächst erscheint es uns aber sinnvoll zu sein, angesichts der offenkundigen Vieldeutigkeit des Begriffs „Postmoderne“ mit wenigen Strichen seine Geschichte und seine wesentlichen Verwendungskontexte anzudeuten, wobei natürlich die Leitfrage sein muß, welche Moderne es denn ist, die die Postmoderne zur Vergangenheit zu machen gedenkt.

Das Wort „Postmoderne“ ist in den USA als Terminus der Literaturkritik seit den vierziger Jahren geläufig und wird später in die Kunst- und Architekturtheorie aufgenommen; sein Ursprung liegt einmal in dem hispano-amerikanischen „Post Modernismo“ der dreißiger Jahre, zum anderen in Arnold Toynbees geschichtsphilosophischer Interpretation der Postmoderne als letzte Etappe der europäischen Geschichte, die er etwa 1880 beginnen läßt Die nordamerikanische Literaturkritik – man denke an Autoren wie Leslie Fielder, Susan Sontag oder Ihab Hassan – wendet sich unter der Flagge der Postmoderne explizit gegen die moderne Literatur, die sie mit der – in unserem Sprachgebrauch – ästhetizistischen, systemreferentiellen, sprachexperimentellen Dichtung in der Mallarmé-Tradition und ihrer exklusiv-esoterischen Theorie – man denke an Adorno – identifiziert. Ihab Hassan hat in einem Essay über „Joyce, Beckett und die postmoderne Imagination“ dazu folgendes gesagt:

„Die Moderne (...) war formal im wesentlichen autoritär und in ihrem kulturellen geistigen Inhalt aristokratisch. Wie gebrochen und ironisch sie sich auch gegeben hat, ihren Glauben an die Kunst, an den imaginativen Akt, selbst am Rande kultureller Auflösung, hat sie bewahrt. (...) Die Post-Moderne auf der anderen Seite ist formal im wesentlichen subversiv und in ihrem kulturellen geistigen Inhalt anarchisch. Sie dramatisiert das Fehlen ihres

39 P.M. Lützeler: Von der Spätmoderne zur Postmoderne. In: The German Quarterly 63 (1990), S. 351.

Glaubens an die Kunst selbst dann noch, wenn sie neue Kunstwerke hervorbringt, welche die Auflösung der Kultur *und* Kunst beschleunigen sollen."[40]

Innerhalb der „postmodernen" Literatur meint Hassan dann noch zwei Linien unterscheiden zu können: eine, die am Ende auf die Selbstdestruktion der Literatur hinausläuft und eine, die sie zur „Pop"-Literatur verwandelt; Hassan spricht von „geschlossener" und „offener" Tendenz:

„Auf der einen Seite manifestiert die 'geschlossene' Tendenz postmoderner Literatur sich in kühlen Artikulationen der Absurdität, in komischer oder bitterer Selbstsubversion; die Literatur beginnt sich zu parodieren, zu reflektieren, sich ad absurdum in Frage zu stellen, und endet damit, daß sie sich abschafft, entweder buchstäblich (das Schweigen Genets) oder symbolisch (das Schweigen Becketts). (...) Die 'offene' Tendenz der post-modernen Literatur andererseits gibt vor, die Idee der Avantgarde abzulehnen, gibt tatsächlich sogar vor, die Idee intellektueller oder elitärer Kunst jeglicher Art abzulehnen. Diese Tendenz verstrickt sich in Kultur oder Ideologie. Sie macht in Pop, vor allem in Amerika; sie verbündet sich mit Science-fiction, Kriminalromanen, mit Reportage und Pornographie; sie spürt andere Medien aus, wie Film, Fernsehen, Tonband, Rockmusik; und manchmal geht sie mit Mystizismus und Okkultismus eine Verbindung ein. Norman Mailer, Kurt Vonnegut, Bob Dylan, Allen Ginsberg exemplifizieren gewisse Aspekte davon."[41]

Mit dem Vordringen poststrukturalistischer Theoriepositionen innerhalb der amerikanischen intellektuellen Diskussion und der Karriere der „deconstruction", verbunden vor allem mit dem Namen Paul de Mans, treten die pop-kulturellen Züge der Postmoderne den Hintergrund; als primär akademisch-universitäre Bewegung rehabilitierten die „Dekonstruktivisten" den alten Kanon der „hohen" Literatur; es waren z.B. Autoren wie Rilke, Nietzsche, Proust, Kafka oder Kleist, denen Paul de Man sein „dekonstruktives" Gespür widmete.

In Frankreich, dem zweiten Zentrum der Postmoderne, wird der Begriff etwa seit Mitte der siebziger Jahre häufiger und programmatisch verwandt; charakteristisch war vor allem Lyotards „La condition postmoderne" aus dem Jahre 1979. In dieser Schrift richtete sich der „postmoderne" Impuls entschieden gegen die „Moderne" im umfassenden Sinn der neuzeitlichen Aufklärungskultur und ihrer Basiskonzepte von generalisierbarer Wahrheit, universell gültiger Moral und emanzipatorischer Politik. 1985 erklärte Lyotard etwa im Rahmen eines Interviews:

„Obwohl die Postmoderne ja ein weites Feld ist und das Wort in sich widersprüchlich, liegt die gemeinsame Ausgangslage doch darin, daß es eine Moderne gibt, die man mit der Aufklärung ansetzen kann, die heute vorbei ist."[42]

Diese Bilanz veranlaßte Lyotard zu einer scharfen Kritik aller „totalitären" Geschichtskonzeptionen, die als „Märchen" entlarvt werden, denen alle sinnstiftende Kraft abhanden gekommen sei. Statt weiterhin generalisierende Semantiken und

40 Zit. Mayer/Johnson: Das Werk von S. Beckett. Frankfurt/M. 1975, S. 15f.

41 Ebd., S. 17ff.

42 F. Lyotard: Immaterialität und Postmoderne. Berlin 1985, S. 65.

„totale“ Sozialmodelle zu entwerfen, empfiehlt Lyotard der Postmoderne eine Art „neoliberalen“ Pluralismus diverser Lebensformen und Sprachspiele, die darauf verzichtet haben, den „Widerstreit“ ihrer Differenzen im Hinblick auf eine „phantasmatische“ Identität irgend schlichten zu wollen.

Ebenso wie in der französischen Diskussion spielen Fragen der Kunst und Literatur auch in der deutschen Debatte um den gegenwartsdiagnostischen Sinn des Postmoderne-Begriffs nur eine nebengeordnete Rolle. In Deutschland schlägt der Begriff erst in den achtziger Jahren als vielgestaltiges Rezeptionsphänomen voll durch, wobei es neben der Kopie der französischen Ideenmasse zu einer seltsamen Substantialisierung mit erkennbar konservativer Tendenz kommt, die den poetisch-anarchischen Grundzug der amerikanischen, den ironischen oder libertären Tenor der französischen Debatte „überhört“ und den Begriff dezidiert „fundamentalistisch“ als Programm für eine Wiederkehr der christlichen Vormoderne einsetzt.[43]

Nach diesem kursorischen Überblick über gängige Verwendungsweisen des Begriffs „Postmoderne“, die gewiß ein wenig beliebig wirken – was man freilich gerade als typischen Zug der Postmoderne verstehen könnte –, kommen wir auf die Frage „postmoderner“ Literatur zurück. Aus der Sicht unserer Systemtheorie moderner Literatur kann der Begriff „Postmoderne“ nur dann als Epochentitel sinnvoll Verwendung finden, wenn er die Moderne im Sinne der funktional differenzierten Gesellschaft, die im ausgehenden 18. Jahrhundert Kontur gewann, zur Vergangenheit erklärt. Diese Voraussetzung ist aber mit den allergrößten Beweislasten verbunden, die wohl kaum jemand auf sich nehmen wird. Man wäre ja gezwungen darzulegen, daß die Codierung systemreferentieller Kommunikation implodiert und durch polyfunktionale, entcodierte Kommunikationsformen abgelöst worden sei, eine Behauptung, deren Vergeblichkeit im Scheitern der Avantgarden ersichtlich wurde, und die, würde sie heute wiederholt, nur je systemreferentiell Resonanz finden könnte: als inplausible soziologische Hypothese etwa oder als Gag, der allenfalls da noch Interesse findet, wo man ihn nicht sofort als Reprise erkennt. Nichts ist schlimmer als eine in die Jahre gekommene Avantgarde, die Jugendfrische simuliert! Mit dem Projekt, die Postmoderne als Epoche nach der Moderne auszugeben, und entsprechend postmoderne Kunst und Literatur quasi als permanente „Neo-Avantgarde“ hinzustellen, übernimmt man sich. Das ist jedenfalls auf Sicht chancenlos. Insofern war es ein Ausdruck von Vorsicht, daß Umberto Eco die Postmoderne nicht als Nach-Moderne, sondern als ihren „Schatten“ verstanden wissen wollte, als ein der Moderne immanentes Selbstnegationspotential.

Was bleibt, ist eine „postmoderne“ Literatur in der Moderne, eine Literatur des Postismus, die auf die Kopie schon einmal ausgespielter Optionen und Programme verwiesen ist. Es ist ja typisch postistisch, wenn sich die Literatur als „Wiederholung“ beschreibt, wenn ein erklärtermaßen „postmoderner“ Schriftsteller wie John Barth 1982 erklärt, seine Romane seien „Romane, die die Form

43 Vgl. vor allem die Schriften der Robert Spaemann-Schule.

des Romans imitieren, verfaßt von einem Autor, der die Rolle des Autors imitiert".[44]

Überblickt man die in der Literaturkritik als typisch „postmodern" bezeichneten Programmierungen, dann darf man auf drei oder vier Varianten verweisen, wenn man etwas abstrahiert; erstens auf eine Strategie der Entdifferenzierung sowohl der Gattungsgrenzen als auch der Hierarchien zwischen anspruchsvoll-esoterischer und „trivialer" Literatur. Die Pop-Literatur – man denke z.B. auch an immer wieder „postmodern" genannte Erfolgsromane wie „Das Parfüm" oder „Der Name der Rose" – operiert mit Doppel- und Dreifachcodierungen, die diverse Lektüren zulassen, solche, die auf die Spannung einer fesselnd erzählten Kriminalgeschichte aus sind und solche, die anspruchsvolles Wissen verlangen oder dem Spiel verflochtener Selbstreflexionen der Romane als Literatur zu folgen bereit sind. Diese Variante „postmoderner" Literatur imitiert die typisch romantische Strategie der „Popularität", der „Universalpoesie" oder gar des „Mythos", dessen Leser *alle* sein sollen. Vom Ernst des romantischen Programms unterscheidet sich dessen postmodernes „Pastiche" durch die Zurschaustellung ihres Simulationscharakters; aber auch der war wenigstens Friedrich Schlegel nicht unverborgen geblieben, insofern ist es bereits eine Simulation, die die postmoderne Simulation kopiert. Zweitens ist hinzuweisen auf eine erstaunliche Karriere der Kategorie des „Erhabenen", vor allem in der Ästhetik Lyotards. Mit dem Ausdruck des „Erhabenen" bezeichnete Kant den Eindruck, den die gewaltige, übermächtige Natur, die alle sinnliche Apperzeptionskraft des Menschen überfordert, im Subjekt hervorruft; es sieht seine sinnliche Kompetenz, sein Dasein als Naturwesen kollabieren, rettet sich aber in die Selbstaffirmation als animal rationale, dessen Vernunftkompetenz alle Natur, sie sei so groß oder gewaltig wie sie wolle, nichts anhaben kann. In ästhetischer Hinsicht ist das Erhabene das Nicht-Schöne, das Undarstellbare, das, was zu den Sinnen nicht paßt, weil es über ihren Erfassungsspielraum hinausgeht. Und genau dieses Moment des „Undarstellbaren" ist es, das Lyotard fasziniert:

> „Das Postmoderne wäre dasjenige (...), das sich auf die Suche nach neuen Darstellungen begibt, jedoch nicht, um sich an deren Genuß zu verzehren, sondern um das Gefühl dafür zu schärfen, daß es ein Undarstellbares gibt. (...) Es sollte endlich Klarheit darüber bestehen, daß es uns nicht zukommt, Wirklichkeit zu liefern, sondern Anspielungen auf ein Denkbares zu erfinden, das nicht dargestellt werden kann."[45]

Fragt man nach der argumentativen Funktion dieser Faszination durch das „Undarstellbare", dann stößt man auf einen vertrauten Gedankengang: Das Sein kann nicht als Präsenz eines Sinns gedacht werden, den man nur wiederholen müßte, um im Wahren zu sein und über die Akzeptabilität von je kurrenten Sinnofferten richten zu können. Das Sein ist als nie ausschöpfbarer „Horizont" von Sinn selbst „sinn-los" – pure Differentialität oder Potentialität – und insofern das

44 J. Barth zit. Moderne Literatur in Grundbegriffen, a.a.O., S. 348.

45 Zit. P. Engelmann: Postmoderne und Dekonstruktion. Stuttgart 1990, S. 47f.

Undarstellbare. Existiert aber kein Sein als Sinn, dann ist es pure Willkür, kontingenten Sinn als Sein hinzustellen, dem alles weitere sich zu akkommodieren hätte. Die Ästhetik des „Undarstellbaren" mündet für Lyotard deshalb in eine Ethik des Differenten, die dem „Terror" jeder seinsgestützten Identität widerstreitet:

„Das 19. und 20. Jahrhundert haben uns das ganze Ausmaß dieses Terrors erfahren lassen. Wir haben die Sehnsucht nach dem Ganzen und dem Einen, nach der Versöhnung von Begriff und Sinnlichkeit, nach transparenter und kommunizierbarer Erfahrung teuer bezahlt. Hinter dem allgemeinen Verlangen nach Entspannung und Beruhigung vernehmen wir nur allzu deutlich das Raunen des Wunsches, den Terror ein weiteres Mal zu beginnen, das Phantasma der Umfassung der Wirklichkeit in die Tat umzusetzen. Die Antwort darauf lautet: Krieg dem Ganzen, zeugen wir für das Nicht-Darstellbare, aktivieren wir die Differenzen, retten wir die Differenzen ..."[46]

Natürlich ist auch dieses – unnötig emphatische – Programm ein Pastiche, eine Kopie, wie könnte es auch anders sein. Daß das „Sein" als Horizont aller sinnsetzenden Selektionen selbst undarstellbar, nicht repräsentierbar ist, dieser Gedanke durchzieht Friedrich Schlegels Reflexionen in den Jahren kurz vor 1800 wie ein Leitmotiv; und es würde Lyotard vielleicht überraschen, daß auch Schiller der modernen Literatur die paradoxe Aufgabe einer „Darstellung des Undarstellbaren" zugemutet hat.[47] Die „postmoderne" Poetik des „Undarstellbaren" soll das Bewußtsein des „Differenten" bekräftigen und gegen die Versuchung der Generalisierung wappnen; Literatur und Kunst wären Interessenvertreter des je Besonderen, Individuellen, im „Allgemeinen" nicht Verrechenbaren, weil jedes Allgemeine nur ein kontingentes Konstrukt ist, das an die Macht will ...! All das kommt dem, der mit den Programmen moderner Literatur einigermaßen vertraut ist, bekannt vor, und er versteht die Aufregung nicht recht; denn ein soziologisch informierter Blick auf die polykontexturale Kommunikation der modernen Gesellschaft müßte Lyotards Befürchtung, es gebe noch eine – bedrohliche – Chance für die Lancierung eines universal-verbindlichen Sinns, der mehr wäre als der Traum eines größenwahnsinnigen Philosophen, auf der Stelle zerstreuen. Das Lamento über den Zerfall jeder Verbindlichkeit und über die sogenannte „Permissivität" unserer Kultur zeigt ja gerade, daß dem „Differenten" alle Türen offenstehen. Als dritte Attitüde der Postmoderne kann man die „neue Feierlichkeit" verstehen und auf Peter Handke verweisen. Ihr ist der Unernst, das Spielerische der Simulations- und Pop-Kultur zuwider, sie vollzieht einen „Salto mortale" in die hehren Gefilde einer andachtheischenden Neo-Aura, in der es stets um das Höchste, Heiligste, Schönste, Exklusivste geht. Unter Homer, Thukydides oder Goethe tut sie es nicht. Sie schreitet bedächtig einher – in dankbarer Demut vor soviel Schönheit in Leben und Kunst – auf Holz- oder Feldwegen und unter Nachsommerhimmeln. Das kann man interessant finden – als Kontrapunkt der üblichen Blasiertheit sogar rührend –: es bleibt als Reprise, die es ist, typisch

46 Ebd., S. 48.

47 F. Schiller: Nationalausgabe. Bd. 20, S. 440.

moderne Literatur in der Ära des Postismus. So bliebe zuletzt nur das „Schweigen“, von dem Ihab Hassan als Variante „postmoderner“ Literatur gesprochen hat. Um das Schweigen aber als Schweigen hören zu können und es dann dankbar als Schlußpunkt literarischer Evolution anzunehmen, die sich progressiv sämtliche Medien für Formen genommen und buchstäblich nichts mehr zu sagen hat, muß es gleichsam „gerahmt“ werden, es muß ein „hörbares Schweigen“ sein, mit dem die Literatur endet. Das Extrem der Kommunikationsverweigerung – weil schon alles gesagt oder weil alles Sagbare sinnlos ist – wird als Kunst glatt kommuniziert, wenn man den „Rahmen“ mitbeobachten kann, der die Signifikanz dieser Leere scharf profiliert, etwa gegen das übliche Gerede, das dann jenes Medium wäre, von dem das „Schweigen“ als „Form“ sich abheben kann.

Alle diese Themen und Motive füllen die museale Szene postistischer Literatur, und wir neigen dazu, den Ausdruck „Postmoderne“ fallenzulassen bzw. ihn allenfalls zur Bezeichnung der genannten Aspekte zu verwenden, die allerdings nur Themen diskriminieren und daher vollkommen ungeeignet sind, einen theoretisch anspruchsvollen Epochenbegriff zu konturieren. Wer auf der Ebene der Themen literarischer Kommunikation Epochendifferenzen beobachten will, wird zu kleinformatigsten Periodisierungen kommen, wenn er nicht vor der Beliebigkeit der ins Gespräch gebrachten Themen kapituliert; so hat man die sechziger Jahre als Periode einer Literatur des Engagements, die siebziger als Periode einer „neuen Expressivität“ und die achtziger als „Postmoderne“ charakterisiert und darunter mehr oder weniger fröhlich-hedonistische Beliebigkeit im Ambiente der Yuppies verstanden. Und was kommt nach der Postmoderne? Vielleicht die neue Ernsthaftigkeit eines Neomoralismus aus dem Osten? Oder noch einmal das „Deutsche“? – Wir wissen es nicht und wollen es auch nicht wissen und uns überraschen lassen. Wir wissen es nicht, weil die theoretische Beobachtung literarischer Kommunikation nichts weniger ist als Themenprognostik; sie kann dagegen den Evolutionsrahmen literarischer Kommunikation auf der Ebene ihrer Programmierung rekonstruieren und aus der Sicht dieser Rekonstruktion dann bestenfalls sagen, was gehen wird und was nicht; und Themen gehen alle, auf dieser Ebene stellt sich dem Literatursystem überhaupt kein Problem; es gibt nur langweilige oder interessante, aber keine unmöglichen, die Literatur etwa überfordernde Themen. Was dagegen nicht geht, ist eine unmittelbare Fortsetzung politischer oder ökonomischer Kommunikation mit literarischen Beiträgen oder ein Prozessieren der Wissenschaft unter dem Code der Kunst. Von seinen Themen her kann man das Literatursystem und seine Geschichte nicht aufschließen, wir haben unsere Analysen daher auf eine andere – systemtheoretische – Beobachtungsperspektive gegründet, deren Resultate nun noch einmal ganz knapp resümiert werden sollen.

Resümee

Unsere erste Entscheidung bestand darin, durch das 18. Jahrhundert einen Schnitt zu ziehen, der sein letztes Drittel von allem Vorhergegangenen trennt. Wir dramatisierten also den Einschnitt der Zeit um 1770 und wollten sehen, was die hier auftauchende Innovation von dem status quo ante unterschied. Diese Ausgangsentscheidung für eine dramatische Unterscheidung – für einen ersten Schnitt in einem „unmarked space" – ist natürlich eine theoriegeleitete Konstruktion; am 1. Januar 1770 änderte sich nichts. Es mag Forscher geben, denen es gelingt, die Dramatik dieses Einschnitts zu entdramatisieren und nur Kontinuität zu sehen, wo wir den Bruch, die Diskontinuität ansetzten; das kann möglich sein, auch wenn sich Historiker verschiedenster Sparten angewöhnt haben, das letzte Drittel des 18. Jahrhunderts als „take off" der Moderne, als „Sattelzeit", als Phase einer durchgreifenden epistemologischen Transformation usw. anzusehen. Noch einmal sei betont: Es handelte sich um eine theoriegestützte Konstruktionsentscheidung, die es erlaubt, Datenmengen spezifisch zu arrangieren, nicht aber um einen „Riß im Sein", einen „Schnitt der Zeit" o.ä. Die Differenz differenziert Differentes, sie gibt zwei Seiten frei: Unsere Entscheidung für 1770 als „Schwelle" konturiert auf der einen Seite die „Literatur" Alteuropas, die wir – grob schematisierend – als multifunktionale Kommunikation gekennzeichnet haben, deren diverse „Codierungen" sich wechselseitig restringieren und derart das dann noch Sagbare erheblich verknappen; das Schöne ist das Nützliche; das Böse kann nicht schön sein; das Häßliche ist nicht wahr! Die stabile Koppelung später frei flottierender Codes wie wahr/falsch – schön/häßlich – gut/böse – nützlich/schädlich wirkte als scharfer Themenfilter und verwies die „literarische" Kommunikation auf die Funktion der Repräsentation eines religiös gedachten Kosmos oder einer vernünftigen Natur, eine Repräsentation, in der die epistemologischen, ethischen, techno-pragmatischen und „ästhetischen" Komponenten nur schwer unterscheidbar waren. Eine Geschichte der Literatur Alteuropas müßte daher völlig anders ansetzen als eine Literaturgeschichte der Moderne und sich davor hüten, die alten Texte als moderne „Werke" zu lesen.

Uns interessierte aber nicht jener Blick, der sich auf der Schwelle zurück nach Alteuropa wendet, sondern die Beobachtung der neu auftauchenden literarischen Kommunikation, die wir „Literatur der Moderne" nannten, im Sinne einer Makroperiode, die unserer Überzeugung nach noch nicht abgeschlossen, vielleicht aber in ihre letzte Epoche getreten ist, die sich freilich noch in die Länge ziehen und uns mit immer neuen Überraschungen konfrontieren kann. Das eigentliche Ereignis, das uns dazu veranlaßte, jenen Schnitt zu ziehen, kennzeichneten wir als Prozeß der Differenzierung, aus dem trennscharf separierte, je „autonom“ prozessierende Kommunikationssysteme hervorgekommen sind, deren nirgends mehr repräsentierbare „Einheit“ die funktional differenzierte moderne Gesellschaft ist. Ausdifferenzierte Kommunikationssysteme erleichtern den beschleunigten Transfer extrem unwahrscheinlicher Sinnselektionen, die nur hier und nirgends sonst erfolgreich sein können, weil sie von einem nur für sie zuständigen binär codierten, also Mehrfachanschlüsse ermöglichenden symbolisch generalisierten Kommunikationsmedium betreut werden; solche Medien sind im Falle des Wirtschaftssystems „Geld“, das man hat oder nicht hat, ausgibt oder behält; im Falle des Wissenschaftssystems „Wahrheit“, die man erreicht oder verfehlt, oder im Falle der nicht zum System kondensierten lebensweltlichen Kommunikationssituationen etwa ein generalisiertes Symbol wie „Liebe“, das zwischen „der einen“ und allen anderen differenziert. Wie Magneten Eisenspäne anziehen, so ordnen die symbolisch generalisierten Medien die Flut der Sinnselektionen, und je prägnanter sie sind, desto mehr Chancen eröffnen sie den allerunwahrscheinlichsten unter ihnen, die von den Vorgaben alltäglicher Erfahrungen in kaum einer Weise mehr erfaßbar sind. Kommunikationsmedien sind daher die Bedingung für fortwährende Erweiterung und Transformation von sozial prozessiertem „Sinn“. Sie entlasten die Kommunikation von Restriktionen der Interaktion und dem beschränkten Datenspeicher des Gedächtnisses, sie nutzen die Kapazitäten von Schrift, Druck und EDV, weil sie die personale Motivation zur Annahme von Selektionsofferten nicht mehr benötigen.

Wir schlugen vor, das „Werk“ als symbolisch generalisiertes Kommunikationsmedium des Kunst- und Literatursystems zu behandeln, wobei wir das „Werk“ als symbolisch generalisiertes Medium mit keiner seiner empirischen – etwa goethezeitlichen – Ausprägungen verwechseln, sondern als jenen „Magneten“ verstehen wollen, der aus aller möglichen Kommunikation literarische Kommunikation aussortiert. Goethes „Iphigenie“ ist ebenso als „Werk“ kommunizierbar wie Handkes legendäre „Mannschaftsaufstellung des 1. F.C. Nürnberg“; Josef Beuys' Fettplastiken sind nicht weniger „Werke“ als Rodins „Bürger von Calais“. Entscheidend war dann die Überlegung, das „Werk“ nicht als Einheit, sondern als Differenz zu denken, als Differenz von Medium und Form. Wer ein „Werk“ beobachtet, der beobachtet strenggenommen keine Einheit – etwa gar das „organische Werk“ als Einheit seiner Teile –, sondern eine Differenz; er sieht die „Form“ auf dem Hintergrund eines „Mediums“ als Summe mehr oder weniger wohlkalkulierter Selektionen, die auch anders ausfallen könnten, so wie sie vollzogen wurden, aber überzeugen – oder auch nicht! Als Beispiel verwiesen wir auf die erzähltechnische Unterscheidung von Geschehen und Geschichte; nur wenn wir diese Differenz sehen, also sehen, daß man die Geschichte auch anders hätte erzählen können, sehen wir sie als „Werk“, als Formierung eines Mediums. Wir glauben, daß diese Auffassung des „Werks“ recht nahe an der konkreten Erfahrung des Künstlers ansetzt, der ja in aller Regel Entscheidungen gegeneinander abwägt, Alternativen prüft, verwirft oder festhält und seinen Handlungsspielraum mit jeder Entscheidung restringiert.

Wir gingen dann einen Schritt weiter und fragten nach der binären Codierung des „Werks“ als Differenz von Medium und Form. Wir entschieden uns gegen die philosophische Leitdifferenz „schön“/„häßlich“ und rechneten sie der Umwelt des Literatursystems, der Philosophie, zu. Statt dessen schlugen wir probeweise vor, es mit „interessant“/„banal“ (oder „langweilig“) zu versuchen, d.h. „interessante“ und „banale“ Selektionen zu unterscheiden. Der Code ist asymmetrisch: gewöhnlich zieht man das „Interessante“ dem „Langweiligen“ vor; das muß aber nicht so sein! Zum anderen fungiert der Code als Duplikationsregel: alles, was im Literatursystem vorkommt, kann zweifach vorkommen: es ist entweder „interessant“ oder „banal“; natürlich nicht für das gleiche Publikum: was den einen interessiert, langweilt die andere – und umgekehrt. Wir fühlten uns zu diesem Vorschlag besonders berechtigt, weil Friedrich Schlegel die moderne Literatur in epochaler Weise als „interessante“ Literatur gekennzeichnet und als erster die in diesen Code eingebaute, nicht mehr aufhaltbare Progression betont hat: Das „Interessante“ ist auf Steigerung und Überbietung hin angelegt; es will immer interessanter werden; das Interessante von heute ist das Langweilige von morgen. Das „Schöne“ dagegen, so glaubte Schlegel mit Blick auf die griechische Antike, ist unüberbietbar, d.h. zeitlos; das Schöne kennt die reißende Dynamik der Zeit nicht, die alles entwertet und die Kunst der Mode annähert. Von hierher könnte die Suggestion verständlich werden, immer wieder ästhetische Zweitcodierungen auf moderne Werke zu projizieren, um sie vor dem Schicksal, bloß interessant zu sein, zu bewahren und auf Dauer zu stellen. Diese Versuche sind aber vergeblich und schlagen nur da durch, wo sie sich mit Bildungsinstitutionen zusammentun und dann einen verbindlichen Lektürekanon unserer „wertvollen“ und „bleibenden“ Dichtung generieren.

Wir vollendeten unseren Theorieaufbau mit dem Hinweis auf die Notwendigkeit von Programmen, die die für sich indifferenten, leeren Codes mit konkreten inhaltlichen Präferenzen ausstatten, im Falle des Code-Werts „wahr“ also sagen, was „Wahrheit“ ist und im Falle der Literatur den Wert „interessant“ programmieren. Während das codierte Medium ultrastabil ist und ultrastabil sein muß, weil es für alles, was literarisch kommuniziert wird, zuständig ist, sind die Programme instabil; hier herrscht Dissens, hier kommen Alternativen ins Spiel, hier prallen die Meinungen aufeinander.

Diese Beobachtung ist dann weiterhin ausschlaggebend für die Konstruktion der Evolution des Literatursystems: Blickt man allein auf das symbolisch generalisierte Medium – die codierte Differenz von Medium und Form – dann gibt es nur Kontinuität; und insofern haben wir gesagt, daß die Literatur der Moderne als „Makroperiode“ wie die moderne Wissenschaft oder das moderne Recht beschreibbar ist. Um die interne Zeitlichkeit dieser Makroperiode bestimmen zu können, muß man anders ansetzen; wir fragten also nach den grundsätzlich möglichen Optionen des Literatursystems, „Sinn“ zu bilden, der dann in spezifischen „Programmen“ ausformuliert wird. Um diese programmierbaren Basaloptionen zu differenzieren, setzten wir beim Medium an und fragten, was überhaupt im Falle literarischer Kommunikation prinzipiell als Medium für Formgewinn fungieren kann. Die Antwort auf diese Frage ergab den Grundriß einer

Epochengliederung; wir sahen nämlich, daß die Literatur in der Phase ihrer Ausdifferenzierung, d.h. in der Zeit zwischen 1770 bis kurz nach der Jahrhundertwende, die System/Umwelt-Grenze selbst als Medium nutzt, dessen Differenz zu den dann möglichen Formen als „interessant" programmiert wurde. Die daraus entspringenden Semantiken konturieren Konzepte von „Autonomie" und „Subjektivität", die in der verschiedensten Weise interpretiert und z.T. als Leistungsofferten an andere Teilsysteme (besonders „Erziehung") oder die Gesellschaft im ganzen adressiert wurden. Diese erste Epoche, die wir Romantik nannten, verliert ihre Dominanz – und von mehr wollen wir hier und in den anderen Fällen nicht sprechen: Optionen verschwinden nicht, sie verlieren nur an Dominanz –, die Romantik verliert ihre Stellung als federführendes Paradigma, als sich die Perspektive des Literatursystems im 19. Jahrhundert auf die eine Seite der System/ Umwelt-Unterscheidung – nämlich auf die Umwelt – kapriziert; die Literatur tritt in die Epoche des Realismus ein, wenn sie – bei stets mitlaufender Systemreferenz – exklusiv ihre Umwelt als Medium für Formgewinn nutzt, genauer: Realitätskonstruktionen der Umwelt aus der Umwelt als Medien importiert, die dann formiert werden. Da in der Umwelt diverse „Realitäten" vorkommen, gibt es diverse „Realismen"; wir lernten einige Beispiele kennen. Um die Pointe noch einmal vorzuführen, sei an den klassischen Fall erinnert: Die Wirklichkeit ist „schön", z.B. eine Frau, aber nicht immer und nicht überall; Kontingentes macht sich bemerkbar; prominentes Beispiel ist die berühmte Warze auf der Nase! Diese lockere Kopplung des Schönen in der sogenannten „Realität", die von Unpassendem durchschossen ist, dient dem „idealistischen Realismus" als Medium, dessen „schöne" Elemente formiert, d.h. strikt gekoppelt werden, Zufälliges wird eliminiert usw. Das Ganze nannte man „Verklärung" oder präziser „Läuterung" bzw. „Reinigung". Die Systemoption „Realismus" tastet die gesamte Umwelt nach potentiell „interessanten" Realitäten ab, wobei neben den thematischen mehr und mehr die technischen Aspekte der möglichst optimal präzisen Art und Weise der Simulation solcher „Realitäten" in den Vordergrund treten. In diesem Umschlag von interessanten Themen zu interessanten, wenn nicht verblüffenden Präsentationen von Themen kann man natürlich das Ergebnis einer dramatischen Verknappung an „Themen" sehen; am Ende wird das banale Gerede gleichgültiger Personen in mediokren Situationen ausgestellt, aber mit einer technischen Präzision der sprachlichen Darstellungsmittel, die interessant ist. Verflüchtigt sich das Sujet aber im Modus seiner sprachlichen Artikulation, die allein noch fesselt, während das Thema langweilen würde, dann schaltet das System von Umwelt- auf Autoreferenz um, zieht sich also auf die andere Seite der Ausgangsdifferenz zwischen Umwelt und System zurück und läßt die Literatur in die Epoche des Ästhetizismus treten. Den Ästhetizismus definierten wir als jene Option, die das Kunst- und Literatursystem statt seiner Umwelt als Medium verwendet, und wir unterschieden zwei Varianten dieser Option: eine, die „künstliche Realitäten" konstruiert, um sie als Medien zu verwenden; und eine radikalere, die das basale Medium literarischer Kommunikation – die Sprache und die Tradition der Literatursprache – für Formgewinne nutzt: den sprachreferentiellen Ästhetizismus, der das Tempo der Literatur anheizt, weil er Formen sofort in die Stellung von Medien bringt: die Form von heute ist das Medium von morgen, und am Ende stünde der literarische „Wärmetod", weil alle „Energie" dahin wäre, wenn der Ästhetizismus nicht sein dauerndes Widerlager im weiterlaufenden Realismus fände, der dem System aus der Umwelt „Energie" zuführte, d.h. „Sinn", der im System wieder zerschlissen, variiert, transformiert oder negiert werden kann. An seinen Ausgangspunkt, die System/Umwelt-Differenzierung, kehrt das Literatursystem gewissermaßen zurück, wenn es in der Ära der Avantgarde zwischen 1910 und 1930 diese Differenz noch einmal als Medium wählt, nun aber in der Absicht, die Differenz zu entdifferenzieren: Kunst, Literatur und „Leben" zu integrieren oder zu „verschmelzen". Wir abstrahierten zunächst von der Möglichkeit, das Scheitern der Avantgarde unseren Beobachtungen bereits zugrundelegen zu können und versuchten, aus der Binnenperspektive der Avantgarde-Programmatiker deren Absichten zu rekonstruieren. Es stellte sich heraus, daß es der Avantgarde in Anlehnung an kurrente kulturpolitische Zielvorgaben darum ging, die werkkonstitutive Differenz von Medium und Form zurückzunehmen und entweder die Form ins Medium zurückzuziehen (wie z.B. im Falle Dadas) oder das Medium als Form auszugeben, wie z.B. im Futurismus mit seiner Vision einer technisch durchgestylten Gesellschaft. Nimmt man dann aber die historisch gegebene Beobachtungsposition in Anspruch, dann zeigt sich die Naivität dieser Projekte: die „Nicht-Werke" sind jene „Werke", die die Konstruktion einer Indifferenz von System und Umwelt als Medien genutzt haben, um daraus teils witzige, teils weniger witzige Sinnselektionen, d.h. Formen, zu destillieren. Mit der Konsolidierung der Beobachtung, daß auch „Nicht-Kunst" Kunst ist, wenn sie auf das symbolisch generalisierbare Kommunikationsmedium „Werk" projiziert wird, hat das moderne Literatursystem seine Optionen historisch erschöpft und kann sie in der Postismus genannten Epoche allein noch kopieren, kombinieren, extremisieren, paradoxieren, ironisieren usw. Das muß kein Nachteil sein, denn der Umstand, daß durchgreifende Überraschungen nicht mehr zu erwarten sind, kann den Sinn für Nuancen und Details ganz ungemein schärfen, der Kunstgeschmack wird sublim, wenn man mit basalen Programmalternativen nicht mehr rechnen darf und sich infolgedessen auf die „Kunstgriffe" der Werke und ihre Gekonntheiten einlassen kann, um sich interessant unterhalten zu lassen. Dann noch mögliche Lektüren hat etwa Uwe Johnson in einem „Vorschläge zur Prüfung eines Romans" betitelten Essay 1975 so skizziert:

„Wozu taugt [ein] Roman? – Er ist ein Angebot. Sie bekommen eine Version der Wirklichkeit. – Es ist nicht eine Gesellschaft in der Miniatur, und es ist kein maß-stäbliches Modell. Es ist auch nicht der Spiegel der Welt und weiterhin nicht ihre Widerspiegelung; es ist *eine Welt, gegen die Welt zu halten*. – Sie sind eingeladen, diese Version der Wirklichkeit zu vergleichen mit jener, die sie unterhalten und pflegen. Vielleicht paßt der andere, der unterschiedliche Blick in die Ihre hinein. – Verteidigen Sie Ihre Unabhängigkeit bis zur letzten Seite des Buches. Wird Ihnen ausdrücklich gesagt, was der Roman zu sagen versuchte, ist dies der letzte Augenblick zur Entfernung des Buches. Sie haben sich das

Recht erworben auf eine Geschichte. Die Lieferung einer Quintessenz oder einer Moral ist Bruch des Vertrages. Mit dem Roman ist die Geschichte versprochen. – Was dazu gesagt wird, sagen Sie. Der Roman muß Sie *unterhalten*. (...) Während Sie anders beschäftigt sind, beschafft der Romanschreiber Ihnen Unterhaltung und Information. Dann hätte er seine Verantwortung gegenüber der Gesellschaft, sofern sie einseitig bestehen kann, erfüllt."[1]

Das Letzte klingt vielleicht etwas pathetisch, aber sagen wir statt „Verantwortung" Funktion, dann könnte man zustimmen: die Literatur muß ihr Publikum unterhalten, und das ist um so schwerer, wenn keine wirklichen Innovationen mehr ausgespielt werden können und man vom aggressiven Flair des Neuen, Anderen, Nie-Gesehenen nicht länger zehren kann.

Ein letztes Wort noch zur Motivation von Epochenwandel. Das Literatursystem stellt zunächst ja nur strukturelle Optionen für Sinnselektion zur Verfügung, die keineswegs die Konditionen ihres historischen Auftritts konditionieren. Man kann vom Literatursystem aus gesehen nur sagen, daß sein Gesetz – das Interessante noch interessanter zu machen – eine quasinatürliche Tendenz hat, alles, was sagbar ist, auch zu sagen, also alle Optionen zu erschöpfen und ins Extrem zu treiben. *Wann* das aber geschieht und *warum dann* –, diese Frage kann nicht mit den Mitteln einer Systemgeschichte moderner Literatur, sondern nur im Horizont einer polykontexturalen Literaturgeschichte erörtert und beantwortet werden. Daß z.B. die deutsche Literatur im 19. Jahrhundert solange im Realismusparadigma gefangen blieb und erst spät – viel später als etwa in Frankreich – auf Ästhetizismus umstellte, diese Tatsache kann nur erklärt werden, wenn man die Literatur auch als Umwelt anderer Systeme wie Religion, Erziehung, Politik usw. beobachtet, die ihrerseits spezifische Literaturbegriffe ausgeprägt und an das Literatursystem dezidierte Erwartungen gerichtet haben, die die Literatur akzeptieren und entsprechend bedienen konnte.[2] Ähnliches gilt für die Analyse des politischen Systems, wenn man die spezifisch avantgardistischen Konstellationen erfassen will, die sich in den europäischen Ländern so unterschiedlich und doch so ähnlich zugleich ergeben haben. Der Epochenwandel bleibt vom System „Literatur" her gesehen ein kontingentes Ereignis, und es bedürfte einer polykontexturalen Beobachtung, um diese Kontingenz als motivierte Transformation zu (re-)konstruieren, was eine andere Abhandlung verlangte; diese aber ist zu Ende. Wir hoffen, einen nachvollziehbaren Vorschlag zur Epochengliederung moderner Literatur gemacht zu haben, auch wenn wir uns bewußt sind, daß er gegen die Zähigkeit des literaturhistorischen Curriculums und seine oft seltsamen Epochenbegriffe wenig ausrichten wird. Das allerletzte Wort soll ein Autor haben; Hugo Loetscher hat über das Schreiben von Literatur 1987 geschrieben:

1 U. Johnson zit. Absichten und Einsichten, a.a.O., S. 236f.

2 Vgl. Verf./N. Werber (Hg.): Beobachtungen der Literatur. Opladen 1995 (in Arbeit).

„Alle Überzeugungen helfen einem nicht weiter bei dem Entscheid, sich an den Tisch zu setzen und etwas zu schreiben, das mit Literatur zu tun hat. (...) Wie schön, wenn es doch so etwas wie 'notwendige Bücher' gäbe. Aber stellt sich dieser Begriff nicht immer dann ein, wenn man ein Buch nicht literarisch beurteilen mag oder einem ein solches Urteil Mühe bereitet? – Was also, wenn einer nicht überzeugt sein kann, er verfasse ein 'notwendiges Buch', und schreibt dennoch eines? Eines, von dem er nicht anzunehmen wagt, daß es erwartet wird und somit eine Nachfrage befriedigt. Was, wenn er etwas macht, das ungefragt ist, dies weiß und es dennoch tut? – Statt daß er eine Antwort auf das Warum bereit hätte, könnte er wenigstens von einer Erfahrung reden, nämlich von jener, sich an einen Tisch zu setzen und ein weißes Blatt einzuspannen. (...) Harmlos nimmt sich das Weiß des Papiers aus; es ist eine Verlockung, der er erliegt, er bringt das Weiß um seine Unschuld, indem er das Papier beschreibt, und sei es auch nur, um hinterher das Blatt zu zerknüllen. – Doch so wehrlos dieses Papier sich gibt, es ist eine Bedrohung, denn es signalisiert jenes Nichts, aus dem etwas entstehen (...) soll, eine hauchdünne Papierwand, die einen von der totalen Leere trennt. (...) Das Weiß des Papiers ist (...) eine Sprachlosigkeit, die sich nach dem Verstummen einstellt und in der alles bisher Gesagte zum Schweigen gebracht worden ist, und zugleich die Voraussetzung dafür, daß eine eigne Sprache sich zu Wort melden kann.“[3]

3 H. Loetscher zit. Absichten und Einsichten, a.a.O., S. 324ff.

Literatur

Apollonio, U.: Der Futurismus. Köln 1972.

Bänsch, D. (Hg.): Zur Modernität der Romantik. Stuttgart 1977.

Baumgarth, C.: Geschichte des Futurismus. Reinbek 1966.

Behler, E.. Studien zur Romantik und zur idealistischen Philosophie. Paderborn 1988.

Behler, E./Hörisch, J. (Hg.): Die Aktualität der Frühromantik. Paderborn 1987.

Bergius, H.: Das Lachen Dadas. Die Berliner Dadaisten und ihre Aktionen. Gießen 1989.

Böhringer, H.: Avantgarde – Geschichte einer Metapher. In: Archiv für Begriffsgeschichte 122 (1978).

Bohrer, K.H.: Die Kritik der Romantik. Der Verdacht der Philosophie gegen die literarische Moderne. Frankfurt/M. 1989.

Borchmeyer, D.: Die Weimarer Klassik – Eine Einführung. 2 Bde. Königstein/Ts. 1980.

Borchmeyer, D./Žmegač, V. (Hg.): Moderne Literatur in Grundbegriffen. 2., neubearb. Aufl. Tübingen 1994.

Brands, H.-G.: Theorie und Stil des sog. „Konsequenten Naturalismus" von A. Holz und J. Schlaf. Bonn 1978.

Brinkmann, R. (Hg.): Romantik in Deutschland. Stuttgart 1978.

Brunkhorst, M.: Die Periodisierung in der Literaturwissenschaft. In: *Schmeling, M.* (Hg.): Vergleichende Literaturwissenschaft. Wiesbaden 1981.

Bürger, C. u.a. (Hg.): Naturalismus/Ästhetizismus. Frankfurt/M. 1979.

Bürger, P.: Theorie der Avantgarde. Frankfurt/M. 1974.

Burger, H.O. (Hg.): Begriffsbestimmung der Klassik und des Klassischen. Darmstadt 1972 (Wege der Forschung 110).

Burtscher, P. (Hg.): Postmoderne – Philosophem und Arabeske. Frankfurt/Bern/New York 1989.

Demetz, P.: Worte in Freiheit. Der italienische Futurismus und die deutsche literarische Avantgarde 1912 – 1934. München/Zürich 1990.

Durzak, M. (Hg.): Deutsche Gegenwartsliteratur. Stuttgart 1981.

Eisele, U.: Realismus und Ideologie. Stuttgart 1976.

Fischer-Lichte, E./Schwind, K. (Hg.): Avantgarde und Postmoderne. Tübingen 1991.

Fohrmann, J.: Das Projekt der deutschen Literaturgeschichte. Stuttgart 1989.

Foucault, M.: Die Ordnung der Dinge. Eine Archäologie der Humanwissenschaften. Frankfurt/M. 1971.

Frank, M.: Einführung in die frühromantische Ästhetik. Frankfurt/M. 1989.

Friedrich, H.: Die Struktur der modernen Lyrik. Hamburg 1956.

Gehlen, A.: Studien zur Anthropologie und Soziologie. Neuwied/Berlin 1963.

Gehlen, A.: Erörterung des Avantgardismus in der Bildenden Kunst. In: Avantgarde. Geschichte und Krise einer Idee. Hg. von der Bayrischen Akademie der schönen Künste. München 1966. (Gestalt und Gedanke Bd. 11).

Grimm, J.: Theorie und Praxis der literaturhistorischen Periodisierung. In: Romanistische Zeitschrift f. Literaturgeschichte 8 (1984).

Grimm, R./Hermand, J. (Hg.): Die Klassik-Legende. Frankfurt/M. 1971.
Grimm, R./Hermand, J. (Hg.): Faschismus und Avantgarde. Königstein/Ts. 1980.
Gumbrecht, H.-U./Link-Heer, U. (Hg.): Epochenschwellen und Epochenstrukturen im Diskurs der Literatur- und Sprachhistorie. Frankfurt/M. 1985.
Günther, H.: Die Verstaatlichung der Literatur. Entstehung und Funktionsweise des sozialistisch-realistischen Kanons in der Sowjetliteratur der 30er Jahre. Stuttgart 1984.
Hardt, M.: Futurismus und Faschismus. In: Romanische Forschungen 94 (1984).
Heisig, K.: L'art pour l'art. Über den Ursprung dieser Kunstauffassung. In: Zeitschrift f. Religions- und Geistesgeschichte Bd. 14 (1962).
Hempfer, K.W. (Hg.): Poststrukturalismus – Dekonstruktivismus – Postmoderne. Stuttgart 1992.
Herzog, R./Koselleck, R. (Hg.): Epochenschwelle und Epochenbewußtsein. München 1987 (Poetik und Hermeneutik XII).
Hielscher, K.: Vom russischen Futurismus zur linken Avantgarde des LEF. In: *Bogdal, K.-M.* u.a. (Hg.): Arbeitsfeld: Materialistische Literaturtheorie. Beiträge zu ihrer Gegenstandsbestimmung. Wiesbaden 1975.
Hoffmeister, G.: Deutsche und europäische Romantik. Stuttgart 1978.
Huyssen, A./Scherpe, K. (Hg.): Postmoderne. Zeichen eines kulturellen Wandels. Reinbek 1986.
Jäger, G.: Die Avantgarde als Ausdifferenzierung des bürgerlichen Literatursystems. In: *Titzmann, M.* (Hg.): Modelle des literarischen Strukturwandels. Tübingen 1991.
Japp, U.: Literatur und Modernität. Frankfurt/M. 1987.
Jauß, H.R.: Der literarische Prozeß des Modernismus von Rousseau bis Adorno. In: Adorno-Konferenz. Frankfurt/M. 1983.
Jauß, H.R.: Studien zum Epochenwandel der ästhetischen Moderne. Frankfurt/M. 1989.
Jean, M.: Geschichte des Surrealismus. 2. Aufl. Köln 1968.
Kemper, H.-G.: Vom Expressionismus zum Dadaismus. Kronberg/Ts. 1974.
Klein, W.: Der nüchterne Blick. Programmatischer Realismus in Frankreich nach 1848. Berlin/Weimar 1989.
Kneer, G./Nassehi, A.: Niklas Luhmanns Theorie sozialer Systeme. München 1993.
Kohl, S.: Realismus: Theorie und Geschichte. München 1977.
Köhler, M.: Postmodernismus. Ein begriffsgeschichtlicher Überblick. In: Amerikastudien 22 (1977).
Kopfermann, T.: Konkrete Poesie. Fundamentalpoetik und Textpraxis einer Neo-Avantgarde. Frankfurt/Bern 1981.
Kreuzer, H. (Hg.): Pluralismus und Postmoderne. Frankfurt/M. 1989.
Lüdke, W.M. (Hg.): „Theorie der Avantgarde". Antworten auf P. Bürgers Bestimmung von Kunst und bürgerlicher Gesellschaft. Frankfurt/M. 1976.
Lüdke, W.M. (Hg.): Nach dem Protest. Literatur im Umbruch. Frankfurt/M. 1979.
Luhmann, N.: Soziologische Aufklärung. 5 Bde. Opladen 1970ff.
Luhmann, N.: Soziale Systeme. Grundriß einer allgemeinen Theorie. Frankfurt/M. 1984.
Luhmann, N.: Das Kunstwerk und die Selbstreproduktion der Kunst. In: *Gumbrecht, H.-U./Pfeiffer, K.L.* (Hg.): Stil. Frankfurt/M. 1986.
Luhmann, N.: Das Medium der Kunst. In: Delfin 7 (1986).
Luhmann, N.: Weltkunst. In: Unbeobachtbare Welt. Über Kunst und Architektur. Bielefeld 1990.
Luhmann, N./Fuchs, P.: Reden und Schweigen. Frankfurt/M. 1989.

Mahal, G.: Naturalismus. München 1975.
Menninghaus, W.: Unendliche Verdopplung. Die frühromantische Grundlegung der Kunsttheorie im Begriff absoluter Selbstreflexion. Frankfurt/M. 1987.
Metken, G. (Hg.): Als die Surrealisten noch recht hatten. Stuttgart 1976.
Möbius, H.: Der Naturalismus. Heidelberg 1982.
Možejko, E.: Der Sozialistische Realismus. Bonn 1977.
Nadeau, M.: Geschichte des Surrealismus. Reinbek 1965.
Plumpe, G.: Ästhetische Kommunikation der Moderne. 2 Bde. Opladen 1993.
Preisendanz, W.: Wege des Realismus. München 1976.
Richter, H.: Dada – Kunst und Antikunst. Köln 1964.
Riha, K./Wende-Hohenberger, W.: Dada Zürich. Stuttgart 1992.
Schmidt, S.J.: Die Selbstorganisation des Sozialsystems Literatur im 18. Jahrhundert. Frankfurt/M. 1989.
Schmidt-Bergmann, H.: Futurismus. Geschichte, Ästhetik, Dokumente. Reinbek 1993.
Schnell, R.: Die Literatur der Bundesrepublik. Stuttgart 1986.
Schönert, J.: Gesellschaftliche Modernisierung und Literatur der Moderne. In: *Wagenknecht, C.* (Hg.): Zur Terminologie der Literaturwissenschaft. Stuttgart 1989.
Strohschneider-Kohrs, I.: Die romantische Ironie in Theorie und Gestaltung. Tübingen 1960.
Titzmann, M. (Hg.): Modelle des literarischen Strukturwandels. Tübingen 1991.
Vietta, S. (Hg.): Die literarische Frühromantik. Göttingen 1983.
Vietta, S.: Die literarische Moderne. Stuttgart 1992.
Vietta, S./Kemper, H.-G.: Expressionismus. München 1975.
Völker, L.: Langeweile. Vorgeschichte eines literarischen Motivs. München 1975.
Weimar, K.: Geschichte der deutschen Literaturwissenschaft bis zum Ende des 19. Jahrhunderts. München 1989.
Werber, N.: Literatur als System. Zur Ausdifferenzierung literarischer Kommunikation. Opladen 1992.
Weisgerber, J. (Hg.): Les Avant-Gardes littéraires au XXe Siècle. 2 Bde. Budapest 1986.
Wellek, R.: Der Begriff der Romantik in der Literaturgeschichte. In: Grundbegriffe der Literatur. Stuttgart 1965.
Wellek, R.: Das Wort und der Begriff „Klassizismus“ in der Literaturgeschichte. In: Grenzziehungen. Beiträge zur Literaturkritik. 1972.
White, J.J.: Literary Futurism. Aspects of the first Avant-garde. Oxford 1990.
Widhammer, H.: Realismus und klassizistische Tradition. Tübingen 1972.
Wiese, B. v.: Zur Kritik des geistesgeschichtlichen Epochenbegriffs. In: DVjS 11 (1933).
Wilbert, G.: Entstehung und Entwicklung des Programms der „linken“ Kunst und der „Linken Front der Künste“ (LEF) 1917 – 1925. Gießen 1976.
Zima, P./Strutz, J. (Hg.): Europäische Avantgarde. Frankfurt/M. 1987.
Žmegač, V.: Kunst und Gesellschaft im Ästhetizismus des 19. Jahrhunderts. In: Propyläen. Geschichte der Literatur. Bd. 5. Berlin 1984.
Žmegač, V.: Kategorien der literarischen Epochenbildung. In: Dialog der Epochen. Wien 1987.
Žmegač, V.: Zur Klassik-Diskussion: Terminologische Fragen und kein Ende. In: Jb d. dt. Schillerges. 33 (1989).

Personenregister

R

S

T

Sachregister

Aus dem Programm Literaturwissenschaft

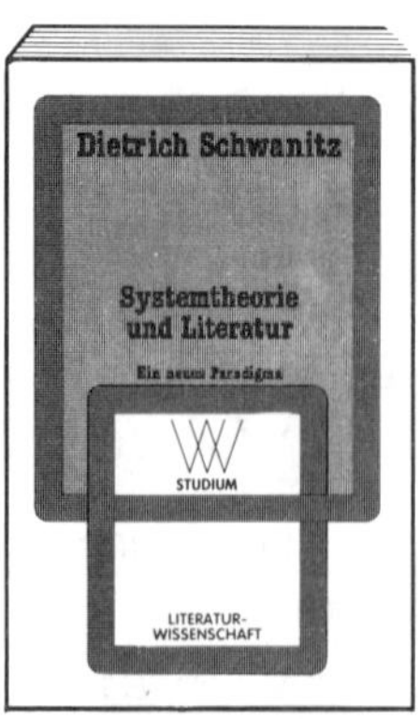

Henk de Berg/
Matthias Prangel (Hrsg.)

Kommunikation und Differenz

Systemtheoretische Ansätze in der Literatur- und Kunstwissenschaft

1993. 253 S. Kart.
ISBN 3-531-12411-0

Die primär soziologische (Luhmannsche) Systemtheorie beginnt seit einiger Zeit auch in die Disziplinen der Literaturwissenschaft, Kunstwissenschaft und Musikwissenschaft auszustrahlen. In diesem Band werden die Konsequenzen in zwölf Beiträgen erstmals auf interdisziplinärer Ebene thematisiert. Dabei geht es nicht darum, die Profilierung nur einer einzigen Adaptionsweise der Systemtheorie zu betreiben, sondern ganz unterschiedliche Tendenzen systemtheoretisch inspirierten Arbeitens in den Geisteswissenschaften zu beleuchten.

Siegfried J. Schmidt (Hrsg.)

Literaturwissenschaft und Systemtheorie

Positionen, Kontroversen, Perspektiven

1993. 297 S. Kart.
ISBN 3-531-12418-8

Seit Anfang der achtziger Jahre werden in der Literaturwissenschaft verstärkt soziologische Systemkonzepte bzw. -theorien (N. Luhmann, T. Parsons) eingesetzt, um moderne Literatursysteme als institutionalisierte und ausdifferenzierte gesellschaftliche Teilsysteme zu beschreiben. Die Beiträge des Bandes diskutieren, zum Teil kontrovers, zentrale Aspekte dieses interdisziplinären Diskurses. Dabei stehen Systemkonzepte nicht nur als literaturtheoretische Instrumentarien auf dem Prüfstand, sondern auch in allgemeineren semiotischen, kommunikationstheoretischen und medienwissenschaftlichen Zusammenhängen.

Dietrich Schwanitz

Systemtheorie und Literatur

Ein neues Paradigma

1990. 284 S. (wv studium, Bd. 157) Pb.
ISBN 3-531-22157-4

„Der Gruppe systemtheoretisch orientierter Literaturwissenschaftler (etwa K. Disselbeck, H. Fritz, J. Hoogeveen, G. Plumpe, S. J. Schmidt) hat sich jetzt der Hamburger Anglist Dietrich Schwanitz zugesellt. Sein Buch unterscheidet sich allerdings in einem wesentlichen Punkt von allen anderen Publikationen auf diesem Gebiet: in seiner Verspieltheit. Ich kenne kaum ein anderes literaturwissenschaftliches Werk, das den Leser so locker, so witzig, so geistreich in eine derart schwierige Materie einzuführen wüßte. (...) ohne Zweifel die denkbar beste Einführung in die Systemtheorie und die systemtheoretische Literaturwissenschaft."

Henk de Berg, Deutsche Bücher

WESTDEUTSCHER VERLAG
OPLADEN · WIESBADEN